汉字识字教学
基础教程 [第二版]

HANZI SHIZI JIAOXUE JICHU JIAOCHENG

郝文华◎主 编

陈 洁 金克中 付开平 谭正明◎副主编

U0738590

ZHEJIANG UNIVERSITY PRESS
浙江大学出版社

前　言

　　汉字是主要记录汉语言的文字,既是汉文化的有机组成部分,又是汉文化的载体。汉字在传承文化、发展教育、维护统一、密切各兄弟民族间的交往、加强与邻近国家的交流等方面,都立下了不可磨灭的功勋,并将在中华民族的发展前进中、在汉字文化圈的友好交流中继续发挥其积极的作用。

　　但汉字数量多,结构复杂,识读和记忆有一定的难度。加上电脑的普及,手写频率越来越低,汉字识字、用字、书写水平普遍下降。有鉴于此,教育部、国家语言文字工作委员于 2006 年 8 月 28 日发布《汉字应用水平等级及测试大纲》,自 2007 年 2 月 1 日起试行。规范适用于各级政府部门、新闻出版单位、各级各类教育机构、其他事业单位和企业单位等录用人员和核定在职人员资格,以及各级各类学校考核学生汉字应用水平;适用于公务员、编辑、记者、校对和文字录入人员,学校教师和学生,文秘及办公室工作人员,广告业从业人员,中文字幕机操作人员,以及日常工作与汉字应用紧密相关的其他人员;也适用于想要了解自己汉字应用水平和能力的其他人员。汉字应用水平等级测试将来完全可能像普通话一样成为教师、文秘、新闻从业人员的强制性职业技能考试科目。识字教学也是义务教育阶段的重要内容之一,是一切教学的基础。这也正是本书的编撰动机和目的。

　　如何识字?过去的读书人也总结出一条识字规律,所谓"秀才认字认半边"。认字之所以可以认半边,这是由汉字的构造原理决定的。汉字绝大多数是形声字。在东汉许慎《说文解字》(简称《说文》)中,形声字已超过总字数的 80%。而在南宋郑樵所编《通志》一书中,根据对 23000 多个汉字的结构进行的统计,形声字更是已经超过总字数的 90%。形声字在汉字的发展过程中,比例越来越大。而形声字中,以左形右声居多。左边的形旁具有标识类属的功能,如以"手"为形旁的字,多与手的部位、动作相关;以"犭"为形旁的字多表动物。右边的声旁具有标识读音的作用,如以"粦"为声旁的字,如"鳞、麟、鄰、磷、嶙"等,读 lín;而以"令"为声旁的字,如"铃、岭、领、泠"等多读 líng(个别的如冷才读 leng)。以这样初步的文字知识,加上自身一定的词汇量,借助文章的上下文,是可以念出不少生字的读音,理解不少生字的意义的。

随着汉字形体的变迁、词语意义的发展变化,不仅形旁同形声字所记录词语意义之间的联系比较隐晦了,而且由于语音的演变,形声字的读音同声旁的读音也可能不太一样了,具有相同声旁的一组形声字,读音也常常不一样。有人对 7000 个通用汉字中的形声字进行分析,结果发现,声旁与整字声韵调完全相同的形声字只有 12 个,声符与整字声韵调部分相同的形声字有 5484 个,两项合计 5496 个,比例约占 77%(详见李燕、康加深《现代汉语形声字声符研究》,载《语言文字应用研究论文集》,国家语委语用所编,语文出版社 1995 年 1 月第 1 版)。这说明"秀才认字认半边"的局限性越来越大。

学习汉字,除了识读时根据声旁类推可能读错之外,还有不少汉字形体相似相近,如"已、己、巳,戊、戌、戍、戎、戒",很容易读错写错。也有些汉字一字多音,同一个汉字记录了语言中的多个词,随着意义不同,要读不同的音,如"和"就有 hé、hè、huó、huò、huo、hú 等读音。甚至有些字,意义没什么不同,却有文读、白读之分,如"血",有时发 xuè 音,有时要发 xiě 音;"壳"有时要读 ké,有时又要念 qiào。有些字,作姓氏用字、地名用字时又与普通读音不一样。在汉字运用过程中,也会出现一些问题,如古字、今字可能通用,比方说"抵挡"的"挡",属今字,但在"螳臂当车"、"泰山石敢当"中有人用了古字"当",有人又写今字"挡"。还有些古代的同音假借也流传到现代汉语里,如"维、惟、唯"过去就有同有异,"思维"、"思惟","惟一"、"唯一",过去都曾用过,现在虽有规范,但人们的使用习惯一时还改不了。

其实,任何一种文字在记录它所对应的语言时,在使用过程中都可能有这样或那样的缺点,都有不完善之处。汉字的这些问题,并不影响它能完好地记录汉语。作为汉字的继承者、使用者,我们要克服汉字在识读、传授、运用过程中的缺陷,科学、规范地运用它。

汉字大部分是形声字,教汉字,学汉字,用汉字,得在形声字方面下功夫。本书针对"秀才认字认半边"的局限性,鉴于汉字以形声字为主的特点,分析形旁表意情况与声旁表音现状。诚如蒋仲仁(《汉字形声归类新字典·序》)所说:"形声字在长时期的发展变化中,表意功能和表音功能,哪些还保存,哪些分化了,哪些减弱了,哪些消失了;形声字的合成部分,哪个部分是形符,哪个部分是声符;合体字中哪些是形声字,哪些是非形声字,所有这些都是困难。"

克服这些困难,首先要分辨,分辨的方法主要是比较。有比较才有分辨,能分辨才知其异同，才见出同中之异，才能正确地理解字义和读出字音。

比较、分辨的前提是将具有相同属性的字放在一起。将同一形旁的字编排在一起，从《说文解字》到《字汇》、《康熙字典》，从《辞源》、《辞海》到《新华字典》基本上都是这样做的（字书后来有用声旁、半声旁、纯记号作部首的）。本书第四章第一节，即以形旁为目，讲解常用部首形态上的分化、混同，意义上的整体联系与具体区别。把具有相同声旁的形声字罗列在一起，宋代就有学者设想，当代已有学者开始这样做了，如颜星华的《汉字形声归类新字典》（福建教育出版社 1987年版），张学涛、李增福等的《汉字基本字带字识字手册》（海洋出版社 1998年版），不过他们系联的范围都略微超出声旁用字，故都声称是基本字。本书第三章及第四章第二节都是以声旁为出发点系联形声字字族，以显示同一声旁标记的读音之变化，揭示声旁暗示语源义的情况。这也便于教字者、识字者观察、比较、分析、联想，增加对汉字字形感知的具体性、广泛性和系统性。

任何文字，都有形、音、义三要素。本书以教育部 2011 年《义务教育语文课程标准》规定的 3500 个汉字为重点分析对象，从形体、读音、意义等角度阐述常用汉字——这从第二部分体现出来。但本书逻辑上分为三个部分：第一部分是理论篇，第一章主要介绍汉字内在的构造理据，外在的形体切分单位。第二部分是材料篇，第二章主要罗列形体相仿的部件及其构字情况，罗列形体相似的字及其组词情况。第三章以声旁系联形声字，看同一个声旁有多少种读音。第四章探讨形旁（主要表现为部首）表示的意义类属、声旁暗示的语源义情况。第三部分是方法篇，第五章介绍各种识字教学方法。读者、识字教学者如果采用第五章中基于字理的识字教学方法，就参考第一部分，即第一章第一节的汉字构造理论，从第三章取用同一声旁的读音材料，从第四章取用同一形旁、同一声旁的意义类聚材料。读者、识字教学者如果采用第五章中纯形式的识字教学方法，理论上就参考第一章第二节，材料上侧重于第二章和第三章。实际工作中，识字教学者会根据具体汉字的特点，针对心智不同的学生，选用或创新某种识字教学的方法。

所谓读者、识字教学者，我们将之主要定位为师范院校的学生，即培养义务教育阶段语文教师的汉语言文学教育专业、语文教育专业、初等教育专业、学前教育专业的学生，或培养教授外国学生的对外汉语教学专业的学生，以及义务教育阶段的语文老师，对汉字有兴趣、从事家庭识字教育的人士。由于时间仓促，水平有限，疏漏之处恐难避免，祈望方家指正。

鉴于读者希望有教学法方面的示范，故第二版在第一版的基础上增加了一节，即第五章的第三节，并对其他部分内容作了一些调整和修改。由于原撰写第五章的付开平先生较忙，第五章由谭正明先生修改、丰富和补充。

本书编写具体分工如下：

统稿:郝文华

第一章:郝文华

第二章:陈洁

第三章:金克中

第四章第一节:陈洁

第四章第二节:郝文华

第五章第一节:谭正明

第五章第二节:付开平,谭正明

第五章第三节:谭正明

目　录

第一部分 理论篇

第一章
汉字的结构

第一节 汉字的内在结构

构字法研究的是一个字是按照什么原则组成的,也就是研究构字的理据。

汉字构成的研究有两个角度:溯源的研究和现状的研究。溯源的研究着眼于古字形,分析的对象是古文字,或者说是汉字的古体。现状的研究则着眼于现行汉字,探讨汉字现在的形体与读音、意义之间的关系。

一、溯源的研究

汉朝时,人们将汉字构字法分为六类,即所谓"六书",许慎对之一一下了定义。

(一)象形

"象形者,画成其物,随体诘诎,日月是也。"按照物体的轮廓而曲折弯,画成一定物体的样子。其表意的基本特点是:描摹客观物件的形状特征构造字形,体现语义,使字符建立与所记录的词的联系。为突出特征,其"体"不一定是整体,可以是局部。

象形字一般分为如下几种:

1. 独体象形

这里所谓"独体",不同于"独体为文"的独体,是指一个字作为一个整体像某一物件,其中任何一部分都不是独立的字。比如"日、月",甲骨文作⊟、☽,一看就知道是日月之形。再如山(山)、Ψ(羊)、Ψ(牛)、ϟ(矢)、X(鼎),无论是取象物体的整体还是局部,总是突然出物体的特征,让人一眼就能看出所像为何物。有人把这种简单明了的象形字称为纯象形或独体象形。

2. 衬托象形

这是把要表现的物象附联于已有的独体象形字上,靠该字的衬托而表现出来,也就是在某独体象形字上添加像某物形状的笔画构成新字,来表示相应的词。

向(向)如果只"画"一个方口,人家就容易误认为是人的嘴巴或别的什么窟窿,只有把"宀"字加上,才容易让人明白这是指房屋墙上的方洞(向的本义是窗子)。

眉(眉)下面如果没有"目"字起衬托的作用,人们就难以看出上面是眉毛之形。

葉(葉)没有"木"字陪衬也难知道上面是树叶。

此外还有"血、须、石、牟"等,也是这样的象形字。通常称这类象形为合体象形或烘托象形。

由于象形是用"画成其物"的方法来造字,所以凡是有"物象"可"画"的实物多可以采用这种方法来造表示它的字。从用字写词的角度看,大凡用象形字记录的词,大多是表示具体实物的名词。但是也有少数象形字例外,它所标称的并非所像的具体实物,而是这种实物所具有的某种性质或状态。"高、大"二字即是这样的例子。

高,甲骨文作高,本像台观之形,由于上古时在人为的建筑中,最高的莫过于台观了,所以这个字所表示的不是台观,而是台观所具有的"高"的性质或状态,以便以台观之高,泛指一切事物之高。

大,甲骨文作大,本像大人正立之形。由于大人与襁褓的小孩儿相比,具有"大"的性质和状态,所以这个字所要表示的不是"大的人"而是"人的大",再用为凡大之称。

这种象形字所记录的词,其本义往往不再指具体的事物而是事物所具有的某种性质或状态,其词性也不再是名词而是形容词了。其实,像这样的字,就造字手法而言,是"画成其物"的象形;而就造字意图而言,就是要用形象的字形来标示抽象的概念了。

3. 省变象形

这是将已有独体象形字的一部分省去,或将已有独体象形字加以改变,成为新字,体现另一语义,从而记录相应的词。前者是省体象形,后者是变体象形。属于省体的如篆文鳥(乌)便是由鳥(鸟)省笔而来。乌鸦与一般鸟同形,但乌鸦全身通黑,看不出眼睛,便将"鸟"字省去一画,不点睛,来表示"乌"。属于变体的"尸",篆文写作⁁,即古"尸"字(甲骨文、金文无尸),便是将⁁(人)横写,像横卧不起的人尸(也可表示"人")。不过,这类省变字在象形字中很少。

象形字表意不论采取何种构形方法,其文字符号都有这样的特点:首先是不能从中间剖析出两个独立的字,其次是字形体现具体物象,再次是它们形体中都无表音成分。

象形字是通过"画成其物"表意,但许多实物无法描摹形状,抽象概念更无形可画,这就远远不能适应记录词的需要。因此,人们同时又创造另一种表意法——指事。

(二)指事

"指事者,视而可识,察而见意,上下是也。"看了就能识别形体,仔细察看体会才能领会意义。指事字在形体构造上不是借描摹具体物象体现语义,而是用指示性笔画来表示语义。其基本特点是:用指示性笔画表示一定的意向,使字符与所记录的词或语素建立起联系。这样,所造指事字的符号作用就更为突出,它的指示性笔画所使用的部位、意图,也就成为我们"察而见意"的关键。

指事字可分为如下几种:

1. 独体指事(纯粹使用象征符号)

"上"、"下"的甲骨文、金文中写作二、二、二、二,长画像一个长形的物体(一根棍或一条绳子之类),把空间分为上下两个部分。其短画为指事符号,标明划分后的空间位置之所在。这比"刃"、"本"等之所指,虽然要抽象得多,但情理却是一样的。还有"一、二、三、四"这四个数目字,也有人认为是指事字,并称之为纯指事字,其实这是古人以筹码计数的象形,是"画成其物",一看便知,不必要"察而见意"的。

2. 附托指事

在象形字上面附加指示性笔画,与所加字相结合,表示出指示的意向。例如:

刃"视而可识"似"刀",但仔细观察又比"刀"字多了一画。这多的一画即是标识性的指事符号,指明这个新造字所表示的意思不是整把刀,而是刀的利刃。

朮(本)"木"下的一画为指事符号,指明这个字的本义为树木之根。与"本"相对的"末","形"同此理,指树梢。

彐(寸)是"右手"之"右"的象形,下面一画是指事符号,指明这个字的本义为腕关节下面一点的寸口。

指事字的指事符号没有固定的形态,不一定就是单一的一点一画,例如:杀

(亦)是"掖"(后作腋)的本字,其指事符号为两边独立的两画。

3. 省变指事

将某个独体字省去一部分,或将某个独体字加以改变,来表示一定的意向。前者便是省体指事,后者便是变体指事。属于省体的,如甲骨文的"月"、"夕"多混同,金文篆文已两者分明。《说文》:"𝄇(夕),莫也。从月半见。"便是将𝄇(月)省去一画构成。属于变体的,如甲骨文♀(古"包"字),《说文》:"勹,裹也。象人曲形,有所包裹。"便是将"人"的两画变为曲笔来表示包裹东西的意思。又如"屰"(今作逆),便是将"大"倒写,表示不顺的意思。这类指事字不造指示性笔画,而以省、变其他字作指示性符号。

指事字在汉字总量中较少,因为有许多"事"难以用符号来"指"。但是约500 个左右的象形、指事字是古汉字体系中的最小形体单位,能产力强,是构造会意字和形声字的基础,即大量会意字、形声字由它们组合而成,因此有的学者称之为"初文",意即基本字。

(三)会意

"会意者,比类合谊,以见指㧑,武、信是也。"比并几个事物(实指字),会合它们的意义,来体现造字的意向(表现的语义)。其基本特点是组合若干单纯表意符号,从它们之间的关系中体现新义,而建立与所记录的词或语素的联系。这样,会意字便具备两个方面的条件:第一,形体上是复合结构。这是它与象形、指事字的重要区别。第二,几个组成部分结合后产生新义。

会意字一般分为以下几种:

1. 同体会意字

例如:

𠈌(从)从二人,像一人在前,一人在后紧紧跟随,表示跟从、顺从、听从。

𠤈(比),甲骨文形体像二人并肩而坐或并肩而行,表示比并。

𠤎(北),甲骨文形体从二人相背,本义背离,是"背"的本字。

𣥂(步),甲骨文形体从二止,两脚一前一后,相错相随,表示步行。

艸艸(竹),小篆形体像竹叶下垂貌,从二个。单竹曰个(个)。

2. 异体会意字

𤘘(牧)从攴从牛,表示手执棍棒放牧。

莫(莫)从日从茻,日在草茻之中,表示太阳已落,夜幕降临。

舂(春)从廾从午(杵本字),从臼,表示双手执杵而舂。

寒(寒)从宀从人、从茻、从 仌(冰),表示人在屋内用重草荐覆其身以御冰寒。

像这样的会意字,颇似人的行为或客观现象的素描写真,人们从字的构形上几乎一眼就能看出和想到是何事何意。

可是另外一些会意字的表意就没有这么直接明了了。这就是第二类,表意较为间接和隐曲的。例如:

𦣻(臭)从自从犬。自是鼻的象形字。臭的本义是气味的总称。气味无形,可闻于鼻而不可见于目。可是古人凭狩猎生活的经验知道,狗鼻子的嗅觉对于气味最为敏感,故以犬、自会意,引起人们从有形到无形的联想。

𦣻(息)从自从心。人和许多动物的呼吸都发于心脏而行于鼻腔,故以鼻、心会意,表示气息和呼吸。

𠂿(取)从又从耳。本义是捕取。上古在作战或狩猎中杀死敌人或野兽须割取其左耳以邀功,故以又、耳会意,表示所捕取。

𤯢(灋,即法字)从廌从去从水。传说廌为独角神兽,能分辨是非曲直,在法庭上能"触不直者而去之",从而使决讼得以公平如水。

值得注意的是会意字结构中的参差情况,这主要是增笔与省文、兼声。

所谓增笔,就是在组合中,除几个独体字之外,还加添一些不成字的笔画。如篆文𦱤,《说文》:"藏也。从死在茻中;一其中,所以荐之。"意为将死者埋藏在草莽之中称葬,其中"死"下所加的一画不是字,而是表示用以垫死者的东西。

至于省文,则是将被组合的某个独体字省去了一部分笔画。如𣲖(攸),《说文》:"行水也。从攴,从人,水省。""攸"是缓流的水,"人"、"攵"之间是省去笔画的"水"字,"人""攵"则表示人对水加以治导,使它安流。

所谓兼声,就是有些会意字中的某一偏旁又兼起声符作用,表示读音。如𤉫(pàn篆文),《说文》:"半体肉也","从半从肉,半亦声"。所表示的词义是祭祀用的半边牲,字形由半肉组成,半又起声符作用。

另外还有所谓连文会意,如"劣、歪"等。

会意表意法扩大了单纯表意符号的使用频率,以其灵活多样的方式将象形字、指事字组合成新字,来记录汉语众多的词或语素,因此会意字大大多于象形字、指事字。但会意法构造形体也有穷时,仍不能适应记录语言的需要,于是汉字的造字构形又产生形声法。

(四)形声

"形声者,以事为名,取譬相成,江河是也。"根据这个字所表示的事物立个属名(字),再取一个音近字比拟读音,结合构成这个字。

据裘锡圭先生的研究,最早的形声字不是直接用意符和音符组成的,而是通过在假借字上加注意符或在表意字上加注音符而产生的。就是在形声字大量出现之后,直接用意符和音符组成形声字,如清末以来为了翻译西洋自然科学,特别是化学上的某些专门名词,而造"锌"、"镭"、"铀"等形声字的情况,仍然是不多见的。大部分形声字是从已有的表意字和形声字分化出来的(这里所说的表意字和形声字,包括用作假借字的以及已经变作记号字、半记号字的那些字),或是由表意字改造而成的。改造和分化的方法主要有下述四种。

1. 在表意字上加注音符

"裘"的本义是皮衣。初文是象物字,后来加注了音符"又",再后来像皮衣的形符又换成了"衣"旁,就成了一般的形声字。大概是为了适应语音的变化,声旁"又"后来又换成了"求"。

"齿"的初文是连带表示主体的复杂象物字,后来在初文的基础上加注了音符"止"。过去多把这种字看作加声的象形字。

加注音符而成的形声字跟原来的表意字,一般是一字异体的关系。加注音符的形式通行之后,原来的表意字通常就废弃了。但是也有二者分化成两个字的情况,如"晶"和"星",在甲骨文里作ᴥ等形,本是星的象物字。星看起来比日、月小,而且日、月都只一个,星则有很多个,所以古人用三个以上较小的圈来表示星。在较晚的古文字里,像星形的圈点才被改成"日"。加注"生"声的"星"在甲骨文里已经出现,作ᴥ。周代以后变为ᴥ,又简化为"星"。"晶"字后来专用来表示"星"的一个同源字——形容星光的"晶",跟加注音符的"星"分化成了两个字。

2. 把表意字字形的一部分改换成音符

应该着重指出的一点,是古人为了使新旧字形有比较明显的联系,往往把表意字字形的一部分改成形状跟这部分字形相近的一个声旁。

何(ᴥ甲)是负荷之荷的本字(荷的本义是荷叶,表示负荷之荷是假借用法)。初文像人肩荷一物,后来荷物人形简化为一般的人,像所荷之物的部件改成了可,就成为从人可声的形声字了。

馘(ᴥ),古人把战争上所杀敌人的首级(或左耳)割下,作为计功的凭据,叫作馘。表意初文从戈从首(或从耳)会意,后来戈改成或,就成为从首或声的形声字。

3. 在已有的文字上加注意符

有大量形声字是在已有的文字上加注意符而形成的。加注意符通常是为了明确字义。按照所要明确的字义的性质,加注意符的现象可以分为三类:

（1）为明确假借义而加意符。这就是在假借字上加注意符。例如："师"字本当师众讲，汉代人假借它来表示"狮子"的"狮"，后来加注"犬"旁分化出从犬师声的狮字来专门表示这个假借义（《说文》无"狮"，前后《汉书》中狮子都写作师子，《玉篇》、《广韵》有狮子）。此外，"徜徉"、"蜈蚣"等字，都是在假借字上加注意符而成的形声字。

（2）为明确引申义而加意符。例如"取"字有娶妻的意思（《诗·豳风·伐柯》："取妻如之何"），后来加注"女"旁分化出"娶"字来专门表示这个引申义。这样产生的字一般都是形声兼会意字。

上述两种加注意符造分化字的现象都极为常见。

（3）为明确本义而加意符。"它"是"蛇"的初文，"止"是"趾"的初文，"州"是"洲"的初文，"孚"是"俘"的初文，"县"是"悬"的初文，"益"是"溢"的初文，"正"是"征"的初文，"莫"是"暮"的初文，"原"是"源"的初文，"臭"是"嗅"的初文。需要加注意符以明确本义的字，多数有比较通行的引申义或假借义，加注意符的后起字出现之后，初文通常就逐渐变得不再表示本义，而只用来表示引申义或假借义了，例如："蛇"字出现后，"它"字就逐渐变得只用来表示指示代词等假借义了。

为了明确本义加注的意符，有时跟被注的初文的一个偏旁重复。例如："益"字篆文的上部是横过来的"水"，"溢"字又加"水"旁。"莫"字从日，"暮"字又加日。"然"字从火，"燃"字又加火。

4. 改换形声字偏旁

在汉字里，改换某个形声字的一个偏旁，分化出一个新的形声字来专门表示它的某种意义的现象，也很常见。例如：振起的"振"引申而有赈济的意思（《礼记·月令》季春之月："命有司发仓廪，赐贫穷，振乏绝。"也有人认为这是"振"的本义），后来就把"振"字的"手"旁改成"贝"旁，分化出"赈"字来专门表示这种意义。

有时造字或用字的人，为求字形的整齐匀称和书写的方便，会把某些形声字的声旁或形旁的笔画省去一部分。这种现象文字学上称为省声、省形。

（1）省声

省声的情况大体上可分为三类：

A. 把字形繁复或占面积太大的声旁省去一部分，例如：

潜　《说文》分析为"从水，朁（替）省声"。

珊、姗　《说文》分析为"从玉，删省声"，"从女，删省声"。《说文》未收的"跚"字也应该是从"删"省声的。对一般人来说，这类省声字的声旁多数已经丧失表音作用。

B. 省去声旁的一部分，空出的位置就用来安置形旁，例如：

夜 《说文》分析为"从夕,亦省声"。

畿 《说文》分析为"从田,幾省声"。

塞、寨、骞 以上各字《说文》均分析为"寒省声"。《说文》未收的"謇"字也是"寒"省声的。

C.声旁和形旁合用部分笔画或一个部件,例如:

斋(齋) 《说文》分析为"从示,齐(齊)省声"。"斋"字中间的二横画,既可看作"示"的上部,也可看作"齐"的下部,实际上是声旁和形旁合用的笔画。

黎 《说文》分析为"从黍,利省声"。其实"黎"字上角的"禾"既可看作"黍"的上部,也可看作"利"的左旁。

罴 《说文》分析为"从熊,罢(羆)省声"。其实,"罴(羆)"中间的"能"既可看作"熊"的上部,也可看作"罢(羆)"的下部。

这类字的情况本来是介于省声和省形之间的。不过习惯上都按照《说文》的办法,把它们当作省声字处理。

(2)省形

省形字的数量比较少,省形的情况大体上可以区分为两类:

A.把字形繁复的形旁省去一部分,例如:

星 《说文》中星从晶生声。现在见到的是简体。

晨 《说文》:"房星为民田时者。"从晶辰声。现见到的是简体。

B.省去形旁的一部分,空出的位置就用来安置声旁,例如:

考 《说文》:考,老也。从老省,丂声。

耆 《说文》:耆,老也。从老省,旨声。

(五)假借

"假借者,本无其字,依声托事,令长是也。"这是说语言中出现了一个词,一时没有给它专门造字,或者后来一直无法给它造专字,就借用了一个读音与这个词相同相近的字来表示。这里所说的假借与古书中汉字运用时的假借有所不同,汉字在应用中,可能在有本字的情况下借用另一个字,或者先借用了另一个字,后来又造了专字,所谓本有本字的假借和本字后起的假借。这里所说的假借是本无本字的假借。

如古汉语虚词"其"、"之"以及双音节词"犹豫",就是始终用假借字的。又如句末语气词"耳"假借耳朵的"耳"字,语气词"夫"和指示代词"夫"都假借丈夫的"夫"字,疑问代词"何"假借负荷之"荷"的本字"何",疑问代词"奚"假借本来当一种奴隶讲的"奚"字,副词"亦"假借本为"腋"或"液"字初文的"亦"字,双音节词"陆离"假借陆地的"陆"字和本义跟鸟有关的"离"字等,也都是无本字的假借。

音译外来词有很多是始终用假借字记录的,如达鲁花赤、沙发、尼龙、苏维埃、布尔什维克。又如中古时代随着佛教传入的罗汉、比丘、头陀、夜叉等词,现代从西方传入的巧克力、麦克风、法西斯、阿司匹林等词,以及古今很多外来的地名、人名等。

(六)转注

"转注者,建类一首,同意相受,考老是也。"这个名称的字面意义,在六书中最为模糊;加上其例字又可看作形声字,因此后人对转注的争议最多。此不赘述。

(七)四体二用说

"六书",从古到今都有人认为,其中只有四种是造字法,另两种是用字法。
唐贾公彦《周礼·地官·保氏》疏说:"云假借者,'令'、'长'之类是也,一字两用,故名假借也。"明杨慎《六书索隐》把象形、指事、会意、形声当作"经",把假借、转注当作"纬"。清戴震认为"象形、指事、会意、形声四者,书之体止于此",假借和转注是"所以用文字者"。清段玉裁总结说:"指事、象形、形声、会意四者,字之体也;转注、假借二者,字之用也。"

(八)文字的独体与合体

许慎《说文解字·序》:"仓颉之初作书,盖依类象形,故谓之'文',其后形声相益,即谓之'字'。字者,言孳乳浸多也。"
宋郑樵《通志·七音略》:"独体为文,合体为字。"
清段玉裁《说文解字注》:"统言之,则'文''字'可互称。"
清许瀚《说文答问》:"……盖对言之,则独体曰文,合体曰字;散言之,则文、字可通用也。说者,释也;解者,判也。'文'独体,故宜'说';'字'合体,故宜'解'。"

(九)偏旁部首

许慎在《说文解字》里对合体字进行了切分。切分的动因是要了解、讲清构成成分在汉字中的作用。他将合体字的成分分成了两类:一类是"从某"、"从某省"(意即以某为意符,从中取义),一类是"某声"、"某省声"、"某亦声"(意即以某为声符)。这就是后来偏旁的起源,表义的偏旁称为形旁,或称为意符、形符;表音的称为声旁,或称为音符、声符。形旁表示意义类属,声旁表示读音。形旁加上指示性笔画就是指事字,如本,就是在木下加提示符。形旁加形旁构成的字为会意字,如"益",就是由水旁和皿旁构成的会意字,表示水从器皿中溢出来。形旁和声旁组合,就构成形声字。如"镁"中"钅"为形旁,"美"为声旁。特殊的偏旁既表读音也表意义,如"娶、抱"中的"取、包"。不过随着语音的发展变化和字义的变化,声旁的读音不一定与字的读音完全相同,如"江"的读音与"工"的读音相差甚远了;形旁的意义也可能跟字义联系不上,如"碗"现在也不是用石头做的了。一个偏旁是声旁还是形旁,只有在具体的字中才能确定,因为有许多偏旁既能充当形旁,也能充当声旁,如"沐、杨"中的"木"在前面是声旁,在后面是形旁。

偏旁从源头上说,大多能独立成字。因为偏旁在汉字中也有变形,发展到现代,有些就不能独立成字了。成字偏旁如"岩、界、坐、盆、静"等字中的"山、石、田、介、土、人、分、皿、青、争",不成字偏旁如"冷、寇、杉"中的"冫(冰古字)"、"宀(房子的意思)"、"彡(毛饰物、毛长的意思)",又如"仁"的"亻"旁也不能独立成字了。所谓省形字和省声字中被省掉的偏旁,有些也不成字。如"珊"的声旁"删"省为"册","潸"的声旁为"散"省,分析偏旁时,得将它们还原。

偏旁中也有指示性或象征性笔画。如"本、末"中的短横起指示作用,"亦、太"中的点起指示和区别字形的作用。"旦"下的横原象征地平线,单独看也不是"一",也不能单独表示地平线之义。还有省笔后的笔画,如"攸",从人从攵从水省,中间的一竖原是"水"的省笔,单独看似乎既不表音,也不表义。这些点、横、竖,应该说都是偏旁,但不能成字。

还有些偏旁在汉字隶化、楷化、简化的过程中,形体符号化了,既不表音,也不表义,成了记号(纯符号偏旁)。如"燕"甲骨文为象形字,楷化后的各个组成部分与音义无关了。"鸡"中的"又"在简化前原为声旁"奚",但"又"既不表音也不表义,也成了记号。

这样,偏旁可分为形旁、声旁、形旁兼声旁和记号等几类,后两类相对较少。

与偏旁相关的一个术语是部首。部首是字书中各部的首字或者说标目,是具有归类作用的构字成分。编纂字、词典时,把具有相同构字成分的字编在一起,称为一部,并把每部相同的构字成分作为该部的标目。这种作为标目的构字成分就是部首。

所谓"作为标目的构字成分",在早期的字典中,如《说文解字》,表现为偏旁,而且主要是形旁。如"山"部的字都与山有关,"灬"部的字都与火有关。在晚期的字典中,其越来越符号化,有些部首渐渐变得既不是形旁,也不是声旁,而是构字部件,如《现代汉语词典》中的"亠、一、丨、乙"部,部首与部内的字没有意义和声音上的关系了。

在正文不按部首排列的字书中,如《新华字典》《现代汉语词典》,在部首检字法里,一个字可能同属几个部,如"颖"在"禾"部或"页"部都可查到。——此所谓"多开门"。

因此,部首和偏旁也不是一回事。偏旁多与音义有关,部首则仅仅是构字部件,可以是符号。而且能够分析出偏旁的合体字也能充当部首,如《现代汉语词典》里有"鼻"、"香"、"齿"部,这些部首字都可分析出偏旁。

我们分析几个字的部件、偏旁、部首,看看它们的区别(以《现代汉语词典》为据)。

汉字	部件	偏 旁			部首
		形旁	声旁	符号偏旁	
颖	匕 禾 页	禾	顷		禾或页
鼻	丿 目 田 廾	自	畀		鼻
汉	氵 又	氵		又	氵
临	刂 、 日			刂 、 日	丨

使用部首检字法的关键在找准部首。有些字的部首容易确定,一看就知道,例如"今"在"人"部,"原"在厂部,有些字就不那么容易,需要熟悉字的归部,例如"及"在"丿"部,"也"在"乙"部,"真"在"十"部,"冉"在"冂"部。部首的一般位置在字的上、下、左、右、外;一般位置没有部首的,查中坐("夹"在大部,"串"在丨部),中坐没有部首的查左上角("疑"在匕部,"整"在束部);如果一个字具有几个部首,上、下都有部首,取上不取下("含"查人部不查口部),左、右都有部首的,取左不取右("相"查木部,不查目部),内、外都有部首的,取外不取内("旬"查勹部,不查日部),中坐、左上角都有部首的,取中坐不取左上角("坐"查土部,不查人部),下、左上角或右、左上角都有部首的,取下取右不取左上角("渠"查木部,不查氵部),在同一部位有多笔和少笔几种部首互相叠合的,取多笔部首,不取少笔部首("章"、"意"部首有、、二、立、音等可能,查音部)。

2009 年 1 月,教育部和国家语委发布了《汉字部首表》和《GB 13000.1 字符集汉字部首归部规范》,将 20902 个汉字分归 201 部,于 2009 年 5 月 1 日起实施。《汉字部首表》依据现行汉字的字形特征,设主部首 201 个、附形部首 100 个。

二、现状的研究

汉字现状的研究则着眼于新字形。苏培成先生将现代汉字的构字法分为七类。两者在很多情况下是一致的,但是也有相当数量的字不一致。例如:"从、休、库、吠",溯源的研究和现状的研究都是会意字;"裳、洲、枫、纨",都是形声字;这是一致的例子。不一致的例子,如"日、月、山、水",溯源的研究是象形字,而现状的研究是记号字;"江、河、柳、攀",溯源的研究是形声字,现状的研究是半意符半记号字。

（一）独体表意字

由单独一个意符构成，从形体上能知道它的意义，这类字在现代汉字中很少。如：

凹：低于周围。

凸：高于周围。

丫：像分杈形。

一、二、三：是由原始记数符号流传下来的。

按照传统的"六书"理论，这几个字都属于指事字。

（二）会意字

会意字是合体字，一般由两个意符组成。如：

戒：表示双手持戈有所戒备。

杳：日落在木下，表示幽暗。

磊：表示石头众多。

森：表示树木众多。

掰：用两手分开。

劣：从少从力，表示力弱。

粜：从出从米，指卖米。

灭：用一压住火。

楞：从四方木。由三个意符构成。

（三）形声字

合体字中由意符和音符构成的字是形声字。形声字的音符是表音成分。要区分两种形声字。一种是传统的形声字，指的是古代字书中的形声字，或者说是具有形声结构的字，如：江、河，也叫广义的形声字。另一种是现代汉字的形声字，指的是意符表意，音符表音的形声字，如湖、榆，也叫狭义的形声字。

现代汉字中形声结构的字约占 90％（据周有光统计，现代汉字中音符的有效表音率为 39％）。按照狭义计算当然没有那么多。

现代汉字中的形声字，有的音符和整字读音相同。如：

懊：从心奥声，指烦恼、悔恨。

洲：从水州声，指大陆。

株：从木朱声，指露出地面的树根、树干。

肤：从肉夫声，指皮肤。

态：从心太声，指状态。

桩：从木庄声，指木桩。

有的形声字，字义古今不同。但是因为意符表意具有模糊性，有的意符还可兼通古今。如：

油：从水由声，依《说文》指河流名称，现指油脂，油脂古称膏。

有的形声字的音符兼表意，如：

娶：从女取声，指嫁娶，"取"兼表取得。

驷：从马四声，指一车套的四匹马。"四"兼表意。

懈：从心解声，指懈怠。"解"兼表解散。

（四）半意符半记号字

这类字中有不少本来就是古代的形声字，由于音符不能准确表音，而字义古今没有很大的变化，就变成了半意符半记号字。如：

布：从巾父声，音符已经变得不能识别。

急：从心及声，经隶变，音符已经破坏。

霜：从雨相声，表天象的字多从雨。

醉：从酉卒声，醉是饮酒的结果，从酉的字与酒有关。

有的是由于汉字简化，使得音符不再表音。如：

灯：繁体作燈，从火登声。

炉：繁体作爐，从火盧声。

有的是古代的形声字，省去音符的一部分，因而不再准确表音。如：

雪：《说文》从雨彗声。后彗省为彐，不再表音。

有的是古代的象形字变化而成，一半是意符，一半是记号。如：

栗：甲骨文栗，上部像栗树上的栗子，后讹变为西。

泉：甲骨文泉，像流出泉水的泉穴，楷书变为从白从水，白是记号。

桑：甲骨文桑，上部像繁茂的枝叶。

（五）半音符半记号字

这一类主要来自古代的形声字，由于意符不再表意而形成。如：

球：从玉求声，本指一种美玉。后假借来表示"毬"，意符"玉"成为记号。

诛：从言朱声，本指用言语谴责，故从言。后变为诛杀。意符"言"成为记号。

（六）独体记号字

主要来自古代的象形字。由于字体的演变，古代的许多象形字已经不再象形。如：日、月、山、水、手、木、心、舟，等等。

说这些字变成了记号，是从形体上已经看不出像何物。太阳是圆的，怎么成了一个长方框？当然，经过指点，有的字很容易联想它像的东西。不过这就变成了溯源的分析。

这些字是独体记号字，可是当它们用作偏旁进入合体字，就具有了意义，如"日"在"晴、明、旦、昏、晒、晖、晨、暗"中作为意符表示这些字和日光、明暗有关。这并不矛盾。说"日"是记号，是说从它现在的形体看不出它像太阳，但是它作为一个字，有音有义，用作偏旁时保留了它的音义。

有些独体记号字属于古代的假借字。这样的字经溯源也不能说明字形和字义的关系。如：

我：本像一种锯或刃形似锯的武器，假借为第一人称代词。

而：本像颊毛，假借为连词。

有些独体记号字来自古代的指事字。如本、末、刃、寸等。

有些合体字经简化后成为独体字。如：

乐：繁体作樂。

龙：繁体作龍。

门：繁体作門。

书：繁体作書。

也有的独体字是来自形声字，如"年"，本从禾千声。

（七）合体记号字

古代有些象形字，经过变化不再象形，成为合体记号字。如："角、龟、鹿、马、它、燕、鱼"等本像它们所表示事物的形状。

有的来自古代的形声字，当这些字的意符和音符都失去了作用，就成为合体记号字。如：

骗：从马扁声，本指跃上马。后世主要表示欺骗。

特：从牛寺声，本指公牛。后世主要表示特殊，不同于一般。

有的来自古代的会意字。如：

射：甲骨文"射"像用手拉弓射箭。后讹变为从身从寸。

委：《说文》："委，委随也。从女从禾。"段注："随其所如曰委。"

至：甲骨文像箭射至地。形体变化已经看不出原意。

第二节　汉字的外在结构

一、结构单位

现代汉字的形体结构可以分为汉字、部件、笔画三个层次。汉字的最小构件是笔画,笔画依照一定的规则组合成部件,部件依照一定的规则组合成合体字。汉字是最高层次,部件是中间层次,笔画是最低层次。

层次越高,表示一个字所用的符号越少,符号的总数越多。如最高的汉字层,表示一个字只需一个符号,如果有五万汉字,就得用五万个符号。层次越低,表示一个字所用的符号越多,符号的总数越少。如最低的笔画层,表示一个字最多要用几十个笔画符号(《辞海》中笔画最多的字是"齉",36 画),而笔画的总数减少到横、竖、撇、点、折等有限的几种。部件处于中间层,它是组成现代汉字的能够相对独立的结构单位。部件比笔画完整,又比汉字本身简单、灵活,所需的符号数目适中。在汉字形体结构的三个层次中,部件是枢纽性的一环,是汉字形体结构的核心。

(一)笔画

1. 笔画和笔形

笔画是汉字最小的构形单位。对汉字进行笔画的分析,是书法家出于书写的需要。已知最早对汉字进行笔画分析的是东晋的卫铄(字茂漪,自署和南,一般称卫夫人),在其《笔阵图》中将汉字笔画分为七种。到了唐代,张怀瓘则提到前人练字有"永"字八法。所谓笔画,就是构成汉字的各种点和线。按楷书的要求写,从下笔到抬笔就是一个笔画。笔尖的走向和行程不同,就产生不同的笔画。

笔画的形状即笔形,笔形分基本笔形和复杂笔形。

1964 年,汉字查字法整理工作组经过多次征求意见和比较研究,建议以横、竖、撇、点、折的顺序为规范,通称"札"字法。1965 年 1 月发布的《印刷通用汉字字形表》规定了这五种笔形(横一;竖丨;撇丿;点丶;折乛)为基本笔形。

基本笔形处在字的不同位置或不同部件中,为满足汉字的构形需要,会在方向、直弯的角度、长短等方面发生不同的变形,不是指个人在书写时的自由变形,而是指依楷书要求书写的强制性变形。变形笔形有十余种。

各种笔形的使用有一定的规律。例如,平撇只出现在部件的正上方,如"千、禾、兵"等;斜撇只出现在部件的左上方,如"修、余、钉、包";竖撇只出现在部件的左侧,如"月、厂、川"。

可以看出,五种基本笔形依起笔频率从高到低排列顺序是:一、丿、丶、丨、乛。

基本笔形可以派生各种复杂笔形。复杂笔形都不仅是由一个点或一条线构成的,要么是两条线或多条线,要么是一个点和一条线,如"又"的第一笔横撇是由两条线构成的复杂笔形,"专"的第三笔竖折撇是由三条线构成的复杂笔形,再如"女"中的第一笔撇点是由一条线和一个点构成的复杂笔形。汉字的复杂笔形主要有十几种。

宋体字和楷体字的笔形基本上是一致的,只有少数字的笔画形状有差异。如"走之底"的第二笔,宋体是横折,而楷体是横折折撇。草字头,宋体是横、竖、竖,而楷体是横、竖、撇。宋体"琵、琶、琴、瑟"等字中左上角的王,其末笔是横,而楷体却是提。"舟"作左旁时,宋体第五笔是横,而楷体却改成提。"雨"字在字的上方时,宋体中的四点是四短横,而楷体中的四点仍是四个侧点。宋体"小"字及木底带钩的字,左边是一短撇,右边是一长点,而楷体左右两边都写成点,如小小、少少、尘尘、尔尔、尖尖、东东、拣拣、条条、杂杂、寨寨、茶茶等。有些笔画,不管是宋体、楷体,居于一定的部件中,会因为部件所处的位置不同而发生一定的变化,参见后面"部件的变形"。

2. 笔顺

笔画在书写时,有先后顺序,即笔顺。书写汉字讲究笔顺。笔顺的正确与否,关系到字形的好坏和书写速度,汉字笔顺的一般规则是先横后竖,先撇后捺,从上到下,从左到右,还有从外到内,特殊的还有先中间后两边(如水)。还有些上述规则以外的情况:如右上或里边的点一般后写(如戈、夜),横在字中间地位突出要后写(如要、册),竖在中间穿底的后写,不穿底的先写(如串、出),"走之底"、"建字底"要后写(如这、建)。多数字的写法是以上规则的综合运用。有少数字结构特殊,笔顺不易弄清。

国家语言文字工作委员会标准工作委员会编了《现代汉语通用字笔顺规范》,1997年8月由语文出版社发行。该规范给出了1988年3月由国家语委和新闻出版署发布的《现代汉语通用字表》中7000个通用汉字的笔顺。

1999年10月,上海教育出版社出版了《GB 13000.1字符集·汉字笔顺规范·国家语言文字工作委员会语言文字规范 GF 3002—1999》,1999年10月1日发布,2000年1月1日实施。本规范由国家语委制定,给出了GB 13000.1字符集、汉字笔顺规范制定原则及该字符集所收20902个汉字的序号式笔顺。

规定笔顺的主要原则有三点:一是便于书写。现代汉字是横行排列的,采取先左后右,先撇后捺的笔顺,写完一个字后便于写下一个字。汉字基本笔画中,横、捺、提总方向是自左至右。竖、撇的方向是自上而下,所以,采用"先左后右、从上到下"的笔顺,也可以照应笔画走向,使书写便利一点。二是便于组织结构。比如"国"字,假如先写"玉",后写"囗",往往会把字写大,与其他字的大小不一致,或是把方框写到"玉"的笔画上。再如"水"假如自左到右写,往往不易写得匀称,采取先中间后两边的笔顺,就容易把结构组织得好些。三是不破坏汉字的笔画系统。有些字,怎么写也不方便。比如"凸"规定的笔顺是竖、横、竖、横折折折、横,不这样规定是没有其他笔画。

3. 笔画的组合

有三种类型:相离、相接、相交。

相离:二 三 六 八 川 刁 冫

相接:(1)匕 上 工 正 刀(相接的笔画,一个在端点,一个不在端点)

　　　(2)厂 了 口 弓 己(相接的笔画,两个都在端点)

相交:十 丈 丰 七 九 卅 车

综合运用以上三种类型的笔画组合也很常见。例如"弋",其中的横与斜钩是相交关系,这个组合同向右上的点是相离关系,"彳"中的撇同横钩是相交关系,这个组合同下边的竖提是相离关系。

相同的笔画组合由于组合关系不同,构成的汉字也不同。如:八 人 乂|力 刀|田 由 甲 申|工 上 干 士。

相接、相交的笔画组合,可能随着部位的不同,因需缩短而变成另一种相接形式。如"女"字作左旁,或左旁的一部分时,末笔横缩短到跟第二笔撇的起点相接为止,不再延长,如奶、媒、絮、巍、擞;"舟"字做左旁,或左旁的一部分时,第五笔横缩到跟第三笔横折钩相接为止,不再延长,如舢、航、搬、磐等;"身"字做左旁时,末笔缩短到跟第三笔横折钩相接为止,不再延长,如射、谢、躺等。笔画组合的方式,也有随着字体变化而不同的情况。如宋体月、目、自、且等字中的两横与左右两边的笔画相接,而楷体月、目、自、且等字中的两横只与左边的笔画相接,与右边的笔画相离。宋体日、曰、白、甘等字中的一横与左右两边的笔画相接,而楷体日、曰、白、甘等字中的横只与左边的笔画相接,与右边的笔画相离。宋体田字中间的一横与左右两边笔画相接,而楷体田字中间的一横与左右两边的笔画相离。

(二)部件

1. 部件及其层次

部件也叫字根、字元或字素,是汉字的基本构字单位。部件介于笔画和整字之间,它大于或等于笔画,小于或等于整字。将汉字切分为部件,是出于汉字的计算机处理需要。这种切分不注重构成成分在汉字中的作用,它只是从符号学的角度出发,分析汉字是由哪些模板组成。

1984 年,原中国文字改革委员会汉字处与武汉大学对《辞海》(1979 年版)所收的 11834 个正体字进行了分析,得出构字部件 648 个,其中成字部件 327 个。这些部件在古代都是成字的。

国家语言文字工作委员会 1997 年 12 月 1 日发布,1998 年 5 月 1 日实施的《信息处理用 GB 13000.1 字符集汉字部件规范》,由王宁、崔永华等人起草,对GB 13000.1 字符集中 20902 个汉字进行拆分,切分出主形部件和附形部件共560 个,不区别主形、附形,就是 393 组,但没有给部件命名。

中华人民共和国教育部、国家语言文字工作委员会 2009 年 3 月 24 日发布,2009 年 7 月 1 日试行的《现代常用字部件及部件名称规范》,同样由王宁领衔起草,对现代汉语 3500 常用汉字进行部件拆分、归纳与统计,得出 441 组共 514 个部件。此规范"规定了现代常用汉字的部件拆分规则、部件及其名称"。它"适用于汉字教育、辞书编纂等方面的汉字部件分析和解说,也可供汉字信息处理等参考"。

实际应用中,对汉字字形进行切分予以编码进行计算机处理的,即所谓输入法中的形码,则并不切分出这么多单位。如五笔字型输入法,是将汉字切分成130 个左右的字根(这还包括单独的笔画),而首尾码输入法则将汉字分成 100个左右的字根。

而在现代汉字教学中,部分学者就将部件同传统的偏旁联系起来了。如下面苏培成先生倡议的对部件的命名,基本上就是将传统的偏旁赋予了符号学的意义。原中国文字改革委员会汉字处与武汉大学对汉字部件的分析,基本上就是对偏旁一层层地切分,而对结构方式的分析也与书法家讲的间架结构大体相同。因此,也就有人将偏旁也分成一级偏旁、二级偏旁、三级偏旁了。其实,部件和偏旁不同。部件是在汉字的信息处理过程中,为了方便汉字的计算机编码,从符号学的角度对汉字进行拆分的结果。偏旁则是文字学家为了说明字形同字音、字义的关系对汉字进行分解的结果。汉字中同字义、字音有关系的部分(以及剔除二者后剩下的部分)就是偏旁。

部件是笔画的组合,大于笔画。如"口"有 3 笔,"日"有 4 笔,"聿"有 6 笔。但是有的笔画在一定条件下,可以单独成为部件,这时笔画和部件所指相同。最明显的是"一"和"乙"是部件,也是笔画。除了"一"和"乙"之外,处于分离状态的横、竖、撇、点、折,也单独构成部件,如"旦、旧、气、礼"中的横、竖、撇、折。可见笔画等于部件是有条件的,不是任何时候笔画都可以成为部件。

部件是基本构字单位。由一个部件构成的字是独体字,如人、口、手。由两个或两个以上部件构成的字是合体字。对独体字来说,部件等于整字,对合体字来说,部件小于整字。

部件有大有小,它本身可以分级。对多层次的部件组合,由大到小逐层分解,直到单独的部件,不能再分为止。这样得出的部件依组合层次分别叫做一级部件、二级部件、三级部件,等等。不论处在哪个层次上,只要是不能再分下去的部件,叫作末级部件。如"戀、麟"各有 4 个层次,7 个末级部件。一般说部件,都指末级部件。

2. 部件的名称和部位的名称

为了便于称说,每个部件都应该有名称。《现代常用字部件及部件名称规范》给出了部件和名称及命名规则。命名规则主要有:按读音命名部件、按笔画命名部件、按俗称命名部件、按部位命名部件。按读音和笔画命名的就不说了。按俗称命名的,例如:

　　宀:宝盖儿　　冖:秃宝盖　　忄:竖心儿　　亻:单立人

　　艹:草字头　　辶:走之儿　　灬:四点底　　刂:立刀儿

按部位命名的原则,采用了苏培成先生的观点。苏培成先生认为,根据部件在整字中所处的位置,合体字可以有 8 个部件,名称是:上"头"下"底",左"旁"右"边",内"心"外"框",中"腰"四"角"。

共有 133 个部件是按部位命名的。一共分为以下 10 种情况:

(1)×字头。位于上下、上中下结构上部的部件称"×字头"。例如:"龶"称为"青(qīng)字头","マ"称为"勇(yǒng)字头"。

(2)×字底。位于上下、上中下结构下部的部件称"×字底"。例如:"廾"称为"弄(nòng)字底","丌"称为"鼻(bí)字底"。

(3)×字旁。位于左右结构左部的部件称"×字旁"。例如:"颐"字左边的部件(横、竖、竖、横折、横、竖、竖折)称为"颐(yí)字旁","爿"称为"将(jiàng)字旁"。

(4)×字边。位于左右结构右部的部件称"×字边"。例如:"市"称为"肺(fèi)字边","叚"称为"假(jiǎ)字边","戋"称为"钱字边","殳(shū)"称为"设字边"。

(5)×字框。位于包围结构外部的部件称"×字框"。例如:"ナ"称为"左(zuǒ)字框","厂"称为"反(fǎn)字框"。

(6)×字心。位于包围结构中部的部件称"×字心"。例如:"屰"称为"逆(nì)字心","巛"称为"巡(xún)字心"。

(7)×字腰。位于上中下结构或半包围结构中部的部件称"×字腰"。共有 4 个:"廾"称为"贲(bēn)字腰";"寒字腰"指的是"寒"字中间的横、横、竖、竖、横;"衰字腰"指的是"衰"字中间的竖、横折、横、横;"率(shuài)字腰"指的是"率"字中间的点、提、(短)撇、点。

（8）×字角。位于汉字四角部位的部件称"×字角"。

①位于左上角的部件称为"×左角"。例如："夕"称为"餐左角"。

②位于右上角的部件称为"×右角"。例如："黎"字右上角的部件（撇、横折钩、撇）称为"黎右角"。

③位于右下角的部件称为"×下角"。例如："临"字右下角的部件（竖、横折、竖、横）称为"临下角"。

（9）由某字变形而来的部件，用本字加部件常出现的部位命名。

例如：①"爫"称为"爪（zhǎo）头"，表明"爫"是由"爪"变形而来，不是"爪"字的上部；"竹"称为"竹头"，表明"竹"是由"竹"变形而来，不是"竹"字的上部。

②"水"称为"水底"，表明"水"是由"水"变形而来，不是"水"的底部。

③"礻"称为"示"旁，表明"礻"是由"示"变形而来，不是"示"字的左部；"衤"称为"衣"旁，表明"衤"是由"衣"变形而来，不是"衣"字的左部；"讠"称为"言"旁，表明"讠"是由"言"变形而来，不是"言"字的左部；"钅"称为"金"旁，表明"钅"是由"金"变形而来，不是"金"字的左部；"饣"称为"食"旁，表明"饣"是由"食"变形而来，不是"食"字的左部。

（10）由某些部件省简而成的部件，以"×省"命名。共有 6 个："耂"称为"老省"，"几"称为"风省"，"弟"字去掉上面的"倒八"称为"弟省"，"豖"字去掉上面一横称为"豖省"，"衣"字去掉上面的"点、横"称为"衣省"，"鸟"字去掉一横称为"鸟省"。

3. 部件的变形

部件（末级部件和非末级部件）的变形指同一个部件由于出现在字的不同部位而引起的形体变化。可分为两种情况。

一种是改变部分笔画的形状。

（1）横改提：工、豆、鱼、马、牛、且、土、子、王、车、止、正、业、生、丘、立、耳、至、血、里、金、全、直、黑、壹、堇等中间最后的横在部件作左旁时，改为提。如城、豇、鲜、驷、特、助、坟、孙、珏、辙、歧、政、邺、甥、邱、站、职、到、蚱、野、剑、鑫、蠹、默、鼓、勤。例外是丹，出现在合体字的左边时，其末笔不变成提，如彤。

（2）竖改撇：半、羊、辛等作左旁时末笔的竖改为撇。如判、翔、辣。

（3）撇改竖：月在别的部件下边时起笔的撇改为竖，如有、青、肯，例外：萌、霸、赢中不变。

（4）捺改点：人、又、仓、文、禾、矢、火、米等右边有捺笔的，作左旁或处在包围、半包围结构之中时，捺改为点。如从、巫、闪、渴、劝、双、树、盈、凤、创、这、恻、秋、颖、黎、知、医、疑、灯、氮、料、断、彝、鄰。

夫、公、分、令、皮、耒、束、夹、会、合、交、关、求、柬、采、谷、果、金、客、乘、兼、襄等字作左旁时，中间的捺改为点，如规、替、颂、颁、邻、颇、耕、辣、频、剑、鸽、郊、郑、救、赖、嗽、釉、翻、欲、颗、剩、敛、额、剩、歉、瓢。

（5）避重捺：当一个字的临近笔画有两个或两个以上的捺笔时，为了摆稳全字重心，使字形富于变化，只保留一个捺，其余的改为点。

下边的捺笔避上边的捺笔，则将下边的捺笔改为点，如奏、泰、秦、葵、暴、黎、藤等。

上边的捺笔避下边的捺笔，则将上边的捺笔改为点，如达、返、炙、这、述、炎、送、迷、退、逐、桑、透、逮、裘、裹、樊、邀等。

上下的捺笔避中间的捺笔，将上下的捺笔改为点，如黍、漆、餐等。

上下都含有捺笔的字，如果中间还夹有别的部件，则可不避重捺，如逢、逾、透、途等。对少数应该避重捺的字，为了使其结构匀称、美观，也不避重捺，如众、森、籴、余、衾等。

（6）横折钩改横折竖：羽、甫处于别的部件上边时，去掉钩，如褶、翼、博、敷等。"甫"字作头时，第四笔横折钩改为横折竖，如勇。其他情况下不变形。

（7）横折弯钩改横折弯："几"处在别的部件上边时，去掉钩，如朵、没、铅、般等。

（8）横折弯钩改横折提："几、九"处在别的部件左边时，第二画的横折弯钩改为横折提，如微、鸠等。

（9）竖钩改竖："小、可"用在别的部件上边时，竖钩改为竖，如少、劣、抄、雀、哥等。

（10）竖钩改撇："手"用在左旁或中腰时，竖钩改撇，如拜、掰、湃。

（11）竖折改竖提：山、缶、齿等作左旁时，倒数第二笔竖折改为竖提，如岭、屿，缸、缺、龄、龋。

（12）竖弯钩改竖提："七、已、己、元、屯、电、此、毛、克、先、光、鹿"等末笔为竖弯钩的部件作左旁时，竖弯钩改为竖提，如切、顾、改、顽、顿、鹤、雌、橇、兢、赞、辉、麟等。

（13）撇、捺改点：艮、良作左旁，或处在字的中间，最后两笔撇、捺改为一点，如即、卿、嚼、朗、廊、螂。长（镸）作左旁或处在字的下边，最后两笔撇、捺，也改为一点，如肆、套、鬓。

（14）西、四作头时，笔形的变化：

"西"字作头时，第四笔撇改为竖，第五笔竖弯改为竖，如要、粟、票、覃（贾、覆本从西 xià）。

"四"（源于古网字）字作头时，第三笔撇改为竖，第四笔竖弯改为竖，如罢、罗、罪、罩、蜀。

（15）木字作偏旁时的变化：

"木"字作左旁，或处在全包围和半包围结构中时，末笔捺改为点，如松、困、麻、栽。

　　"木"字作右旁时,形体不变,如休、沐、林,但林、休出现在合体字左边时,其末笔捺要变为点,如彬、郴、槲。

　　"木"字作头时,有两种情况:下边的部件没有捺时,形体不变,如杏、杰、查等;下边的部件有捺时,为了避重捺,末笔捺要改为点,如漆、樊、焚、楚等。

　　"木"字作底时,只有杀、条、杂、亲、寨、茶几个字的木带钩(带钩变形),而且末笔改为点。

　　部件的第二种变形,是拉长或压扁,以便使整字的各部分协调匀称。如"犬、贝"在左右、左中右结构中要拉长,如状、狱、购、财等;在上下、上中下结构中压扁,如哭、器、货。

二、构形方式

　　每个汉字由一个或几个部件构成一个方块,这些部件之间的方位结构方式,称为间架,又称字形。汉字的字型有三种:左右结构、上下结构、杂合结构。杂合结构指构成整字的各部件之间没有简单明确的左右或上下型关系。由一个部件构成的字也可以看成一种特殊的杂合结构字型。

　　1983年1月到1984年5月,原中国文字改革委员会汉字处与武汉大学合作,利用计算机,对《辞海》(1979年版)所收的16296个汉字以及《辞海》未收而GB 2312-80字符集收入的43字,合计16339个,进行了部件分析统计。汉字的具体字型又可细分,其具体结构方式的频率如下:

序号	结构	例字	《辞海》中的频率(%)	GB 2312-80中的频率(%)
1	左右结构	郑伟林	68.45	62.59
2	上下结构	志苗字吉	20.33	22.49
3	左中右结构	彬湖棚僻	0.098	0.013
4	上中下结构	奚冀禀褒	0.53	0.59
5	右上包围结构	句可司式	0.54	0.77
6	左上包围结构	庙病房尼	3.58	4.13
7	左下包围结构	建连毯尬	2.34	2.33
8	右下包围结构	斗	0.006	0.015
9	上三包围结构	同问闹周	1.13	0.93
10	下三包围结构	击凶函画	0.43	0.089
11	左三包围结构	区巨匝匦	0.20	0.22

续表

序号	结构	例字	《辞海》中的频率(%)	GB 2312-80 中的频率(%)
12	全包围结构	囚团因图	0.32	0.40
13	单体结构	丈甲且我	2.19	4.76
14	特殊结构	坐爽夹疆	0.50	0.58

从统计结果来看,汉字以左右结构的字数最多。

汉字外部结构的分析,大多时候与内部结构的分析一致,如"顿",外部结构是左右结构,内部结构也是从页、屯声的形声字;岩是上下结构,内部结构也是从山、从石会意。但也有不一致的情况:(1)切分数量不同,如搬,外部结构是左中右结构,分成了三个部分,而内部结构是从扌、般声,只分析出两个部分。梁、碧,外部结构都是上下结构,内部结构前者是从木、从水、刃声;后者是从玉、从石、白声。(2)同样分成两个部分,外部结构同内部结构也可能不一样,如疆,外部分析是左右结构,内部结构则分析成从土、彊声。同样,左右结构的乾是从乙、倝(gàn)声。贼,内部结构是从戈、则声。(3)外部分析看作特殊结构的,内部结构都要再进行切分的,如夷,内部结构分析成从大、从弓的会意字。

本章主要参考文献:

程明安、郝文华:《应用汉语》,湖北人民出版社 2005 年版。
纪洪志:《规范汉字教程》,华中理工大学出版社 1992 年版。
李思维、王昌茂:《汉字形音学》,华中师范大学出版社 1996 年版。
裴锡圭:《文字学概要》,商务印书馆 1988 年版。
苏培成:《现代汉字学纲要》,北京大学出版社 1994 年版。

第二部分 材料篇

第二章 形体:
形近字辨析

　　初学汉字者,常常会因为汉字形体相近,而将汉字写错。本部分主要罗列出汉字中形体易混的字,以帮助大家辨别形近的汉字。本部分按音序排列,每个拼音下按易混偏旁和易混字分类。

A

易混偏旁:

哀 āi 悲哀

衰 shuāi 衰退——蓑 suō(蓑衣)

衷 zhōng(初衷)

爱 ài 喜爱——暧 ài(暧昧)嗳 āi,ǎi,ài(叹词)

受 shòu 接受——授 shòu(授课)

爰 yuán ——援 yuán(援助)暖 nuǎn(暖流)缓 huǎn(缓和)

卬 áng ——昂 áng(昂贵)仰 yǎng(仰望)抑 yì(压抑)迎 yíng(迎接)

卵 luǎn 卵石 ——孵 fū(孵化)

卯 mǎo 卯时——柳 liǔ(柳叶)聊 liáo(聊天)

易混字:

哀 āi 哀求——裒 póu 裒集——衰 shuāi 衰退;cuī 等衰——衷 zhōng 衷心

皑 ái 皑皑——铠 kǎi 铠甲

蔼 ǎi 和蔼——霭 ǎi 烟霭

毐 ǎi 嫪毐——毒 dú 毒品

瑗 ài 瑗珲——瑗 yuàn 大孔的璧

嫒 ài 令嫒——嫒 yuàn 名嫒;yuán 婵嫒

暧 ài 暧昧——暖 nuǎn 温暖

爱 ài 爱国——嫒 yuán 姓嫒

安 ān 安全——桉 ān 桉树——按 àn 按下

谙 ān 谙熟——暗 àn 昏暗——喑 yīn 喑哑

凹 āo 凹陷;wā 低凹——凸 tū 凸起

螯 áo 螯蟹——蜇 zhē 蜇人

熬 áo 熬粥;āo 熬白菜——煞 shà 煞神;shā 煞车

聱 áo 聱牙——赘 zhuì 入赘

鏖 áo 鏖战——塵 chén“尘”的繁体——麇 jūn 指獐子;qún 麇集——麋 mí 麋鹿

袄 ǎo 夹袄——祆 xiān 祆教——妖 yāo 同“妖”

奥 ào 深奥——澳 ào 澳门——粤 yuè 粤剧

卬 áng 卬须我友;yǎng 通“仰”——卵 luǎn 产卵——卯 mǎo 卯时——邛 qióng 邛崃

昂 áng 昂贵——昴 mǎo 昴宿

B

易混偏旁:

犮 bá——拔 bá（拔河）跋 bá（跋涉）

发 fā 出发——拨 bō（拨款）泼 pō（泼水）

备 bèi 准备——惫 bèi（疲惫）

奋 fèn 奋斗——畚 běn（畚箕）

本 běn 本来——笨 bèn（笨重）体 tǐ（体积）

木 mù 木头——沐 mù（沐浴）床 chuáng（床位）宋 sòng（宋朝）

术 shù 武术——述 shù（讲述）秫 shú（秫米）沭 shù（沭河）怵 chù（怵目惊心）

比 bǐ 比较——批 pī（批评）毙 bì（毙命）庇 bì（庇护）砒 pī（砒霜）琵 pí（琵琶）

此 cǐ 彼此——柴 chái（柴米）疵 cī（瑕疵）些 xiē（一些）紫 zǐ（紫色）眦 zì（眦目）

敝 bì 敝帚自珍——蔽 bì(遮蔽)弊 bì(作弊)憋 biē(憋气)瞥 piē(瞥见)撇 piē(撇开)

敞 chǎng 宽敞——氅 chǎng(大氅)

畀 bì 畀以重任——痹 bì(麻痹)

界 jiè 边界、国界

舁 yú 舁轿

币 bì 货币

巾 jīn 毛巾——吊 diào(吊销)帘 lián(窗帘)

宾 bīn 宾客——缤 bīn(缤纷)摈 bìn(摈弃)滨 bīn(海滨)

兵 bīng 兵器——浜 bāng(沙家浜)

冫 bīng ——冶 yě(冶金)冼 xiǎn(姓冼)准 zhǔn(准备)凌 líng(凌晨)减 jiǎn(减少)凝 níng(凝聚)

氵 shuǐ ——治 zhì(治理)洗 xǐ(洗衣)淮 huái(秦淮)涨 zhǎng(涨价)

亳 bó 亳州

豪 háo 豪放——壕 háo(壕沟)嚎 háo(嚎叫)

毫 háo 毫厘

易混字:

扒 bā 扒皮;pá 扒痒——趴 pā 趴下

芭 bā 芭蕾舞——笆 bā 篱笆

拔 bá 选拔——跋 bá 跋涉——拨 bō 拨款

掰 bāi 掰开——犄 gé 犄朋友

稗 bài 稗子——睥 bì 睥睨——啤 pí 啤酒——脾 pí 脾气——裨 pí 裨将;bì 裨益

班 bān 班级——斑 bān 斑点

扳 bān 扳机;pān 同"攀"——板 bǎn 木板——版 bǎn 版权——舨 bǎn 舢舨

浜 bāng 沙家浜——滨 bīn 海滨

孢 bāo 孢子——胞 bāo 胞衣

阪 bǎn 阪章——皈 guī 皈依

辦 bàn"办"的繁体——瓣 bàn 花瓣——辨 biàn 辨别——辩 biàn 辩论——辫 biàn 辫子

半 bàn 半斤八两——丰 fēng 丰富

绊 bàn 绊脚石——拌 bàn 拌嘴——柈 bàn 柈子——袢 pàn 袷袢

谤 bàng 诽谤——滂 pāng 滂沱

磅 bàng 磅秤;páng 磅礴——镑 bàng 英镑

棒 bàng 棍棒——捧 pěng 捧场

保 bǎo 保证——褓 bǎo 襁褓

报 bào 报告——投 tóu 投掷

暴 bào 暴行——爆 bào 爆破——曝 bào 曝光;pù"暴"的异体

抱 bào 抱歉——抡 lūn 抡起;lún 抡材——抢 qiǎng 抢救;qiāng 呼天抢地

碑 bēi 墓碑——牌 pái 招牌

杯 bēi 杯水车薪——怀 huái 怀疑——抔 póu 一抔土

辈 bèi 长辈——辇 niǎn 凤辇

贝 bèi 贝勒——见 jiàn 看见——欠 qiàn 欠缺

苯 běn 苯胺——笨 bèn 愚笨

奔 bèn 奔地——岔 chà 岔口——忿 fèn 忿忿不平

迸 bèng 迸发——进 jìn 前进

吡 bǐ 吡啶——呲 zī"龇"的异体;cī 挨呲儿

畀 bì 投畀——舁 yú 舁夫

哔 bì 哔叽——哗 huā 哗哗;huá 喧哗

薜 bì 薜荔——薛 xuē 姓薛

陛 bì 陛下——陞 shēng"升"的异体

壁 bì 墙壁——璧 bì 璧玉

愎 bì 刚愎——復 fù"复"的繁体

蓖 bì 蓖麻——篦 bì 篦头

庇 bì 庇荫——屁 pì 屁股

楅 bī 楅衡——福 fú 幸福

砭 biān 针砭——贬 biǎn 贬值——眨 zhǎ 眨眼

褊 biǎn 褊急——偏 piān 偏爱

卞 biàn 卞急——卡 kǎ 卡片;qiǎ 关卡

弁 biàn 皮弁——并 bìng 合并;bīng 并州

膘 biāo 长膘——瞟 piǎo 瞟一眼

標 biāo"标"的繁体——镖 biāo 飞镖——摽 biào 摽住

憋 biē 憋气——蹩 bié 弓蹩——蹩 bié 蹩脚

濒 bīn 濒临——频 pín 频繁

柄 bǐng 把柄——枘 ruì 枘凿

博 bó 博大——搏 bó 脉搏——膊 bó 赤膊——抟 tuán"抟"的繁体

薄 bó 单薄;báo 厚薄;bò 薄荷——簿 bù 练习簿

亳 bó 亳县——毫 háo 丝毫

泊 bó 停泊;pō 湖泊——洎 jì 洎乎近世

檗 bò 黄檗——孽 niè 妖孽——蘖 niè 蘖枝

擘 bò 世擘——劈 pī 雷劈;pǐ 劈麻

哺 bǔ 哺乳——晡 bū 晡时——脯 pú 胸脯;fǔ 肉脯

钚 bù 钚元素——环 huán 环境

C

易混偏旁:

参 cān 参考,cēn 参差,shēn 人参——惨 cǎn(悲惨)掺 chān(掺杂)渗 shèn(渗透)

叁 sān(三的大写)

仓 cāng 仓库——苍 cāng(苍白)沧 cāng(沧桑)创 chuàng(创造)怆 chuàng(悲怆)枪 qiāng(手枪)抢 qiǎng(抢救)呛 qiāng(呛水)

仑 lún ——抡 lūn(抡拳)伦 lún(伦理)论 lùn(理论)轮 lún(车轮)纶 guān(纶巾)

查 chá 检查——渣 zhā(渣滓)楂 zhā(山楂)

杏 xìng 杏树

杳 yǎo 杳无音信

差 chā 差别——搓 cuō(搓板)蹉 cuō(蹉跎)嗟 jiē(嗟来之食)

羞 xiū 羞耻——馐 xiū(珍馐)

又 chā 鱼叉——权 chà(树权)衩 chǎ(裤衩)钗 chāi(凤钗)

又 yòu 又要——权 quán(权利)对 duì(对话)观 guān(观念)欢 huān(欢迎)劝 quàn(劝说)戏 xì(戏剧)

拆 chāi 拆除

折 zhé 折断——哲 zhé(哲学)浙 zhè(浙江)逝 shì(逝世)誓 shì(发誓)

散 chè —— 撤 chè(撤退)澈 chè(清澈)辙 zhé(车辙)

散 sǎn 散落——撒 sǎ(撒网)澈 sǎ(澈河)

成 chéng 成功——城 chéng(城市)诚 chéng(诚实)盛 shèng(茂盛)

咸 xián 咸菜——喊 hǎn(呼喊)减 jiǎn(减少)缄 jiān(缄口)

斥 chì 斥责——拆 chāi(拆迁)柝 tuò(柝击)诉 sù(诉说)

斤 jīn 斤两——近 jìn(远近)匠 jiàng(工匠)颀 qí(颀长)芹 qín(芹菜)析 xī(分析)斫 zhuó(斫伐)

充 chōng 充足——统 tǒng(统计)铳 chòng(火铳)

允 yǔn 允许——吮 shǔn(吮吸)

舂 chōng 舂米

春 chūn 春天——椿 chūn(椿树)蠢 chǔn(愚蠢)

眷 juàn 眷恋

荒 huāng 灾荒——慌 huāng(慌忙)谎 huǎng(谎言)

荒 liú——流 liú(河流)琉 liú(琉璃)梳 shū(梳子)疏 shū(疏通)

重 chóng 重复,zhòng 重要——踵 zhǒng(接踵而至)

童 tóng 童年——瞳 tóng(瞳孔)撞 zhuàng(撞击)幢 zhuàng(一幢)

熏 xūn 熏陶——醺 xūn(醉醺醺)薰 xūn(薰香)

豕 chù——啄 zhuó(啄木鸟)琢 zhuó(琢磨)

豕 shǐ—— 家 jiā(家庭)豚 tún(海豚)

川 chuān 山川——顺 shùn(顺利)驯 xùn(驯服)训 xùn(训练)

州 zhōu 九州——洲 zhōu(亚洲)酬 chóu(酬劳)

剌 cì 刺激

剌 là 乖剌——喇 lǎ(喇叭)瘌 là(瘌痢)

朿 cì——策 cè(策略)棘 jí(荆棘)枣 zǎo(红枣)刺 cì(刺激)

束 shù 一束——辣 là(辣椒)竦 sǒng(竦峙)速 sù(速度)悚 sǒng(惊悚)

欶 shuò、sòu——嗽 sòu(咳嗽)漱 shù(漱口)

敕 chì 敕命——嫩 nèn(嫩芽)

囱 cōng 烟囱——窗 chuāng(窗户)

卤 lǔ 卤菜

囟 xìn 囟门

匆 cōng 匆忙——葱 cōng(葱郁)

勿 wù 己所不欲,勿施于人——物 wù(物质)囫 hú(囫囵)吻 wěn(吻合)刎 wěn(自刎)

易混字:

材 cái 材料——村 cūn 村民

裁 cái 裁衣——栽 zāi 栽花

采 cǎi 采取;cài 采地——彩 cǎi 喝彩

睬 cǎi 理睬——睐 lài 青睐

菜 cài 蔬菜——莱 lái 莱芜

参 cān 参加;cēn 参差;shēn 人参——叁 sān"三"的大写

粲 càn 粲然——粢 zī 粢盛

仓 cāng 仓库——仑 lún 昆仑

沧 cāng 沧桑——伧 chen 寒伧;cāng 伧俗——伦 lún 伦理——论 lùn 议论;lún 论语——沦 lún 沦落

噌 cēng"噌"的一声;chēng 噌吰——哙 kuài"哙"的繁体

叉 chā 钢叉;chá 叉住;chǎ 叉着腿——汊 chà 河汊——扠 chā 同"叉",扠鱼——杈 chà 树杈;chā 木杈——衩 chà 衩口;chǎ 裤衩——义 yì 正义

茶 chá 茶叶——苶 nié 发苶——荣 róng 荣誉——荼 tú 荼毒

茬 chá 找茬儿——茌 chí 茌平——荏 rěn 色厉内荏

查 chá 检查;zhā 姓查——沓 dá 一沓纸;tà 杂沓——杳 yǎo 杳无音信

楂 chá 胡楂;zhā 山楂——碴 chá 玻璃碴儿;zhǎ 道碴——渣 zhā 油渣

诧 chà 诧异──姹 chà 姹紫嫣红──咤 zhà 叱咤

拆 chāi 拆迁──折 zhé 折旧；shé 折本；zhē 折跟头

谗 chán 谗言──馋 chán 嘴馋

铤 chán 刀铤──挺 tǐng 挺拔──梃 tǐng 梃击；tìng 梃猪──铤 tǐng 铤而走险；dìng 金铤

阐 chǎn 阐明──闸 zhá 闸口

忏 chàn"忏"的繁体──谶 chèn 谶语

娼 chāng 娼妓──媚 mào 媚怨

尝 cháng 尝试──偿 cháng 偿还──赏 shǎng 赏赐

场 chǎng"场"的繁体──场 yì 疆场

敞 chǎng 宽敞──敝 bì 敝帚自珍──蔽 bì 遮天蔽日

怅 chàng 怅然若失──帐 zhàng 帐篷

唱 chàng 唱歌──喝 hē 喝酒；hè 吆喝──褐 hè 短褐──渴 kě 渴望──谒 yè 谒见

巢 cháo 雀巢──窠 kē 蜂窠

车 chē 火车；jū 象棋棋子的一种──东 dōng 东方

撤 chè 撤职──澈 chè 清澈──撒 sā 撒手；sǎ 撒种

坼 chè 龟坼──圻 qí 郊圻；yín 无圻

彻 chè 彻底──沏 qī 沏茶

抻 chēn 抻面──狎 xiá 狎妓──柙 xiá 柙板──押 yā 画押

沉 chén 沉重──沈 shěn 沈阳

陈 chén 陈旧──阵 zhèn 阵地

忱 chén 热忱──枕 zhěn 枕头

琤 chēng 琴声琤琤──铮 zhēng 铮铮硬汉

瞠 chēng 瞠目──膛 táng 胸膛──镗 tāng"镗"的一声；táng 镗孔

橙 chéng 橙子──櫈 dèng"凳"的繁体

城 chéng 城市──域 yù 区域

乘 chéng 乘客；shèng 千乘──乖 guāi 乖巧

骋 chěng 驰骋──聘 pìn 聘请

笞 chī 鞭笞──苔 tāi 舌苔；tái 青苔──苕 tiáo 苕草；sháo 红苕──笤 tiáo 笤帚

嗤 chī 嗤笑──媸 chī 不辨妍媸

弛 chí 松弛──驰 chí 驰骋

持 chí 坚持──恃 shì 有恃无恐

豉 chǐ 豆豉——鼓 gǔ 打鼓

饬 chì 饬令——饰 shì 装饰

翅 chì 翅膀——翘 qiáo 翘首;qiào 翘尾巴

炽 chì 炽烈——织 zhī 织布

充 chōng 充任——兖 yǎn 兖州

衝 chōng "冲"的繁体——街 jiē 街道——衔 xián 头衔——衍 yǎn 衍生

憧 chōng 憧憬——幢 chuáng 经幢;zhuàng 一幢

舂 chōng 舂米——春 chūn 春天

崇 chóng 崇高——祟 suì 鬼鬼祟祟

宠 chǒng 宠物——龙 lóng 飞龙——垅 lǒng "垄"的异体字——笼 lóng 笼子;lǒng 笼罩

铳 chòng 鸟铳——统 tǒng 统计

筹 chóu 统筹——等 děng 等级

厨 chú 厨房——橱 chú 衣橱

处 chǔ 处理;chù 住处——外 wài 外传

杵 chǔ 铁杵——忤 wǔ 忤作——忤 wǔ 忤逆——许 xǔ 许可

绌 chù 心余力绌——拙 zhuō 笨拙

搋 chuāi 搋面——褫 chǐ 褫职

揣 chuǎi 揣度;chuāi 揣在手里;chuài 挣揣——惴 zhuì 惴惴不安

椽 chuán 椽子——掾 yuàn 掾吏——橼 yuán 香橼

傳 chuán "传"的繁体——傅 fù 太傅

串 chuàn 串珠——窜 cuàn 窜改

炊 chuī 炊事班——钦 qīn 钦佩——饮 yǐn 饮料

垂 chuí 低垂——唾 tuò 唾弃

椿 chūn 椿树——橦 zhuāng "桩"的繁体

淳 chún 淳朴——醇 chún 香醇——惇 dūn 世惇俗厚——谆 zhūn 谆谆

纯 chún 纯净——钝 dùn 钝角

戳 chuō 戳穿——戮 lù 杀戮

啜 chuò 啜茶——辍 chuò 辍学——掇 duō 拾掇——裰 duō 补裰——缀 zhuì 点缀

刺 cì 讽刺;cī 刺刺响——剌 lá 剌了个口子;là 乖剌

囱 cōng 烟囱——囟 xìn 囟门

匆 cōng 匆匆忙忙——勿 wù 格杀勿论

怱 cōng "匆"的异体字——忽 hū 忽略

骢 cōng 骢马──驄 cōng"聪"的繁体
徂 cú 自西徂东──殂 cú 崩殂──俎 zǔ 刀俎
撺 cuān 临时现撺──窜 cuàn 逃窜──蹿 cuān 蹿血
汆 cuān 汆汤──氽 tǔn 油氽馒头
躥 cuān"蹿"的繁体──躐 liè 躐级
篡 cuàn 篡夺──纂 zuǎn 编纂
催 cuī 催促──摧 cuī 摧毁
悴 cuì 憔悴──粹 cuì 纯粹──碎 suì 破碎
寸 cùn 尺寸──吋 cùn 英吋
磋 cuō 切磋──蹉 cuō 蹉跎──嗟 jiē 嗟来之食
矬 cuó 矬子──锉 cuò 三角锉

D
易混偏旁：
大 dà 大小──驮 tuó(驮运)庆 qìng(庆祝)达 dá(直达)
犬 quǎn 警犬──吠 fèi(犬吠)
太 tài 太阳──态 tài(状态)汰 tài(淘汰)

代 dài 代替──袋 dài(口袋)黛 dài(粉黛)贷 dài(贷款)
伐 fá 砍伐──筏 fá(木筏)阀 fá(门阀)

旦 dàn 花旦──担 dān(分担)胆 dǎn(胆量)但 dàn(但是)坦 tǎn(平坦)昼 zhòu(昼夜)
亘 gèn 亘古──恒 héng(恒温)垣 yuán(断垣残壁)

刀 dāo 刀剑──叨 dāo(唠叨)初 chū(初中)
刃 rèn 刀刃──忍 rěn(忍耐)韧 rèn(韧带)纫 rèn(缝纫)
刁 diāo 刁难──叼 diāo(叼着烟)

商 dí──滴 dī(水滴)嫡 dí(嫡系)摘 zhāi(采摘)谪 zhé(贬谪)
商 shāng 商品──墒 shāng(抢墒)

翟 dí 墨翟,zhái 姓翟──耀 yào(耀眼)濯 dí(洗濯)擢 zhuó(擢升)
瞿 qú 姓瞿──癯 qú(清癯)衢 qú(通衢)

甸 diàn 缅甸

旬 xún 中旬——洵 xún(洵实)峋 xún(嶙峋)荀 xún(荀子)询 xún(询问)殉 xùn(殉葬)

东 dōng 东方——冻 dòng(冷冻)栋 dòng(栋梁)陈 chén(陈述)

东(柬)jiǎn——拣 jiǎn(挑拣)练 liàn(练习)炼 liàn(锻炼)

段 duàn 段落——锻 duàn(锻炼)缎 duàn(绸缎)

叚 jiǎ——假 jiǎ(假设)暇 xiá(闲暇)霞 xiá(彩霞)瑕 xiá(瑕疵)遐 xiá(遐思)

盾 dùn 盾牌——遁 dùn(遁逃)循 xún(循环)

质 zhì 质量——踬 zhì(颠踬)锧 zhì(斧锧)

易混字:

疸 da 疙疸;dǎn 黄疸——疽 jū 痈疽

搭 dā 搭配——褡 dā 被褡——答 dá 回答;dā 答应——嗒 dā 嗒嗒声;tà 嗒然若丧——溚 tǎ 煤溚

妲 dá 妲己——姮 héng 姮娥

鞑 dá 鞑靼——挞 tà 鞭挞

待 dāi 待家里;dài 等待——侍 shì 侍奉

戴 dài 穿戴——载 zài 载重

贷 dài 贷款——货 huò 货币

殆 dài 危殆——饴 yí 饴糖——贻 yí 贻害

殚 dān 殚精竭虑——惮 dàn 忌惮

眈 dān 眈眈——耽 dān 耽搁

诞 dàn 诞生——涎 xián 涎水

澹 dàn "淡"的异体——谵 zhān 谵言

当 dāng 承当;dàng 处理得当——裆 dāng 直裆——挡 dàng 摒挡;dǎng 抵挡——档 dàng 档案

珰 dāng 明珰——铛 dāng 银铛下狱;chēng 饼铛

宕 dàng 跌宕——岩 yán 岩石

凼 dàng 水凼——函 hán 公函——涵 hán 涵养

刀 dāo 菜刀——刁 diāo 刁难——力 lì 力量——刃 rèn 利刃

叨 dāo 叨叨咕咕;tāo 叨教——叼 diāo 叼着烟——叩 kòu 叩头——叻 lè

叨埠

捯 dáo 捯线——倒 dǎo 倒下；dào 倾倒——到 dào 到达

导 dǎo 教导——寻 xún 寻找；xín 寻死——异 yì 异常

悼 dào 哀悼——掉 diào 掉队——棹 zhào 棹夫——桌 zhuō"桌"的异体

蹬 dēng 蹬车；dèng 蹭蹬——磴 dèng 一磴一磴——镫 dèng 马镫

低 dī 低下——诋 dǐ 诋毁——坻 dǐ 坂坻——抵 dǐ 抵达——纸 zhǐ 纸张

滴 dī 水滴——谪 zhé 贬谪

敌 dí 敌人——故 gù 故事

翟 dí 翟羽；zhái 姓翟——瞿 qú 姓瞿——矍 jué 矍铄

氐 dǐ 根氐；dī 氐宿——民 mín 人民——氏 shì 姓氏；zhī 阏氏

氐 dī 氐族——低 dī（高低）底 dǐ（底细）诋 dǐ（诋毁）抵 dǐ（抵押）邸 dǐ（府邸）

氏 shì 姓氏——纸 zhǐ（纸张）舐 shì（舐舐）

涤 dí 洗涤——倏 shū 倏忽不见——條 tiáo"条"的繁体——绦 tāo 丝绦——絛 tāo"绦"的异体——翛 xiāo 翛然自得

弟 dì 兄弟——第 dì 宅第——笫 zǐ 床笫

颠 diān 颠倒——巅 diān 山巅——癫 diān 疯癫

點 diǎn"点"的繁体——黠 xiá 狡黠

玷 diàn 玷污——沾 zhān 沾光——粘 zhān 粘贴；nián 姓粘

淀 diàn 沉淀——锭 dìng 金锭——绽 zhàn 绽开

钿 diàn 金钿；tián 洋钿——钾 jiǎ 钾盐——铀 yóu 铀元素

簟 diàn 枕簟——蕈 xùn 蕈蚊

钓 diào 钓鱼——钩 gōu 鱼钩——钧 jūn 千钧一发

跌 diē 跌倒——跗 fū 同"跗"——跣 xiǎn 跣足

谍 dié 间谍——喋 dié 喋血；zhá 唼喋——堞 dié 雉堞——牒 dié 通牒——碟 dié 碟子——蹀 dié 蹀躞

钉 dīng 钉子——钉 dìng 铆钉——订 dìng 校订——汀 tīng 绿汀

鼎 dǐng 鼎立——鼐 nài 大鼐

栋 dòng"栋"的繁体——楝 liàn 楝树

兜 dōu 兜售——蔸 dōu 禾蔸——篼 dōu 背篼——兒 ér"儿"的繁体字——兕 sì 虎兕——兇 xiōng"凶"的异体字

陡 dǒu 陡坡——徒 tú 徒劳——徙 xǐ 迁徙

读 dú 读者；dòu 句读——渎 dú 亵渎——牍 dú 尺牍

赌 dǔ 赌博——睹 dǔ 目睹

度 dù 温度；duó 揣度——渡 dù 过渡

端 duān 端正——瑞 ruì 瑞玉
朵 duǒ 花朵——㼝 gǎ 㼝娃——杂 zá 杂技
惰 duò 懒惰——隋 suí 隋朝

E
易混偏旁:
弍 èr ——贰 èr(贰过)
式 shì 样式——试 shì(试验)拭 shì(擦拭)轼 shì(凭轼)弑 shì(弑君)

易混字:
厄 è 困厄——扼 è 扼守——卮 zhī 酒卮

F
易混偏旁:
凡 fán 平凡——帆 fān(帆船)矾 fán(明矾)梵 fàn(梵语)
几 jǐ 几个,jī 几乎——机 jī(飞机)讥 jī(讥笑)饥 jī(饥饿)肌 jī(肌肉)咒 zhòu(咒骂)
卂 xùn——迅 xùn(迅速)讯 xùn(讯息)汛 xùn(汛期)

氾 fàn 同"泛"——范 fàn(范围)
汜 sì 汜水

夆 fēng——峰 fēng(山峰)锋 fēng(锋芒)烽 fēng(烽火台)蜂 fēng(蜜蜂)逢 féng(相逢)
夅 jiàng——降 jiàng(降落)绛 jiàng(绛色)
睪(罒)yì——择 zé(选择)译 yì(翻译)释 shì(解释)泽 zé(润泽)驿 yì(驿站)绎 yì(演绎)

风 fēng 风雨——疯 fēng(疯狂)讽 fěng(讽刺)飒 sà(飒爽)岚 lán(山岚)
凤 fèng 凤凰

夫 fū 匹夫——扶 fú(扶持)肤 fū(皮肤)芙 fú(芙蓉)
失 shī 失败——跌 diē(跌落)铁 tiě(铁路)轶 yì(轶事)秩 zhì(秩序)
矢 shǐ 弓矢

易混字：

筏 fá——筏 fá 皮筏

法 fǎ 法则——珐 fà 珐琅——砝 fǎ 砝码

番 fān 番茄；pān 番禺——蕃 fān 蕃邦；fán 蕃衍——藩 fān 藩篱——潘 pān 姓潘

笲 fán 圆形竹器——笄 jī 及笄

氾 fàn 氾水；fán 姓氾——汜 sì 汜水

汎 fàn "泛"的异体字——讯 xùn 音讯——汛 xùn 防汛

梵 fàn 梵语——焚 fén 焚化——婪 lán 贪婪

防 fáng 防止——妨 fáng 妨害

绯 fēi 绯红——俳 pái 俳谐——徘 pái 徘徊

斐 fěi 斐然——裴 péi 姓裴

风 fēng 风度——凤 fèng 凤凰——夙 sù 夙愿

峰 fēng 山峰——烽 fēng 烽火——锋 fēng 先锋——蜂 fēng 蜜蜂

逢 féng 相逢——逄 páng 姓逄

奉 fèng 奉献——俸 fèng 薪俸

佛 fó 佛教；fú 仿佛——拂 fú 拂袖

夫 fū 樵夫——天 tiān 天空——无 wú 无论；mó 南无——夭 yāo 夭折

伕 fū "夫"的异体字——佚 yì 佚书——帙 zhì 卷帙

扶 fú 扶持——抉 jué 抉择——快 kuài 快速——怏 yàng 怏怏不乐

孚 fú 不孚于众——荸 fú 荸草；piǎo 同"殍"——殍 piǎo 饿殍

伏 fú 伏法——优 yōu 优秀

苻 fú 姓苻——符 fú 符合

市 fú 朱市——市 shì 市场

幅 fú 幅度——辐 fú 辐射

斧 fǔ 斧正——釜 fǔ 釜底抽薪

覆 fù 覆盖——履 lǚ 履行

G

易混偏旁：

丐 gài 乞丐——钙 gài（钙质）

丏 miǎn——沔 miǎn（沔水）

冈 gāng 山冈——岗 gǎng(岗位);gǎng(同"冈")
岡 gāng "冈"的繁体——罔 wǎng(欺罔)

戈 gē 兵戈——划 huà(划分)
戋 jiān 为数戋戋——践 jiàn(实践)饯 jiàn(饯行)贱 jiàn(贫贱)残 cán(残疾)钱 qián(钱财)线 xiàn(线条)
弋 yì 游弋

艮 gèn 艮方——根 gēn(树根)跟 gēn(跟踪)痕 hén(痕迹)很 hěn(很快)恨 hèn(痛恨)艰 jiān(艰难)限 xiàn(期限)眼 yǎn(眼睛)
良 liáng 良好——粮 liáng(粮食)狼 láng(狼藉)娘 niáng(姑娘)酿 niàng(酿造)踉 liàng(踉跄)

恭 gōng 恭喜
忝 tiǎn 忝承——添 tiān(添加)舔 tiǎn(舔东西)掭 tiàn(掭笔)

勾 gōu 勾画,gòu 勾当——钩 gōu(钩子)沟 gōu(水沟)构 gòu(构成)购 gòu(购买)
勺 sháo 勺子——豹 bào(豹纹)钓 diào(钓鱼)芍 sháo(芍药)酌 zhuó(斟酌)灼 zhuó(灼伤)
句 jù 造句——拘 jū(拘束)驹 jū(马驹)狗 gǒu(哈巴狗)苟 gǒu(苟且)够 gòu(足够)

古 gǔ 古典——沽 gū(沽名钓誉)估 gū(估计)枯 kū(干枯)苦 kǔ(辛苦)姑 gū(姑娘)故 gù(事故)
右 yòu 右边——佑 yòu(保佑)

瓜 guā 瓜果——孤 gū(孤独)呱 guā(呱呱叫)弧 hú(弧形)狐 hú(狐狸)
爪 zhǎo 爪牙,zhuǎ 爪子——抓 zhuā(抓捕)爬 pá(爬坡)笊 zhào(笊篱)

夬 guài 夬卦——决 jué(决定)诀 jué(诀窍)抉 jué(抉择)块 kuài(大块)袂 mèi(衣袂)缺 quē(缺乏)
央 yāng 中央——殃 yāng(殃及)秧 yāng(秧苗)怏 yàng(怏怏)盎 àng(盎然)英 yīng(英语)映 yìng(映照)

广 guǎng 广场——矿 kuàng(矿藏)旷 kuàng(空旷)邝 kuàng(姓邝)扩 kuò
(扩张)
厂 chǎng 工厂

龟 guī 乌龟——阄 jiū(抓阄)
黾 mǐn 黾勉——渑 miǎn(渑池)绳 shéng(绳子)蝇 yíng(苍蝇)

癸 guǐ——葵 kuí(向日葵)睽 kuí(众目睽睽)揆 kuí(揆度)
祭 jì 祭奠——蔡 cài(姓蔡)

易混字：
赅 gāi 言简意赅——骸 hái 残骸——骇 hài 骇人听闻
丐 gài 乞丐——丏 miǎn 夏丏尊
概 gài 气概——慨 kǎi 感慨
干 gān 饼干；gàn 干活——千 qiān 一日千里
杆 gān 杆子；gǎn 杆菌——秆 gǎn 麦秆
竿 gān 竹竿——芊 qiān 芊芊——芋 yù 芋头——竽 yú 滥竽充数
榦 gān，gàn "干"的繁体——斡 wò 斡旋
感 gǎn 感动——惑 huò 迷惑
戈 gē 同室操戈——弋 yì 弋射
刚 gāng 刚才——钢 gāng 钢铁
綱 gāng "纲"的繁体——網 wǎng "网"的繁体
篙 gāo 竹篙——蒿 hāo 艾蒿
杲 gǎo 杲日——果 guǒ 果实
槁 gǎo 枯槁——稿 gǎo 稿件——犒 kào 犒赏
阁 gé 闺阁——搁 gē 搁浅；gé 搁不住
格 gé 合格——恪 kè 恪守
各 gè 各自——名 míng 名字
铬 gè 铬钢——铭 míng 铭记
隔 gé 阻隔——膈 gé 横膈膜
根 gēn 耳根——跟 gēn 跟从
茛 gèn 毛茛——茛 liáng 薯莨；làng 莨菪
亘 gèn 亘古未有——瓦 wǎ 瓦盆；wà 瓦瓦(wǎ)——互 hù 互相

宫 gōng 宫殿——官 guān 官员

功 gōng 功劳——切 qiē 切开;qiè 切实

拱 gǒng 拱形——栱 gǒng 枓栱

勾 gōu 勾结;gòu 勾当——沟 gōu 山沟——钩 gōu 鱼钩

苟 gǒu 苟且——荀 xún 荀子——筍 sǔn "笋"的异体

诟 gòu 诟骂——垢 gòu 污垢

觳 gòu 入觳——榖 gǔ 木名——穀 gǔ "谷"的繁体——殼 ké,qiào "壳"的繁体——觳 hú 绉觳

箍 gū 紧箍咒——箝 qián "钳"的异体

孤 gū 孤独——弧 hú 弧形

汩 gǔ 汩没——汨 mì 汨罗江

蛊 gǔ 蛊惑人心——盅 zhōng 酒盅

固 gù 固定——锢 gù 禁锢——涸 hé 干涸

刮 guā 刮风——栝 guā 箭栝;kuò 机栝——聒 guō 聒噪——括 kuò 包括——恬 tián 恬静

瓜 guā 黄瓜——爪 zhǎo 爪牙;zhuǎ 爪子

挂 guà 挂职——桂 guì 桂林

诖 guà 诖误——洼 wā 洼地

掛 guà "挂"的繁体——褂 guà 大褂儿

枴 guǎi "拐"的异体——枵 xiāo 枵腹

冠 guān 衣冠;guàn 冠军——寇 kòu 敌寇

观 guān 观看;guàn 道观——欢 huān 欢笑

管 guǎn 管乐——菅 jiān 草菅人命——营 yíng 军营

馆 guǎn 使馆——绾 wǎn 绾头发

贯 guàn 贯彻——掼 guàn 掼东西——惯 guàn 惯例

贯 guàn 贯彻——贳 shì 贳酒

裸 guàn 裸祭——裸 luǒ 赤裸

犷 guǎng 粗犷——旷 kuàng 空旷

闺 guī 闺房——闰 rùn 闰月

归 guī 殊途同归——旧 jiù 陈旧

龟 guī 乌龟;jūn 龟裂;qiū 龟兹——黾 miǎn 同"渑";mǐn 黾勉

瓌 guī "瑰"的异体——瓖 xiāng 通"镶"

宄 guǐ 奸宄——究 jiū 追究

轨 guǐ 轨道——轧 yà 倾轧;zhá 轧钢;gá 轧账

檜 guì "桧"的繁体——增 zēng 增巢
匮 guì 匮椟——馈 kuì 馈赠——聩 kuì 振聋发聩
虢 guó 虢国——猇 xiāo 猇亭
裹 guǒ 裹腿——裏 lǐ "里"的繁体

H
易混偏旁：
旱 hàn 干旱——捍 hàn (捍卫)悍 hàn (强悍)焊 hàn (电焊)
早 zǎo 早晨——草 cǎo (草地)

盍 hé 盍不——阖 hé (阖家)磕 kē (磕头)瞌 kē (瞌睡)嗑 kè (嗑瓜子)
盖 gài 盖子,gě 姓盖,hé 同"盍"

亨 hēng 亨通——哼 hēng (哼哈二将)烹 pēng (烹饪)
享 xiǎng 享受——淳 chún (淳朴)鹑 chún (鹌鹑)谆 zhūn (谆谆)

侯 hóu 诸侯——喉 hóu (喉咙)猴 hóu (猴子)篌 hóu (箜篌)
候 hòu 等候

户 hù 门户——护 hù (保护)妒 dù (嫉妒)炉 lú (炉灶)芦 lú (芦苇)庐 lú (庐山)
驴 lǘ (驴子)
卢 lú 姓卢——颅 lú (头颅)轳 lú (辘轳)鸬 lú (鸬鹚)泸 lú (泸州)

幻 huàn 幻想
幼 yòu 幼苗——黝 yǒu (黝黑)拗 ào (拗口)坳 ào (山坳)窈 yáo (窈窕)

肓 huāng 病入膏肓
盲 máng 盲目
育 yù 培育——唷 yō (哎唷)

徽 huī 国徽
微 wēi 微笑——薇 wēi (蔷薇)

或 huò 或者——惑 huò(迷惑)域 yù(区域)

彧 yù 或彧——稶 yù

易混字：

撼 hàn 震撼——憾 hàn 遗憾

翰 hàn 翰林——瀚 hàn 浩瀚

颔 hàn 颔首——颌 hé 下颌

捍 hàn 捍卫——悍 hàn 彪悍

扞 hàn 扞格；gǎn "擀"的异体字——扦 qiān 火扦

颃 háng 颉颃——顽 wán 顽固

沆 hàng 沆瀣一气——沅 yuán 沅江

何 hé 何处——河 hé 河水

荷 hé 荷花；hè 负荷——菏 hé 菏泽

很 hěn 很好——狠 hěn 狠毒——恨 hèn 仇恨——狼 láng 狼狗

亨 hēng 亨通——哼 hēng 哼小调——亭 tíng 亭子——婷 tíng 婷婷——享 xiǎng 享受

恒 héng 永恒——桓 huán 姓桓——垣 yuán 残垣

讧 hòng 内讧——红 hóng 红色；gōng 女红——江 jiāng 长江

侯 hóu 侯爵——候 hòu 候选

乎 hū 合乎情理——手 shǒu 亲手

壶 hú 茶壶——壸 kǔn 壸闱

斛 hú 一斛——觔 jīn "斤"的异体

斛 hú 一斛——解 jiě 解剖；jiè 押解；xiè 姓解

沪 hù 沪剧——泸 lú 泸州

護 hù "护"的繁体——獲 huò "获"的繁体

互 hù 互相——瓦 wǎ 瓦工

滑 huá 滑雪——猾 huá 狡猾

壞 huài "坏"的繁体——壤 rǎng 土壤

缓 huǎn 缓慢——绶 shòu 绶带

缓 huǎn 缓慢——湲 yuán 潺湲

豢 huàn 豢养——拳 quán 拳头

涣 huàn 涣散——换 huàn 交换——焕 huàn 焕发

宦 huàn 仕宦——宧 yí 宧奥

肓 huāng 病入膏肓——盲 máng 盲目

潢 huáng 装潢——璜 huáng 璜玉——磺 huáng 硝磺

惶 huáng 惶恐——徨 huáng 彷徨——惺 xīng 惺惺相惜

恍 huǎng 恍若——晃 huǎng 明晃晃；huàng 晃荡——幌 huǎng 幌子

徽 huī 校徽——微 wēi 轻微——徵 zhēng "征"的繁体；zhǐ 宫商角徵羽

麾 huī 麾军前进——摩 mó 摩擦；mā 摩挲

迴 huí "回"的繁体——迥 jiǒng 迥异——炯 jiǒng 炯炯有神

悔 huǐ 后悔——诲 huì 教诲——晦 huì 晦涩——侮 wǔ 侮辱

讳 huì 忌讳——纬 wěi 经纬——帏 wéi 罗帏

烩 huì 杂烩——哙 kuài 哙然——脍 kuài 脍炙人口

喙 huì 鸟喙——啄 zhuó 啄木鸟

繪 huì "绘"的繁体——缯 zēng 缯帛；zèng 缯起来

彗 huì 彗星——慧 huì 智慧

荤 hūn 荤菜；xūn 荤粥——晕 yūn 晕倒；yùn 晕车

魂 hún 灵魂——魄 pò 体魄

浑 hún 浑浊——诨 hùn 诨号

J

易混偏旁：

即 jí 即将——唧 jī（唧咕）鲫 jì（鲫鱼）

郎 láng 新郎——榔 láng（槟榔）螂 láng（螳螂）廊 láng（走廊）

己 jǐ 自己——纪 jì（纪律）忌 jì（忌讳）记 jì（记者）妃 fēi（王妃）配 pèi（配套）起 qǐ（起床）

巳 sì 巳时——祀 sì（祭祀）汜 sì（汜水）导 dǎo（导致）异 yì（异常）

已 yǐ 已经

冀 jì 希冀——骥 jì（骐骥）

翼 yì 羽翼

佳 jiā 佳节

住 zhù 住房

隹 zhuī ——锥 zhuī（锥子）椎 zhuī（脊椎）堆 duī（堆积）集 jí（集体）雀 què（雀跃）推 tuī（推广）

坚 jiān 坚固——铿 kēng(铿锵)悭 qiān(悭吝)
竖 shù 竖起

监 jiān 监察,jiàn 太监——槛 kǎn(门槛)尴 gān(尴尬)篮 lán(篮球)蓝 lán(蓝色)褴 lán(褴褛)滥 làn(泛滥)
临 lín 临时
盐 yán 食盐

将 jiāng 将来——蒋 jiǎng(姓蒋)锵 qiāng(铿锵)
寽 lüè,luó,lǚ——将 luō(将袖子)酹 lèi(酹酒)

孑 jié 孑孓——孜 zī(孜孜不倦)
子 zǐ 子女——仔 zǐ(仔细)字 zì(文字)籽 zǐ(菜籽)

劫 jié 劫匪
却 què 退却——脚 jiǎo(脚跟)

戒 jiè 戒备——械 xiè(机械)
戎 róng 戎马——绒 róng(绒布)贼 zéi(盗贼)

今 jīn 今天——衿 jīn(衣衿)矜 jīn(矜持)衾 qīn(衾枕)琴 qín(钢琴)黔 qián(黔首)吟 yín(呻吟)
令 lìng 命令——怜 lián(怜惜)邻 lín(邻居)拎 līn(拎东西)玲 líng(玲珑)铃 líng(铃声)聆 líng(聆听)龄 líng(年龄)零 líng(凋零)领 lǐng(领导)

圣 jīng——经 jīng(经过)茎 jīng(茎干)颈 jǐng(颈椎)径 jìng(径直)劲 jìn(使劲)轻 qīng(轻松)
圣 shèng 神圣——蛏 chēng(竹蛏)怪 guài(奇怪)

竞 jìng 竞争
竟 jìng 竟然——境 jìng(边境)镜 jìng(镜子)

同 jiōng——炯 jiǒng(炯炯有神)迥 jiǒng(迥然)
同 tóng 同样——桐 tóng(梧桐)铜 tóng(青铜)筒 tǒng(笔筒)洞 dòng(洞

穴)恫 dòng(恫吓)

究 jiū 讲究
穵 wā──挖 wā(挖掘)

九 jiǔ 九月──究 jiū(究竟)仇 chóu(仇恨)轨 guǐ(轨道)染 rǎn(染色)旭 xù
(旭日)
丸 wán 丸药──纨 wán(纨绔子弟)

咎 jiù 咎由自取──绺 liǔ(一绺)
昝 zǎn 姓昝──糌 zān(糌粑)

巨 jù 巨大──柜 guì(柜台)矩 jǔ(矩阵)拒 jù(拒绝)炬 jù(火炬)距 jù(距离)
叵 pǒ 叵测──笸 pǒ(笸箩)

卷 juǎn 卷进,juàn 试卷──圈 quān(圈套)倦 juàn(疲倦)蜷 quán(蜷缩)
券 quàn 入场券

夋 qūn──俊 jùn(俊雅)骏 jùn(骏马)竣 jùn(竣工)峻 jùn(严峻)酸 suān(酸
味)梭 suō(穿梭)唆 suō(唆使)
夌 líng──陵 líng(陵墓)凌 líng(欺凌)绫 líng(绫罗)棱 léng(棱角)

易混字:
箕 jī 簸箕──萁 qí 豆萁
幾 jī,jǐ"几"的繁体──畿 jī 京畿
嵇 jī 嵇康──稽 jī 稽查;qǐ 稽首
赍 jī 赍志而没──赉 lài 赉赐
缉 jī 通缉;qī 缉鞋口──辑 jí 编辑──楫 jí 舟楫──揖 yī 作揖
屐 jī 木屐──屣 xǐ 敝屣
饥 jī 饥饿──肌 jī 饥肤
乩 jī 扶乩──乱 luàn 战乱
芨 jī 芨芨草──笈 jí 秘笈
绩 jì 业绩──積 jī"积"的繁体──蹟 jì"迹"的繁体──溃 kuì 溃败──渍
zì 油渍

疾 jí 疾苦——嫉 jí 嫉妒

棘 jí 荆棘——辣 là 辣椒

佶 jí 佶曲；诘 jí 同"佶"；jié 诘问——洁 jié 清洁——拮 jié 拮据

己 jǐ 自己——已 sì 巳时——已 yǐ 已经

脊 jǐ 脊背——眷 juàn 家眷

记 jì 记忆——纪 jì 纲纪；jǐ 姓纪

计 jì 计划——汁 zhī 乳汁

伎 jì 歌伎——技 jì 技术

髻 jì 云髻——髫 tiáo 垂髫

剂 jì 药剂——济 jì 同舟共济；jǐ 济南

佳 jiā 佳节——隹 zhuī 佳鸟

袈 jiā 袈裟——架 jià 衣架

夹 jiā 夹住；jiá 夹鞋；gā 夹肢窝——浃 jiā 汗流浃背——挟 xié 挟制——狭 xiá 狭路相逢

茄 jiā 雪茄；qié 茄子——笳 jiā 胡笳

间 jiān 房间；jiàn 间接——问 wèn 问题——向 xiàng 方向

睑 jiǎn 眼睑——脸 liǎn 脸面

俭 jiǎn 俭省——检 jiǎn 检查

简 jiǎn 简单——筒 tǒng 竹筒

饯 jiàn 饯行——贱 jiàn 贱民——践 jiàn 实践

疆 jiāng 边疆——彊 qiáng，qiǎng "强"的异体

僵 jiāng 僵硬——缰 jiāng 缰绳——疆 jiāng 边疆

姜 jiāng 生姜——羌 qiāng 羌族——恙 yàng 安然无恙

绛 jiàng 绛色——译 yì 翻译——绎 yì 络绎——泽 zé 润泽

浆 jiāng 豆浆——桨 jiǎng 船桨

膠 jiāo "胶"的繁体——谬 miù 荒谬——缪 miào 姓缪；móu 绸缪；miù 纰缪

娇 jiāo 娇柔——骄 jiāo 骄傲——矫 jiáo 矫情；jiǎo 矫正

姣 jiāo 姣好——佼 jiǎo 佼佼者——狡 jiǎo 狡猾——绞 jiǎo 绞尽脑汁——皎 jiǎo 皎洁

角 jiǎo 牛角；jué 主角——甬 yǒng 甬道

绞 jiǎo 绞刑——铰 jiǎo 铰链——纹 wén 纹身

醮 jiào 打醮——谯 qiáo 谯楼——蘸 zhàn 蘸酱

轿 jiào 抬轿——鞒 qiáo 鞍鞒

碣 jié 墓碣——竭 jié 枯竭

孑 jié 孑遗——子 zǐ 父子;zi 帽子

絜 jié"洁"的异体——挈 qiè 提纲挈领

藉 jiè 慰藉;jí 狼藉——籍 jí 书籍

戒 jiè 戒备——戎 róng 戎装——戍 shù 戍边——戊 wù 戊申——戌 xū 戌时;qu 屈戌儿

筋 jīn 牛筋——箭 zhù"箸"的异体字

锦 jǐn 锦上添花——绵 mián 绵延——棉 mián 棉花

浸 jìn 浸泡——侵 qīn 侵犯

寖 jìn"浸"的异体——寝 qǐn 寝室

睛 jīng 眼睛——晴 qíng 晴天

径 jìng 径直——经 jīng 经过——胫 jìng 不胫而走

竞 jìng 竞争——竟 jìng 竟然——兢 jīng 兢兢业业

鸠 jiū 斑鸠——鸩 zhèn 鸩毒

纠 jiū 纠正——赳 jiū 雄赳赳

九 jiǔ 九牛一毛——丸 wán 泥丸

玖 jiǔ"九"的大写——玫 méi 玫瑰

灸 jiǔ 针灸——炙 zhì 炙热

酒 jiǔ 酒家——洒 sǎ 洒泪

掬 jū 笑容可掬——掏 tāo 掏口袋

居 jū 居住——据 jù 据悉;jū 拮据——踞 jù 盘踞

雎 jū 关雎——睢 suī 恣睢

狙 jū 狙击——阻 zǔ 阻止

掬 jū 笑容可掬——鞠 jū 蹴鞠

沮 jǔ 沮丧——诅 zǔ 诅咒

矩 jǔ 规矩——距 jù 距离

钜 jù 钜儒——钷 pǒ 钷元素

巨 jù 巨大——叵 pǒ 居心叵测

具 jù 具体——俱 jù 面面俱到

涓 juān 涓涓——绢 juàn 手绢

捐 juān 捐躯——损 sǔn 损失

卷 juǎn 卷轴;juàn 试卷——券 quàn 入场券

倦 juàn 厌倦——蜷 quán 蜷曲——鬈 quán 鬈发——惓 quán 惓惓——踡 quán"蜷"的异体

决 jué 决心——诀 jué 诀窍——抉 jué 抉择——袂 mèi 联袂

决 jué "决"的异体字——泱 yāng 泱泱大国
攫 jué 攫取——镢 jué 以镢击之
崛 jué 崛起——堀 kū 同"窟"
峻 jùn 险峻——竣 jùn 竣工

K

易混偏旁：

卡 kǎ 卡车——咔 kā（咔嚓）

卞 biàn 姓卞——汴 biàn（汴京）

侃 kǎn 侃侃而谈
兄 xiōng 兄弟——况 kuàng（状况）祝 zhù（祝贺）

困 kùn 困难——捆 kǔn（捆扎）
囷 qūn 一囷——菌 jūn（细菌）

易混字：

勘 kān 校勘——戡 kān 戡乱——斟 zhēn 自斟自饮
坎 kǎn 坎坷——砍 kǎn 砍伐
亢 kàng 高亢——亡 wáng 伤亡；wú 古文通"无"——元 yuán 元帅——之 zhī 千里之外
炕 kàng 炕头——坑 kēng 坑人
拷 kǎo 拷贝——铐 kào 手铐
科 kē 科目——料 liào 材料
瞌 kē 瞌睡——磕 kē 磕绊——嗑 kè 嗑瓜子；kè 溘然长逝
棵 kē 一棵——稞 kē 青稞——颗 kē 一颗珠子
坷 kē 坷垃；kě 坎坷——珂 kē 珂雪——柯 kē 南柯一梦
客 kè 客气——容 róng 容易
垦 kěn 开垦——恳 kěn 恳切
抠 kōu 抠门——眍 kōu 眍䁖——枢 shū 枢纽
苦 kǔ 辛苦——若 rě 般若；ruò 若干——偌 ruò 偌大
库 kù 水库——厍 shè 姓
夸 kuā 夸张——侉 kuǎ 侉腔侉调——垮 kuǎ 垮台——挎 kuà 挎包——誇 kuā "夸"的繁体字——跨 kuà 跨越

侩 kuài"侩"的繁体——僧 sēng 僧徒
框 kuāng 框框；kuàng 相框——眶 kuàng 眼眶
暌 kuí 暌隔——睽 kuí 众目睽睽
喟 kuì 喟叹——谓 wèi 称谓
昆 kūn 昆明——毗 pí"毗"的异体字
坤 kūn 乾坤——绅 shēn 绅士
捆 kǔn 捆东西——梱 kǔn 梱内
廓 kuò 轮廓——廊 láng 走廊

L
易混偏旁：
羸 léi 羸弱
赢 yíng 赢利
嬴 yíng 嬴政——瀛 yíng（东瀛）

肋 lèi 肋骨——筋 jīn（筋骨）
助 zhù 助手——锄 chú（锄头）

栗 lì 栗子
粟 sù 粟米
票 piào 车票——漂 piào（漂亮）飘 piāo（飘散）剽 piáo（剽窃）缥 piāo（缥缈）

历 lì 日历——枥 lì（枥马）沥 lì（沥青）呖 lì（呖呖）
厉 lì 厉害——砺 lì（磨砺）励 lì（勉励）蛎 lì（牡蛎）疠 lì（疫疠）

吏 lì 官吏——使 shǐ（使用）
史 shǐ 历史——驶 shǐ（驾驶）

龙 lóng 龙凤——笼 lóng（笼子）珑 lóng（玲珑）胧 lóng（朦胧）聋 lóng（聋子）垄 lǒng（垄断）庞 páng（庞大）
尤 yóu 尤物——忧 yōu（担忧）优 yōu（优秀）犹 yóu（犹如）

录 lù 录像——禄 lù（福禄）碌 lù（碌碌无为）绿 lǜ（绿色）剥 bō（剥夺）

彖 tuàn 彖卦——椽 chuán(椽子)喙 huì(鸟喙)缘 yuán(缘故)篆 zhuàn(篆书)

旅 lǚ 旅游——膂 lǚ(膂力)

旋 xuán 旋转,xuàn 旋风——漩 xuán(漩涡)璇 xuán(璇玑)

易混字:

拉 lā 拉货;lá 拉了个口子;lǎ 半拉儿——垃 lā 垃圾

腊 là 腊肉——蜡 là 蜡烛;zhà 蜡祭——猎 liè 猎枪

瘌 là 瘌痢头——痢 lì 白痢

来 lái 来往——耒 lěi 耒粗

籁 lài 天籁——籔 sù 籔籔

谰 lán 谰言——斓 lán 斑斓——爛 làn"烂"的繁体

阑 lán 阑珊——蘭 lán"兰"的繁体——欄 lán"栏"的繁体

蓝 lán 蓝色——篮 lán 篮子

银 láng 银铛——镶 xiāng 镶边

郎 láng 侍郎——琅 láng 琅琅——朗 lǎng 明朗

埌 làng 圹埌——垠 yín 无垠

酪 lào 奶酪——酩 mǐng 酩酊

饹 le 饸饹——赂 lù 贿赂——络 luò 络绎;lào 络子

羸 léi 羸弱——蠃 luǒ 蠃虫——嬴 yíng 嬴政——赢 yíng 输赢——瀛 yíng 瀛海

诔 lěi 诔文——诛 zhū 诛杀

肋 lèi 两肋;lē 肋脦——协 xié 协作——胁 xié 威胁

泪 lèi 泪水——汩 gǔ 汩汩——泪 mì 汨罗江

冷 lěng 冷静——泠 líng 泠风

哩 lī 哩哩啦啦;lǐ 一哩;li 助词——里 lǐ 里弄——浬 lǐ 海里的旧称——理 lǐ 理发

罹 lí 罹难——羅 luó"罗"的繁体

栗 lì 栗子——粟 sù 沧海一粟

砾 lì 瓦砾——烁 shuò 闪烁——铄 shuò 铄金

历 lì 历届——厉 lì 严厉——励 lì 励精图治——砺 lì 磨砺

苈 lì 葶苈——荔 lì 荔枝

联 lián 联合——朕 zhèn 朕兆

恋 liàn 恋爱——峦 luán 山峦——蛮 mán 野蛮

练 liàn 练习——炼 liàn 炼钢——链 liàn 项链

梁 liáng 桥梁——粱 liáng 高粱

凉 liáng 凉水；liàng 凉一凉——晾 liàng 晾衣服

两 liǎng 两个——雨 yǔ 雨水

撩 liáo 撩拨；liāo 撩衣服——獠 liáo 獠牙——潦 liáo 潦草；lǎo 潦雨——缭 liáo 缭绕——燎 liǎo 被火燎了；liáo 燎原——瞭 liào 瞭望；liǎo 一目瞭然——蹽 liāo 蹽腿

寥 liáo 寂寥——廖 liào 姓廖

列 liè 列队——例 lì 举例

埒 liè 相埒——捋 lǚ 捋胡子；luō 捋袖子

冽 liè 凛冽——洌 liè 酒洌

嶙 lín 嶙峋——辚 lín 辚辚——鳞 lín 鱼鳞——麟 lín 麒麟

铃 líng 电铃——钤 qián 钤印

苓 líng 苓耳——芩 qín 黄芩

溜 liū 溜冰；liù 水溜——淄 zī 淄河

琉 liú 琉璃——硫 liú 硫酸

龙 lóng 叶公好龙——龙 máng 衣之龙服；méng 龙茸；páng 通"庞"

茏 lóng 葱葱茏茏——笼 lóng 笼子；lǒng 笼罩

昽 lóng 曚昽——胧 lóng 朦胧——眬 lóng 矇眬

拢 lǒng 合拢——栊 lóng 帘栊——扰 rǎo 扰乱

搂 lōu 搂柴火；lǒu 搂抱——擞 sǒu 抖擞；sòu 擞火

泸 lú "泸"的繁体——滤 lǜ "滤"的繁体

卢 lú 姓卢——庐 lú 庐山——芦 lú 芦花；lǔ 油葫芦

虏 lǔ 俘虏——掳 lǔ 掳掠——虔 qián 虔诚

漉 lù 湿漉漉——辘 lù 辘轳

孪 luán 孪生——挛 luán 痉挛

萝 luó 藤萝——箩 luó 箩筐——夢 mèng "梦"的繁体

缕 lǚ 千丝万缕——镂 lòu 镂空——褛 lǚ 褴褛

铝 lǚ 铝胶——铅 qiān 铅笔；yán 铅山

绿 lǜ 嫩绿；lù 绿林——缘 yuán 缘故

M

易混偏旁：

马 mǎ 马虎——妈 mā(妈妈)吗 ma(是吗)码 mǎ(码头)蚂 mǎ(蚂蚁)骂 mà(咒骂)闯 chuǎng(闯进)

焉 yān 心不在焉——嫣 yān(嫣红)鄢 yān(姓鄢)

矛 máo 矛盾——茅 máo(茅草)蟊 máo(蟊贼)袤 mào(广袤)

予 yǔ 给予,yú 予取予求——预 yù(预先)豫 yù(犹豫)舒 shū(舒服)抒 shū(抒情)序 xù(序幕)

皃 mào 同"貌"——貌 mào(容貌)藐 miǎo(藐视)邈 miǎo(邈邈)

兒 ní 兒国,ér 兒子——倪 ní(端倪)霓 ní(霓虹灯)

孟 mèng 孟春——猛 měng(勇猛)蜢 měng(蚱蜢)

盂 yú 痰盂

免 miǎn 免费——冕 miǎn(加冕)勉 miǎn(勉强)娩 miǎn(分娩)挽 wǎn(挽回)晚 wǎn(晚上)

兔 tù 兔子——逸 yì(安逸)冤 yuān(冤枉)

皿 mǐn 器皿——盛 shèng(茂盛)

血 xiě 鸡血,xuè 血压——恤 xù(体恤)

末 mò 始末——抹 mǒ(抹黑)沫 mò(泡沫)秣 mò(秣马)茉 mò(茉莉)袜 wà(袜子)

未 wèi 未必——味 wèi(味觉)昧 mèi(愚昧)妹 mèi(妹妹)寐 mèi(梦寐)魅 mèi(魅力)

母 mǔ 母亲——姆 mǔ(保姆)拇 mǔ(拇指)毒 dú(毒品)

毋 wú 毋宁

易混字：

曼 màn 轻歌曼舞——谩 màn 谩骂;mán 谩骗——慢 màn 缓慢——幔 màn 幔帐——漫 màn 弥漫——缦 màn 缦布——蔓 wàn 瓜蔓;màn 蔓草;mán 蔓

菁——熳 màn 烂熳

氓 máng 流氓；méng 氓隶——泯 mǐn 泯灭——抿 mǐn 抿嘴

芒 máng 芒刺在背——茫 máng 茫然——铓 máng 锋铓

亲 mào 广亲——衺 xié"邪"的异体

枚 méi 枚举——杖 zhàng 手杖

没 méi 没有；mò 没收——设 shè 设备

沬 mèi 日中见沬——沫 mò 泡沫

妹 mèi 妹妹——姝 shū 姝丽

蒙 méng 启蒙；měng 蒙古；mēng 蒙骗——曚 méng 曚昽——朦 méng 朦胧

孟 mèng 孟春——盂 yú 痰盂

咪 mī 咪咪——眯 mī 眯缝；mí 眯紧

迷 mí 迷信——谜 mí 谜语

猕 mí 猕猴——狝 xiǎn 狝之日

弥 mí 弥补——祢 mí 祢庙——弭 mǐ 弭患

縻 mí 羁縻——糜 mí 糜烂；méi 糜子——靡 mǐ 披靡；mí 奢靡

谧 mì 静谧——谥 shì 谥号——溢 yì 洋溢

密 mì 秘密——蜜 mì 蜂蜜

泌 mì 分泌；bì 泌阳——沁 qìn 沁人肺腑

沔 miǎn 沉沔——缅 miǎn 缅怀

渑 miǎn 渑池——绳 shéng 绳子——蝇 yíng 苍蝇

免 miǎn 免费——勉 miǎn 勉强——兔 tù 兔子

描 miáo 描画——瞄 miáo 瞄准

杪 miǎo 岁杪——秒 miǎo 分秒

渺 miǎo 渺小——缈 miǎo 缥缈

庙 miào 庙宇——宙 zhòu 宇宙

乜 miē 乜斜——也 yiě 也好

蔑 miè 轻蔑——篾 miè 篾匠

民 mín 民众——尼 ní 尼姑

缗 mín 三百缗——湣 mǐn 通"闵"

鸣 míng 雷鸣——呜 wū 呜呼哀哉

冥 míng 幽冥——暝 míng 天已暝——瞑 míng 瞑目

摸 mō 摸底——模 mó 模范；mú 模样

谟 mó 宏谟——漠 mò 大漠

魔 mó 妖魔——魇 yǎn 梦魇

末 mò 末梢——未 wèi 未来

莫 mò 爱莫能助——寞 mò 落寞

蓦 mò 蓦然——募 mù 募捐——幕 mù 闭幕——慕 mù 羡慕——暮 mù 暮色

母 mǔ 母亲——毋 wú 宁缺毋滥

拇 mǔ 拇指——姆 mǔ 保姆

N

易混偏旁：

囊 náng 胶囊——嚷 nāng（嚷嚷）攮 rǎng（攮敌）

襄 xiāng 襄阳——镶 xiāng（镶嵌）瓤 ráng（瓜瓤）壤 rǎng（土壤）

鸟 niǎo 鸟类——鸡 jī（鸡蛋）袅 niǎo（袅娜）鸣 míng（鸣笛）

乌 wū 乌黑——邬 wū（姓邬）坞 wū（船坞）呜 wū（呜咽）

易混字：

拏 ná"拿"的异体——弩 nú 剑拔弩张

纳 nà 纳税——衲 nà 老衲——讷 nè 口讷——呐 ne 同"呢"；nà 呐喊；nè 古文同"讷"

赧 nǎn 羞赧——赦 shè 赦免

攮 nǎng 攮刀子——嚷 rǎng 吵嚷——攘 rǎng 攘外

挠 náo 阻挠——桡 ráo 桡片

恼 nǎo 苦恼——脑 nǎo 脑筋

恁 nèn 恁多；nín 同"您"——凭 píng 凭借

泥 ní 泥巴；nì 拘泥——呢 ní 呢子；ne 助词——昵 nì 亲昵

拟 nǐ 拟稿——似 sì 似乎；shì 似的——姒 sì 姒娣

匿 nì 隐匿——暱 nì"昵"的异体——慝 tè 谗慝

蔫 niān 蔫了——焉 yān 焉能

捻 niǎn 捻子——稔 rěn 稔知

碾 niǎn 碾碎——辗 zhǎn 辗转

袅 niǎo 袅娜——枭 xiāo 枭雄

鸟 niǎo 鸟语花香；diǎo 鸟事——乌 wū 乌鸦；wù 乌拉

蹑 niè 蹑手蹑脚——摄 shè 摄取——慑 shè 威慑

狞 níng 狰狞——狩 shòu 狩猎

纽 niǔ 纽约——钮 niǔ 电钮

忸 niǔ 忸怩——扭 niǔ 扭转——狃 niǔ 狃于常例
耨 nòu 耨耕——溽 rù 润溽——缛 rù 繁文缛节——褥 rù 被褥
怒 nù 愤怒——恕 shù 宽恕
疟 nüè 疟疾——虐 nüè 虐待——谑 xuè 戏谑

O

易混字：

讴 ōu 讴歌——呕 ǒu 呕吐——沤 ōu 浮沤；òu 沤肥——怄 òu 怄气——伛 yǔ 伛偻
欧 ōu 欧洲——殴 ōu 殴打
偶 ǒu 偶然——喁 yóng 喁喁细语——隅 yú 城隅

P

易混偏旁：

匹 pǐ 匹夫
四 sì 四月——驷 sì（驷马难追）泗 sì（泗水）

易混字：

帕 pà 手帕——拍 pāi 拍手
爿 pán 一爿田——片 piàn 一片药
磐 pán 磐石——盤 pán "盘"的繁体
盼 pàn 盼望——眄 xì 眄睖
畔 pàn 湖畔——衅 xìn 挑衅
庖 páo 庖丁——疱 pào 水疱
泡 pào 水泡；pāo 一泡尿——炮 páo 炮制；pào 火炮；bāo 炮羊肉
陪 péi 陪伴——赔 péi 赔偿
抨 pēng 抨击——坪 píng 草坪——枰 píng 棋枰
抨 pēng 抨击——怦 pēng 怦然心动——砰 pēng 砰砰响
蓬 péng 蓬头——篷 péng 帐篷
陴 pí 守陴——郫 pí 郫县
癖 pǐ 癖好——辟 pì 开辟；bì 复辟——僻 pì 偏僻
飘 piāo 飘摇——瓢 piáo 瓢泼大雨
姘 pīn 姘头——妍 yán 百花争妍
贫 pín 贫困——贪 tān 贪婪
苹 píng 苹果——萍 píng 浮萍

仆 pū 前仆后继;pú 仆人——扑 pū 扑灭——朴 piáo 姓;pò 朴树;pō 朴刀;pǔ 朴实

Q

易混偏旁：

桼 qī——漆 qī(漆黑)膝 xī(膝盖)
黍 shǔ 黍米

妻 qī 夫妻——凄 qī(凄惨)萋 qī(萋萋)
夷 yí 夷族——姨 yí(阿姨)胰 yí(胰腺)痍 yí(疮痍)

乞 qǐ 乞求——吃 chī(吃饭)疙 gē(疙瘩)迄 qì(迄今)乾 qián(乾坤)屹 yì(屹立)
气 qì 气体——汽 qì(汽车)忾 kài(同仇敌忾)

遣 qiǎn 派遣——谴 qiǎn(谴责)
遗 yí 遗留,wèi 遗书

秦 qín 秦国——榛 zhēn(榛子)臻 zhēn(臻备)
泰 tài 泰山——傣 dǎi(傣族)

顷 qǐng 公顷——倾 qīng(倾向)
项 xiàng 项目

囚 qiú 囚犯——泅 qiú(泅渡)
因 yīn 因此——咽 yān(咽喉)胭 yān(胭脂)烟 yān(烟草)

去 qù 来去——法 fǎ(法律)祛 qū(祛除)怯 qiè(怯懦)
丢 diū 丢失

全 quán 全部——诠 quán(诠释)栓 shuān(血栓)拴 shuān(拴马)痊 quán(痊愈)
金 jīn 金钱——淦 gàn(淦水)

酋 qiú 酋长——遒 qiú(遒劲)奠 diàn(祭奠)尊 zūn(尊重)

酉 yǒu 酉时——酒 jiǔ(酒店)酥 sū(酥脆)

易混字：

漆 qī 油漆——添 tiān 添加

柒 qī"七"大写——染 rǎn 染色

凄 qī 凄凉——悽 qī"凄"的异体——栖 qī"栖"的繁体

齊 qí"齐"的繁体——齋 zhāi"斋"的繁体

岐 qí 岐山——歧 qí 歧视

乞 qǐ 乞求——气 qì 气体——汽 qì 汽车

杞 qǐ 杞人忧天——祀 sì 祀天

葺 qì 修葺——茸 róng 茸毛

器 qì 陶器——嚣 xiāo 叫嚣

掐 qiā 掐住——搯 tāo"掏"的异体

恰 qià 恰当——洽 qià 洽谈——怡 yí 怡然

迁 qiān 迁移——迂 yū 迂腐

搴 qiān 张搴——骞 xiān 腾骞

愆 qiān 愆期——衍 yǎn 衍生

潜 qián 潜水——潸 shān"潸"的异体——潛 zèn 谮言

遣 qiǎn 派遣——谴 qiǎn 谴责——缱 qiǎn 缱绻——遗 yí 遗失；wèi 遗之
千金

墙 qiáng 墙倾楫摧——穑 sè 稼穑

橇 qiāo 雪橇——撬 qiào 撬门

窍 qiào 窍门——窃 qiè 偷窃

怯 qiè 胆怯——祛 qū 祛除

锲 qiè 锲而不舍——揳 xiē 揳个钉子——楔 xiē 楔子

秦 qín 秦朝——泰 tài 否极泰来——奏 zòu 伴奏

揿 qìn 揿电铃——掀 xiān 掀起

倾 qīng 倾向——顷 qǐng 公顷

卿 qīng 卿大夫——鄉 xiāng"乡"的繁体

磬 qìng 石磬——罄 qìng 罄竹难书

蛩 qióng 飞蛩满野——蛰 zhé 惊蛰——蜇 zhé 海蜇；zhē 蜇人

甃 qiú 甃基——疏 shū 疏远——蔬 shū 蔬菜

驱 qū 驱逐——躯 qū 身躯

觑 qù 小觑——歔 xū 歔欷
犬 quǎn 猎犬——尤 yóu 尤其——犹 yóu 犹豫

R
易混偏旁：
冉 rǎn 冉冉——聃 dān（老聃）髯 rán（美髯）苒 rǎn（荏苒）
再 zài 再见

人 rén 人民——认 rèn（认知）队 duì（队伍）闪 shǎn（闪电）众 zhòng（众多）
入 rù 出入——籴 dí（籴米）

日 rì 日出——晶 jīng（晶莹）旧 jiù（照旧）汨 mì（汨罗江）
曰 yuē 子曰——汩 gǔ（汩汩流）

荣 róng 光荣——嵘 róng（峥嵘）蝾 róng（蝾螈）
荥 xíng 荥阳，yíng 荥经

冗 rǒng 冗长——沉 chén（沉重）
冘 yín——忱 chén（热忱）眈 dān（眈眈）耽 dān（耽搁）沈 shěn（沈阳）枕
zhěn（枕头）

闰 rùn 闰月——润 rùn（滋润）
闺 guī 闺女

易混字：
禳 ráng 禳灾——穰 ráng 秋秸穰；rǎng 人稠物穰
饶 ráo 富饶——绕 rào 绕行，姓绕，绕曲——骁 xiāo 骁勇
扰 rǎo 扰乱——忧 yōu 忧虑
饪 rèn 烹饪——纴 rèn 缝纴——衽 rèn 衽席
仍 réng 仍旧——扔 rēng 扔东西
日 rì 日光——曰 yuē 美其名曰——月 yuè 月亮
荣 róng 荣誉——荥 xíng 荥阳；yíng 荥经
柔 róu 柔弱——揉 róu 揉面——蹂 róu 蹂躏
儒 rú 侏儒——濡 rú 耳濡目染——孺 rú 妇孺

嚅 rú 嗫嚅——蠕 rú 蠕动
蕊 ruǐ 花蕊——芯 xīn 灯芯；xìn 芯子

S

易混偏旁：

杀 shā 杀害——刹 shā（刹车）
杂 zá 复杂

善 shàn 善良——膳 shàn（膳食）缮 shàn（修缮）
喜 xǐ 喜爱——嬉 xī（嬉戏）嘻 xī（嘻嘻哈哈）熹 xī（熹微）禧 xǐ（年禧）

佘 shé 姓佘——赊 shē（赊欠）
余 yú 余额——除 chú（除法）涂 tú（涂改）途 tú（途径）徐 xú（徐缓）叙 xù
（叙事）

师 shī 老师——狮 shī（狮子）筛 shāi（筛选）
帅 shuài 帅气

士 shì 士兵——仕 shì（仕途）
土 tǔ 土地——吐 tǔ（谈吐）肚 dù（肚量）杜 dù（杜绝）牡 mǔ（牡丹）社 shè（社
会）灶 zào（灶具）

孰 shú 孰是孰非——熟 shú（熟悉）塾 shú（私塾）
执 zhí 执著——挚 zhì（真挚）垫 diàn（垫背）热 rè（热情）势 shì（势必）

刷 shuā 刷牙——涮 shuàn（涮锅）
制 zhì 制度——掣 chè（掣肘）

甩 shuǎi 甩卖
用 yòng 作用——拥 yōng（拥护）佣 yōng（佣金）痈 yōng（痈疽）

率 shuài 率先——摔 shuāi（摔跤）蟀 shuài（蟋蟀）
卒 zú 士卒——翠·cuì（翠绿）猝 cù（猝然）萃 cuì（萃取）碎 suì（破碎）醉 zuì
（醉意）粹 cuì（纯粹）

素 sù 素质——愫 sù(情愫)
索 suǒ 索取——嗦 suō(哆嗦)

脩 suí ——隋 suí(隋朝)髓 suǐ(骨髓)惰 duò(惰性)
随 suí 随从——椭 tuǒ(椭圆)

遂 suì 遂愿——隧 suì(隧道)邃 suì(深邃)燧 suì(燧石取火)
逐 zhú 追逐

贵 suǒ——锁 suǒ(锁门)琐 suǒ(琐碎)
肖 xiào 不肖——削 xuē(削减)消 xiāo(消失)宵 xiāo(宵夜)霄 xiāo(云霄)
悄 qiāo(悄悄)稍 shāo(稍微)

易混字：
卅 sà 五卅运动——州 zhōu 州县——洲 zhōu 亚洲
嗓 sǎng 嗓门——噪 zào 聒噪
搔 sāo 搔痒——骚 sāo 骚乱
沙 shā 沙漠；shà 沙一沙——纱 shā 纱厂
晒 shài 晒太阳——哂 shěn 哂笑
姗 shān 姗姗——珊 shān 珊瑚——栅 shān 栅极；zhà 栅栏——蹒 shān
蹒跚
杉 shān 紫杉；shā 杉木——衫 shān 衬衫
赡 shàn 赡养——瞻 zhān 瞻仰
讪 shàn 搭讪——汕 shàn 汕头
擅 shàn 擅长——檀 tán 檀香
缮 shàn 修缮——膳 shàn 用膳
晌 shǎng 晌午——响 xiǎng 响应
哨 shào 口哨——梢 shāo 树梢——稍 shāo 稍微；shào 稍息
佘 shé 姓佘——余 yú 其余
畲 shē 畲族——畬 shē 畬田；yú 新畬
呻 shēn 呻吟——哂 xiā 哂了口汤
慎 shèn 谨慎——缜 zhěn 缜密
师 shī 老师——帅 shuài 统帅
拾 shí 拾掇——抬 tái 抬头

矢 shǐ 流矢——失 shī 失望

士 shì 士兵——土 tǔ 领土

舐 shì 舐舐——舔 tiǎn 舔伤

授 shòu 授权——援 yuán 援助

殊 shū 特殊——诛 zhū 口诛笔伐——硃 zhū"朱"的异体——铢 zhū 锱铢
必较

抒 shū 抒情——杼 zhù 机杼

纾 shū 纾难——纡 yū 纡郁

暑 shǔ 暑假——署 shǔ 官署

漱 shù 漱口——嗽 sòu 咳嗽

刷 shuā 牙刷;shuà 刷白——涮 shuàn 涮羊肉——唰 shuā"刷"的异体

耍 shuǎ 玩耍——要 yāo 要求;yào 重要

拴 shuān 拴上——栓 shuān 栓剂

帨 shuì 帨辰——悦 yuè 喜悦

厮 sī 小厮——撕 sī 撕纸——嘶 sī 嘶哑

肆 sì 放肆——肄 yì 肄业

忪 sōng 惺忪;zhōng 怔忪——松 sōng 松脆

酥 sū 酥软——稣 sū 耶稣——蘇 sū"苏"的繁体

泝 sù"溯"的异体——沂 yí 沂水

诉 sù 诉说——䜣 xīn"欣"的异体字

琐 suǒ 琐碎——锁 suǒ 锁链

T

易混偏旁：

滕 téng 滕国——藤 téng(藤条)

膝 xī 膝盖

体 tǐ 体育

休 xiū 休息——咻 xiū(咻咻)

天 tiān 天气——祆 xiān(祆教)

夭 yāo 夭折——妖 yāo(妖怪)袄 ǎo(棉袄)沃 wò(肥沃)笑 xiào(笑容)跃
yuè(飞跃)

廷 tíng 宫廷——庭 tíng（庭院）霆 tíng（雷霆）蜓 tíng（蜻蜓）挺 tǐng（挺拔）艇 tǐng（游艇）

延 yán 延安——筵 yán（筵席）蜒 yán（蜿蜒）诞 dàn（诞生）涎 xián（涎水）

徒 tú 徒劳
徙 xǐ 迁徙——屣 xǐ（敝屣）蓰 xǐ（倍蓰）

易混字：
塌 tā 倒塌——榻 tà 下榻——褟 tā 汗褟——蹋 tà 糟蹋
拓 tà 拓本；tuò 开拓——柘 zhè 柘树
炱 tái 烟炱——枲 xǐ 枲麻
滩 tān 沙滩——摊 tān 摊派
毯 tǎn 毛毯——毡 zhān 毡靴
坦 tǎn 平坦——袒 tǎn 袒胸露腹——垣 yuán 残垣——祖 zǔ 祖国
炭 tàn 木炭——碳 tàn 碳酸
溏 táng 溏心——搪 táng 搪塞——塘 táng 池塘
陶 táo 陶器；yáo 皋陶——淘 táo 淘气——嚎 táo 号啕
腾 téng 腾空——滕 téng 姓滕——縢 téng 縢囊——謄 téng "誉"的繁体——藤 téng 瓜藤
誊 téng 誊写——誉 yù 信誉
梯 tī 楼梯——涕 tì 鼻涕——悌 tì 孝悌——绨 tì 线绨；tí 绨袍——锑 tī 锑矿
剔 tī 剔牙——刎 wěn 刎颈之交
朓 tiǎo 朓朒——眺 tiào 远眺
帖 tiē 服帖；tiě 请帖；tiè 字帖——贴 tiē 贴邮票
廷 tíng 朝廷——庭 tíng 庭院——延 yán 延长
蜓 tíng 蜻蜓——蜒 yán 蜒蚰
瞳 tóng 瞳眬——曈 tóng 瞳孔
退 tuì 退后——煺 tuì 煺毛——褪 tùn 褪套；tuì 褪色
蜕 tuì 蜕变——脱 tuō 脱鞋
驼 tuó 骆驼——鸵 tuó 鸵鸟
佗 tuó 华佗——陀 tuó 陀螺
坨 tuó 黄沙坨——砣 tuó 秤砣——跎 tuó 蹉跎
柝 tuò 木柝——析 xī 分析

W

易混偏旁：

王 wáng 帝王——汪 wāng(汪洋)枉 wǎng(枉费)旺 wàng(旺盛)弄 nòng
(摆弄)

玉 yù 玉石——宝 bǎo(宝贝)珏 jué(玉珏)

网 wǎng 网络

冈 gāng 山冈——岗 gǎng(岗位)刚 gāng(刚才)纲 gāng(提纲)钢 gāng
(钢铁)

胃 wèi 肠胃——谓 wèi(称谓)猬 wèi(刺猬)渭 wèi(渭水)

胄 zhòu 甲胄

翁 wēng 老翁——嗡 wēng(嗡嗡)蓊 wěng(蓊郁)

翕 xī 翕张——歙 xī(歙肩)

兀 wù 突兀——杌 wù(杌凳)

元 yuán 元旦——远 yuǎn(远近)园 yuán(公园)玩 wán(玩耍)顽 wán
(愚顽)

易混字：

弯 wān 弯曲——湾 wān 海湾

宛 wǎn 宛若——惋 wǎn 惋惜——婉 wǎn 婉转

宛 wǎn 宛然——菀 yù 菀结；wǎn 紫菀——苑 yuàn 文苑

惟 wéi 惟妙惟肖——帷 wéi 帷幕

味 wèi 味道——昧 mèi 蒙昧——眜 mò 眜险搜奇

慰 wèi 慰劳——熨 yùn 熨衣服；yù 熨帖

胃 wèi 肠胃——胄 zhòu 甲胄

汶 wèn 汶水——汐 xī 潮汐

稳 wěn 稳定——隐 yǐn 隐藏

翁 wēng 老翁——翕 xī 翕张

圬 wū 圬人——朽 xiǔ 腐朽

骛 wù 好高骛远——鹜 wù 趋之若鹜

X

易混偏旁：

臽 xiàn——陷 xiàn(陷阱)馅 xiàn(肉馅)掐 qiā(掐断)焰 yàn(焰火)阎 yán(阎罗)

舀 yǎo 舀水——稻 dào(水稻)滔 tāo(滔天)韬 tāo(韬略)

辛 xīn 辛苦——辜 gū(辜负)梓 zǐ(梓里)
幸 xìng 幸运——悻 xìng(悻然)

易混字：

息 xī 休息——熄 xī 熄灭
淅 xī 淅淅沥沥——浙 zhè 浙江
羲 xī 伏羲——義 yì"义"的繁体
锡 xī 锡金属——鍚 yáng"钖"的繁体
喜 xǐ 喜庆——嘻 xī 笑嘻嘻——嬉 xī 嬉笑
葸 xǐ 畏葸不前——崽 zǎi 小猪崽
瑕 xiá 瑕疵——暇 xiá 闲暇
弦 xián 弦乐——舷 xián 舷窗——泫 xuàn 泫然泪下
厢 xiāng 厢房——箱 xiāng 箱子
详 xiáng 详细——祥 xiáng 祥瑞
嚮 xiàng"向"的繁体——響 xiǎng"响"的繁体——饗 xiǎng"飨"的繁体
削 xiāo 削苹果；xuē 剥削——诮 qiào 讥诮——消 xiāo 消费——绡 xiāo 纱绡——销 xiāo 销售
宵 xiāo 宵夜——霄 xiāo 云霄——屑 xiè 纸屑
萧 xiāo 萧条——潇 xiāo 潇洒——箫 xiāo 吹箫
哓 xiāo 哓哓不休——晓 xiǎo 拂晓
淆 xiáo 混淆——肴 yáo 菜肴——餚 yáo"肴"的异体
卸 xiè 卸载——御 yù 抵御
惺 xīng 惺惺——腥 xīng 荤腥
興 xīng，xìng"兴"的繁体——與 yú，yǔ，yù"与"的繁体——輿 yú 舆论
凶 xiōng 凶恶——汹 xiōng 天下汹汹——酗 xù 酗酒
绣 xiù 绣花——锈 xiù 生锈
虚 xū 空虚——嘘 xū 嘘气——墟 xū 废墟
项 xū 颙项——琐 suǒ 琐碎

诩 xǔ 自诩——栩 xǔ 栩栩如生——翊 yì 翊戴

宣 xuān 宣传——宜 yí 适宜

喧 xuān 喧嚷——暄 xuān 寒暄

烜 xuǎn 烜赫——渲 xuàn 渲染——煊 xuān"暄"的异体

绚 xuàn 绚丽——询 xún 询问——洵 xún 洵属可贵——徇 xùn 徇情——恂 xún 恂恂

炫 xuàn 炫耀——眩 xuàn 古同"炫"——眩 xuàn 眩晕

学 xué 学校——宇 yǔ 宇宙——字 zì 汉字

熏 xūn 熏肉；xùn 熏着了——薰 xūn 薰草——曛 xūn 曛昧——醺 xūn 醉醺醺

训 xùn 教训——驯 xùn 驯服

Y

易混偏旁：

晏 yàn——宴 yàn（宴会）偃 yǎn（偃卧）堰 yàn（堤堰）

晏 yàn 晏然

厌 yàn 讨厌——恹 yān（恹恹）魇 yǎn（梦魇）餍 yàn（餍足）靥 yè（笑靥）

庄 zhuāng 庄园——桩 zhuāng（桩子）赃 zāng（赃款）脏 zāng（脏乱）

昜（易）yáng——杨 yáng（杨树）扬 yáng（飞扬）场 chǎng（场所）肠 cháng（肠胃）畅 chàng（畅通）

易 yì 简易——赐 cì（恩赐）踢 tī（踢球）剔 tī（剔除）惕 tì（警惕）

庸 yōng 平庸——慵 yōng（慵惰）墉 yōng（城墉）

牖 yǒu 户牖

易混字：

鸦 yā 乌鸦——雅 yǎ 文雅——稚 zhì 幼稚

湮 yān 湮灭；yīn 同"洇"——堙 yīn 堙塞

严 yán 严格——俨 yǎn 俨然

宴 yàn 宴会——晏 yàn 晏起

厌 yàn 厌恶——恹 yān 病恹恹——餍 yàn 餍足

赝 yàn 赝品——膺 yīng 义愤填膺

殃 yāng 遭殃——秧 yāng 插秧

徉 yáng 徉攻——徉 yáng 徜徉

扬 yáng 表扬——杨 yáng 杨树

阳 yáng 阳光——阴 yīn 阴天

场 yáng 场圃——旸 yáng 旸谷——炀 yáng 炀火；yáng 隋炀帝

仰 yǎng 仰望——抑 yì 抑制

曜 yào 七曜——耀 yào 照耀

椰 yē 椰果——揶 yé 揶揄

掖 yē 掖衣服；yè 奖掖——腋 yè 腋下

冶 yě 冶金——治 zhì 治理

曳 yè 弃甲曳兵——拽 zhuài 生拉硬拽；zhuāi 乱拽——跩 zhuǎi 一跩一跩

奕 yì 奕奕——弈 yì 对弈

缢 yì 自缢——镒 yì 千镒

阴 yīn 阴险——荫 yìn 荫庇

饮 yǐn 饮料；yìn 饮马——饫 yù 饫闻

撄 yīng 撄怒——樱 yīng 樱桃

荧 yíng 荧光屏——莹 yíng 晶莹——萤 yíng 萤火虫

茔 yíng 祖茔——莹 yíng 晶莹

颍 yǐng 颍河——颖 yǐng 脱颖而出

庸 yōng 平庸——慵 yōng 慵困

涌 yǒng 涌现——踊 yǒng 踊跃

谀 yú 阿谀——腴 yú 丰腴

鱼 yú 鱼苗——渔 yú 渔业

予 yú 予取予求；yǔ 给予——预 yù 预习

庾 yǔ 姓庾——瘐 yǔ 瘐死

狱 yù 监狱——嶽 yuè "岳"的异体

域 yù 地域——蜮 yù 鬼蜮

谕 yù 面谕——渝 yú 忠贞不渝——喻 yù 比喻——揄 yú 揶揄——榆 yú 榆树——瑜 yú 瑕瑜

园 yuán 公园——圆 yuán 圆圈

远 yuǎn 远方——运 yùn 好运

陨 yǔn 陨落——殒 yǔn 殒命

Z

易混偏旁：

卓 zhuó 卓越——绰 chuò（绰号）掉 diào（掉落）悼 dào（悼念）罩 zhào（罩衣）

桌 zhuō 桌子

易混字：

赃 zāng 分赃——脏 zāng 手脏了；zàng 心脏

燥 zào 燥热——躁 zào 急躁

诈 zhà 诈骗——作 zuò 愧作——拃 zhǎ 几拃长——祚 zuò 福祚——柞 zuò 柞树；zhà 柞水

障 zhàng 障碍——嶂 zhàng 层峦叠嶂——幛 zhàng 寿幛

胀 zhàng 胀气——涨 zhǎng 涨潮；zhàng 涨红脸

账 zhàng 账户——赈 zhèn 赈灾

沼 zhǎo 沼泽——诏 zhào 诏书

摺 zhé "折"的繁体——褶 zhě 褶子

帧 zhēn 装帧——祯 zhēn 祯祥——桢 zhēn 桢干

衹 zhǐ "只"的繁体；qí 神衹——祇 zhǐ "只"的异体字——祗 zhī 祗请

至 zhì 至于——致 zhì 致谢

挚 zhì 真挚——絷 zhí 受絷

诌 zhōu 胡诌——绉 zhòu 绉纱——皱 zhòu 皱纹

诸 zhū 诸多——渚 zhǔ 渚洲

逐 zhú 驱逐——遂 suì 遂心如意——邃 suì 邃远

拄 zhǔ 拄杖——柱 zhù 柱子——炷 zhù 一炷香

嘱 zhǔ 嘱托——瞩 zhǔ 瞩目

住 zhù 居住——驻 zhù 驻地

著 zhù 名著；zhuó "着"的本字——箸 zhù 银箸

壮 zhuàng 壮大——状 zhuàng 形状——莊 zhuāng "庄"的繁体字

诼 zhuó 诼谣——涿 zhuō 涿州——啄 zhuó 啄木鸟——琢 zhuó 雕琢；zuó 琢磨

姿 zī 姿势——恣 zì 恣意

缁 zī 缁衣——辎 zī 辎重——锱 zī 锱铢

縱 zòng "纵"的繁体——蹤 zōng "踪"的异体

坐 zuò 坐车——座 zuò 座位

练习([ ]中为正确写法)：

(1)一个长者和蔼[蔼]的声音在我耳边浑然作响。

(2)嫪毐[毐]是战国时秦国人。

(3)煞[熬]了三天三夜。

(4)力拨[拔]山兮气盖世。

(5)呈现眼前的是色彩班[斑]斓的壮锦。

(6)督学扳[板]起脸说。

(7)手里的钱一共不过二十磅[镑]了。

(8)令人热泪进[迸]涌。

(9)蔺相如拿着和氏壁[璧]，怒发冲冠地倚柱而立。

(10)经常锻炼对身体大有脾[裨]益。

(11)今日因何来到敝[敝]处？

(12)无法分辩[辨]原音和回音。

(13)中医辩[辨]证施治。

(14)布兰科很刻簿[薄]。

(15)经过一番激烈的思想博[搏]斗。

(16)周公吐哺[哺]，天下归心。

(17)就在一本"金玉薄[簿]"上，记上这个朋友的名字。

(18)只见他神彩[采]奕奕地走来。

(19)谗[馋]涎欲滴。

(20)兄弟叁[参]商。

(21)只见它神色仑[仓]皇。

(22)都不能闸[阐]明牛的生命的这种本质。

(23)他若有所失，帐[怅]然而去。

(24)当我们完成了拍摄任务撒[撤]离这里时。

(25)沈[沉]鱼落雁之容，羞花闭月之貌。

(26)大家不禁瞠[瞠]目结舌。

(27)域[城]府很深。

(28)他那对眼睛就像两粒豆鼓[豉]。

(29)隐约听到嬉[嬉]笑声。

(30)被撅[褫]去官职。

(31)那是对别人的讽剌[刺]。

(32)斜剌[刺]里传来一声半生不熟的普通话。

(33)烟囱[囱]林立。

(34)都比尼科列金纳稍逊一等[筹]。

(35)我实在是心余力拙[绌]。
(36)有一名菜叫“鲈鱼余[汆]鸡汤”。
(37)经过蹉[磋]商，双方达成协议。
(38)玻璃厨[橱]里放着烟、酒等。
(39)在它身上戮[戳]了三个洞。
(40)他的精力已经消耗贻[殆]尽。
(41)侍[待]我前去。
(42)甘心为他惮[殚]心效劳。
(43)他与其搭裆[档]一起，获得男子双打冠军。
(44)一把鼻涕一把泪地唠叼[叨]起来。
(45)人快死了，紧着倒[捯]气儿。
(46)你帮我到[捯]线吧。
(47)匈奴、羯、氏[氐]、羌、鲜卑、乌桓等兄弟民族。
(48)可是它轻轻地走过来，叨[叼]起鱼儿就跑掉啦。
(49)任凭风浪起，稳坐钩[钓]鱼船。
(50)由于用力过渡[度]，扭捩受伤。
(51)问我睹[赌]的哪门子气。
(52)那人徒[陡]然转身向他扑来。
(53)厄[扼]阻要塞。
(54)焚[梵]文是这样写的。
(55)这也是防[妨]碍工作开展的一个原因。
(56)像马锋[蜂]窝似的一片片都是洞。
(57)他精心诚意地侍俸[奉]父母。
(58)他果然不孳[孚]众望，胜利而归。
(59)这种英雄气慨[概]不是从父亲的身上继承下来的。
(60)被风吹得几乎贴在地上了也不会折断，真是柔中有钢[刚]。
(61)她把竹蒿[篙]用力撑向水底。
(62)人非稿[槁]木，岂能无情？
(63)恪[格]杀勿论。
(64)分隔胸腔和腹腔的肌肉叫隔[膈]肌。
(65)站稳脚根[跟]。
(66)山峰横互[亘]于江底的许多滩峡。
(67)他想去坤宁官[宫]。
(68)减少了桥栱[拱]上的荷载。
(69)姜太公钓鱼，愿者上勾[钩]。

(70)那是一个藏污纳诟[垢]之所。

(71)如同一副铁箍[箍],掰也掰不开。

(72)童话创作被解除了禁固[锢]。

(73)众人聒[刮]目相看。

(74)这是他贯[惯]于采用的手法。

(75)道路乘[乖]远。

(76)菅[管]中窥豹,略见一斑。

(77)率领自己的部众皈[皈]依了天主教。

(78)层层裹[裹]紧。

(79)他的两颌[颔]深陷。

(80)是沙场上一员威名远扬的捍[悍]将。

(81)他们时而哽咽低吟,时而引亢[吭]高歌。

(82)他是金融界的大享[亨]。

(83)管家的为了能伺侯[候]好老爷们。

(84)那水壸[壶]底朝里,口朝外。

(85)这里的景象换[焕]然一新。

(86)你已是病入膏盲[肓],无法救治了。

(87)这股残匪落慌[荒]而逃。

(88)这本书的装璜[潢]精美。

(89)他不动腥晕[荤],不穿华丽绸衫。

(90)孤魄[魂]厉鬼。

(91)这几天真诲[晦]气。

(92)这些商人以奇贷[货]可居。

(93)想要以此感[惑]人耳目。

(94)唯一的慰籍[藉]。

(95)为了逃避官府的通辑[缉],逃出了家乡。

(96)逢迎献媚,屈已[己]从人。

(97)一个疾[嫉]贤妒能的小人。

(98)董字圆熟蕴籍[藉],识者多有定评。

(99)汉末蔡琰作的《胡茄[笳]十八拍》。

(100)攻得魏厂长汗流夹[浃]背。

(101)他轻装筒[简]从。

(102)一家人给他贱[饯]行。

(103)水手摇橹摆浆[桨],船向前行进。

(104)白天还娇[骄]阳如火。

(105)她觉得自己没有皎[姣]好的容貌。

(106)心如刀铰[绞]。

(107)如今只剩下孑[孑]然一身。

(108)碣[竭]泽而鱼。

(109)色彩艳丽的绵[锦]缎使人眼花缭乱。

(110)曲经[径]通幽。

(111)展开了激烈的竟[竞]争。

(112)针灸[炙]治疗。

(113)袁世凯是个窃居[据]国家元首高位的野心家。

(114)文坛巨[巨]擘。

(115)在一个万籁具[俱]寂的夜里。

(116)堀[崛]起这样一位伟大的音乐家。

(117)灶上没有锅,坑[炕]上没有席子。

(118)操斧伐坷[柯]。

(119)磕[嗑]了一地瓜子皮。

(120)肘关节和膝盖瞌[磕]得生痛。

(121)组织青年志愿恳[垦]荒队。

(122)几夜未眠,两眼都抠[眍]进去了。

(123)张瑜……既不过火,也不松拷[垮]的表演。

(124)一部烩[脍]炙人口的作品。

(125)一个昏瞆[聩]无能的人。

(126)在历史拉[垃]圾所堆积成的高塔之下。

(127)室内燃着一支腊[蜡]烛。

(128)却仍不得公司青睐[睐]。

(129)1931 年 11 月 29 日深夜,万籁[籁]俱寂。

(130)独具民族特色的景泰篮[蓝]奖杯。

(131)琳朗[琅]满目。

(132)最初的来[耒]耜时代的秩序也是这样的。

(133)掌握了儿童心里[理]特征。

(134)希望影片的创作者再接再励[厉]。

(135)他把这张纸攥得紧紧的,色历[厉]内荏地大声说。

(136)他的左眼脸[睑]上有一条伤疤。

(137)把师傅的水裙洗净凉[晾]干。

(138)例[列]举大量事实。

(139)家资巨万,富将[埒]皇室。

(140)他把全家视为掌上明珠的贾宝玉打得遍体麟[鳞]伤。

(141)附近有一家硫[琉]璃厂。

(142)就像是一大叠蒸茏[笼]从上面滚下来了。

(143)迎着卢[芦]沟桥日本鬼子的炮声……

(144)这股土匪烧杀房[掳]掠,无恶不作。

(145)早餐不足,一上午饥肠漉漉[辘辘]。

(146)他俩是一对挛[孪]生兄弟。

(147)对封建社会的论[伦]理道德一无所知。

(148)两人抬着萝[箩]筐。

(149)步覆[履]艰难。

(150)高高的吕粱[梁]山。

(151)衣衫褴缕[褛]。

(152)正在天堂轻歌漫[曼]舞时。

(153)广袤[袤]无垠的土地。

(154)那未[末]应该怎么构思呢?

(155)这是你应该事先没[设]想到的。

(156)当你邂逅一个素味[昧]平生的陌生人。

(157)由于环境的静谧[谧],更衬托了苏望此时此地不平静的心情。

(158)口密[蜜]腹剑。

(159)屈原是自沉于汩[汨]罗江的。

(160)关于那笔财宝,只留下一个迷[谜]。

(161)我愿尽棉[绵]薄之力。

(162)不要免[勉]为其难了。

(163)一边感着生的空虚而渺芒[茫]。

(164)她逐渐地感到希望缈[渺]茫了。

(165)他们用蔑[篾]条编制器物。

(166)跨进别墅式的小楼,募[蓦]然一阵暗香浮动。

(167)正在这烦脑[恼]发愁的当儿。

(168)他木呐[讷]地不知说什么好。

(169)她的模似[拟]动作很出色。

(170)他十分亲呢[昵]地对母亲说。

(171)她那忸忸[扭扭]捏捏的样子。

(172)原来是害了虐[疟]疾。

(173)呕[讴]歌我们的伟大时代。

(174)他嚷着肚子疼,扒[趴]在椅背上不动。

(175)他也如法泡[炮]制。

(176)只好挨了打还陪[赔]着笑脸。

(177)只听呼[砰]地一声。

(178)心里砰砰[怦怦]直跳。

(179)挽起篷[蓬]松的头发。

(180)随便搞个三角矮蓬[篷]子。

(181)不可一味褊[偏]袒。

(182)女画匠顺头浇了丈夫一飘[瓢]凉水。

(183)不过是三山五岳中的一杯[抔]土。

(184)一位风尘朴朴[仆仆]的客人。

(185)她差点走入岐[歧]途。

(186)给予洽[恰]如其分的评价。

(187)张骞[骞]出使西域。

(188)呼天抢[抢]地,痛哭不止。

(189)引起大范围的土壤浸[侵]蚀。

(190)只见万倾[顷]碧波,浮光耀金。

(191)一个人卷[蜷]缩在角落里。

(192)入场卷[券]很快就被抢售一空。

(193)成群的听众熙熙嚷嚷[攘攘]地归来。

(194)这人真绕[饶]舌,絮叨个没完没了。

(195)为之动客[容]伤神。

(196)近于戒[戎]狄的商族种族奴隶。

(197)照顾老弱妇儒[孺]。

(198)一头若[偌]大的种牛。

(199)把闰[闰]土等刻画成一群可爱的少年。

(200)这股残匪沿路搔[骚]扰百姓。

(201)飞机离开洛衫[杉]矶。

(202)让孩儿发一笔财,以便瞻[赡]养父母

(203)这里立刻成了观尝[赏]大海风光的好地方。

(204)激情达到眉稍[梢]、眼球。

(205)心像被蜂蟄[蜇]似的,感到揪心的痛楚。

(206)臣闻争名者于朝,争利者于市[市]。

(207)他自持[恃]有理,毫不退让。

(208)岂不是关公面前要[耍]大刀?

(209)在古代男女援[授]受不亲。

(210)睡眼惺松[忪]地望着她。

(211)共同研究、决定了作战部暑[署]。

(212)弟弟一疏[疏]忽,小牛虹被公鸡吃掉了。

(213)凤[夙]愿得偿。

(214)罂栗[粟]花开了。

(215)让他嗽嗽[漱漱]口。

(216)暴戾恣睢[睢]。

(217)深遂[邃]的思想。

(218)一个黑影鬼鬼崇崇[祟祟]地潜入院墙。

(219)人身上的琐[锁]骨,左右各一块。

(220)杂杳[沓]的马蹄声。

(221)地上流了一滩[摊]污血。

(222)你真陶[淘]气,怎么乘送病人的车子来啦?

(223)猫喜欢抓莙[笤]帚。

(224)小刘送进一张印着"寿"字的请贴[帖]。

(225)朝庭[廷]任命他当大理寺评事。

(226)我国古代著名医学家华陀[佗]著《食论》一书。

(227)农民运动如火如茶[荼]。

(228)这种衣料不容易褪[退]色。

(229)他已经脱[蜕]化变质。

(230)内山喜吉夫妇都流露出十分婉[惋]惜和后悔的情感。

(231)等他漏网到此,隐隐[稳稳]将他拿住。

(232)对盛行于两汉之际的谶讳[纬]神学,龚自珍尤其深恶痛绝。

(233)不许杵[忤]逆长辈。

(234)可不能好高鹜[骛]远。

(235)像一星闪亮的火花突然息[熄]灭。

(236)两人相视而嬉[嘻]。

(237)站在两节车箱[厢]的连接处。

(238)望着她那安祥[详]而丰满的面容。

(239)消[销]赃灭迹之后。

(240)此后,黑泽明在日本影坛上便消[销]声匿迹了。

（241）元霄[宵]节是中国人民的传统节日。

（242）设法往墙上楔[揳]个楔子。

（243）进行威协[胁]恫吓。

（244）你还做过几年装御[卸]工。

（245）他假腥腥[惺惺]地故作姿态。

（246）一个个都是气凶凶[汹汹]的。

（247）枵[朽]木不可雕也。

（248）那蟠龙造型,翊翊[栩]如生的九龙壁。

（249）两人心照不宜[宣]。

（250）荒村却眩[炫]耀它伪装的倩影。

（251）我听了立刻头晕目炫[眩]。

（252）他的部下都被训[驯]服得说一不二。

（253）做好防讯[汛]工作。

（254）询[洵]属可贵。

（255）一代帝都变成废虚[墟]。

（256）改良主义行不通,戊戍[戌]变法失败了。

（257）整个考场霎时间雅[鸦]雀无声。

（258）一眼看出这幅古画是膺[赝]品。

（259）梦魇[魇]般的十年,曾扭歪了多少可爱的性格。

（260）郑板桥等人号称"杨[扬]州八怪"。

（261）公元 618 年,隋旸[炀]帝被杀死于江都。

（262）一分队徉[佯]攻县城。

（263）如漏网之鱼,逃之夭夭[夭夭]。

（264）派使臣到中国渴[谒]见皇帝。

（265）九如见了韩爷,向前深深一楫[揖]。

（266）沧海遣[遗]珠。

（267）登载一些名人的趣闻帙[佚]事。

（268）仰慕之情,谥[溢]于言表。

（269）到底是善良仰[抑]是凶恶?

（270）她嬴[赢]得观众的喜爱。

（271）明星莹莹[荧荧]。

（272）通往幽室的角[甬]道。

（273）昏慵[庸]无能。

（274）人无远虑,必有近扰[忧]。

(275)只怕过尤[犹]不及。

(276)真是死有余[馀]辜。

(277)他轻轻地揭起钵孟[盂]一看。

(278)买了几斤山竽[芋]。

(279)观赏早被誊[誉]为"国色天香"的牡丹。

(280)鹬蚌相争,鱼[渔]翁得利。

(281)对革命事业忠贞不谕[渝]。

(282)多亏他从中打园[圆]场。

(283)香消玉陨[殒]。

(284)犹如巨星殒[陨]落。

(285)坐地分脏[赃]。

(286)整天心神不安,如坐针毯[毡]。

(287)只见烟尘胀[涨]天。

(288)明末皇帝崇桢[祯]吊死在煤山。

(289)他观察力敏锐,构思慎[缜]密。

(290)"读书无用论"的毒计[汁]已经浸透他的脑子。

(291)甚致[至]发生脑出血。

(292)两位来自加利福尼亚洲[州]的美国朋友。

(293)距离沙漠中的绿州[洲]已经不远了。

(294)把你衣服上的绉[皱]折熨平。

(295)身著甲胄[胄]的武士。

(296)满满一盅[盅]酒。

(297)不可名壮[状]。

(298)我时常穿着露大拇指[趾]的鞋子上学。

(299)太后怒形于色,把著[箸]一掷。

(300)这里恕不聱[赘]述。

(301)也无暇在艺术上精雕细啄[琢]。

(302)怎么能任其姿[恣]意横行。

(303)用手揩去溃[渍]得眼发痛的汗水。

本章主要参考文献:

杜智群编:《形近易误字八百组》,印刷工业出版社 1984 年版。

颜星华编著:《汉字形声归类新字典》,福建教育出版社 1987 年版。

形声字字族

第一节　常用汉字中的形声字字族

　　汉字大部分是形声字，教汉字，学汉字，用汉字，不得不在形声字上下功夫。

　　"秀才认字认半边"的局限性在于，形声字的声旁不能精准地表示汉字的读音。同一个声旁组成的不同形声字，由于在语音发展过程中各自走上不同方向，常常相互之间读音各不相同，形声字的误读也就很难避免。本节关注 3500 个常用汉字中的形声字，按声旁的音序排列，展示一个个声旁具体到不同的汉字中到底标示哪些读音，以期初学者遇到以此声旁组成的其他形声字，也大致能推测出其读音范围。这种编排方法同样是照应识字教学法中的"集中识字教学法"、"字族文识字教学法"。

　　根据汉字的声母、韵母两方面的情况，形声字与声旁的语音关系可以分为：声韵皆同、声同韵不同、韵同声不同和声韵皆不同四种情况。声韵皆同的如"安 ān——ān 氨鞍，àn 按案"、"昌 chāng——chāng 猖，chāng（chàng）倡，chàng 唱"、"冈 gāng——gāng 纲刚，gāng（gàng）钢，gǎng 岗"。声同韵不同的如"斥 chì——chāi 拆"、"石 shí——shuò 硕"。韵同声不同的如"拜 bài——pài 湃"、"亶 dǎn——tán 檀，shàn 擅，chàn 颤"。声韵皆不同的如"发（發）fā——pō 泼（潑），bō 拨（撥）"、"夬 guài——jué 决诀"。

　　既然形声字的声旁是表音的，那么声旁就应该和形声字是同音的，为什么还会有声、韵不同的情况呢？这里有多种情况，现分述如下。

　　（1）在造形声字时为了文字的美观，声旁省去了一部分，就是许慎说的省声。如，"珊"，形旁是"王（玉）"，声旁是"删"的省略，为了文字结构的匀称平衡，在组字时把"删"的"刂"省去了。其他如,"砂、纱"等字声旁是"沙"(省声),"炊"声旁是"吹"(省声),"彬"声旁是"焚"(省声),"毫、豪、嚎"声旁是"高"(省声)。

(2)文字在演变过程中发生了讹变而造成的。如"急",小篆作,《说文》:"褊也,从心及声。"隶变后成了"急",声旁"及"改成了"刍",音 chu,与原来的音相差甚远。有些字字形发生变化根本找不到形旁和声旁了,如"更",本是从攴、丙声的形声字,但字形讹变成"更",就看不出形旁和声旁了。"布",本是从巾父声,楷书"父"讹变成了"ナ",很难再说它是声旁了。"在"和"存",一个是从土才声,一个是从子才声,而现在的楷书字形,已看不出声旁"才"了。又如"贸"和"聊"的声旁是卯,而"留"和"柳"的声旁是戼(yǒu),现在看着一样,但两组读音很不一样。

(3)文字简化造成的。如邻,本来写作"鄰",声旁"粦"读音与"鄰"同;"坝"本作"壩",声旁"霸"读音与"壩"同;"灯"本作"燈",声旁"登"读音与"燈"同;"袄"本作"襖",声旁"奥"读音与"襖"同。但简化后的邻与令、坝与贝、灯与丁、袄与夭语音上就不一致了。

(4)声旁本是多音字,在流传过程中某一不常用的音丢失了,而以这一读音为声旁造的字就与流传下来的其他读音不一致了。如搓、磋、蹉、嵯、醝都是以差为声旁,读音都是 cuo,而常用字典给"差"字注音只有 chā、chà、chāi、chài、cī,没有 cuo 音。实际上在古代"差"是有这一读音的,《集韵》:"差,仓何切,音醝。"又如凛、檩、懔、廪等字的声旁"禀",现在读作 bǐng,《唐韵》:"禀,力锦切,音懔",与懔等字的读音相同。再如怡、贻、诒、眙、饴等字的声旁"台",古代有一个读音就是 yi,《史记·太史公自序》:"唐尧逊位,虞舜不台。"索引:"台音怡,悦也。"

(5)为区别后起分化字的意义而改变读音,造成声旁和形声字读音不同。一个汉字在造字之初,是和这个字记录的词单一对应的,但后来由于词义的引申和文字的假借,这个汉字往往记录好几个词,为了区别不同的意义,就变了不同的读音来区别。比如责字,本义是债务、债款,后又表示责任义,为区别两个意义,一个读 zhài,一个读 zé。后来以这个责字做声旁为本义另造了个形声字"债",这样形声字与声旁的字音就不一样了。

(6)由于语音的发展演变造成声旁和形声字读音的不同。在声母方面,同一部位声母的相互通用,古无轻唇音,古无舌上音,一些声母发生分化等,都造成了声旁和形声字的读音不同。在韵母方面,由于主要元音的变化、受声母的影响发生变化和增加介音等,使得韵母变得不一样了。

膏、搞、稿、毫、豪、嚎、镐、敲等字声旁都是高字,浩、皓、靠、窖等字声旁都是告字,葛、渴、喝、褐、揭、竭、蝎、歇等字声旁都是曷字,它们的声母为 g、k、h、j、q、x。g、k、h 都是舌根音,发音部位相同,可以互相通用;而 j、q、x 三个声母则是明清时期分化出来的,其中一部分就来自 g、k、h。

颁、扮、贫、盆、盼等字都是从"分"得声,而"分"的声母是 f,中古叫轻唇音,颁、盼等声母是 b、p,中古叫重唇音。轻唇 f 声母在上古到中古初期还没有从重唇音 b、p 中分化出来,造字的时候还是相同的声母。其他如愤从贲得声,否从不得声,泼、拨从发得声,悲、辈、徘、排从非得声,棒、捧从奉得声,都是如此。

绽的声旁是定,现在两字的声母分别为 zh 和 d,差别比较大,但在古代两者是相同的。定古代为定母字,中古叫舌头音,绽为澄母字,中古叫舌上音。上古时期没有 zh、ch、sh 这一组舌上音声母,它们后来是从 d、t 这组舌头音声母中分化出来的。其他如雕、调从周得声,挑、跳、逃、桃从兆得声,都、睹、堵、赌、屠从者得声,上古无舌上音,这些读舌上音的都读为舌头音。

清代的学者段玉裁关于上古韵母的研究,有一句非常有名的话:"同谐声必同部。"说的是以《诗经》音为代表的上古语音,同一个声旁的字(包括这个声旁本身)都属于同一个韵部,也就是说同一个形声系列的字,它们的韵母是大致相同的(韵腹、韵尾相同)。但后来由于语音的演变如对转、旁转、受声母的影响等,许多字声旁与形声字的韵母都不一样了。如霜和相上古同属阳部,纽和丑上古同属幽部,韵母大致相同,但现在读音差别较大。又如,合和洽上古同音,同属匣纽辑部,中古分属"合"、"洽"二韵,语音分化了。再如,夬上古音属见纽月部,决属见纽月部,抉属明纽月部,韵母相同,到中古夬属见母夬部,决属见母屑部,抉属明母祭部,到现在的普通话中已很难把三者的读音联系在一起了。

从古到今,声调的变化也是很大的。中古时期有平、上、去、入四个声调,上古声调有多少,有哪几种,各人的看法不一,段玉裁和黄侃都提出"古无去声",而从中古到现代,声调上又发生了比较大的变化:平分阴阳、浊上变去、入派四声,这样同一声旁的字声调各异也就不难理解了。如从采得声的"彩睬菜"有上、去两声,从旦得声的"担胆但"有平、上、去三声,从巴得声的"疤爬靶耙",则阴平、阳平、上声、去声四种声调都有。此外,古人有变调构词,也就是通过改变字的声调的方法创造一个新词,如表中间义的中通过变调表示位次在中,《周礼·春官·籥章》:"中春,昼击土鼓。"注:"中音仲。"后来就在中字的基础上加人旁为仲,用来表示位次在中之义,这样,中和仲就成了不同声调的字了。

A

乂 yì——ài(yì)艾,āi 哎

安 ān——ān 氨鞍,àn 按案

岸 àn——tàn 炭碳

卬 áng——áng 昂,yǎng 仰,yíng 迎,yì 抑

敖áo——āo(áo)熬,ào 傲

奥ào——ào 澳懊

B

八bā——bā(pá)扒,bā 叭,pā 趴

巴bā——bā 疤吧芭,bǎ 靶,bà(bǎ)把,bà 爸,bà(pá)耙,pá 爬

罢bà——bǎi 摆

白bái——bǎi(bó)柏,bó(bǎi)伯,bó 舶,bó(pō)泊,pà 帕,pò(pǎi)迫,pò 魄,pà 怕,pāi 拍

百bǎi——mò 陌

拜bài——pài 湃

班bān——bān 斑

般bān——bān 搬,pán 盘

辡biàn——bàn 办(辦)瓣,biàn 辨辩辫

半bàn——bàn 伴拌绊,pàng(pán)胖,pàn 畔判版

邦bāng——bāng 帮梆,bǎng 绑

包bāo——bāo 胞苞,báo 雹,bǎo 饱,bào 抱鲍,páo 袍,páo(pào、bāo)炮,páo(pǎo)跑,pào(pāo)泡,páo(bào)刨

保bǎo——bǎo 堡,bāo 褒

暴bào——bào 爆,bào(pù)瀑,pù 曝

卑bēi——bēi 碑,pái 牌,pí 啤脾

贝bèi——bèi 狈,bà 坝(壩)

北běi——bèi(bēi)背

备bèi——bèi 惫

巿bèi——fèi 肺,pèi 沛

孛bèi——bèi 悖,bó 脖勃渤

贲bēn——fèn 愤,pēn(pèn)喷

本běn——bèn 笨

比bǐ——bì 毕(畢)庇毙,pì 屁,pī 批

敝bì——bì 弊蔽,biē 憋鳖,piē(piě)撇

畀bì——bí 鼻,bì 痹

必bì——mì(bì)泌,mì(bì)秘,sè 瑟

辟bì,pì——bì 避壁璧,bì(bei)臂,pī 霹,pī(pǐ)劈,pì 譬僻

扁biǎn——biān 编蝙,biǎn 匾,biàn 遍,piān 翩偏篇,piàn 骗

便biàn——biān 鞭

别bié,biè——bā 捌

宾bīn——bīn 缤滨(賓繽濱),bìn 鬓(鬢)

并bìng——bǐng 饼,pīn 拼,píng 瓶屏,pèng 碰

禀bǐng——lǐn 凛

丙bǐng——bǐng 柄,bìng 病

犮bá——bá 拔跋

卜bǔ,bo——bǔ 补(補),pū 扑(撲),pū(pú)仆(僕),pǔ(pò、pō、piáo)朴(樸),fù 赴

不bù——bēi 杯,fǒu 否

布bù——bù 怖

C

才cái——cái 财材,chái 豺,zài 在,cún 存

采cǎi——cǎi 彩睬,cài 菜

参cān,shēn,cēn——cǎn 惨,chān 掺,shèn 渗

仓cāng——cāng 苍舱沧,chuāng 疮,chuāng(chuàng)创,qiāng 枪,qiāng(qiàng)呛，qiǎng 抢

曹cáo——zāo 糟遭,cáo 槽

册cè——zhà(shān)栅

曾céng,zēng——zēng 增憎,zèng 赠,cèng 蹭,sēng 僧,céng 层(層)

查chá——zhā(chā)喳,zhā 渣

差chā,chà,chāi,cī——cuō 搓

毚chán——chān 搀,chán 馋

产chǎn——chǎn 铲

昌chāng——chāng 猖,chāng(chàng)倡,chàng 唱

巢cháo——jiǎo 剿

朝zhāo,cháo——cháo 潮嘲

敇(chè)——chè 彻(徹)撤澈,zhé 辙

辰chén——chén 晨,chún 唇,zhèn 振震

趁chèn——zhēn 珍,zhěn 疹诊

成chéng——chéng 诚城,shèng(chéng)盛

乘chéng——shèng 剩

尺chǐ——chí 迟(遲)

斥chì——chāi 拆

赤chì——shè 赦

充chōng——tǒng 统

虫chóng——róng 融

丑chǒu——niǔ 扭纽钮，xiū 羞

臭chòu——xiù 嗅

出chū——chǔ 础（礎），duō 咄，zhuō 拙，zhuó 茁

屈qū——jué 崛掘，jué（juè）倔，kū 窟

刍chú——qū 趋，zhòu 皱

豕chù——zhuó 啄琢

畜chù，xù——xù 蓄

厨chú——chú 橱

川chuān——xùn 训驯，shùn 顺

凸yǎn——chuán 船，yán 沿，qiān 铅

串chuàn——huàn 患，cuàn 窜

吹chuī——chuī 炊（吹省声）

垂chuí——chuí 锤捶，shuì 睡，tuò 唾

春chūn——chūn 椿，chǔn 蠢

此cǐ——cí 雌，zǐ 紫，chái 柴

束cì——cì 刺，cè 策

囱cōng——chuāng 窗

匆cōng——cōng 葱

从cóng——cóng 丛（叢），sǒng 耸，zòng 纵（縱）

寸cùn——zhǒu 肘，cūn 村，chèn 衬（襯）

D

大dà——dá 达（達），tuó（duò）驮

带dài——zhì 滞

亶dǎn——tán 檀，shàn 擅，chàn 颤

单dān，shàn——dàn（tán）弹，chán 蝉，chǎn 阐，shàn（chán）禅

且dàn——dàn 但，dān 担，dǎn 胆，tǎn 坦

当dāng，dàng——dǎng 挡，dàng 档，chēng（dāng）铛

刀dāo——dāo 叨，zhào 召，zhāo 招，zhāo 昭，zhǎo 沼，zhào 照，chāo 超，shào 绍，tiáo 迢

到 dào——dǎo(dào) 倒

登 dēng——dèng 凳，dēng(dèng) 蹬，dèng 瞪，chéng(dèng) 澄，chéng 橙

翟 dí——chuō 戳，yào 耀

商 dí——dī 滴嘀，dí 敌(敵)，zhāi 摘

氐 dí——dī 低，dǐ 底抵

弟 dì——dì 递第，tī 梯，tì 涕剃

帝 dì——dì 蒂缔，tí 啼蹄

典 diǎn——diǎn 碘

殿 diàn——tún 臀

刁 diāo——diāo 叼

丁 dīng——dīng 叮盯，dīng(dìng) 钉，dǐng 顶，dìng 订，dēng 灯(燈)，tīng 厅，tíng 亭停

定 dìng——diàn 淀，zhàn 绽

冬 dōng——téng 疼，zhōng 终

东 dōng——dòng 冻栋，chén 陈

斗 dǒu,dòu——dǒu 抖蚪

豆 dòu——dòu 逗痘，duǎn 短

度 dù——dù 渡镀，duó 踱

耑 duān——duān 端，chuǎn 喘，chuǎi(chuāi) 揣，ruì 瑞

段 duàn——duàn 锻缎

兑 duì——shuì 税，shuō(shuì) 说，ruì 锐，tuì 蜕，yuè 悦阅，tuō 脱

队 duì——zhuì 坠

盾 dùn——循 xún

多 duō——duō 哆，diē 爹，chǐ 侈，yí 移

朵 duǒ——duǒ 躲，duǒ(duò) 垛，duò 跺

E

咢 è——è 鳄愕鄂

耳 ěr——ěr 饵

尔 ěr——mí 弥，nǐ 你

贰 èr——nì 腻

次 cì——cí 瓷，zī 姿资咨

F

发（發）fā,（髮）fà——pō 泼（潑）,bō 拨（撥）,fèi 废（廢）

乏 fá——fàn 泛,biǎn 贬,zhǎ 眨

伐 fá——fá 阀,fá 筏

番 fān——fān 翻,pān 潘,bō 播

樊 fán——pān 攀

凡 fán——fán 矾,fān 帆

反 fǎn——fǎn 返,fàn 饭贩,bān 扳,bǎn 板版

巳 hàn——fàn 犯范

方 fāng——fāng 芳,fāng（fáng）坊,fáng 防妨房肪,fǎng 仿访纺,fàng 放

非 fēi——fēi 啡,fěi 匪诽,fěi（fēi）菲,bēi 悲,bèi 辈,pái 徘排

焚 fén——bīn 彬（焚省声）

分 fēn,fèn——fēn 吩纷芬氛,fěn 粉,fèn 份忿,bān 颁,bàn 扮,pàn 盼,pén 盆,pín 贫

丰 fēng——bàng（bèng）蚌

夆 fēng——fēng 峰,fēng 锋蜂,féng 逢缝,péng 篷蓬

风 fēng——fēng 疯枫,fěng 讽

奉 fèng——bàng 棒,pěng 捧

夫 fū——fū 肤,fú 扶芙

伏 fú——fú 袱

弗 fú——fú（fó）佛,fú 拂,fèi 沸费

孚 fú——fú 俘浮,fū 孵

畐 fú——fú 福辐蝠幅,fù 副富,bī 逼

甫 fǔ——fǔ 辅,fǔ（pú）脯,bǔ 捕哺,pú 蒲,pǔ 圃浦,pū（pù）铺,pú 葡,fū 敷

阜 fù——bù 埠

尃 fū——fù 缚傅,bó 博膊搏,báo（bó,bò）薄

付 fù——fù 咐附,fú 符,fǔ 府俯腐

复 fù——fù 腹覆

父 fù——fǔ 斧

G

丏 gài——gài 钙

倝 gàn——qián 乾,hàn 翰,hán 韩

干（幹）gān,gàn——gān 肝竿,gān（gǎn）杆,gǎn 秆赶（趕）,jiān 奸,kān

刊，xuān 轩，hǎn 罕，hàn 汗旱捍悍焊

甘gān——gān 柑，hān 酣，qián 钳

敢gǎn——gǎn 橄，hān 憨

冈gāng——gāng 纲刚，gāng(gàng)钢，gǎng 岗

羔gāo——gāo 糕

高gāo——gāo(gào)膏，gǎo 搞稿，háo 毫豪嚎，hào(gǎo)镐，qiāo 敲

告gào——hào 浩皓，kào 靠，jiào 窖，zào 造，cāo 糙，kù 酷

各gè——gē(gé)胳，gé 阁，gē 搁，kè 客，luò 洛络骆，lào 烙酪，lù 赂路露，
é 额，gé 格，luò(là,lào)落，lüè 略

艮gèn——gēn 根跟，hén 痕，hěn 很狠，hèn 恨，kěn 垦恳，jiān 艰，xiàn 限，
yǎn 眼，yín 银

亘gèn——xuān 宣喧，xuàn 渲

更gēng,gèng——gěng 埂梗，yìng 硬

公gōng——gōng 蚣，sōng 松，sòng 颂讼，wēng 嗡翁

弓gōng——gōng 躬

工gōng——gōng 功攻，gǒng 汞，gòng 贡，gāng 缸肛，gāng(gàng)杠，
káng 扛，gǒng 巩，kǒng 恐，zhù 筑，jiāng 江，xiàng 项，hóng 鸿红虹，kōng
(kòng)空，kòng 控，qiāng 腔

共gòng——gōng 恭，gōng(gòng)供，gǒng 拱，hōng(hòng,hǒng)哄，hōng
烘，hóng 洪

厷gōng——hóng 宏，xióng 雄，hóng 弘

勾gōu——gōu 沟钩，gòu 构购

古gǔ——gū 估咕沽姑菇辜，gù 固故，kǔ 苦，kū 枯

谷gǔ——yù 浴裕欲，sú 俗

骨gǔ,gū——huá 滑猾

瓜guā——gū 孤，hú 狐弧

夬guài——quē 缺，kuài 块快，kuài 筷，jué 决诀

藋guàn——guān(guàn)观(觀)，guàn 灌罐，huān 欢(歡)

官guān——guān 棺，guǎn 馆管

贯guàn——guàn 惯

光guāng——huǎng(huàng)晃，huǎng 幌恍

广guǎng——kuàng 旷矿

规guī——kuī 窥

圭guī——guī 闺硅，guì 桂，guà 挂卦褂，jiē 街，wā 洼，wā(wa)哇，wā 蛙，

wá 娃，xié 鞋

鬼 guǐ——guī 瑰，kuí 魁，kuì 愧，huái 槐

葵 guǐ——kuí 葵

贵 guì——kuì 溃馈，yí 遗

果 guǒ——guǒ 裹，kē 棵颗，kè 课，luǒ 裸

H

亥 hài——hài 骇，hāi（ké）咳，gāi 该，hé 核，kè 刻

害 hài——huò（huō）豁，xiá 辖，xiā 瞎，gē 割

函 hán——hán 涵

寒 hán——zhài 寨，sāi（sài，sè）塞，sài 赛

合 hé——hé 盒，hā 哈，gē 鸽，gé（há）蛤，jǐ（gěi）给，shí 拾，qià 恰洽，dā 搭，dá 答瘩，tǎ 塔

禾 hé——hé（hè，huó，huò，hú）和

盍 hé——kē 磕瞌

曷 hé——hē（hè）喝，hè 褐，gé 葛，jiē 揭，jié 竭，ǎi 蔼，è 遏，xiē 蝎歇，kě 渴

黑 hēi——hēi 嘿，mò 墨默

侯 hóu——hóu 喉猴，hòu 候

后 hòu——gòu 垢

乎 hū——hū 呼

胡 hú——hú 湖蝴糊葫

虎 hǔ——hǔ 唬，lǜ 虑滤，lǔ 虏，xū 虚墟

户 hù——hù 护沪，dù 妒，gù 雇

化 huà——huā 花，huá 华（華），huá（huā）哗（嘩），huà 桦（樺），huò 货，xuē 靴

褱 huái——huái 怀（懷），huài 坏（壞）

睘 huán——huán（hái）还（還），huán 环（環）

奂 huàn——huàn 唤换涣焕痪

荒 huāng——huāng 慌，huǎng 谎

皇 huáng——huáng 煌凰惶蝗

黄 huáng——huáng 簧，héng（hèng）横

灰 huī——huī 恢，kuī 盔

回 huí——huái 徊

会 huì，kuài——huì 绘

惠huì——suì 穗

昏hūn——hūn 婚

活huó——kuò 阔

火huǒ——huǒ 伙

或huò——huò 惑,yù 域

J

几（幾）jī,jǐ——jī 肌讥机饥叽（譏機饑嘰）

吉jí——jiē 秸,jié 洁,jié(jiē)结,jié(jú)桔

及jí——jī 圾,jí 级极急,xī 吸

疾jí——jí 嫉

耤jí——jí 籍,jiè(jí)藉

已jǐ——jì 记,jì 纪忌,qǐ 起岂,fēi 妃,pèi 配

既jì——gài 溉概,kǎi 慨

即jí——jī 唧,jì 鲫

祭jì——chá 察,cā 擦,cài 蔡,jì 际（際）

加jiā——jiā 嘉,jià 驾架,qié(jiā)茄,kā(gā)咖,qué 瘸

家jiā——jià 嫁稼

夹jiā——xiá 峡狭侠,xié 挟,jiá 颊,shǎn 陕

甲jiǎ——jiǎ 钾,xiá 匣,yā 押,yā 鸭,zhá 闸

兼jiān——xián 嫌,qiān 谦,lián 廉镰,zhuàn 赚

监jiān——jiàn 鉴,gān 尴,lán 蓝篮,làn 滥,jiàn(kǎn)槛,lǎn 览揽缆榄

间jiān,jiàn——jiǎn 简,jiàn 涧

戋jiān——jiàn 贱溅践,zhǎn 盏,zhàn 栈,cán 残,xiàn 线,qián 钱,qiǎn 浅

柬jiǎn——jiǎn 拣（揀）,liàn 练炼（練煉）

见jiàn——jiàn 舰,yàn 砚,xiàn 现

建jiàn——jiàn 健键

畺jiāng——jiāng 缰僵疆

交jiāo——jiāo 郊胶跤,jiǎo 狡绞饺,jiào 轿较,yǎo 咬,xiào 效,xiào(jiào)校

角jiǎo,jué——què 确（確）

焦jiāo——jiāo 蕉礁,qiáo 瞧憔

敫jiǎo——jiǎo 缴,jī 激,yāo 邀

皆jiē——jiē 阶（階）,xié 谐,kāi 揩,kǎi 楷

聿 jié——jié 捷睫

解 jiě——xiè 蟹懈

介 jiè——jiè 芥界，gà 尬，jià 价(價)

戒 jiè——jiè 诫，xiè 械

今 jīn——yín 吟，qín 琴，qián 黔，niàn 念，niǎn 捻，tān 贪，hán 含

斤 jīn——jìn 近，qí 祈，xīn 欣，xiān 掀，qín 芹，tīng 听

金 jīn——jǐn 锦，qīn 钦

堇 jǐn——jǐn 仅(僅)谨，qín 勤

京 jīng——jīng 惊鲸，jǐng 景，liáng(liàng)凉，liàng 谅晾，yǐng 影，lüè 掠

圣(巠)jīng——jìng(jìn)劲，jīng 经茎，jǐng 颈，jìng 径，qīng 轻氢

井 jǐng——xíng 形刑型，jīng 荆，gēng 耕，jìn 进(進)

敬 jìng——jǐng 警，qíng 擎

竟 jìng——jìng 境镜

丩 jiū——jiū 纠，shōu 收，jiào 叫

九 jiǔ——jiū 究，chóu 仇，guǐ 轨，xù 旭

久 jiǔ——jiǔ 玖灸，jiù 疚

臼 jiù——jiù 舅

居 jū——jù 据剧锯

匊 jū——jū 鞠，jú 菊

举 jǔ——yù 誉

巨 jù——jǔ 矩，jù 拒距炬，qú 渠

具 jù——jù 俱惧

句 jù——jū 拘，gǒu 苟狗，gòu 够

类 juàn——juàn 眷，juǎn(juàn)卷，juàn 倦，juàn(quān)圈，quán 拳，quàn 券

爵 jué——jiáo(jué,jiào)嚼

军 jūn——yùn(yūn)晕，hūn 荤，hún 浑，huī 挥辉

君 jūn——jiǒng 窘，qún 裙群

K

亢 háng,kàng——āng 肮，kàng 抗炕，háng 航杭，háng(kēng)吭，kēng 坑

康 kāng——kāng 糠慷

丂 kǎo——kǎo 考烤拷，kào 铐，xiǔ 朽，qiǎo 巧，qiào 窍，háo(hào)号

可 kě——ē(ā)阿，gē 哥歌，ā(á,ǎ,à,a)啊，kē 苛，kě(kē)坷，hē 呵，hé 河何

荷,qí(jī)奇,qí骑崎,jī畸,jì寄,yǐ倚,yī(yǐ)椅

科kē——kē 蝌

肯kěn——kěn 啃

孔kǒng——hǒu 吼

口kǒu——kòu 扣叩

库kù——kù 裤

亏kuī——wū 污,kuā 夸,kuǎ 垮,kuà 挎跨

昆kūn——gùn 棍,hún(hùn)混

困kùn——kǔn 捆

L

剌là——lǎ 喇,là 辣,lài 赖,lǎn 懒

来lái——lái 莱,lài 睐

兰lán——lán 拦栏,làn 烂,lán 澜

劳láo——lāo 捞,lào 涝唠

老lǎo——lǎo 姥

乐lè,yuè——lì 砾,shuò 烁

雷léi——léi(lèi)擂,lěi 蕾

累lèi,lěi,léi——luó 骡螺,lěi 垒(壘)

离lí——lí 璃漓篱

里lǐ——lí 厘狸,lǐ 理鲤,li 哩

吏lì——shǐ 使

立lì——lì 粒,lā 垃拉,la 啦,qì 泣

力lì——lèi 肋,lè(lēi)勒

历lì——lì 沥雳

厉lì——lì 励

利lì——lì 俐莉痢,lí 梨犁黎

隶lì——dài(dǎi)逮

莲lián——lián 连,liàn 链

梁liáng——liáng 粱

良liáng——liáng 粮,láng 琅狼郎廊榔,lǎng 朗,làng 浪,niáng 娘(孃),niàng 酿(釀)

两liǎng——liàng 辆,liǎ(liǎng)俩

寮liáo——liào 瞭,liáo(liāo)撩,liáo 嘹缭僚辽疗

列liè——liè 裂烈,liě(lie)咧,lì 例

粦lín——lín 鳞磷

林lín——lín 淋琳,jìn(jīn)禁,jīn 襟,lán 婪

令lìng——líng 伶羚聆铃零玲龄,lǐng 岭领,lián 怜(憐),lěng 冷,līn 拎(撵),lín 邻(鄰)

夌líng——líng 陵凌菱,léng 棱

流liú——liú 琉硫

留liú——liú 瘤榴,liū(liù)溜,liù(liú)馏,liǔ 柳

刘liú——liú 浏

翏liù——miù 谬,liáo 寥

龙lóng——lóng 笼聋胧咙,lǒng 垄拢,chǒng 宠,páng 庞

隆lóng——lóng 窿

娄lóu——lóu 楼,lōu(lǒu)搂,lǒu 篓,lǚ 屡缕

卢lú——lú 庐颅芦炉,lǘ 驴

吕lǚ——lǚ 侣铝

录lù——lù(liù)碌,lù 禄,lù(lù)绿,lǜ 氯

亦(䜌)luán——liàn 恋,luán 峦,mán 蛮,wān 弯湾

罗luó——luó 萝锣箩逻,luō 啰

仑lún——lūn 抡,lún 伦沦轮,lùn(lún)论

M

马mǎ——mǎ 码,mǎ(mā,mà)蚂,mà 骂,má(mǎ,ma)吗,mā 妈,mǎ 玛

麻má——má(ma)嘛,mó 摩,mò(mó)磨,mó 蘑魔,mǐ(mí)靡

卖mài——shú 赎,xù 续,dú 读

满mǎn——mǎn 满,mán 瞒

毛máo——hào 耗

矛máo——máo 茅

冒mào——mào 帽,màn 曼蔓慢漫,mán 馒

柔róu——róu 揉蹂

卯mǎo——mào 贸,liáo 聊

貌mào——miǎo 藐

每měi——méi 霉梅,hǎi 海,huǐ 悔,huì 诲晦,wǔ 侮,mǐn 敏

眉méi——mèi 媚

门mén——mēn(mèn)闷,men 们,wén 闻,wèn 问,mǐn 闽悯

孟mèng——měng 猛锰,mēng(méng,měng)蒙,méng 朦檬

米mǐ——mī 咪,mí 迷谜,mí(mī)眯

宓mì——mì 密蜜

绵mián——mián 棉

面miàn——miǎn 缅

免miǎn——miǎn 勉,wǎn 挽晚

苗miáo——māo 猫,máo 锚,miáo 瞄描

民mín——mián 眠

黾mǐn——yíng 蝇,shéng 绳

明míng——méng 萌盟

名míng——míng 铭

末mò——mǒ(mò,mā)抹,mò 沫茉

莫mò——mò 漠寞,mó 膜馍摹,mō 摸,mù 暮墓幕慕募,mú(mó)模,má 蟆

某mǒu——móu 谋,méi 煤媒

母mǔ——mǔ 拇姆

木mù——mù 沐

N

那nà——nǎ 哪,nuó 挪,nuó(nà)娜

乃nǎi——nǎi 奶,rēng 扔,réng 仍

难nán,nàn——tān 滩瘫摊

﨑nǎo——nǎo 瑙恼脑(惱腦)

内nèi——nà 纳,nè(nà)呐,nà 钠

尼ní——nī 妮,ní 泥,ne(ní)呢

鸟niǎo——dǎo 岛捣

聂niè——shè 摄

宁níng,nìng——níng 柠狞,níng(nǐng,nìng)拧,nìng 泞

农nóng——nóng 浓脓

奴nú——nǔ 努,nù 怒

女nǚ——rǔ 汝

虐nüè——nüè(yào)疟

P

爿pán——zhuāng 妆装,zhuàng 状壮,jiàng 酱,jiāng 浆,jiàng(jiāng)将,jiǎng 蒋桨奖

旁páng——bǎng 膀榜,bàng 傍谤,bàng 镑,páng 螃,páng(bàng)磅

朋péng——péng 鹏棚,bēng(běng)绷,bēng 崩,bèng 蹦

彭péng——péng 澎膨

丕pī——pī 坯,pēi 胚

皮pí——pī 披,pí 疲,bǐ 彼,pō 坡颇,pó 婆,pò 破,bō 玻波菠,bǒ 跛,bǒ(bò)簸,bèi 被

票piào——piāo(piǎo,piào)漂,piāo 飘,piáo 瓢

频pín——bīn 濒

平píng——píng 评苹萍坪,pēng 砰,chèng 秤

音pǒu——pōu 剖,bèi 倍,péi 陪培赔,bù 部,pú 菩

普pǔ——pǔ 谱

Q

七qī——qī 柒,qiē(qiè)切,qiè 窃,qì 砌

妻qī——qī 凄

桼qī——qī 漆,xī 膝

其qí——qī 期欺,qí 棋旗,jī 箕基,sī 斯撕嘶

齐qí——qí 脐,jǐ 挤,jì 剂,jì(jǐ)济

乞qǐ——chī 吃,qì 迄,yì 屹,gē 疙

气qì——qì 汽,kài 忾

耳qì——jí 辑,jī 缉,yī 揖,qì 葺

臤qiān——jiān 坚,jǐn 紧,xián 贤,shèn 肾

千qiān——qiān 迁(遷),jiān 歼(殲),xiān 纤(纖)

佥qiān——qiān 签,jiǎn 俭捡检,jiàn 剑,liǎn 敛脸,yàn 验,xiǎn 险

前qián——jiān 煎,jiǎn 剪,jiàn 箭

遣qiǎn——qiǎn 谴

欠qiàn——qiàn 歉,kǎn 坎砍,qiàn 嵌

乔qiáo——qiáo 侨桥,jiāo 娇骄,jiǎo 矫

且qiě——jiě 姐,jǔ 沮,zū 租,zǔ 阻组祖,cū 粗,zhù 助,chú 锄

妾qiè——jiē 接,shà 霎

侵qīn——jìn 浸,qǐn 寝

禽 qín——qín 擒

秦 qín——zhēn 榛

青 qīng——qīng 清蜻，qíng 情晴，qǐng 请，jīng 睛精，jìng 靖，cāi 猜

顷 qǐng——qīng 倾，yǐng 颖

丘 qiū——qiū 蚯

秋 qiū——jiū 揪，qiāo 锹，chóu 愁，chǒu 瞅

求 qiú——qiú 球，jiù 救

区 qū——qū 驱岖躯，ōu 殴鸥欧，ǒu 呕，kōu 抠，shū 枢

取 qǔ——qǔ 娶，qù 趣，jù 聚，zhòu 骤

去 qù——jié 劫，qiè 怯，què 却，jiǎo 脚

全 quán——quán 痊，shuān 栓拴

泉 quán——xiàn 腺

夋 qūn——jùn 骏俊竣峻，suān 酸，suō 梭唆

R

然 rán——rán 燃

人 rén——rèn 认

壬 rén——rèn 任，lìn 赁，tíng 廷蜓庭，tǐng 挺艇，chéng 呈程，chěng 逞

刃 rèn——rèn 纫韧，rěn 忍

容 róng——róng 熔蓉溶榕

戎 róng——róng 绒

如 rú——shù 恕，xù 絮

辱 rǔ——rù 褥

闰 rùn——rùn 润

若 ruò——rě 惹，nì 匿，nuò 诺

弱 ruò——nì 溺

S

三 sān——sān 叁

散 sàn，sǎn——sǎ(sā) 撒

桑 sāng——sǎng 嗓

杀 shā——shā(chà) 刹

山 shān——càn 灿(燦)

删 shān——shān 珊

彡 shān——shān 衫杉

扇 shàn, shān——shān 煽

上 shàng, shǎng——ràng 让（讓）

勺 sháo——diào 钓, zhuó 灼酌, bào 豹, yuē(yāo)约, yào 药, yō(yo)哟

少 shǎo, shào——chāo 钞抄, chǎo 吵炒, shā 砂沙鲨纱, miào 妙, miǎo 秒

射 shè——xiè 谢

舍 shè, shě——shá 啥

罙 shēn——shēn 深, tàn 探

申 shēn——shēn 呻绅伸, shén 神, shěn 审婶, kūn 坤

甚 shèn——zhēn 斟, kān 堪勘

生 shēng——shēng 牲笙甥, shèng 胜, xīng 星腥猩, xǐng 醒, xìng 性姓

失 shī——diē 跌, dié 迭, zhì 秩

师 shī——shī 狮, shāi 筛

石 shí——shuò 硕

庶 shù——zhē 遮, zhè 蔗

十 shí——shí(shén)什, zhī 汁

食 shí——shí 蚀

史 shǐ——shǐ 驶

矢 shǐ——yī 医

耆 shì——shì 嗜, qí 鳍, jī(qǐ)稽

是 shì——chí(shi)匙, dī 堤, tí 题, tí(dī)提

示 shì——shì 视, nài 奈, nà 捺

世 shì——xiè 泄

氏 shì, zhī——zhǐ 纸

士 shì——zhì 志

市 shì——shì 柿

寿 shòu——dǎo 祷, chóu 筹畴, zhù 铸, tāo 涛

受 shòu——shòu 授

疋 shū——shū 疏蔬梳, chǔ 楚

叔 shū——shū 淑, dū 督, jì 寂, jiāo 椒

殳 shū——gǔ 股, tóu 投, shè 设, méi(mò)没

术 shù, zhú——shù 述

束 shù——sù 速

刷 shuā——shuàn 涮

朔 shuò——sù 塑溯

欶 shuò——sòu 嗽，shù 漱

思 sī——sāi 腮

司 sī——sì 饲，sì(cì)伺，cí 词祠

寺 sì——shī 诗，shì 恃侍，chí 持，děng 等，dài(dāi)待，tè 特

巳 sì——sì 祀

率 shuài，lǜ——shuāi 摔，shuài 蟀

叟 sǒu——sǎo 嫂，shòu 瘦，sōu 搜艘

肃 sù——xiāo 萧潇箫，xiào 啸

宿 sù——suō 缩

算 suàn——cuàn 篡

隋 duò——suí 隋，duò 堕惰，suí 随，suǐ 髓，tuǒ 椭

岁 suì——huì 秽

遂 suì，suí——suì 隧

孙 sūn——xùn 逊

贞 suǒ——suǒ 琐锁

索 suǒ——suō 嗦

T

它 tā——tuó 鸵驼，duò 舵，shé 蛇

昜 tā——tā 塌，tà 蹋

台 tái——tāi 胎，tái(tāi)苔，tái 抬，dài 怠，yí 怡贻，zhì 治，yě 冶，shǐ 始

太 tài——tài 态汰

覃 tán——tán 潭谭

唐 táng——táng 塘糖

匋 táo——tāo 掏，táo 陶萄淘

天 tiān——tūn 吞，tiān 添，tiǎn 舔

田 tián——diàn 佃

甜 tián——tián 恬

条 tiáo——dí 涤

同 tóng，tòng——tóng 桐铜，tǒng 筒，dòng 洞

童 tóng——tóng 瞳，chuáng(zhuàng)幢，zhuàng 撞

土 tǔ——tú 徒，tù(tǔ)吐，dù 杜，dù(dǔ)肚

退 tuì——tuǐ 腿，tuì(tùn)褪

乇 zhé,tuō──zhái 宅,tuō 托

妥 tuǒ──něi 馁

屯 tún──dūn 吨,dǔn 盹,dùn 顿钝,dùn(tún)囤,chún 纯

W

王 wáng──wāng 汪,wǎng 枉,wàng 旺,kuáng 狂,guàng 逛,kuāng 筐,kuàng 框眶

亡 wáng──wàng 忘妄望,máng 氓忙盲芒茫

微 wēi──wēi 薇,huī 徽

为 wéi,wèi──wěi 伪

危 wēi──guǐ 诡,guì 跪,cuì 脆

尾 wěi──xī 犀

韦 wéi──wéi 围违,wěi 伟苇纬,huì 讳

委 wěi──wěi 萎,wēi 巍,wèi 魏,ǎi 矮

畏 wèi──wèi 喂,wēi 偎

未 wèi──wèi 味,mèi 昧,mèi 魅妹

胃 wèi──wèi 谓猬

尉 wèi,yù──wèi 蔚慰

温 wēn──wēn 瘟,yùn 蕴

文 wén──wén 蚊,wén(wèn)纹,wěn 紊,lìn 吝,méi 玫

呙 wǒ──wō 窝蜗,wō(guō)涡,huò 祸

我 wǒ──é(ó,ò)哦,é 娥峨俄鹅蛾,è 饿

屋 wū──wò 握

巫 wū──wū 诬

乌 wū──wū 呜

吴 wú──wú 蜈,wù 误,yú 娱

无 wú──wú 芜,fǔ 抚

五 wǔ──wǔ 伍

吾 wú──wǔ 捂,wú 梧,wù 悟,yá 衙,yǔ 语

午 wǔ──xǔ 许

武 wǔ──fù 赋,wǔ 鹉

勿 wù──wù 物,hū 忽,wěn 吻

务 wù──wù 雾

戊 wù──mào 茂

X

西 xī——xī 牺，qī 栖，sǎ 洒

息 xī——xī 熄，xí 媳

希 xī——xī 稀

昔 xī——xī 惜，què 鹊，cuò 措错，cù 醋，jiè 借，là（xī）腊（臘），là（zhà）蜡（蠟），liè 猎（獵）

悉 xī——xī 蟋

析 xī——xī 晰

叚 xiá——xiá 暇霞

下 xià——xià（hè）吓，xiā 虾（蝦）

夏 xià——shà（xià）厦

先 xiān——xǐ 洗，xiàn 宪（憲），xuǎn 选（選）

鲜 xiān，xiǎn——xuǎn 癣

咸 xián——gǎn 感，hǎn 喊，hàn 憾撼，jiǎn 减碱

显 xiǎn——shī 湿

臽 xiàn——qiā 掐，yán 阎，xiàn 陷馅，yàn 焰

县 xiàn——xuán 悬

瓤 xiāng——ráng 瓤，rǎng 攘嚷壤

相 xiāng，xiàng——xiāng 箱厢湘，xiǎng 想，shuāng 霜

享 xiǎng——guō 郭，kuò 廓，zhūn 谆，chún 淳醇，pēng 烹，dūn 敦墩，hēng 哼

象 xiàng——xiàng 像橡

向 xiàng——xiǎng 响，shǎng 晌，shàng 尚，shǎng 赏，cháng 常，chǎng 敞，dǎng 党，táng 堂膛棠，tǎng 淌躺倘，tàng（tāng）趟，zhǎng 掌，chēng 撑

巷 xiàng，hàng——gǎng 港

小 xiǎo——xiào 肖，xiāo 硝宵霄消销，xiāo（xuē）削，qiǎo（qiāo）悄，qiào 俏峭，xiè 屑，shāo 捎梢，shāo（shào）稍，shào 哨

孝 xiào——xiào 哮，jiào 酵，jiào（jiāo）教

劦 xié——xié 胁协

写 xiě——xiè 泻

辛 xīn——xīn 锌新薪

心 xīn——xīn（xìn）芯

行 xíng，háng——héng 衡

凶xiōng——xiōng 汹匈胸,xù 酗

秀xiù——xiù 绣锈,yòu 诱,tòu 透

戌xū——wēi 威

需xū——rú 蠕儒,nuò 糯懦

玄xuán——xuàn 炫,xián 弦

薛xuē——niè 孽

学xué——jué(jiào)觉,jiǎo 搅

血xuè,xiě——xù 恤

旬xún——xún 询,xùn 殉,xuàn 绚

卂xùn——xùn 讯迅汛

Y

牙yá——yá 芽,yā 呀鸦,yǎ 雅,yà 讶,xié 邪

厓yá——yá 涯崖

亚yà——yǎ 哑,è(wù)恶

延yán——yán 蜒,dàn 诞

炎yán——dàn 淡氮,tán 谈痰,tǎn 毯

言yán——yàn 唁

奄yǎn——ān 庵,ǎn 俺,yān 淹,yǎn 掩

寅yín——yǎn 演

彦yàn——yán 颜,yàn 谚

晏yàn——yàn 宴堰

雁yàn——yīng 鹰应(應)

央yāng——yāng 殃秧莺,yìng 映,yīng 英

易yáng——yáng 扬杨阳(陽),cháng 肠,cháng(chǎng)场,chàng 畅,tāng 汤,tàng 烫,dàng 荡

羊yáng——yáng 洋,yàng 漾,yǎng 氧痒养,yàng 样,xiáng 翔详祥

夭yāo——ǎo 袄,yāo 妖,yuè 跃,wò 沃

要yāo,yào——yāo 腰

䍃yáo——yáo 谣摇遥

尧yáo——yáo(jiǎo)侥,ráo 饶,rào 绕,náo 挠,jiāo 浇,qiāo 跷,qiáo(qiào)翘,xiǎo 晓,shāo 烧

肴yáo——xiáo 淆

舀yǎo——dǎo 蹈,dào 稻,tāo 滔

也 yě——chí 池驰弛,shī 施

枼 yè——tì 屉,dié 谍碟蝶,yè 叶(葉)

夜 yè——yè 液腋

衣 yī——yī 依,āi 哀

宜 yí——yì 谊

夷 yí——yí 姨胰

疑 yí——níng 凝

乙 yǐ——yì 亿(億)忆(憶)艺(藝)

以 yǐ——nǐ 拟,sì 似

亦 yì——jì 迹

易 yì——cì 赐,tī 踢剔,tì 惕,xī 锡

益 yì——ài 隘,yì 溢

义 yì——yí 仪,yǐ 蚁,yì 议

異 yì——yì 翼,jì 冀

役 yì——yì 疫

睪 yì——yì 绎译,zé 择泽,shì 释

矣 yǐ——āi(ài)唉,āi(ái)挨,āi 埃

式 shì——shì 试拭

代 dài——dài 贷袋

因 yīn——yīn 茵姻,yān(yàn,yè)咽,yān 烟,ēn 恩

阴 yīn——yīn(yìn)荫

音 yīn——àn 暗黯

引 yǐn——yǐn 蚓

尤 yín——dān 耽,shěn 沈,zhěn 枕,chén 忱

隐 yǐn——yǐn 瘾

婴 yīng——yīng 鹦樱

荧 yíng——yíng 萤莹营,yīng 莺,róng 荣

永 yǒng——yǒng 咏泳

甬 yǒng——yǒng 勇涌踊,tōng 通,tǒng 捅桶,tòng 痛,sòng 诵

用 yòng——yōng(yòng)佣,yōng 拥

攸 yōu——yōu 悠,xiū 修

由 yóu——yóu 邮油,chōu 抽,zhóu 轴,zhòu 宙,xiù 袖,dí 笛

尤 yóu——yóu 犹,yōu 忧优,rǎo 扰,jiù 就

酉 yǒu——jiǔ 酒

有 yǒu——huì 贿

右 yòu——yòu 佑

幼 yòu——ǎo(ào,niù)拗

与 yǔ,yù——yǔ 屿

予 yǔ——yù 豫预,shū 抒舒,yě 野,xù 序

于 yú——yū 迂,yǔ 宇,yù 芋,xū(yù)吁(籲)

鱼 yú——yú 渔

余 yú——xú 徐,xù 叙,xié 斜,tú 途涂,chú 除

禺 yú——yú 隅愚,yù 寓遇,ǒu 偶藕

俞 yù,yú——yù 喻愈渝,yú 逾愉榆,tōu 偷,shū 输

聿 yù——lǜ 律,sì 肆

爰 yuán——nuǎn 暖,yuán 援,huǎn 缓

元 yuán——yuán 园(園),yuǎn 远(遠),wán 玩顽完,yuàn 院,huàn(wǎn)皖

袁 yuán——yuán 猿

肙 yuān——juān 捐娟鹃,juàn 绢

原 yuán——yuán 源,yuàn 愿

员 yuán——yuán 圆,xūn 勋,yǔn 陨,sǔn 损

夗 yuàn——yuān 鸳,yuàn 怨苑,wān 豌,wǎn 宛惋婉碗,wàn 腕

月 yuè——yào 钥

匀 yún——yùn 韵,jūn 均钧

云 yún——yún 耘,yùn 酝运,hún 魂

允 yǔn——shǔn 吮

Z

乚 yā——zā(zhā,zhá)扎,yà(zhá)轧

𢧵 zāi——zāi 栽哉,zài(zǎi)载,cái 裁,dài 戴

在 zài——chá 茬

赞 zàn——cuán(zǎn)攒

蚤 zǎo——sāo 搔骚

早 zǎo——cǎo 草

喿 zào——sāo(sào)臊,zǎo 澡藻,zào 噪躁燥,cāo 操

责 zé,——zhài 债,jì 绩

则 zé——zéi 贼,cè 侧厕测

乍zhà——zhà 诈,zhá 炸,zǎ(zhā)咋,zuó 昨,zěn 怎,zhǎi 窄,zhà 榨,zuò(zuō)作

詹zhān——zhān 瞻,shàn 赡,yán 檐

展zhǎn——niǎn 碾,zhǎn 辗

斩zhǎn——zhǎn 崭,cán 惭,zàn 暂,jiàn(jiān)渐

占zhàn——zhàn 战（戰）站,zhān 沾粘毡,tiē 贴,tiè(tiě,tiē)帖,zuān(zuàn)钻（鑽）,diān 掂,diǎn 点（點）,diàn 玷店惦

章zhāng——zhāng 彰樟,zhàng 障

长zhǎng,cháng——zhāng 张,zhǎng 涨,zhàng 账帐胀

丈zhàng——zhàng 仗杖

爪zhǎo,zhuǎ——zhuā 抓

兆zhào——yáo 姚,tiǎo(tiāo)挑,tiào 跳,táo 逃桃

折zhé,zhē,shé——zhé 哲,zhè 浙,shì 誓逝

者zhě——zhū 诸猪,zhǔ 煮,zhù 著,chǔ 储,dū(dōu)都,dǔ 睹堵赌,tú 屠,shē 奢,shǔ 暑薯署曙,xù 绪

贞zhēn——zhēn 侦

真zhēn——zhèn 镇,diān 滇颠巅,tián 填,shèn 慎

争zhēng——zhēng 睁筝狰,zhèng 挣,jìng 净静

正zhèng,zhēng——zhèng 证政症,zhēng 征怔,zhěng 整,chéng 惩

朕zhèn——téng 誊藤腾

郑zhèng——zhì 掷

之zhī——zhī 芝

知zhī——zhī 蜘,zhì 智,chī 痴

支zhī——zhī 枝肢,zhī(zī)吱,chì 翅,jì 技妓,qí 歧

直zhí——zhí 值植,zhí(shi)殖,zhì 置

执zhí——shì 势,diàn 垫,zhì 挚

只zhǐ,zhī——zhí 职（職）,zhī 织（織）,zhì 帜（幟）,shí(zhì)识（識）

旨zhǐ——zhǐ 指,zhī 脂

止zhǐ——zhǐ 址趾,chǐ 耻齿,xǐ 徙

至zhì——zhí 侄,zhì 致窒

中zhōng,zhòng——zhōng 钟忠衷,zhǒng 肿,zhòng（zhǒng）种,chōng（chòng）冲,zhòng 仲

重zhòng,chóng——dǒng 董懂

州zhōu——zhōu 洲,chóu 酬

周zhōu——chóu 稠绸,diāo 雕,diào 调

朱zhū——zhū 株珠蛛,shū 殊

属zhǔ,shǔ——zhǔ 嘱瞩

主zhǔ——zhǔ 拄,zhù 住驻注柱蛀

专zhuān——zhuān 砖,zhuǎn(zhuàn,zhuǎi)转,zhuàn(chuán)传

庄zhuāng——zhuāng 桩,zāng 赃,zàng(zāng)脏

隹zhuī——cuī 崔催摧,zhuī 锥,zhì 稚,zhǔn 准,chuí(zhuī)椎,chú 雏,huái 淮,wéi 唯维惟帷,duī 堆,tuī 推,shuí(shéi)谁

卓zhuó——chuò 绰,zhào 罩,zhuō 桌,dào 悼,diào 掉

兹zī——zī 滋,cí 慈磁

子zǐ,zi——zǐ 籽,zì 字,zǎi(zǐ)仔

自zì——zán 咱

宗zōng——zōng 棕踪综,chóng 崇

总zǒng——cōng 聪

走zǒu——dǒu 陡

奏zòu——zòu 揍,còu 凑

卒zú——cuì 翠悴粹,zuì 醉,suì 碎

族zú——cù 簇

足zú——cù 促,zhuō 捉

最zuì——cuō 撮

尊zūn——zūn 遵,dūn 蹲

左zuǒ——zuǒ 佐

坐zuò——zuò 座,cuò 挫

第二节　常用汉字中的多音字

　　汉字中,有不少多音字。同一个汉字,有不同读音。这不同的读音,与其记录的意义之间,又有各不相同的情况。要想准确知道一个多音字在具体语境中到底读什么音,得清楚读音为什么会有区别。记忆的过程,可以采取记少不记多的方法,记住特殊情况下的读音,再了解一般情况下的读音。

一、意义相同

　　有些字,在表示同样意义时,因为使用场合不同,搭配对象不同,导致读音不

同。比较明显的是读书音与口语音的不同，表现为独立运用时的读音与在复音词中的读音不一样。如：

拗，不顺，不顺从，念 ào，如拗口、违拗。特指性格固执，不易顺从他人，念 niù，如脾气拗、执拗。另外，表示折断时念 ǎo，如：把筷子拗断了。

剥，去掉外面的皮或壳，单用时念 bāo，如剥皮、剥花生。复音词中念 bō，如剥夺、剥削、剥落、剥蚀、生吞活剥。

薄，表示扁平物上下两面之间的距离小，感情不深，味道不浓，土地不肥，单用时念 báo，如薄板、薄待、薄地。在合成词或成语中念 bó，如浅薄、薄礼、薄情、鄙薄、薄弱、日薄西山。另外，在"薄荷"中念 bò。

臂，人的上肢，从肩膀到手腕的部分，一般情况念 bì，如臂力、臂章、臂膀、两臂。在"胳臂"中念 bei。

瘪，指物体表面凹下去，不饱满，音 biě，如瘪谷、车胎瘪了、干瘪。特殊情况下念 biē，如瘪三（上海人称城市中无正当职业而以乞讨或偷窃为生的游民）。

逮，表示赶上，捉，念 dài，如力有未逮、逮捕、逮系。口语里指经过追赶而捉住或试图抓住，念 dǎi，如逮蚊子、逮特务、逮老鼠。

肚，供食用的动物的胃，念 dǔ，如猪肚子、羊肚子。表示腹部，像腹部的，念 dù，如肚子、肚皮、腿肚子、指头肚儿。

给，交与，付出，口语中念 gěi，如给以、送给、献给。书面语中表示充裕，供应，念 jǐ，如家给人足、供给、补给、给养、自给自足。

嚼，以牙咬碎食物，口语中念 jiáo，如嚼舌、细嚼慢咽、味同嚼蜡。书面语复合词中念 jué，如咀嚼。另外，"倒嚼"中念 jiào。

壳，硬的外皮，口语中念 ké，如壳菜、介壳、躯壳、壳斗、花生壳。而在"地壳、甲壳、金蝉脱壳"等中念 qiào。

绿，像草和树叶茂盛的颜色，一般念 lǜ，如嫩绿、浓绿、青山绿水、绿色组织。某些特定词语中念 lù，如绿林、鸭绿江。

悄，没有声音或声音很低，不让人知道，口语中念 qiāo，如静悄悄。复音词中念 qiǎo，如悄寂、悄然无声。

塞，堵隔，把东西放进有空隙的地方，堵住器物口的东西，念 sāi，如堵塞漏洞、活塞、塞子。某些合成词中，念 sè，如闭塞、阻塞、搪塞、塞责、茅塞顿开。另外，指边界上的险要地方，音 sài，如要塞、塞外、塞翁失马。

上，高处，走向高处，进入某种状态等，一般念 shàng，如上面、上山、生上火、事实上、思想上。特指汉语声调的第三声，念 shǎng，如上声。

遂，顺利，如意，成功，一般念 suì，如万事顺遂、未遂政变、疼痛遂止。特指身体不能随意动弹，念 suí，如半身不遂。

吓，害怕，使害怕，单用时一般念 xià，如吓倒、吓人、吓唬。某些复音词中念 hè，如恐吓、恫吓。

削，用刀刮去，或切去，口语中念 xiāo，如削铅笔、削发为僧、削壁、瘦削。部分复音词中念 xuē，如削除、削减、削弱、剥削。

要，表示求取，复音词"要求，要挟"等中念 yāo。口语中念 yào，如索要、要账、要价。其他引申义也念 yào，如要点、主要、紧要、纲要、摘要、提要。又如：我要他帮我领邮件、要学游泳、大家要小心、要下雨了。

疟，急性传染病，周期性发作，口语中念 yào，如疟子。一般情况下念 nüè，如疟疾、疟原虫。

正，不偏斜，合于法则、道理、心意等的，念 zhèng，如正中、正当、正宗、正方形。特指农历一年的第一个月时，念 zhēng，如正月。

爪，指人的指甲或趾甲，或鸟兽的脚，念 zhǎo，如手爪、鹰爪、爪牙、一鳞半爪。指像家养禽兽的脚（多指有尖甲的）等，念 zhuǎ，如鸡爪子、狗爪、铜爪。

二、意义相通

多音字大多是记录了词语的本义与引申义，不同读音下的意义有相关联系。

1. 动词与名词

多音字记录意义相通的词语，一般是一个读音表示动作行为，一个读音表示动作的工具或涉及的对象。

畜，动词义念 xù，表示饲养（禽兽），如畜牧、畜产、畜养。名词义念 chù，表示家养的禽兽，如家畜、畜肥。

驮，动词义念 tuó，表示骡马负载东西或用背部承受物体的重量，如驮运。名词义念 duò，表示（计量）牲口驮（tuó）着的货物，如：把驮卸下来；三驮货。

钉，动词义念 dìng，用楔形物将物体固定住，如钉箱子、把海报钉在墙上。也指用线把带子、纽扣等缝住，如钉扣子。名词义念 dīng，表示金属制成的细棍形的物件，一端尖锐，主要起固定或连接作用，如钉子、图钉、螺丝钉。

分，动词义念 fēn，表示区划开，由整体中取出或产生等，如分开、分发、分局、分辨、区分、秋分。名词义念 fèn，表示构成事物的不同物质、因素，或者个人在社团中的名位、职责、权利的限度，如成分、天分、情分、分内、恰如其分、安分守己。具体可量化的组成要素，则写作"份"，如份额、股份。

冠，动词义念 guàn，表示把帽子戴在头上，或在前面加上某种名或文字，如冠名、沐猴而冠。如：在公司的名称上面还冠上了公司所在地名。名词义念 guān，表示帽子或类似帽子的东西，如衣冠整齐、怒发冲冠、鸡冠、树冠、冠状动脉。

观，动词义念 guān，表示仔细看，及部分名词性的引申义，诸如景象、认识之类，如观望、观瞻、乐观、世界观。名词义念 guàn，表示可望远处的楼台或者道教的房子，如楼观、台观、白云观。

卷，动词义及部分名词义念 juǎn，表示与弯曲相关的意思，如卷尺、卷入、卷扬、烟卷、纸卷、两卷铺盖。部分名词义念 juàn，表示与书写、书本相关的意思，如卷一、上卷、卷帙、手不释卷、答卷、卷宗、调卷、查卷。

吭，动词义念 kēng，指出声，说话，如吭声、吭气。名词义念 háng，泛指喉咙、咽喉，如引吭高歌。

簸，动词义念 bǒ，表示用箕装粮食等上下颠动，扬去糠秕尘土等物，如簸扬糠秕。又指摇动，颠动，如颠簸。名词义念 bò，簸箕，指用竹篾或柳条编成的器具，也有用铁皮制成的。又指簸箕形的指纹。

倡，动词义念 chàng，首先提出，如提倡、倡议、倡导、首倡。名词义念 chāng，古代指以演奏乐器和表演歌舞为业的人，如倡优。

朝，动词义及其引申义念 cháo，表示拜见君主，或拜见君主的地方，某一君主统治的时代，面向，如朝见、朝拜、朝廷、上朝、唐朝、朝代、朝前、朝阳。名词义念 zhāo，表示早晨及引申义天、日，如朝阳、朝霞、今朝、明朝。

扇，动词义念 shān，表示摇动薄片状东西，或鼓动别人做某事，或用手掌打，如扇煤炉子、扇动、扇耳光。名词义念 shàn，表示与门窗相关的意思，或者摇动时生风的用具，如门扇、一扇磨、两扇窗子、电扇、折扇。

扫，动词义念 sǎo，表示用笤帚等，除去尘土、垃圾等，或者表示除去，消灭，如扫雪、扫盲、扫荡、一扫而空、扫射、扫视。名词中念 sào，如扫帚。

囤，动词义念 tún，表示储存，如囤积、囤货。名词义念 dùn，指用竹篾、荆条、稻草编成的或用席箔等围成的盛粮食的器具，如米囤、草囤。

兴，动词义念 xīng，如兴办、兴建、兴旺、兴隆、不兴胡说、兴许。名词义念 xìng，表示对事物感觉喜爱的情绪，如兴味、兴致、雅兴、游兴。

咽，动词义念 yàn，表示使嘴里的食物或别的东西通过咽头到食道里去，如咽唾沫、狼吞虎咽、细嚼慢咽。名词义念 yān，口腔后部主要由肌肉和黏膜构成的管子，是呼吸道和消化道的共同通路，如咽喉、咽炎。另外在"呜咽、哽咽"中念 yè。

作，动词义念 zuò，表示意义较多，如作息、作画、作乱、作弊、作陪、作呕、作怪。有个名词义念 zuō，指手工业工场，如作坊、木工作坊、油漆作坊、洗衣作坊。

钻，动词义念 zuān，表示用尖的物体在另一物体上转动以造成窟窿，或者表示穿过、探讨，如钻孔、钻山洞、钻书本。名词义念 zuàn，指打眼用的工具，如电钻、钻床、钻具。又指钻石，如钻戒。

种,动词义念 zhòng,表示播散植物的籽实或把幼苗等埋在泥土里使生长,如种地、栽种。名词义念 zhǒng,如种子、撒种、配种、物种、人种、种族、有种、各种。

传,动词义念 chuán,表示转授、推广、表达、叫来等,如传递、传输、传播、流传、传名、传奇、传神、传达、传讯。名词义念 zhuàn,指记载某人一生事迹的文字,或者以历史人物和故事为中心的文学作品,如纪传、传记、传略、《水浒传》。

背,动词义念 bēi,指人用脊梁驮东西,如背筐、背包。也表示负担,如背债、背包袱、背黑锅。名词义及部分动词义念 bèi,指人体后面从肩到腰的部分及部分引申义,如背影、刀背、背景、背光、背道而驰、违背、背井离乡、背信弃义、背时、背运、耳背、背诵。

膏,动词义念 gào,指把油抹在车轴或机械上,如膏油。也指把毛笔蘸上墨汁在砚台边上搽,如膏笔、膏墨。名词义念 gāo,指溶化的油脂及部分引申义,如膏粱、膏腴、膏沃、膏剂、药膏、病入膏肓。

弹,动词义念 tán,指用手或工具拨动而发射出去,也指用手指拨弄,如弹射、弹跳、弹拨、弹琴、弹奏。名词义念 dàn,指可以用力发射出去的小丸,装有爆炸物可以击毁人、物的武器,如弹丸、子弹、氢弹、导弹、手榴弹、原子弹。

胳,动词义念 gé,指在别人身上抓挠,使人由发痒而笑,如胳肢。名词义念 gē,指腋下,如胳膊(bo)、胳臂(bei)。

钢,动词义念 gàng,指在刀口上加上点儿钢,重新打造,使它锋利,如:这口铡刀该钢了。也指把刀放在布、皮、石头等上面磨,使它锋利,如钢刀布、把刀钢一钢。名词义念 gāng,指经过精炼,不含磷砂等杂质的铁,比熟铁更坚硬更富于弹性,如钢板、钢笔、轧钢。

觉,动词义念 jué,指醒悟、明白,感知和辨别,如觉醒、觉悟、视觉、觉察。名词义念 jiào,指睡眠(从睡着到睡醒),如午觉、睡了一觉。

将,动词义、副词义念 jiāng,如将军、将心比心、将就、将计就计、将息、将要、将近。名词义念 jiàng,如将领、大将。

铺,动词义念 pū,指把东西展开或摊平,如铺床、铺垫、铺张、平铺直叙。名词义念 pù,指商店,驿站,床,如饭铺、铺面、十里铺、床铺、卧铺。

把,动词义手持及其引申义念 bǎ,如把舵、把持、把守、车把、一把米、一把年纪。名词义念 bà,特指物体上便于手拿的部分,如刀把、扇子把、蒂把。

舍,动词义念 shě,表示放弃或给予,如舍弃、四舍五入、施舍、舍药。名词义念 shè,指人居住的房子,养家畜的圈,或表谦称,如宿舍、校舍、牛舍、鸡舍、舍侄、舍弟、舍亲。

数,动词义念 shǔ,表示计算,清点多少等,如数一数、数不胜数、屈指可数、数一数二、数说、数落、如数家珍。名词义念 shù，指计算的量，基本的算术概念等，如数目、人数、分数、实数、质数、数人、数十种。

　　行，动词义及个别名词义（操守）念 xíng，如步行、行装、行商、行营、发行、风行、试行、行礼、品行、罪行、你真行！名词义念 háng，如双行、第五行、一行字、排行、在行、懂行、改行、银行、花行。

　　趟，动词义念 tāng，表示从浅水里走过去，用犁、锄等把土翻开，如趟水过河、趟地。名词义念 tàng，表示走动的次数、行列，如走一趟、两趟桌子。

2. 形容词与动词

　　有些词语本义表示属性，词性为形容词性，引申表示使具有某方面的属性（即使动用法），而形容词义与动词义读音略有不同。

　　澄，形容词义念 chéng，指水静而清，也引申指清澈透明，如澄水、澄江、澄泉、澄空、澄明。动词义念 dèng，指使液体中的杂质沉淀，使水清澈，如：把水澄清。抽象意义上的使认识、观点清楚，念 chéng，如澄清是非。

　　空，形容词及部分副词、动词义念 kōng，如空想、空谈、落空、天空、晴空、航空、高空、领空、空前绝后、空忙、空跑一趟。动词义及部分名词义、形容词义念 kòng，如空地、空座、亏空；空出个房间给他留着，有空时来玩。

　　好，形容词义念 hǎo，如好人、好事、好多、好香。动词义念 hào，表示认为好，喜爱（做），如好为人师、好吃懒做。

　　凉，形容词义念 liáng，表示寒，温度低，如凉水、凉爽、阴凉、荒凉。动词义念 liàng，表示使温度降低，如：把开水凉一凉再喝。

　　散，形容词义念 sǎn，指没有约束的，松开的，分开的，分离的，零碎的，如松散、懒散、散记、散文、披散头发、散居、散乱、散兵游勇、散碎、散装、散页。动词义念 sàn，指分开，分布，排解，由聚集而分离，如分散、解散、散落、散失、散布、散传单、散闷、散心。

　　恶，形容词义念 è，表示不好等，如恶果、恶劣、丑恶、恶霸、险恶、凶恶。动词义念 wù，表示认为不好，讨厌，憎恨，如可恶、厌恶、好恶。

　　盛，形容词义念 shèng，如兴盛、盛怒、盛产、盛宴、盛典、盛况、盛赞、盛名、盛情。动词义念 chéng，如盛饭。

　　漂，形容词义念 piào，表示好看，出色，如漂亮。动词义念 piāo，表示浮流，如漂流、漂移、漂游；或念 piǎo，指用化学药剂使纤维和织品变白，用水冲去杂质，如漂白、漂染、漂洗。

　　长，形容词义及部分引申义念 cháng，表示两点之间距离大，优点，善于，如长空、长廊、长城、长处、特长，他长于写作。动词义及部分引申义念 zhǎng，指生物从萌芽到成熟的过程，年龄大，首领，排行在前的，如生长、成长、年长、长老、首长、长官、长子、长兄。

3. 形容词与名词

少量多音字记录的几个意义，分别表现为形容词、名词。

劲，形容词义念 jìng，表示坚强有力，如劲敌、劲拔、强劲、刚劲、疾风知劲草。名词义念 jìn，表示力量、力气，情绪、兴趣，如用劲、手劲、劲头、这电影有劲。

难，形容词义念 nán，表示受困，不容易（办到），不好，如难办、难处、难点、难免、难为、难保、难听、难看。名词义念 nàn，表示不幸的遭遇，如灾难、难兄难弟、遭难。也指质问，如非难。

差，形容词义、动词义念 chà，表示错误，不相当，不好，缺欠等，如：话说差了，差不多，还差十元钱，差等，成绩差。名词义（或在名词中）念 chā，表示失当之处，不同之点，两数相减所剩余的数，如差错、偏差、差池、差距、差额、差价、差数。另外，表示与派遣相关的念 chāi，如差遣、差事、公差、出差。表示不整齐念 cī，如参差。

4. 其他

大量的多音字，记录的是一个词的本义和引申义，有的是本义念一个音，引申义念另一个音；有的是本义和部分引申义念一个音，其他引申义念另一个读音。

唉，表示叹息的声音，表示应答，念 āi，如：唉声叹气；唉，我就过来。作叹词，表示伤感或惋惜，念 ài，如：唉，这雨太大，出不去了。

挨，表示依次，靠近，顺次，念 āi，如挨个来、挨近、肩挨着肩。表示遭受，拖延，念 ái，如挨打、挨骂、挨时间、挨延。

熬，表示把蔬菜等加水放在文火上煮，念 āo，如熬白菜、熬豆腐。表示久煮，忍受，念 áo，如熬药、熬粥、熬夜、煎熬。

伯，特称丈夫的哥哥，念 bǎi，如大伯子。其他意义念 bó，如伯仲、伯母、大伯、老伯、世伯。

炮，用锅或铛在旺火上炒（牛羊肉片等），迅速搅拌，念 bāo，如炮羊肉。把生中药放在热铁锅里炒，使变焦黄爆裂，念 páo，如炮制。另外，指内装炸药的火器，爆竹，念 pào，如枪炮、花炮、鞭炮。

奔，表示快步、大步地跑，逃跑，念 bēn，如奔走、奔跑、奔驰、奔逃、东奔西窜。表示直往、趋向，为某个目的而尽力去做，念 bèn，如投奔、奔东走、奔六十了、奔命。

绷，表示板着（脸），强忍住（情绪），念 běng，如绷着脸、绷劲、绷不住笑出了声。其他意义念 bēng，紧绷绷、棕绷、绣绷、绷被头、把图案先绷在布上。

辟，表示君主，法律，念 bì，如复辟、大辟。指开发建设，驳斥，透彻等，念 pì，如开辟、辟邪、辟谣、精辟、透辟、鞭辟入里。

叉，表示分开张开，念 chǎ，如：叉开两腿、拇指和食指叉成个八字。其他意义念 chā，如叉腰、钢叉、刀叉、叉鱼、打了个叉。

场，用来翻晒粮食、碾轧谷物空地，市集，计量有起止的事情（文体活动除外），念 cháng，如打场、起场、赶场、一场透雨、一场大战。其他意义念 chǎng，如会场、操场、上场、三场球赛、电场、磁场。

称，表示适合时，念 chèn，如称心、称职、称意、匀称、对称。其他意义念 chēng，如称量、称颂、称赞、称病、称便、称呼、称帝、俗称、职称。

匙，指小勺，念 chí，如汤匙、茶匙。指开锁的东西，念 shi，如钥匙。

冲，表示猛烈，根据，念 chòng，如话冲、烟冲；冲他学习劲，成绩一定好。其他意义念 chōng，如冲腾、直冲云霄、冲刷、冲账、要冲、首当其冲、横冲直撞、冲出重围、冲突、冲撞、冲犯。

揣，指估量，猜想，念 chuǎi，如揣度。指藏在、放在穿着的衣服里，念 chuāi，如怀揣、揣手。

当，表示对着，相称，担任，承担，应该，正在，念 dāng，如当面、当众、门当户对、旗鼓相当、当家、当老师、敢作敢当、当之无愧、当办就办、当今、当场。表示合适，抵得上，以为，抵押等，念 dàng，如得当、恰当、以一当十、别把我当客人、当铺、典当。

倒，表示竖立的东西躺下来，调换，念 dǎo，如倒下、倒塌、摔倒、倒换、倒卖。与前后左右上下正反翻转相关的，念 dào，如倒立、倒水、倒茶、倒贴、倒退、倒车。

垛，表示墙或某些建筑物突出的部分，念 duǒ，如城墙垛口。表示与堆积，堆砌相关的意义，念 duò，如垛积、堆垛、麦垛、草垛、一垛墙。

坊，表示街市（里巷），旧时标榜功德的建筑物，念 fāng，如锦什坊、坊间、街坊、牌坊、节义坊。指小手工业者的工作场所，念 fáng，如作坊、油坊、磨坊。

杆，较长的棍，念 gān，如杆子、旗杆、桅杆、电线杆。（计量）器物像棍子的细长部分（包括中空的），念 gǎn，如笔杆、秤杆、枪杆、一杆秤。

供，指准备着东西给需要的人应用，念 gōng，如供给、供求、供应、供需。表示奉献，祭祀品，在法庭上被审问时述说事实，念 gòng，如供养、供奉、供品、上供、招供、口供。

号，大声呼叫，大声哭，念 háo，如呼号、号叫、哀号、号啕大哭。其他意义念 hào，如号召、号令、军号、冲锋号、国号、年号、别号、信号、记号、问号、加号、号衣、号房子、挂号、编号、大号、中号、五月一号、几十号人。

和，指响应，念 hè，如应和、唱和、曲高和寡。指混合，在粉状物中搅拌或揉捏使粘在一起，念 huó，如和面、和泥。指粉状或粒状物掺和在一起，或加水搅拌，念 huò，如：豆沙馅里和点糖。"暖和、软和、掺和"等词语中念 huo。其他意义念 hé，如和谐、和睦、和平、讲和、和棋、和局、平和、柔和、和衣而卧、硬件和软件。

横，与方向相关的，念 héng，如横梁、横楣、横排、横向、横贯东西。指凶暴不讲理，意外的，念 hèng，如蛮横、横暴、横财、横祸。

哄，指许多人同时发出声音，念 hōng，如哄动、哄传、哄堂大笑。表示吵闹，搅扰，念 hòng，如起哄、哄场、一哄而起。表示骗人，逗人喜欢，念 hǒng，如哄骗、哄人、哄劝、哄小孩儿。

划，指拨水前进，用刀或其他东西把物件分开或从物件上面擦过，合算等，念 huá，如划桨、划水、划一道口子、划得来、划不着。表示分开，设计，念 huà，如划界、划分、计划、筹划、策划。

晃，指闪烁，闪过，念 huǎng，如晃眼、明晃晃、一晃就不见了。指摇动，摆动，念 huàng，如晃荡、晃动、晃悠。

豁，指敞亮，免除，念 huò，如豁达、豁然开朗、豁免。表示裂开，狠心付出高代价，念 huō，如豁口、豁出性命。

几，指小而矮的桌子，差一点，念 jī，如案几、茶几、几乎。询问数目，大于一而小于十的不定的数目，念 jǐ，如：去几天、十几岁、几百人。

间，空隙，使有空隙，使有隔阂，偏僻的小路，念 jiàn，如间隙、亲密无间、间隔、间断、间接、间歇、离间、反间计、间道。其他意义念 jiān，如中间、间距、时间、田间、人间、晚间、里间、车间、衣帽间、三间门面。

教，具体地传授，念 jiāo，如教课、你教我做。抽象意义的培养，指导等，念 jiào，如教导、教育、宗教、教会、教堂。

尽，指力求达到最大限度，极，念 jǐn，如尽量、尽管、尽早、尽底下、尽前头、尽可能地减少错误。其他意义念 jìn，如取之不尽、言无不尽、想尽、尽心、尽力、尽其所有、人尽其才、物尽其用、尽情、尽头、自尽、尽善尽美、尽人皆知、尽释前嫌。

倔，顽强，固执，念 jué，如性格倔强（jiàng）。指言语粗直，态度不好，念 juè，如倔头倔脑。

看，表示守护，监视，念 kān，如看门、看护、看押、看守所。其他意义念 kàn，如看书、看电影、看望、看朋友、看待、另眼相看、看病、看医生。

坷，"坎坷"中念 kě。"土坷垃"念 kē。

落，表示遗漏，东西忘记拿走，跟不上而被丢在后面，念 là，如丢三落四、把书落在家里了、落在后面。其他意义一般念 luò，如降落、零落、沦落、流落、落伍、落选、落笔、落款、部落、院落、落得、落空、落网、落难。另外，"莲花落、落枕"中念 lào。

勒,指用绳子等捆住和套住,然后用力拉紧,念 lēi,如勒紧。其他意义念 lè,如马勒、悬崖勒马、勒令、勒索、勒石、勒碑。

量,指古代斗、升一类测定物体体积的器具及由此引申出来的能容纳、经受的限度,数的多少——这些都是名词义,另有动词义估计、审度,念 liàng,如度量、酒量、气量、胆量、数量、降雨量、量刑、量才录用、量体裁衣。指现代确定、计测东西的多少、长短、高低、深浅、远近等的器具及以此进行确定、计测、估计、揣测,念 liáng,如量具、量杯、量筒、量角器、计量、测量、量度、量体温、估量。

撩,在情感方面挑逗,逗引,念 liáo,如撩拨、春色撩人。表示具体的从下往上掀起,念 liāo,如:撩起帘子、把头发撩上去、先撩些水然后再扫地。

馏,蒸饭,把熟的食物蒸热,念 liù,如:馒头凉了,再馏一馏。通过加热使物质分离或分解,念 liú,如分馏、蒸馏。

搂,用手或工具把东西聚集到自己面前,用手拢着提起来(指衣服),搜刮(财物),念 lōu,如搂柴火、搂起袖子、搂钱。两臂合抱及其围度,念 lǒu,如搂抱、搂在怀中、两搂粗的大树。

论,在"论语"中念 lún。其他意义念 lùn,如议论、讨论、立论、社论、论罪、论功行赏、道德论、一概而论、论件、论资排辈。

磨,指把粮食碾碎的(石制)工具及其运动,念 mò,如石磨、电磨、磨面、磨米、磨豆腐。表示摩擦、阻碍、消耗、拖延,念 mó,如磨砺、磨合、研磨、磨难(nàn)、好事多磨、磨损、磨灭、磨缠、磨功夫。

闷,指空气不流通引起的不舒畅感觉,使不透气,不吭声,在屋里待着,念 mēn,如闷气、闷热、闷头苦干、把茶闷一会儿再喝、一天到晚闷在家里。表示心情不舒畅,不透气,念 mèn,如烦闷、愁闷、闷闷不乐、闷子车。

蒙,表示欺骗,胡乱猜测,念 mēng,如蒙骗、欺上蒙下、瞎蒙。表示愚昧,遮蔽,承蒙,念 méng,如蒙昧、启蒙、蒙罩、蒙蔽、承蒙、蒙难、蒙尘。"蒙古族"念 měng。

眯,灰沙等物入眼,念 mí,如眯了眼。眼皮微微合拢,小睡,念 mī,如眯缝双目、笑眯眯、眯一会儿。

没,表示无,不曾,不如,念 méi,如没有、没关系、没精打采、没来、汽车没飞机快。其他意义念 mò,如沉没、埋没、淹没、隐没、神出鬼没、没收、抄没、没世、没齿不忘。

抹,表示涂敷,除去,念 mǒ,如抹粉、抹黑、抹零、抹杀。指把和好了的泥或灰涂上后弄平,念 mò,如抹墙、抹石灰。指揩、擦,念 mā,如抹桌子。

脉,在"脉脉"中念 mò,其他意义念 mài,如动脉、脉搏、山脉、矿脉、叶脉、一脉相承。

模，表示用压制或浇注的方法使材料成为一定形状的工具，念 mú，如模子、模板、模具、模样。指抽象的法式，规范，标准，念 mó，如模范、模式、楷模、模型、模本。

那，指代比较远的人或事物，念 nà，如那个、那里、那时、那些。"那一"二字连读的合音，念 nèi，但指数量时不限于一，如那三年、那个。

哪，表示疑问，念 nǎ，如哪间、哪位、想哪做哪。"哪一"二字连读的合音，念 něi，但指数量时不限于一，如哪棵树、哪帮人。

拧，用拇指和另外一两个指头扭住皮肉用力转动，扭、绞，团聚，念 níng，如拧耳朵、拧毛巾、拧成一股绳。表示控制住物体向里转或向外转，错，抵触，念 nǐng，如拧螺丝、说拧了。指倔强，念 nìng，如脾气拧。

泡，与松软相关的意义，念 pāo，如眼泡、豆腐泡、泡桐、木料发泡。其他意义念 pào，如水泡、泡沫、泡影、电灯泡、泡茶、泡菜、泡汤。

喷，液体、气体、粉末等受大的压力而射出，念 pēn，如喷出、喷发、喷洒、井喷。表示香气扑鼻，果品、蔬菜、鱼虾等大量上市的时期，念 pèn，如喷香的热馒头、西瓜喷、头喷棉花。

劈，表示用刀、斧纵着破开，雷电毁坏，正对着，念 pī，如劈杀、劈成两半、天打雷劈、劈头盖脸。表示分开，分裂，分叉，念 pǐ，如把绳子劈成三股、把菜帮子劈下来、劈叉。

片，指有图像、景物或录有声音的片子且儿化时，念 piān，如唱片儿、画片儿、相片儿、影片儿。其他情况念 piàn，如纸片、卡片、分片开会、片刻、片面、两片药、一片新气象、影片、唱片。

呛，指水或食物进入气管引起咳嗽，也指突然喷出，念 qiāng，如吃饭吃呛了；喝得太猛，呛着了。指有刺激性的气体进入呼吸器官而感觉难受，泛指难受，念 qiàng，如呛鼻子、呛人、冻得够呛。

强，表示硬要，迫使，念 qiǎng，如强辩、勉强、强人所难、强词夺理。其他意义念 qiáng，如强劲、富强、自强、强横、强制、强占、强化、增强。

翘，抬起（头），（木、纸等）平的东西因由湿变干而不平，念 qiáo，如翘首，木板晒翘了。指一头儿向上仰起，念 qiào，如翘起、翘尾巴、翘足而待。

切，指用刀把物品分成若干部分，念 qiē，如切瓜、切肉。其他意义念 qiè，如切题、切肤、切身、亲切、迫切、殷切、切忌、恳切、切脉。

亲，"亲家"念 qìng，其他意义念 qīn，如双亲、亲缘、亲眷、亲事、亲戚、亲朋、乡亲、亲聆、亲笔、亲睦、亲嘴。

撒，把颗粒状的东西分散着扔出去，散布（东西），念 sǎ，如撒种、撒播。放开、张开，尽量施展出来（贬义），念 sā，如撒手、撒网、撒谎、撒气、撒刁、撒娇、撒野、撒酒疯。

稍，指略微，一般情况下念 shāo，如稍稍、稍微、稍许、稍长、稍逊、稍纵即逝。在"稍息"中念 shào。

少，数量小，不够数，遗失，念 shǎo，如少量、少一块钱、屋里少了东西。表示年轻，年轻人，念 shào，如少年、少壮、少爷、阔少。

省，指行政区划，节约，简易，念 shěng，如省份、省会、俭省、省钱、省称、省写。表反思，醒悟，问候，念 xǐng，如反省、自省、省悟、不省人事、省亲。

说，用话劝导别人，念 shuì，如游说。其他意义念 shuō，如说话、解说、说合、说媒、学说、著书立说、数说。

帖，指学习写字绘画时临摹用的样本，念 tiè，如碑帖、字帖、画帖。其他与纸片相关的意义，念 tiě，如字帖儿、帖子、请帖、庚帖、换帖、一帖中药。表示服从、妥当，念 tiē，如服帖、俯首帖耳、妥帖。

吐，内脏里的东西不由自主地从口里涌出，被迫把吞没的东西退出来，念 tù，如呕吐、上吐下泻、吐还不义之财。（主动地）使东西从口腔中出来，放出、露出，说出，念 tǔ，如吐痰、吞吐、高粱吐穗、吐故纳新、一吐为快。

褪，脱（衣服、羽毛、颜色等），念 tuì，如褪色、褪毛、褪去冬衣。退缩身体的某部分，使套着的东西脱离，念 tùn，如：把袖子褪下来、把手褪在袖子里。

纹，指物件上面的花式线条，念 wén，如纹理、水纹、指纹、斜纹、波纹。指陶瓷、玻璃上的裂痕，念 wèn，如：茶杯上有道纹。

系，结，扣，念 jì，如系鞋带、系领结。其他意义念 xì，如谱系、体系、派系、中文系、系马、维系、干系、关系、把白菜从窖里系上来。

相，表示亲自看是否合意，动作行为上的关联等，念 xiāng，如相亲、相中、互相、相似、相信、好言相劝。表示察看、判断，帮助，念 xiàng，如相面、相术、相马、吉人天相。其他名词性的意义也念 xiàng，如丞相、宰相、傧相、首相、外相、长相、坐相、月相、金相。

巷，指较窄、曲折的街道，小街道，念 xiàng，如小巷、巷战、街头巷尾。指矿坑里的通道，念 hàng，如煤巷、风巷、巷道。

芯，指草木的中心部分或物体的中心部分，念 xīn，如岩芯、笔芯、机芯。指装在器物中心的捻子一类的东西，念 xìn，如芯子。

旋，表示返回，打转，圈圆形，不久，念 xuán，如飞旋、旋绕、凯旋、旋即、老鹰在空中打旋儿。表示打转的，又用车床切削或用刀子转着圈地削，临时（做），念 xuàn，如旋风、旋零件、旋吃旋做。

约，口语里指用秤称，念 yāo，如约秤、用秤约约。其他意义念 yuē，如约束、制约、约见、契约、公约、约请、婉约、节约、俭约、简约、约计、约数。

晕，指昏迷，头脑不清，念 yūn，如晕倒、晕厥、头晕、晕头晕脑、晕头转向。其他意义念 yùn，如日晕、月晕、红晕、霞晕、墨晕、晕眩、晕车、眼晕。

应，表示该，当，同意，念 yīng，如应该、应当、应有尽有、答应。其他表示对自身之外的情况采取相对的行动，都念 yìng，如应答、呼应、应对、应变、应酬、顺应、应邀。

佣，指出卖劳动力（的人），念 yōng，如雇佣、佣工、女佣。表示买卖时付给中间人的报酬，念 yòng，如佣金。

与，表示参加，念 yù，如参与、与会。其他意义念 yǔ，如赠与、与人方便、相与、生死与共、工业与农业。

载，特指年，念 zǎi，如七十载。其他意义念 zài，如载货、载客、怨声载道。

仔，指有某种特征或从事某种职业的男青年，幼小的动物，念 zǎi，如打工仔、肥仔、猪仔、羊仔、牛仔。指幼小的（多指家畜），认真过细，念 zǐ，如仔鸡、仔猪、仔细。

轧，特指用机器把钢坯压成一定形状的钢材，念 zhá，如轧钢、轧辊、轧机。其他与辗压相关的意义，念 yà，如轧场、轧棉、轧光、倾轧、机声轧轧。

炸，指突然破裂，爆破，脾气发作，念 zhà，如爆炸、炸药、轰炸，他一听就气炸了。指把食物放在煮沸的油里弄熟，念 zhá，如炸糕、炸酱、炸鱼。

识，表示记住，标志，念 zhì，如博闻强识、附识、款识。其他意义念 shí，如认识、识辨、知识、常识、见识、远见卓识。

中，表示正对上，遭受，念 zhòng，如中计、中奖、中选、中毒、中风、中暑、中伤。其他意义念 zhōng，如中部、中缝、中锋、中秋、中庸、家中、中看、中听、中文、古今中外。

三、意义不同

同一个字，读音不同，意义也不尽相同。

1. 专有名词的读音与普通读音不同

有些字，作地名、姓氏名、河流名、音译名等的用字时的读音，与普通意义的读音不太一样。

蚌，作地名用字，念 bèng，如蚌埠（在安徽）。表示一种软体动物时，念 bàng，如蚌壳。

泌，作地名用字，念 bì，如泌阳（在河南）。指液体由细孔排出，或由腺体产生和排出时，念 mì，如分泌。

六，作地名用字，念 lù，如六安（在安徽）、六合（在江苏）。作数目字时，念 liù，如六亲、六书。

单,作地名用字,姓氏用字时,念 shàn。表示不复杂,独一等时,念 dān,如单纯、单一、单衣、单薄、单号、床单、传单。"单于"(中国古代匈奴君主的称号)中念 chán。

凹,作地名、人名用字,念 wā,如核桃凹、贾平凹。表示周围高,中间低,念 āo,如凹面、凹陷、凹处。

皖,作安徽省的简称时念 wǎn。

厦,作地名用字,念 xià,如厦门市(在福建省)。表示大房子、房子里靠后墙的部分,念 shà,如广厦、高楼大厦、前廊后厦。

燕,指河北,作姓氏,念 yān,如燕赵之地。表示一种候鸟时,念 yàn,如家燕。

尉,作地名、姓氏用字,念 yù,如尉迟,尉犁(县名,在新疆)。表示官名、军衔,念 wèi。

蔚,作地名用字,念 yù,如蔚县(在河北)。指(草木)茂盛,盛大,念 wèi,如蔚然、云兴霞蔚。

隋,作朝代名用字,念 suí,如隋朝。

瀑,作河流名,音 bào,在河北省东北部。指急雨或从山壁上或河身突然降落的地方流下的水,音 pù,如瀑布。

涡,作河流名,音 guō,发源于河南,流经安徽,注入淮河。指水体形成螺旋式的环形运动,音 wō,如漩涡。

济,作河流名,(表众多),音 jǐ,如济水、(人才济济)。表示渡过河流,对困苦的人加以帮助等,音 jì,如同舟共济、赈济、无济于事。

柏,音译外国地名时,念 bó,如柏林(德国城市名)。表树木名时,音 bǎi,如古柏、苍松翠柏。

秘,音译外国名时,念 bì,如秘鲁(南美洲国家)。表示不公开的,珍贵的,不让人知道,音 mì,如秘诀、秘籍、秘而不宣。

佛,梵语译音,指与佛教相关的,音 fó,如佛陀、立地成佛。表示看不清楚,音 fú,如仿佛。

刹,梵语译音,表示极短促的瞬间,音 chà,如刹那、霎时。表示止住(车、机器等),音 shā,如:把车刹住。

禅,梵语译音,表示静心净坐,佛教事物,音 chán,如参禅、禅房。表示帝王让位给他人,代替,音 shàn,如封禅、禅让。

打,英语译音,表示十二个构成的一组时,念 dá,如一打铅笔。表示其他意义,都念 dǎ,如打击、打井、打毛衣、打手势。

镑,英语译音,表示英国货币单位,念 bàng,一镑折合 100 便士。

磅,英语译音,表示英美制质量式重量单位,一磅合 0.4536 千克。后也指磅秤或用磅秤称,念 bàng,如过磅、磅体重。表示(声势)大时,音 páng,如磅礴。

卡,英语译音,念 kǎ,如卡片、卡车、卡路里。也有的表示夹住的意思,如卡尺、卡规、卡钳。其他意义念 qiǎ,如卡壳、关卡、发卡。

茄,英语译音,念 jiā,如雪茄。也指荷梗,如茄房(莲蓬)。指蔬菜时念 qié,如茄子、番茄。

咖,"咖啡"中念 kā。"咖喱"中念 gā。

氏,汉代少数民族译音,念 zhī,如阏(yān)氏,月氏。表族姓时念 shì,如张氏、顾氏。

娜,女子人名用字,念 nà。表美貌,姿态柔美,念 nuó,如婀娜。

2. 有些字作虚词用与作实词用时的读音不一样

有些字作词缀、助词、语气词多念轻声。

的,作助词时念 de,如网络上的信息。其他意义念 dí,如目的、标的、的确、有的放矢。

地,作助词时念 de,如实事求是地处理问题。其他意义念 dì,如土地、见地、陆地、地球、地点、质地。

呢,作语气词时念轻声 ne,如:喜欢呢就买下,不喜欢呢就别磨蹭。其他意义念 ní,如呢子。

头,作后缀时念轻声 tou,如里头、看头、石头。其他意义念 tóu,如头骨、分头、笔头、头绪、头等。

子,作后缀时念轻声 zi,如帽子、旗子、矮子、扣子、一下子。其他意义念 zǐ,如子孙、子鸡、枪子、子母扣、子时。

阿,作前缀时念 ā,如阿姨、阿爸、阿哥、阿宝、阿唐。其他意义念 ē,如刚直不阿、阿谀奉承、法不阿贵。

了,作助词时念轻声 le,如:春天来了,他走了。其他意义念 liǎo,如了结、了断、一目了然、受不了。

咧,作助词时念轻声 lie,相当于"了"、"啦"、"哩"等。表示嘴角向两边伸展,念 liě,如:咧着嘴笑。

吗,作助词时念轻声 ma,如:你好吗? 作代词念 má,如:要吗有吗、下午干吗? 又音 mǎ,吗啡:一种镇痛麻醉药品。

哟,句尾念轻声 yo,如:快来哟! 独用念 yō,如:哟,你也来了。

哇,句尾念轻声 wa,如:加油哇。其他时候念 wā,如:哇的一声吐出来了、小孩哇哇直哭。

啊,随着语气的不同,可用不同声调 ā,á,ǎ,à,a。

哦,表示惊疑,念 ó,如:哦,他都毕业啦! 表示领会,醒悟,念 ò,如:哦,他是该毕业了。表示念,吟咏,念 é,如吟哦、日哦其间。

3. 同一个形体记录语言中的不同词时,读音有区别

这一般是由假借字、同形字造成的。一般可遵循记少不记多的方法记忆。

艾,表示治理,安定,念 yì,如自怨自艾。其他意义,念 ài,如艾蒿、方兴未艾、少艾。

扒,表示刨、挖,剥、脱,拨动,抓着,念 bā,如扒坑、扒房、扒皮、扒拉、扒着栏杆。表示用手或用耙子一类的工具使东西聚拢或散开,用手搔,或者一种煨烂的烹调法,念 pá,如扒草、扒痒、扒羊肉、扒白菜。

叭,指喇叭,念 ba。作拟声词,或念 bā,如:叭的一声响。

刨,表示刮平木料或金属材料的工具及动作,念 bào,如刨子、刨床、刨刀、刨冰。表示挖掘、除去,念 páo,如刨土、刨坑、刨去成本后的利润。

别,表示不顺心,念 biè,如别扭。其他意义念 bié,如告别、别离、霄壤之别、职别、级别、别号、别论、别针、别去了。

泊,表示湖时念 pō,如湖泊、水泊、血泊。其他意义,念 bó,如停泊、泊船、泊车、泊位、漂泊、淡泊。

卜,表示蔬菜名时,念 bo,如萝卜。其他意义念 bǔ,如占卜、卜卦、预卜、胜败可卜。

参,指星名、草药名,一种海产品,念 shēn,如参商、人参、党参、海参。表长短不齐,念 cēn,如参差不齐、参差错落。其他意义念 cān,如参加、参军、参考、参看、参悟、参透、参见、参拜。

曾,表示从前有过某种行为或情况,念 céng,如曾经。指中间隔两代的亲属关系,作姓氏,念 zēng,如曾孙、曾祖、曾国藩。

铛,指烙饼用的平底锅,念 chēng。指撞击金属器物的声音,念 dāng,如铃铛、银铛。

重,指再一次,多层,念 chóng,如重版、重申、重唱、重峦叠嶂。其他意义念 zhòng,如重负、举重、重兵、重金、重病、重伤、重镇、重托、重用、尊重、自重、老成持重。

创,指伤口,念 chuāng,如创伤、创巨痛深。表开始,开始做,念 chuàng,如创办、创造、创制、首创、开创、创立。

椎,表示敲击的器具,念 chuí,如木椎、鼓椎。表示构成高等动物背部中央骨柱的短骨,念 zhuī,如脊椎、颈椎。

待,停留,逗留,念 dāi,如:待一会再走。表示等候,以某种态度或行为加之于人或事物,念 dài,如等待、待到、对待、招待、待遇、待人接物。

蹬,指石级,念 dèng,如马蹬、脚蹬。指用力踩、穿,念 dēng,如蹬自行车、蹬上裤子。

提，表示小心，注意，念 dī，如提防。其他意义念 tí，如提包、提纲挈领、提神、提升、提前、提醒、提货、提审。

斗，名词性的意义念 dǒu，如漏斗、斗车、斗笠、斗胆、斗室、斗折蛇行。动词性的意义念 dòu，如斗殴、战斗、斗劲、斗智、斗牛、斗榫头。

发，指人头上的毛，念 fà，如头发、鬓发、怒发冲冠。其他意义念 fā，如发射、出发、发钱、发财、发生、发挥、发扬。

菲，指微薄（多用做谦辞），念 fěi，如菲礼、菲仪、菲酌。指花草美，香味浓，念 fēi，如芳菲。

脯，干肉，晾干的水果蜜饯，念 fǔ，如鹿脯、果脯、桃脯。"胸脯"中念 pú。

干，表示扰乱、过问、关联，念 gān，如干扰、干预、干涉、干系、互不相干。表示水分少的食品，没有水分或水分少的，空无所有的，没有感情、效果的，没有血缘关系而拜认的亲戚，也念 gān，如饼干、葡萄干、干燥、干枯、干洗、外强中干、干笑、干着急、干爹、干女儿。其他意义念 gàn，如树干、躯干、干线、骨干、干活、实干、有何贵干、干过班长、才干。

喝，把液体或流质食物咽下去，念 hē，如喝水、喝茶、喝酒。大声喊叫，念 hè，如吆喝、喝彩、喝问。

哗，人多声杂，念 huá，如喧哗、哗然、哗笑、哗变。模拟开门声、水声等，念 huā，如：哗哗作响。

混，表示糊涂，不明事理，念 hún，如混人、混头混脑。其他意义念 hùn，如混杂、混同、混淆、混乱、蒙混、混进、混日子。

禁，指受得住，忍住，念 jīn，如禁受、禁得住、不禁笑起来。其他意义念 jìn，如禁忌、禁止、禁赌、犯禁、违禁品、监禁、禁闭、禁地、禁区。

擂，指研磨，敲打，念 léi，如擂捶、擂鼓。指旧时比武所搭的台子，念 lèi，如擂台、打擂。

俩，"伎俩"中念 liǎng，其他时候念 liǎ，如咱俩、你们俩。

蚂，"蚂蚁、蚂蟥"中念 mǎ。"蚂螂"中念 mā。"蚂蚱"中念 mà。

迫，表示一种以曲射为主的火炮时，念 pǎi，如迫击炮；其他意义念 pò，如迫近、迫冬、急迫、迫切、迫不及待、逼迫、迫害、压迫、胁迫、迫不得已。

胖，表示安泰舒适，念 pán，如心宽体胖。其他意义念 pàng，如胖子、肥胖。

跑，表示走兽用脚刨地，念 páo，如虎跑泉。其他意义念 pǎo，如奔跑、赛跑、跑步、逃跑、跑生意、跑电、跑气。

撇，表示抛弃，弃置不顾，念 piē，如撇开、撇弃。其他意义念 piě，如撇手榴弹、撇嘴、两撇胡须。

仆，表示向前跌倒时，念 pū，如仆倒、前仆后继。表示被人雇佣差遣服务的人，念 pú，如仆人、仆从。

朴，指未加修饰的，念 pǔ，如朴素、朴实、质朴。指一种树木念 pò，如朴树。作姓氏用字，念 piáo。"朴刀"中念 pō。

栅，用竹木铁条等做成的阻拦物，念 zhà，如栅栏、栅子。表示光学术语时，念 shān，如栅极、光栅。

镐，指刨土的用具，念 gǎo，如电镐、风镐。指古代热酒的器皿，作地名用字，念 hào，如镐京。

更，表示愈加，再，念 gèng，如更加、更快、更强、更上一层楼。其他意义念 gēng，如变更、更改、少不更事、三更半夜。

个，"自个儿"中念 gě，其他意义念 gè，如个人、个性、高个子、两个月。

骨，"骨朵儿"中念 gū，其他意义念 gǔ，如骨头、骨骼、骨节、伞骨、扇骨、傲骨、侠骨。

咳，表示伤感、后悔或惊异，念 hāi，如咳，真有这种怪事儿！指呼吸器官受刺激而引起的反射作用，念 ké，如咳嗽。

蛤，指软体动物，念 gé，如花蛤、文蛤等诸多品种。表青蛙和蟾蜍的统称，念 há，如蛤蟆。

还，作副词，念 hái，如：今天比昨天还冷。其他意义念 huán，如还原、归还、偿还、还击。

会，表合总计算，念 kuài，如会计。其他意义念 huì，如会合、会齐、会见、会面、会议、晚会、庙会、工会、机会、都会、省会。

稽，在"稽首"中念 qǐ。其他意义念 jī，如稽留、稽延、稽查、无稽之谈、有案可稽。

结，植物长果实，念 jiē，如开花结果，结实。其他意义念 jié，如打结、活结、结绳、结网、结晶、结仇、结社、了结、结账。

桔，"橘"的俗称，指一种水果，念 jú，如桔红、桔络、桔黄色。指多年生草本植物，念 jié，如桔梗。

藉，表示杂乱，多，念 jí，如杯盘狼藉。表示依靠、铺垫，念 jiè，如藉路、慰藉。

渐，表示慢慢地，一点一点地，念 jiàn，如逐渐、渐渐、渐行渐远。表示浸渍，流入念 jiān，如渐染、渐渍、东渐于海。

降，表承认战败而屈服，或使屈服，念 xiáng，如投降、降卒、降服。表示下落、落下，念 jiàng，如降落、降雨、降低、降价、降级。

校，指培养人才的机构，念 xiào，如校风、校训、军校。指订正，念 jiào，如校对、校勘。

角，表示较量，竞争或者演员人物，念 jué，如角力、角逐、角色、名角。其他意义念 jiǎo，如牛角、角质、菱角、皂角、角落、直角、角度。

圈，养家畜的棚栏，念 juàn，如圈舍、圈养、猪圈。其他意义念 quān，如圆圈、生活圈、圈阅、圈地、圈闭。

菌，指蘑菇，念 jùn，如菌芝。指没有茎、叶的低等生物念 jūn，如细菌、真菌、病菌、菌肥。

亢，指喉咙及引申义要害，念 háng，如绝亢而死，扼天下之亢。指高、强硬等念 kàng，如高亢、不卑不亢、亢直、亢强、亢奋。

奇，指数目不成双的，零数，念 jī，如奇数、奇零、奇羡、有奇。其他意义念 qí，如奇闻、奇迹、奇计、奇袭、惊奇、不足为奇。

侥，"侥幸"中念 jiǎo。"僬侥"中念 yáo。

腊，表示农历十二月及此时腌制后风干或熏干的（鱼、肉等），念 là，如腊月、腊肉、腊鱼、腊味。指干肉，念 xī。

蜡，指动物、矿物或植物所产生的油质，念 là，如蜂蜡、石蜡、蜡版、蜡笔、蜡染、蜡烛。表示周朝年终大祭万物，念 zhà，如蜡日、蜡祭。

乐，指声音艺术，念 yuè，如音乐、声乐、器乐、乐器。其他与高兴、喜欢相关的意义，念 lè，如快乐、欢乐、乐于、乐意、逗乐、乐子。

累，表示疲劳，念 lèi，如劳累、累乏。表连续，堆积，照原数目递增，连带，念 lěi，如累计、累日、积累、累进税、牵累、拖累。其他意义，念 léi，如果实累累、累赘、累臣。

溜，表示滑行，光滑，或偷偷地走开，念 liū，如溜冰、溜圆、溜光、溜走。表示行列、排，某一地点附近，念 liù，如一溜三间房、这溜的果木树很多。

陆，高而且平的土地，念 lù，如陆地、大陆、登陆、水陆交通。数字"六"的大写，念 liù。

碌，表示平凡（指人），繁忙，念 lù，如庸碌、忙碌、劳碌。作农具名，念 liù，如碌碡。

靡，散乱，顺风倒下，念 mǐ，如风靡、萎靡、披靡。指浪费，念 mí，如靡费。

埋，指因为事情不如意而对人或事物表示不满，责怪，念 mán，如埋怨。表掩盖、投入，念 mái，如掩埋、埋葬、埋没、埋头苦干。

呐，讲话迟钝或口吃，念 nè，如呐吃、呐钝。大声喊叫助威，念 nà，如摇旗呐喊。

宁，平安，安定，念 níng，如宁静、安宁。表示选择，念 nìng，如宁可、宁死不屈。

弄，指小巷，胡同（多用于巷名），念 lòng，如里弄。其他意义念 nòng，如玩弄、戏弄、弄假成真、弄点钱、弄点水、弄手段、捉弄。

曲，表示弯，使弯，不公正，念 qū，如弯曲、曲线、曲肱而枕、曲突徙薪、是非曲直。指韵文形式，音乐调式，念 qǔ，如歌曲、乐曲、编曲、作曲。

丧，丢掉，失去，念 sàng，如丧失、丧气、颓丧、懊丧、沮丧。指与死了人有关的（事情），念 sāng，如丧事、丧礼、治丧、吊丧。

臊，一种难闻的气味，念 sāo，如腥臊、臊秽。指羞愧，念 sào，如害臊。

煞，表示结束、收束，勒紧，念 shā，如煞尾、煞住、煞车、煞腰带。指凶神，极、很，念 shà，凶神恶煞、煞费苦心。

什，表示多种的，杂样的，念 shí，如什物、什锦、家什。作疑问代词，念 shén，如什么人、什么东西。

挑，用肩担着，计量担着的东西，选择，念 tiāo，如挑夫、挑土、一挑白菜、挑肥拣瘦。其他意义念 tiǎo，如挑打、挑荠菜、挑起帘子、挑拨、挑逗、挑头、挑衅。

伺，候望，探察，念 sì，如伺机、伺隙。在人身边照料饮食起居，念 cì，如伺候病人。

率，两个相关的数在一定条件下的比值，念 lǜ，如效率、比率、税率、增长率。其他意义念 shuài，如率领、率团、表率、直率、草率。

拓，指开辟（土地、道路），念 tuò，如开拓、拓边。在刻铸有文字或图像的器物上蒙一层纸，捶打后使凹凸分明，涂上墨，显出文字图像来，念 tà，如拓本、拓印。

苔，指舌上的垢腻，念 tāi，如舌苔。指根、茎、叶的区别不明显的植物，念 tái，如青苔、苔藓、苔原。

体，在"体己"中念 tī。其他意义念 tǐ，如四体不勤、五体投地、体无完肤、物体、主体、群体、液体、体积、文体、字体、体系、体制、体味、体谅、体贴。

同，在"胡同"中念 tòng。其他意义念 tóng，如同样、同类、陪同、一同、同甘共苦。

幢，计量房子，念 zhuàng，如一幢楼。指刻着佛号（佛的名字）或经咒的石柱，念 chuáng，如幡幢、经幢、石幢。

为，作介词，表示行为的对象，目的、动机，念 wèi，如为民请命、为国捐躯、为了、为此。其他意义念 wéi，如事在人为、所作所为、大有可为、认为、以为、一分为二、成为、为人所笑、广为传播、极为重要。

鲜，表示少，念 xiǎn，如鲜见、鲜有、寡廉鲜耻、鲜为人知。其他意义念 xiān，如海鲜、鲜肉、鲜嫩、鲜美、鲜甜、尝鲜、鲜明、鲜艳、鲜红。

吁，表示叹气，吆喝牲口，念 xū，如长吁短叹。表示为某种要求而呼喊，念 yù，如呼吁。

　　荫，林木遮住日光所成的阴影，念 yīn，如树荫（也作树阴）。封建时代子孙因先世有功劳而得到封赏或免罪，念 yìn，如庇荫。

　　殷，表示丰盛、丰富，情感或态度深厚，念 yīn，如殷实、殷富、殷切、殷勤。表示赤黑色，念 yān，如朱殷、殷红。

　　椅，有靠背的坐具，念 yǐ，如藤椅、躺椅。指一种乔木，念 yī。

　　扎，表示捆，念 zā，如扎染、扎皮带、一扎线。表示刺，居留，钻（进去）念 zhā，如扎针、扎耳、驻扎、扎堆，他一头扎到水里。表示勉强支撑，念 zhá，如挣扎。

　　占，推测吉凶，念 zhān，如占卜、占卦、占梦。据有、用强力取得，处于某种地位或情势，念 zhàn，如占据、霸占、强占、占理、占上风。

　　都，指人口聚集多的城市，一国政治文化中心，念 dū，如都市、都会、国都、首都、建都。作副词念 dōu，如：全家都劳动、动都不动。

　　脏，中医指心、肝、肺、肾等内藏器官，念 zé，如五脏六腑、肾脏。指不洁净，玷污，念 zāng，如肮脏、脏话。

　　咋，咬住，念 zé，如咋舌。表示怎，怎么，念 zǎ，如咋样、咋办。"咋呼"中念 zhā。

　　折，表示断、弄断，弯曲，转变（方向、观点、对等物），念 zhé，如折断、骨折、损兵折将、曲折、百折不挠、转折、折服、折价、折账。翻转，倒腾，念 zhē，如折腾、折跟头。指亏损，念 shé，如折本生意、折耗、折秤。

　　殖，表示生息，孳生，念 zhí，如殖民、繁殖。"骨殖"中念 shi。

　　吱，模拟两物相挤压的声音，念 zhī，如吱嘎、咯吱。模拟小动物的叫声，念 zī，如：老鼠吱吱地叫。

　　术，指多年生的草本植物，念 zhú，如白术、苍术。指技艺，方法等念 shù，如技术、学术、医术、战术、权术、心术。

　　属，表示连缀、连续，（意念）集中在一点，念 zhǔ，如属文，前后相属、属意、属望。其他意义念 shǔ，如家属、金属、隶属、直属、属实、属马。

　　拽，拉，牵引，念 zhuài，如拽住、生拉硬拽。用力扔，念 zhuāi，如把球拽过来。

　　转，指围绕一个中心运动，念 zhuàn，如旋转、转动、转盘、转轴。其他意义念 zhuǎn，如转移、转车、转道、转败为胜、转送、转达、转运、周转。"转文"中念 zhuǎi。

　　着，表示接触、挨上，感受、受到，进入某种状态，念 zháo，如上不着天，下不着地；着凉、着急、睡着了、灯点着了、着火了、打着了。其他一般意义念 zhuó，如着衣、着装、着陆、附着、着笔、着墨、着手、着色、着落。特指下棋时下一子或走一步,念 zhāo,如着法、着数、一着好棋。作助词,念 zhe,如:门开着、你记着、顺着、朝着、照着。

附:网上流传的多音字记忆表

1. 单:单(shàn,姓)老师说,单(chán 匈奴族首领)于只会骑马,不会骑单(dān)车。

2. 折:这两批货物都打折(zhé)出售,严重折(shé)本,他再也经不起这样折(zhē)腾了。

3. 喝:武松大喝(hè)一声:"快拿酒来! 我要喝(hē)十二碗。"博得众食客一阵喝(hè)彩。

4. 着:你这着(zhāo 名词)真绝,让他干着(zháo 动词)急,又无法着(zhuó)手应付,心里老是悬着(zhe)。

5. 蕃:吐蕃(bō 藏族的前身)族在青藏高原生活,蕃(fán 茂盛、繁多)衍了几千年。

6. 量:有闲心思量(liáng)她,没度量(liàng)宽容她。野外测量(liáng)要量(liàng)力而行。

7. 沓:他把纷至沓(tà)来的想法及时写在一沓(dá)纸上,从不见他有疲沓(ta)之色。

8. 烊:商店晚上也要开门,打烊(yàng 晚上关门)过早不好,糖烊(yáng 溶化)了都卖不动了。

9. 载:据史书记载(zǎi),王昭君多才多艺,每逢三年五载(zǎi)汉匈首脑聚会,她都要载(zài)歌载(zài)舞。

10. 曝:陈涛参加体育锻炼缺乏毅力、一曝(pù)十寒的事情在校会上被曝(bào)光,他感到十分羞愧。

11. 宁:尽管他生活一直没宁(níng)静过,但他宁(nìng)死不屈,也不息事宁(níng)人。

12. 和:天气暖和(huo),小和(hé)在家和(huó 动词)泥抹墙;他讲原则性,是非面前从不和(huò)稀泥,也不随声附和(hè 动词)别人,更不会在麻将桌上高喊:"我和(hú)了。"

13. 省:湖北副省(shěng)长李大强如能早些省(xǐng)悟,就不至于丢官弃职、气得不省(xǐng)人事了。

14. 拗:这首诗写得太拗(ào)口了,但他执拗(niù)不改,气得我把笔杆都拗(ǎo)断了。

15. 臭:臭气熏天的臭(chòu)是指气味难闻,无声无臭的臭(xiù)是泛指一般气味。

16. 度：度（dù 姓）老师宽宏大度（dù 名词），一向度（duó 动词）德量力，从不以己度（duó 动词）人。

17. 哄：他那像哄（hǒng）小孩似的话，引得人们哄（hōng）堂大笑，大家听了一哄（hòng）而散。

18. 丧：他穿着丧（sāng）服，为丧（sāng）葬费发愁，神情沮丧（sàng）、垂头丧（sàng）气。

19. 差：他每次出差（chāi）差（chà）不多都要出点差（chā）错。

20. 扎：鱼拼命挣扎（zhá），鱼刺扎（zhā）破了手，他随意包扎（zā）一下。

21. 埋：他自己懒散，却总是埋（mán）怨别人埋（mái）头工作。

22. 盛：盛（shèng）老师盛（shèng）情邀我去她家做客，并帮我盛（chéng）饭。

23. 伧：这个人衣着寒伧（chen），语言伧（cāng）俗。

24. 创：勇于创（chuàng）造的人难免会遭受创（chuāng）伤。

25. 伯：我是她的大伯（bó），不是她的大伯（bǎi）子。

26. 疟：发疟（yāo）子就是患了疟（nüè）疾。

27. 看：看（kān）守大门的保安也很喜欢看（kàn）小说。

28. 行：银行（háng）发行（xíng）股票，报纸刊登行（háng）情。

29. 艾：他在耆艾（ài）之年得了艾（ài）滋病，整天自怨自艾（yì）。

30. 把：你把（bǎ）水缸把（bà）摔坏了，以后使用没把（bǎ）柄了。

31. 传：《鸿门宴》是汉代传（zhuàn）记而不是唐代传（chuán）奇。

32. 荷：荷（hé）花旁边站着一位荷（hè）枪实弹的战士。

33. 涨：我说她涨（zhǎng）了工资，她就涨（zhàng）红着脸摇头否认。

34. 奇：数学中奇（jī）数是最奇（qí）妙的。

35. 炮：能用打红的炮（pào）筒炮（bāo）羊肉和炮（páo）制药材吗？

36. 给：请把这封信交给（gěi）团长，告诉他，前线的供给（jǐ）一定要有保障。

37. 冠：他得了冠（guàn）军后就有点冠（guān）冕堂皇了。

38. 干：穿着干（gān）净的衣服干（gàn）脏活，真有点不协调。

39. 巷：矿下的巷（hàng）道与北京四合院的小巷（xiàng）有点相似。

40. 薄：薄（bò）荷油味不薄（báo），很受欢迎，但要薄（bó）利多销。

41. 拓：拓片、拓本的"拓"读 tà，开拓、拓荒的"拓"读 tuò。

42. 恶：这条恶（è）狗真可恶（wù），满身臭味，让人闻了就恶（ě）心。

43. 便：局长大腹便便（pián），行动不便（biàn）。

44. 宿：小明在宿（sù）舍说了一宿（xiǔ）有关星宿（xiù）的常识。

45. 号：受了批评，那几名小号（hào）手都号（háo）啕大哭起来。

46.藏:西藏(zàng)的布达拉宫是收藏(cáng)大藏(zàng)经的宝藏(zàng)。

47.轧:轧(zhá)钢车间的工人很团结,没有相互倾轧(yà)的现象。

48.卡:这辆藏匿毒品的卡(kǎ)车在过关卡(qiǎ)时被截住了。

49.调:出现矛盾要先调(diào)查,然后调(tiáo)解。

50.模:这两件瓷器模(mú)样很相似,像是由一个模(mó)型做出来的。

51.没:驾车违章,证件被交警没(mò)收了,他仍像没(méi)事一样。

52.舍:我真舍(shě)不得离开住了这么多年的宿舍(shè)。

53.殷:老林家境殷(yīn)实,那清一色殷(yān)红的实木家具令人赞叹不已。

54.还:下课后我还(hái)要去图书馆还(huán)书。

55.系:你得系(jì)上红领巾去学校联系(xì)少先队员来参加活动。

56.假:假(jiǎ)如儿童节学校不放假(jià),我们怎么办?

57.降:我们有办法使从空中降(jiàng)落的敌人投降(xiáng)。

58.脯:胸脯(pú)、果脯(fǔ)不是同一个读音。

59.间:他们两人之间(jiān)的友谊从来没有间(jiàn)断过。

60.石:两石(dàn)石(shí)子不够装一卡车。

61.劲:球场上遇到劲(jìng)敌,倒使他干劲(jìn)更足了。

62.茄:我不喜欢抽雪茄(jiā)烟,但我喜欢吃番茄(qié)。

63.刨:我刨(bào 推刮)平木头,再去刨(páo 挖掘)花生。

64.弹:这种弹(dàn)弓弹(tán)力很强。

65.扒:他扒(bā)下皮鞋,就去追扒(pá)手。

66.散:我收集的材料散(sàn)失了,散(sǎn)文没法写了。

67.数:两岁能数(shǔ)数(shù)的小孩已数(shuò)见不鲜了。

68.参:人参(shēn)苗长得参(cēn)差不齐,还让人参(cān)观吗?

69.会:今天召开的会(kuài)计工作会(huì)议一会(huì)儿就要结束了。

70.簸:他用簸(bò)箕簸(bǒ)米。

71.吓:敌人的恐吓(hè)吓(xià)不倒他。

72.胖:肥胖(pàng)并不都是因为心宽体胖(pán),而是缺少锻炼。

73.耙:你用犁耙(bà)耙(bà)地,我用钉耙(pá)耙(pá)草。

74.伺:边伺(cì)候他边窥伺(sì)动静。

75.好:好(hào)逸恶劳、好(hào)为人师的做法都不好(hǎo)。

76.咳:咳(hāi)!你怎么又咳(ké)起来了?

77.处:教务处(chù)正在处(chǔ)理这个问题。

78.囤:大囤(dùn)、小囤(dùn),都囤(tún)满了粮食。

79. 缝：这台缝（féng）纫机的台板有裂缝（fèng）。

80. 澄：澄（dèng）清混水易，澄（chéng）清问题难。

81. 扇：他拿着扇（shàn）子却扇（shān）不来风。

82. 得：你得（děi 必须）把心得（dé）体会写得（de）具体、详细些。

83. 屏：他屏（bǐng）气凝神躲在屏（píng）风后面。

84. 几：这几（jǐ）张茶几（jī）几（jī）乎都要散架了。

85. 卷：考卷（juàn）被风卷（juǎn）起，飘落到了地上。

86. 乐：教音乐（yuè）的老师姓乐（yuè），他乐（lè）于助人。

87. 了：他瞭望半天，对地形早已了（liǎo）如指掌了（le）。

88. 吭：小李一声不吭（kēng），小王却引吭（háng）高歌。

89. 畜：畜（xù）牧场里牲畜（chù）多。

90. 弄：别在弄（lòng）堂里玩弄（nòng）小鸟。

91. 俩：他兄弟俩（liǎ）耍猴的伎俩（liǎng）不过如此。

92. 露：小杨刚一露（lòu）头，就暴露（lù）了目标。

93. 重：老师很重（zhòng）视这个问题，请重（chóng）说一遍。

94. 率：他办事从不草率（shuài），效率（lǜ）一向很高。

95. 空：有空（kòng）闲就好好读书，尽量少说空（kōng）话。

96. 泊：小船漂泊（bó）在湖泊（pō）里。

97. 朝：我朝（zhāo）气蓬勃朝（cháo）前走。

98. 膀：膀（páng）胱炎会使人膀（pāng）肿吗？

99. 校：上校（xiào）到校（jiào）场找人校（jiào）对材料。

100. 强：小强（qiáng）很倔强（jiàng），做事别勉强（qiǎng）他。

101. 塞：塞（sài）外并不闭塞（sè），塞（sāi）子塞（sāi）不住漏洞。

102. 辟：随意诬陷人搞封建复辟（bì）可不行，得辟（pì）谣。

103. 倒：瓶子倒（dǎo）了，水倒（dào）了出来。

104. 都：大都（dū 名词）市的人口都（dōu 副词）很多。

105. 匙：汤匙（chí）、钥匙（shi）都放在桌子上。

本章主要参考文献：

颜星华：《汉字形声字归类新字典》，福建教育出版社 1987 年版。

张学涛、李富、彭荣贤、李增福、任春茹：《汉字基本字带字识字手册》，海洋出版社 1998 年版。

第四章　意义：
偏旁的意义

第一节　形旁的表意性

汉字是一种表意文字,可以说85％的汉字都可以通过其形体来了解它的意义。形义之间的统一是汉字作为表意文字最大的特点。汉字的这种表意性在汉字出现之初的甲骨文、金文、小篆等古文字中表现得非常明显。可以说,汉字从造字之初到现代汉字,就始终具有表意的特点。因而,分析汉字,意义因素是必须考虑的因素。

汉字的表意性很大程度上是由形旁来体现的,而在传统的字书中,形旁多表现为部首。部首的表意性,是指在汉字中形旁所起的显示汉字的意义类属或意义范畴的功能。部首的表意功能体现了汉字形意之间的联系。

早在西汉史游编撰的《急就篇》一书中,很多具有相同表意部件、反映同类事物的字就被编排在一起,这种编排方式被史游总结为"分别部居不杂厕",史游接下来说"用日约少诚快意",意思是采用这种方式,用很少的时间就能取得成效。这也是《急就篇》书名的由来。西汉史游的《急就篇》是我国现今流传下来历史最悠久、影响最深远的童蒙识字课本,这说明把具有相同意义、相同部件的文字归类在一起,是一种行之有效的识字方法。

到了东汉,许慎在史游"分别部居不杂厕"的基础上发现了部首,并进而对汉字的表意偏旁进行了系统整理,将汉字归属为540个部首,这540个部首实际上就相当于540个义类,这也奠定了后世检字部首表意的基础。后世检字部首基本传承了《说文解字》部首表意的特点,直到今天的《新华字典》,大部分检字部首仍有表意功能。

根据部首的表意性与汉字意义的关联程度,大致可以将表意部首分为以下几类：

（1）表意部首直接表示汉字的意义。大部分象形字就属这一类，如人、刀、丝、角、木、水，等等。

（2）多个表意部首或是表意部首与标示性符号一起，根据其相关性表示出汉字的意义。指事字、会意字就是这一类，如：果（在树上加上指事符号表示果子）、寸（在表示手的"又"下加指事符号表示中医把脉的寸口处）、亦（在表示人的"大"下加上两点标示出腋下之意来）、寇（是指拿着棍子进到别人屋里敲别人头的人，即强盗）、家（因为猪在六畜中生殖能力最强，所以房子底下放头猪来表示人丁兴旺）、臭（因为狗的鼻子对气味最灵敏，所以用狗鼻子来表示气味）。

（3）表意部首只是标示出汉字意义的类属。很多形声字都属这一类，如从"纟"的"缫（指缫丝）、绪（指丝端）、绝（指断丝）、红（指染丝成赤白色）、绸（指较粗较密的丝织品）、缘（指衣服的边饰）"，等等，都只是用"纟"这一部件表示。这些字的本义与丝或是丝织品等有关。从"宀"这一部件表义的字，如"宫、安、宇、官（官员的办公地点，即官舍）、字（屋下生子）、富（房子下有财富）"等，都不是直接表示房子，而是与房子或建筑物有关的一些事物。

但是，我们同时应该认识到，汉字部首的表意功能是有局限性的，并且随着汉字的简化在不断弱化。这就使我们在学习表意部首时必须注意两个方面的问题：

（1）要熟悉表意部首的形体及其演变。如"水"甲骨文当中写作流水的形状，但作为许多形声字的形旁时，却写作了"氵"；"衣"像衣服的形状，但作为形旁时演变成了"衤"；现代汉字中的"阝"书写的形式虽相同，却分为左耳朵和右耳朵，分别由"阜"（阶、除、险、阿、际）和"邑"（邓、都、郑、郭、鄙）两字演变而来，要加以区分；汉字中的"月"则主要来自古汉字当中的"月"（明、朔、望、胧）和"肉"（肚、肤、脸、脑、股、肢）；另外还有"匕"，也有几个来源，如取食器（旨，指匙中食物味美）、人（比、北：分别表示两人紧挨的样子及两人相背的样子）、动物的蹄足（"能"中的"匕"是由熊的蹄足演变而来的，"鹿"中的"匕"是由鹿脚演变而来）；等等。

（2）要了解各个表意部首的本义，不能望文生义。如："页"本义指头，千万别把其现代汉语的"书页"义代入进行讲解，这样的话，"颇（偏头）、项（脖子的后面部分）、颠（头顶）"等字都要解释不清楚了。另外，也不能将表意的部件与表音的部件混同起来讲。如王宁在《汉字构形学讲座》中（第22页）讲道："例如，有人把'饿'解释为'我吃食物因为饿'，那么'俄'、'蛾'、'鹅'怎么办？其中的构件'我'还能讲出第一人称'我'的意思来吗？讲汉字，讲错了一个，就会弄乱一片。"

了解汉字的表意部首及各部首之间的联系与区别，可以使我们对汉字的认识更加科学而减少臆测，对识字教学以至语文教学工作都有很大好处。

2009年教育部和国家语言文字工作委员会发布的《GF 0011-2009 汉字部首表》（重新整理了汉字部首，规定主部首201个，附形部首100个。本部分主要以

201 个部首为主,根据王力先生的《汉字部首举例》(王力《古代汉语》第 2 册附录二,中华书局 2005 年 2 月重印版)及叶昌元的《字理——汉字部件通解》,将表意较明确的 158 个部首归为与人有关的部首、与动物有关的部首、与植物有关的部首、与器物有关的部首、与天地神灵有关的部首五大类。附形部首涉及了则讲,没涉及就不讲。

下面对没有收入的 43 个部首进行简单说明:

(1)记号部首。记号部首一般与属字之间没有语音和意义上的关联,纯粹作为记号占有一个位置。如《汉字部首表》中的"一、丨、丿、丶、冖、十、冂、亠、凵、厶、无"等。这一类又分为两种:一种是本身无意义的纯记号如"一、丨、丿、丶、冖"等。还有一种是本身有意义的,如"十"表数字十;"冂"指城郊;"厶",自环者谓之私;"无"是"舞"简化而来;等等。但这些有意义的部首在简化字中却往往作为记号出现,作为汉字的构件无意义。

(2)主要作为表音符号的部首。如:"文(𡗜)",整体象形,像纹理交错的样子;"西(𠧧)",小篆字形象鸟在巢上;还有"己、干、弋、方、疋、业、龙、比、齐、艮、里、麻、卓(除作为'朝'部件表意外,其他基本是作为"倝"的省略形体表音)"等。这些字本身是象形字,但是作为汉字的构件时主要是作为音符,故不收入。

(3)一些部首,因不好归入所分五大类中,故也不列入。如:"八"像分开相背的样子,故从"八"的汉字,如"必(本指区分的标准)、分、公(指与'私'相背的)、半"等字都与分解、分散义有关。还有与颜色有关的词"白、黑、青、黄、色"等,作为表意构件时所统字皆与这些颜色有关。"彡"因表意不明确,也不好归类,如"须"与胡须有关;"彩、彤"与色彩有关;"影"与光线有关;"彭"与声音有关。

(4)还有一部分部首下所统字基本无简体字或无常用字或无字,故也不收入。此类如"斗、隶、屮、黾、龟、氏、飞、长、入、尢",其中"长"并入"髟"部;"入"入"人"部;"尢"入"大"部进行简单说明。

一、与人有关的部首

(一)人体:人(亻)、大、立、儿、尸、卩(㔾)、勹、女、母(毋)、子、父、士、身、广

人(亻)、大、立、儿

"人",甲骨文像人的侧面形象。从"人"旁的字大部分与人有关。如:"从"是表两人相从;"众"是多人站在一起;"聚"的小篆字形从三人,取表声,本义是村落;"企"是踮着脚尖望;"仄"像人在简陋的空间不得伸展的样子;"介(𠆎)"像身穿铠甲的人;等等。

有一部分的"人"与人无关。如"舍"、"个"、"余"、"仓"等字上部的"人"像建筑物的顶部,"伞"则像张开的伞棚,"合"、"食"的上部则像器皿的盖子。

有一部分"人"是由别的形体演变而来的。如"今、令、命"三字上部都从"亼",像类似铃的器物。"今"像大铃;"令"像铃下跪着人在听令。"命"与"令"意义相同,只是多了一个"口",表发号施令。有一部分"人"是由"亼"省略而来,表聚集。如"仑(侖)"像把书册放到一块;"佥"为众人一起说。还有一部分的"人",则是由"入"讹变而来。如:"全"从入,从玉,表示交纳的玉完整无缺;"内"从入,从冂,表事物进入并被蒙盖。

汉字简化以后很多与人或是人的活动有关的汉字都被归入到单人旁"亻"中。它们大部分为形声字,以"亻"表义,其他部分表音。从其表意类型来看主要有:

表示人的种类的,如"仆、仙、佛、僧、儒、倌、僮、估(商人)";表示人称代词的,如"俺、你、他、侬、伊、们";表示人的动作的,如"何(像人以肩荷物之形)、化(像人一正一倒状)、住、作、偷、假(向人借东西)、借、供、传、停";表示人的性状、特点的,如"伟、健、佳、俊、仁、伤、佻、但(脱掉衣服露出上身)";表示人的姿态的,如"偏(人倾斜不正)、仰、俯、伏、侧、伸、倒、倚、倾";表示数字的,如"伍、俩、仨、什、佰、仟、亿";等等。

"大"像站立并伸开双臂的人形,故从"大"的字多与人有关。如:"太"与"大"本为一字;"夫"是大字上加一横,表成年插簪的男子;"天"指人的头顶;"夭"为人偏头状;"夹"像两小人夹一大人之形;"爽"像人两腋下有火,表光明;"央"像人戴枷之形;"奚"像人被绳缚脖之形;"奔"像人摆动两臂奔跑之形;"夷"像人持弓之形;等等。

因为"大"本义表大人,所以从"大"的字又与大小之大有关。如:"奢"指大耳朵;"奢"为花费大量钱财之意;"夸"从大于声,本指奢侈;"奇"从大可声,表奇异,也有大的含义;"奋"表鸟振羽展翅(翅膀张大);"套"从大从长,指套在外面的东西;"夯"表大力扛重物;等等。

另外,"尢(尢)"其实也是"大"的变形,指的是胫部偏曲的人,这个部首所统字大部分在现代汉语中已不用了。

也有的字虽然从"大",却与人无关,那是因为一部分"大"是从双手的形体演变而来。如:"樊"表双手把荆条编成篱笆;"奥"是室内西南隅供奉神灵的地方;"舂"像两手持杵捣粟状;"夬"像双手持有缺口的环状物之形;等等。

另外,还有个别的"大"是由别的形体演变而来的。如:"莫"下的"大"是由"艸"演变而来,像太阳落到草里,天晚之意;"奖、类"下的"大"由"犬"讹变而来,"奖"本义是唆使狗咬人;"类"则是因为犬的种类最为相似,故从犬,表种类。"牵"上的"大"是由"玄"讹变而来,像以绳牵牛之形;等等。

"立"也是站立的人形,从"立"的字多与站立有关。如"竖、站"都表直立、竖立。"端"指站得直;"竭"指用肩背负;"靖"是安静站立的样子;"竣"本指退位。

"儿"是"人"的另一种变形,作为汉字的部首,它往往被置于底部。其繁体

"兒"像小孩的头顶囟门没有合上的样子,所以从"儿"的字一般跟人有关;"兀"在"儿"上加一横,表头顶被剃平,此义后来写作"髡";"元"字,在现代汉语中常与"首"连用,其实这两个字的本义相同,皆指人头;"允"从儿厶声,表诚信;"兑(兌)"像人笑而口开的样子;"兄"字从口从人,像发号施令者,即长者;"先"上面是止,下面是人,表示走在前面的意思;"充"从儿,育省声,本义是长、高;"兜(兜)"像人头上的头盔;等等。

尸、卩(㔾)、勹

"尸"像人体屈曲之形,是古代祭祀时代表死者受祭的活人,"尸位素餐"中"尸"就是这个意思,至于"尸"表示尸体义则是源自"屍"。从尸旁的字大都跟躯体有关,如"尾、屁、尿、屎、居、屠"。"尺"在"尸"上加了一笔,指出人体的某一部位,用来标示长短;"局"从口从尺,且"口"在"尺"下,表示局促、狭小;"展"表身体转动;"尼(𡰪)"像一正一反两人亲近的样子,此义项后来写作"昵";"屑"本指人体,如皮肤、头皮上掉下的细碎物;"届"本义指行动不便;"履"表示践踏;等等。

因为"尸"像人屈曲之形,故作为表义部首,很多从"尸"旁的字都与人屈曲的姿势有关。如"屈"是屈体之形;"居"像人屈腿蹲踞之形,本义为蹲着。"屎、尿、屁"都是人体排泄物,因排泄时是蹲姿,故从"尸"。"尻、尾"也与尾部有关。"属(屬)"从尸从毛,蜀声。指与主体相连的部分,与"尾"意义相通。另外,鞋类汉字也从"尸",大概是穿鞋时需屈体蹲身的缘故,如"屐、屦"等。

另外,因为"尸"与表示房屋的部首"广(yǎn)"形体相近,所以也有一些跟房屋有关的字也从"尸"旁,如"屋、层(本义为重叠的楼房)、屏(宫殿当门的小墙,即照壁)、屉(指像楼房一样分层且可置物的格架)",等等。

单耳朵"卩"在现代汉字中与"阝"很相似,但意义却完全不同,要区分清楚。"卩"是由人跪着的形状变来的。

"即(𠨃)"字甲骨文就像人跪坐用餐的形状,用以表示靠近。与此相同的还有"卿、乡(鄉)",也表两人对坐着吃饭的样子,以此表示亲密。"卸"从卩、从止、从午,这里的"午"是指马,其本义是停车解马。"御"字右边的"卩"则像人跪坐着驾车。"却"表退却。"印"则像用手按住别人让他跪地的样子,有下压的意思。印章出现后,因人盖印章时有下按的动作,故成此义。"叩"从卩,口声,表磕头。"报(報)"小篆字形为"𡙮",左边像一副枷锁,右边从卩从又,像一只手按住下跪的人,本义为招供。

但"卯"的"卩"与人无关,它是一个整体象形字,甲骨文作"𰔗",像两扇开着的门。

"㔾"是"卩"的变形,同样为跪坐人形。"危"像人坐在高高的山崖上。"厄"像一人蜷于山崖之下不得伸展,表示困厄、遭遇困境。

"マ"也有一部分来自"卩"的变形,如"令"像人跪坐着听候命令的样子。

"勹"最主要的来源是像人躬身之形。如"匍匐"像双手着地躬身前行。"包

（ ）"像小孩包于腹中。"匈（ ）"像人胸之形，是"胸"的本字。"色（ ）"上面是"人"的变形，下部也是"人"的变形，表人的谦恭之状。

还有一些从"勹"的字则是指事物形体弯曲的样子。如"勺"从勹从丶，像把什么东西包起来了，后用来特指舀酒的器物。"句（ ）、勾"像绳丝缠结之状。"旬"甲骨文作" "像一个回环的形状，表回环周遍，又从日，其本义为十日。

另外，"勿（ ）"《说文》解释为州里所建旗帜，是整体象形。

女、母（毋）、子、父、士、身、疒

甲骨文的"女（ ）"像两手交叉跪坐着的女人，所以从女旁的字多与女人有关。如"姐、妹、始（因人类始于母体，故从女）、嫩（物初生时柔弱娇嫩的样子）、耍（用胡须戏弄女子，表戏耍之义）"等。

《说文解字》中"女"旁的字首先列出的便是与姓氏有关的字，这是因为上古时期因母系氏族社会，古人的姓氏早期多从女字旁，如"姓、姜、姬、姒、嬴、姚"，等等。

有些"女"旁的字或与婚姻有关，或与婚姻形成的关系等有关，如"婚、姻、嫁、娶、媒、妁、妻、妾、妃、媳、妊、姑（本义指丈夫的母亲）、姨（本指妻子的妹妹）"，等等。

"女"旁的字有很多是用来形容女子的容貌、神情、举止的，如"好、娇、妙、娥、婷、娟、妖（妍也，后产生出贬义）、妍、娜、娃（美女）、媚、娱、婴（女子脖子上戴着贝壳的饰物）、姝、婉、姿"，等等。以上所举都是褒义的，也有用来形容容貌丑陋的，如"媸、嫫"等。

也有一些是表示对女子德行的要求。如："如"是指女子顺从男子；"妇（婦）"指女子持帚洒扫；"安（晏）"指女子顺从男子天下就安定；"委"从禾从女，取禾苗、女性柔婉之义；等等。

还有一些从"女"旁的字是表示贬义的，如"嫌、嫉、妒、佞、奸、妖、婪、妨、奴、婢、娼、嫚、娄（反应迟钝）"，等等。

另外，汉字中的"要"与女性无关，它本是整体象形字，写作" "，像一人站立双手叉腰之形。

"母"甲骨文字形为" "，与"女（ ）"相似，主要突出其胸部，体现其哺乳的母性特征。

每，从母从 ，本义指草木茂盛，也有善于生育的意思。后来引申指众多、频繁等义。

毒，上部像草木枝叶叠生，下从母，有滋养、哺育之义。引申为教化，用食品药品滋补等。后来偏用于有害药物，这种变化与"臭"的引申有些类似。

"毋"《说文》解释"止之也。从女，有奸之者"，表禁止之义。从"毋"的字很少，如："毒"，从士从毋，指人无行。

"子"像襁褓中的婴儿，张开双臂，下肢被包缚起来的样子。从"子"的字也多与小孩有关。"孩"本义指小孩笑；"孙"指儿子的儿子；"孝"从老省，从子，以小孩搀扶老人的样子表孝顺之意；"孕"像腹中怀子；"字"本义为屋下生子；"孤"专指没有父亲的小孩，后来引申为孤单、孤独，古代的帝王也自称孤，表示德行孤寡；"孺"古代指小孩子；"存"指问候、抚恤弱小者；"孔"指小孩头上的囟门；"孽"指小老婆生的孩子；"乳"像怀抱小孩给他喂奶的样子；"学、教"都从子，以子喻无知者，而学、教的过程就是使无知变有知的过程。

也有一部分"子"的字含有小的意思。如"季"指幼小的禾苗；"籽"指很小的植物种子；等等。

"孑、孓"也是小孩，不过分别是只有左臂和只有右臂的小孩之形，是畸形儿。由单臂引申为孤单，后也指经战乱后留下来的少数人。

"了"则是指没有手臂的小孩。一方面引申为一点也没有，如了无牵挂。进一步引申为事情终结。另一方面则引申出简单、简洁，很容易让人看清楚，如"明了"。进一步又引申成什么事都明白，聪明。如"小时了了"。

𠃬，是"子"字的倒置，所以"𠃬"也与孩子有关。"育"指生育，从𠃬，月（肉）声。"弃（𢍛）"像双手把小孩扔出去的样子。

"父"像手中持杖的样子，表"家长率教者"。从"父"表义的字多与父亲有关，如"爸、爹"等。还有一部分"父"则是作为声旁。

"士"《说文》解释为"事也"，段玉裁《说文解字注》中解释说"凡能事其事者称士"。本是男子的美称。汉字中从"士"的字较少，常见的有"壮、婿（壻）"。"壮"指人高大、强大；"婿（壻）"从士胥声，本指夫婿。

"身"甲骨文为"𨉚"，像大肚子的人形。从身旁的字大都跟人体有关。如"躯"指身体；"躺"指身体倒下；"躲"指躲藏起来；"躬"指弯着身子。

但"射"字与身体无关，其甲骨文作"𨄌"，它的"身"旁是由弓的形状简化而来的。

"疒"也是人形，是生病了卧在床上的人。汉字中从"疒"表义的字基本与疾病有关，如"病、疯、痛、疼、瘟、痕、疲、癌、症、疤、疮、瘸、瘫、癣"，等等。"瘾"指不良的癖好。"疾"指被矢所伤之病。"瘦"指肌肉不丰满，古人认为也与疾病有关。"痴"指不聪慧、迟钝。

（二）人体器官——页、首、囟、面、目、见、臣、民、耳、自、鼻、口、舌、言（讠）、欠、甘、万（丂）

页、首、囟、面

"页（頁）"上面是"百"，指人头；下面本是人形，表人的躯体，但主要还是用来衬托人头，故从"页"旁的字多与人头有关。如"颈、顶、额、颊、颅、颔、额、领、项、顾、颐"，等等。"题"指人的额头；"颜"本指两眉之间，即印堂处；"领"指人的脖子;"项"指人脖子的后面部分;"须"指脸上的胡须;"𩑋"指头秃;"颂"本义是容貌、仪容;"顿"指以头叩地;"颠"指头顶;"颤"指头不停地抖动;"颇"指偏头;"顷"本义为头不正;"颗"指小头;"颁"指大头;"顽"指难劈开的囫囵木材的头。

"首"与"页"义相同,它是在"𦣻"的基础上加上两笔毛发而来。"县(縣)"是左边是"首"的倒置,右边是绳索,像悬首之形。

"囟"像婴儿头骨顶部未合拢状。"脑(腦)、恼(惱)"二字的右边下面都为"囟",上面"巛"像头发。"傻"出现得比较晚,右边上部为"囟",中为"人",像躯体,下为"夂",是脚,表示成人的躯体顶着个婴儿的脑袋,喻智力低下。另外,"思、细"二字中的"田"也是由"囟"讹变过来的。

"面"甲骨文作"",像人脸的样子。从"面"表义的字不多,基本与面部有关。如"靦"原写作"覥",表以面见人、腼腆害羞的意思。

目、见、臣、民

"目"是眼睛的形状,从"目"旁的字要么跟眼部器官有关,要么与眼睛动作有关。如"眼、睛、瞳、睐(眼斜视的样子)、看、瞅、瞧、盯、瞩、瞻、睹、盲、眉、睁、眨、瞬(眨眼)、盹(闭眼小睡)、睡、眠",等等。"盼"是黑白分明的美目;"省"本义为察看;"相"指仔细观察;"督"指察看、督促;"直"表目光直视;"眷"指回头看;"瞒"像眼皮低垂;"盾"像拿着盾牌遮蔽眼睛的样子;"冒"下面是眼睛,上面本是一顶帽子,是"帽"的本字;"面"从目,外加一框,以指面部;等等。

"见"从人从目,主要强调上面的眼睛。所以,从"见"表义的字,也与眼部动作有关。如"观"指仔细看;"览"指一般的观看;"觉"指明白、醒悟;"觅"从爫从见,表示用手用眼寻找;"规"古从矢从见,表可见有度的法度、法规。

"臣"也是眼睛,是侧视的眼睛。"监(監)"像一人临水照镜的样子;"望(望)"像一人站在土堆上睁眼遥看月亮;"卧"像一人隐几而卧的样子。

"民"甲骨文作"",像用针扎眼睛,代指奴隶。"氓"从亡从民,指逃亡的百姓。

耳、自、鼻

"耳"像耳朵之形,从"耳"旁的字多与耳朵有关。如"听(聽)、闻"表用耳听;"取"是以手取耳,表捕获;"聪"表人听觉灵敏;"奤"是大耳朵;"耽"是耳大下垂;"聃"指耳朵长而大;"耿"指耳贴于颊;"聋、聋"指耳聋;"聊"本指耳鸣;"聂(聶)"是三个耳朵凑在一起,表在耳边小声说话;"联(聯)"是用丝绳把器物的耳朵连缀起来;"聘"从耳,表听取意见、探问;"职"从耳,因善听,故善识、善记,是"识"的本字;"圣(聖)"指听声知情,通晓事理;"耻"本从耳从心,指耻辱;"聘"指探听消息;等等。

"自"像鼻子。之所以用于表"自己"的"自",是因为鼻子是气息的通道,所以指人指己时往往指着鼻子,故而引申。因引申义常用,于是古人又为"自"加上声旁"畀"而成"鼻"。汉字中从"自"表义的字大都与鼻子有关。"臭"从自从犬,以对味道最为灵敏的犬鼻代指味道,如"其臭如兰"。

"鼻"也是指鼻子。"鼾"指鼾睡时粗重的鼻息声；"齂"指鼻孔堵塞；"劓"指割掉鼻子的一种刑罚；等等。

口、舌、言（讠）、欠、曰、甘、亏（乎）

"口"像张嘴之形，从"口"旁的字大致可分为四类。一是与口有关的器官，如"咽、喉、吻、唇、嗓、嘴"。"谷"像泉水从山口流出的样子，这里的"口"虽不是人口，但与人口相似，故也从口。二是象声词，如"呱、啊、唉、啾"等。三是与口有关的动作，如"咀、吮、含、吸、吹、呼、叫、号、吞、吐、品、哮"。"咳"本指小儿笑，古与"孩"为异体字。"听（yín）"本是形容笑的样子，简化后被用来作为"聽"的简体字。"台"本义指说。四是与语言相关，如"命、问、召、吟"，等等。"否"是口说不同意，否定。"可"从口从丂，本义是生气地大声说。"名"从夕，表晚上看不见，两人相遇需互通姓名。"唯"表答应。"害"是说言语容易造成伤害，而言语则从口出。"唁"指对遭遇非常变故者的慰问。"喿"像树上三张口，表示小鸟叽叽喳喳，让人烦躁不安，是"躁"的本字。"嚣"表众口喧嚣。"吝"表顾惜，舍不得。"加"指夸大的说。"唐"从口庚声，指大话。"古"从十，从口，表经过很多人相传的事情。

也有一些从"口"的字与嘴巴没有关系，它们是文字发展过程中由其他的形体演变而来的。如"向"中间的"口"就是由窗户的形状演变而来；"足"上的"口"，是从腿肚子变化而来的；"各"下面的"口"是由凵变来的，"各"字本义为走进洞穴；"吕"本指脊梁骨，其中的"口"是由脊骨的形状演变而来的；"回"像河水回旋之形，中间的"口"是由河水漩涡演变而来；等等。

"舌"是舌头的整体象形，从"舌"表义的字也多与舌头有关。如"甜"是指甜味，因味觉靠舌头，故从舌；"舔"表示用舌头舔东西；等等。

"言"像人张嘴说话的形状，从"言"表义的字基本都与说话或言语有关。其作为偏旁简化后多写作"讠"旁。如"誉、语、谈、谓、许、请、诗、诵、读、训、谋、课、试、诉、话、记、讲、谁、谤、讯、误、诞、证、诊"，等等。另外，"诛"表批评、责备；"让"表责备；"警"表严重的告诫；"详"指审议、审察；"谢"本指认错道歉；"请"本义是拜访；"雠"像两只鸟对话，相互应答，所以雠字有相对、对照等意；"讽"本指传诵；"讹"表谣言；"讶"本义是相迎，因为迎必以言，故从言；"诊"表诊断，因中医诊断时要"问"，故从言；"该"指军中相互戒备时的约言；"谐"从言，表和谐、谐调；"诸"指问辩、辩；等等。

"欠"的甲骨文作"𣢑"，像一人在张大嘴打哈欠的样子，所以从"欠"旁的字也与口部有关。如"吹"指用口吹气；"欣"指喜悦而笑出来；"钦"从欠金声，指打呵欠的样子；"炊"指吹火做饭；"歌"指唱歌；"欧"本义也是讴歌，与"讴"义同；"欢"表喜乐之情；"欲"表垂涎、羡慕之意；"饮"甲骨文像人伸出舌头舔饮缸内饮料的样子；"歉"本义是饥饿，吃不饱；"欺"是欺骗；"款"表诚恳；"歇"是喘气休息；等等。

"曰"像张口出气说话的样子，从"曰"旁的字一部分跟说话有关。如"沓"是指说话像水一样没完没了；“曾”像说话时气流上出的样子；“昌”从日从曰，指美言；“曹”本义指诉讼时的原告和被告两方。

“甘”甲骨文为“口”字中间加一指事符号，表示适于口的味道，后来又孳生出“甜”字来。“旨”从匕从甘，表味美；“尝（嘗）”从旨尚声，表品尝滋味；“某”从甘从木，是“梅”的本字；“酣”指喝酒喝得痛快。另外，“厌（猒）”字左上角的“日”字，是由“甘”字讹变而来，字形从犬肉好吃会意，表吃饱满足的意思。

“丂”则像气流出来时受阻的样子，也与口有关。如“亏”指气损；“号”指大声叫唤大声哭；“兮”古文中多用来表句中停顿；“平”甲骨文也从丂，指语气平舒；“乎”也与呼气有关，指吐气。

当然，汉字中也有一些从“丂”的字与口无关的，如“考”字甲骨文作“”像年纪大的男性，下面的“丂”是纯粹的声旁。

（三）手部——手（扌）、寸、爫（爪）、又（攴）、攵、支、殳

手（扌）、寸、爫（爪）、又（攴）

汉字当中从“手”旁的字不多，但几乎全部都与手有关，如“掌、拳、拿、挚、摹、擎、拜”，等等。其中，“挚”本义为用手抓住戴手枷的犯人；“擎”表用手举、支撑；“摩”表用手摩擦；“击（擊）”表敲打。“承”的甲骨文为“”、“奉”的金文为“”、“举、失”两字的小篆字形为“”，都从手。“承”表捧着；“奉”指非常恭敬地捧着；“举”指双手托着；“失”则在手旁加一笔，表示物品从手中丢失。

“手”旁往往位于汉字的左边，汉字简化后变成了“扌”旁。现代汉语中大部分从提手旁的字都跟手有关，如“按、抄、拒、拦、捧、拾、托、捉、找、拎、打、扶、拖、扬、拣、换、抬、掉”，等等。“把、持、操”表握持、拿着；“拙”指手不灵巧；“捐”指舍弃、扔掉；“抒”本义是舀出、汲出；“捡”表拱手；“措”表放下；“扭”指用手拧；“拗”指用手折断；“捷”指猎取物、战利品；“据”本义为一种手部疾病，手不能屈伸；“拟”指用手比拟、揣度。

也有一部分汉字的“扌”旁是由别的汉字形体讹变而来的。如“折”中的“扌”本作“木”表示用斧头砍树；“报、执”本做“報、執”左边部分本指古代的枷类刑具；等等。

“寸”是在手腕处加指事符号表中医把脉的寸口处，也与手有关。如“肘”指手肘；“射”像手持弓张箭；“封”像手持树种下；“导”指用手引导；“夺（奪）”像鸟从人手中挣脱，表丧失；“辱”从辰从寸，像手拿农具耕作之形；“尊”像手里拿着酒器状；“专（專）”是手持纺砖之形。

因为“寸”后来用以指长度，所以很多从寸字旁的字用来指长度单位、法度、等级、刑法等。如“耐”左边的“而”像胡子，“耐”指古代一种剃掉胡子的刑法；“寺”指司法的机构，所以也从寸；“冠”是一种礼帽，古代男子成年才能戴冠，所以

也与法制等有关；"对（對）"表示应对，也与法度、道义等相关；"将"指将领，与等级有关；"爵"是古代的一种酒器，与礼制有关。

"⺤"也是手，是手掌向下的形状。如"采"指手于木上采果或叶的样子。"受"上面是手，下面的"又"字也是手，像两只手之间传递器物的样子。所以其本意可表递东西给别人，也可表从别人手中接过东西，后来为了表义的明确，递东西给人就用"授"来表示了。"舀"像伸手从臼中取物之形；"释"从采睪声，本义指脱下，解下；"爬"指用手抓、搔；等等。

现代汉字字形中的"又"，很多是由右手的形状变化而来的。如"反"像手在攀登崖的形状；"叉"是在手上加一点，指出叉手的动作，表交叉；"只（隻）"是手抓小鸟状；"双（雙）"是一手抓两只鸟；"取"用以手取耳表捕获之意，是因为古代有杀敌时割去左耳的习俗；"叔"是以手拾豆；"度"是用手作为尺寸的法度；"叚"本义是借，后来此字写作"假"；"及"是以手及人，逮也；"曼"从手冒声，指伸长；"支"像手拿竹枝之形，本义指竹枝；等等。

当然，汉字当中也有一部分"又"不是由手变来的，只是作为一个简单的符号来取代原先的繁复符号。如"鸡"繁体为"鷄"；"汉"繁体为"漢"；"劝"繁体作"勸"；等等。

"ナ"基本与"又"是同义的，只是所处的位置不同，所以形状有所变化。如"有"是手持肉之形；"友"是两手握在一起，表志同道合之人；"左、右"两字皆从"ナ"，皆表佐助义；"丈"从手持物，表丈量的单位，本义为十尺；"史"是手拿放简策的容器之形，本义指掌管文书记录的史官。

"彐"也是"又"的变形。"聿"是以手持笔之状；"尹"像手里拿着东西，指执事的人；"肃"繁体为"肅"，下面"淵"字的省略，上面是手执东西，表示执事者如临渊，不可懈怠；"秉"是以手执禾状；"兼"是一手持两把禾，表兼取；"争（爭）"上面的部分也是手，整个字形像两只手在争抢东西的样子；等等。

"支"象手拿竹枝之形，本义指竹枝。"支"作为构字部件，多作声旁，但也有表义的，如"鼓（鼓）"左边是鼓的本字，右边是手持棒击鼓之形。"鼓"亦作为部首列于《汉字部首表》的 201 部首之中，从鼓的字亦与鼓这种乐器有关，下面不再举例。

攵、攴、殳

"攵"是手执棒类物之状，如"攻、放、牧、收、敛、救"等。汉字中"牧"像人持棒放牛；"教"像持棒敲打学生的样子；"败"是持棒敲击贝壳，表毁坏；"故"从攵是取其役使之意，表缘故；"敬"从攵，表持鞭站立，指恭敬；"改"像持棒教子，指改变，改正；"敦"像手持东西投掷；"整"指用手调理捆束使齐整；"效"指模仿、效法；"敌"表匹敌、对等；等等。

"攵"原来写作"攴"，两个部首表义相同。"敲"就是敲打；"寇"表手持棒入室敲人头的人，即强盗；等等。

"殳"与"攵、支"略有不同,"殳"像手拿器物的样子;"段"是用兵器在悬崖上敲打石块;"役"像人拿着兵器,是保卫边界的意思;"杀(殺)"指用兵器杀;"毆"指用兵器打;"声(聲)"是拿槌敲击磬发出的声音;"殷"字就像手执工具为病人听诊的样子;"毅"从豕从辛省从殳,表用殳打杀猪;"殿"指敲击发出的声响;等等。

(四)足部——止、走、足、辶、夂、癶、彳、又、行

"止"在甲骨文中就画作脚板丫的形状,后来因书写麻烦进行了一些省略,但都与脚有关,或指脚,或指脚部动作,等等。如"步"像一前一后两只脚在走路;"企"像人踮着脚的样子,表企盼;"正"是一横下一只脚,有人把它解释成要去的地方,有人解释成将要出发或出门,表起点;"肯"最早指脚部附着在骨头上的肉;"歧"本义指多出来的脚趾;"此"是人停在那里;"岁(歲)"也从止,表行星木星,古人以木星的运行来查看农时,故从止;"归(歸)"从止从婦省,表女子出嫁;"定"是屋下有脚,用到家表示平安、稳定;"楚"像屈腿在林中走,用于指灌木丛;等等。

当然,也有一部分"止"是作声旁用的,如"齿"甲骨文中是整体象形的,后来又为它加上"止"作为音符。

"走"是"止"上面加了个"夭",像一人甩开手臂大步走的样子,如"赶、赴、起、趋、趟、超"等。"趣"本义是快走,其义与"趋"相通;"赵"本义也是小步快走;"越"指越过;"趁"表追逐。

"足"则是在"止"上加指事符号,表整个脚,其作为偏旁时写作"⻊"。汉字当中从"⻊"旁的字很多,大都跟脚或脚的活动有关,如"趾、蹄、跟、跑、跳、跟、踩、踢、践、踏、跪、蹂、躏"。"距"本指鸡脚;"踪"指脚印、足迹;"踊"指往上跳;等等。

"辶"本作"辵",由彳、止两部分构成,也与道路、行走有关,如"道、途、迹、达、过、远、还、送、进、迷、遍、迅",等等。"述"是遵循;"造"本义是前往;"遂"指逃跑;"辽"指遥远;"遏、遮"本义是遏止、拦住;"邀"本义是迎候;"这"本义指迎接;"逗"表止住、停留;"适"指往……去;"逞"本义是通达;"迭"指交替、轮流;"迫"指逼近;"逸"表逃跑;等等。

"夂"也是脚丫,是脚趾向下的脚丫。如"夏"甲骨文上面是"首"字的省略,下面是脚,是人形;"夒"比"夏"更像人,其中"止、巳"是由两个上肢演变而来的;"各"像脚朝下走进"凵"中,大概是因为古人居住在穴中,穴往往低于地面的缘故;"处(處)"像脚停于几案前,指停于某地;"舛"本从夂、从屮,两脚相北,左右易位,表不顺、错乱;"桀"也是从夂从屮从木,表双脚立于木上,指登高,或高于别人;等等。

"癶"是两只脚。如"登"甲骨文作"⿱癶豆",就像两脚登凳上车之形。

"彳"虽然叫双人旁,但从双人旁的字大都跟行走或道路有关,《说文》释为"小步也",表示慢行,如"往、徂、徒、徐、徘、徊、待",等等。"径"指小路;"循"表沿

着、顺着行走；"徐"指慢行；"得"指路上捡到钱财；"微"指秘密行走；"很"本义是不顺从；"德"本义是登高；"彼"是指所去的地方；等等。

"辶"是由"彳"旁笔画延伸而来的，"辶"有道路很长的意思。如"廷"从辶、从壬，其中壬字是上人下土的变形，表示人立于地上，当为"挺"的本字。"延"表示脚步拖沓。"建"从聿，表法律，从辶，表示将法律长期推行下去。

"行"甲骨文像十字路口，所以从"行"的字大都与道路有关。如"术（術）"本义指城中的道路；"街"指四通之路；"卫（衞）"表示在路口巡逻守卫；"衙"是指官府，因为官府往往处于交通显要的位置，所以从"行"；"衔"指横在马嘴中的嚼子，是用来控制马行走的；等等。但"衡"却是从角从大，行声，指绑在牛角上的横木。

（五）心部——心（忄、㣺）

"心"像心脏之形。从"心"表义的字基本与心理活动等有关，如"爱（愛）、急、怒、意、想、愿、志、悲、慈、恶、感、慧、恋、恐、闷、忍、思、怨、忘、虑"，等等。"息"指气息，"自"是鼻子，因古人觉得心与鼻相通，气自心过鼻而出，故从自从心；"悠"本义是忧思；"悉"从采从心，表对事物反复辨别思量。

"心"位于汉字左侧时，则写作"忄"。从"忄"表义的汉字也与心理活动等有关，如"懂、惊、慌、愧、惜、忧、惘、憾、怯、愤、恨、恼、情、愉"，等等。"惯"指习惯；"惟"本义是思惟；"懈"指心理上松懈；"快"是高兴、痛快；"悄"本义是忧愁的样子；"怡"指和悦的样子；"惰"本义指不恭敬，亦是发自于心的。

"心"位于汉字底部时，也可写作"㣺"。如"恭"指心生恭敬；"慕"指依恋、向往；等等。

（六）体表——皮、毛、髟（長）、耂、而、齿、牙

皮

"皮"字甲骨文像以手剥皮的样子，从"皮"表义的字大都跟皮肤有关，如"被"表覆盖在身上的衣物；"皱"表皮肤起褶子；"皲"表皮肤开裂；等等。

毛、髟（長）、耂、而

"毛"像毛发的样子，所以从"毛"表义的字大都跟毛发有关。如"毫"指特别细的毛；"旄"指用牛尾巴装饰的旗；"麾"也是以尾毛做的旗；"毯"指用毛做成的席；"毡"也指用毛制成的布料；"髦"指秀美的头发；等等。

"长"甲骨文为"𠂂"，像人长发飘散的样子。由它所构成的部首有"髟"，表长发飘飘。汉字中从"髟"得义的字都与毛发有关，如"鬓、鬃、髯、髦、髻、髯"，等等。"发（髮）"就是从髟表义的；"鬒"表示头发黑；"髡"是古代剃掉头发的刑罚；"髦"是用来形容头发秀美且多指男子；等等。

"耂"甲骨文为"𦫳"，像头发飘飘，躬身挂杖的老人形象。故而从"耂"的字大

都与老人有关。如"考"与"老"同义,都指男性老者。"孝"像小孩搀扶老人的样子;"寿"指生命长久;等等。

"而"甲骨文作"兩",像胡须的样子,从"而"的字本义也多与胡须有关。如"耐"从而从寸,本义指剃掉胡涵的一种刑罚;"耍"从而从女,像用胡涵戏弄女子,表戏耍之义。

齿、牙

"齿"甲骨文为"凵凵",像口张开露出的牙齿,在古汉语中,齿指门牙。从齿字旁的字也大都跟牙齿有关,如"啮"本义为咬;"龀"指儿童换牙,脱掉乳牙;"龄"从齿是因为牙齿的生长跟年龄有关;等等。

"牙"则指后面的大牙,从"牙"表义的字也大都与牙齿有关,如"穿"指老鼠打洞,从穴从牙。

二、与动物有关的部首

(一)兽——牛、羊、虎、犬(犭)、马、豕、豸、鹿、鼠、龙、虫、鱼

牛、羊、虎

"牛"字甲骨文的字形主要突出牛的双角,牛字旁的字大都跟牛有关系。如"牢"本指养牲口的地方;"牧"像持鞭放牛;"犊"是小牛;"犁"指以牛耕地;"牟"指牛的叫声;"犀"是牛的一种,一角在鼻上,一角在头顶;"牵"是以绳牵牛;等等。

因为牛在农耕及畜牧业时期都是非常重要的动物,所以有一些"牛"旁的字,后来还用来泛指其他一切的事物,如"牡、牝"二字,本指牛的公母,后可用来指一切动物,甚至植物的公母;"牺"本指纯色的牛,"牲"本指用来祭祀的牛,"牺牲"指用来祭祀的纯色的牛,现在则用来指为某一崇高理想或事业而献身;"特"本指公牛,后来则泛指一切动物甚至人类的配偶;"物"本指杂色的牛,后来泛指一切事物;等等。

"羊"和"牛"相似,甲骨文字形也是主要突出羊的两只角,所以从"羊"的字也大都跟羊有关。如"羚"是羊的一种;"群"指羊群;"羔"本义是火上烤羊;"美"像人头上戴着羊角的头饰,表威严的美;"羌"也像人头上戴羊角的头饰,却是少数民族的头饰;"羞"是手捧羊肉的样子,此意现代用"馐"来表示;"羡"也是从羊,下面本是由"氵、欠"两字构成,是"涎"的本字,表示人看着羊肉流口水的样子;"盗(盜)"指看着别人的东西直流涎水;"善"也从羊,因"羊"、"祥"同音,取其吉祥之意。

当然,也有一部分汉字中的"羊"与羊无关,是汉字简化的结果。如:"差"上边的"羊"像草木的花朵树叶下垂的样子;"着"来自"箸",是竹制的筷子,汉代隶书"⺮"、"艹"不分,所以导致"箸"写作"著",大概宋代时又分化出"着"的字形;

"盖"是"蓋"的简化，本义是茅草编织的覆盖物。

"虍"也叫虎皮头，故从"虍"的字多与老虎有关。如"虐"下面是反着的手，本义指老虎反爪抓伤人；"虑"本指老虎行走的样子；"彪"是指老虎身上的斑纹；"虡"是指悬挂钟、磬等乐器的架子，因下面往往刻有猛兽的图案，故从虍；"虏"繁体作"虜"，指用绳索把众多的俘虏串在一起，从"虍"表示向俘虏施威；等等。

犬（犭）、马、豕、豸、鹿、鼠、龙

"犬"像狗的形状，从"犬"的字本义多与犬有关。如"吠"表狗叫，"哭"本义是狗哀号；"臭"用狗和鼻子表示气味；"状"指狗的形状；"突"指狗突然从洞穴中跑出来；"戾"指狗从门出来时身体偏曲；"狱"是两只狗相对着叫唤，意指狱讼；"伏"是狗趴在那等人；"默"指狗不叫唤而追人；"献"本义指宗庙祭祀的狗；等等。

"犭"是"犬"的变形，在甲骨文中像瘦身的狗，从"犭"旁的字也大都跟犬或兽类动物有关，如"狼、狈、猿、狐、狮、猩"，等等。"猎"本义是放狗追禽兽；"获"是说打猎捕获禽兽；"犯"是狗侵犯人；"独"指狗的性格不合群；"猝"是狗从草中突然跑出来追人；"犷"本指狗凶狠不驯服；"狂"本指疯狗；"狡"指小狗；"猛"指强健的狗；"犹"本指一种猿类动物；"狠"是犬相斗的声音；"猜"本指犬类的忌恨；"猾"指狡诈、狡猾；等等。

"马"旁的字大都跟马有关，如"骑、驾、驱、驯、骒、驴、驹、骆、驼、驰"，等等。另外，"骗"本义是抬腿跨上马背；"骇"本义是马受惊；"骄"本义是六尺高的大马；"驳"指马毛的色不纯；"骤"指马奔跑；"冯"本指马跑得快；"惊（驚）"本义是马受惊；"驶"指马行急速；"闯"是马出门的样子；"驻"是马停止；"骀"本是马名；等等。

"豕"像猪的形状，故从"豕"旁的字大都跟猪有关。如"家"是房子底下放头猪，对于此字的解释甚多，各家说法不一，此处取人丁兴旺之义；"豚"本义是小猪；"豪"本指豪猪；"豢"最早是设栏圈喂养猪狗；"逐"本义是追赶猪；"燹"是火上炙烤猪形；等等。

"豸"像野兽的形状，从"豸"旁的字大都跟野兽有关，如"豺、貂、豹"，等等。"貌"本写作"皃"像人的容貌，后加上声旁"豹"省。

"鹿"是鹿的整体象形，从"鹿"的字多跟鹿或与鹿相似的动物有关，如"麋、麂、麒、麟"，等等。因为古代鹿皮往往用来作为重大庆祝活动的装饰物或贺礼，所以"庆（慶）、丽（麗）"等字的繁体也从鹿字头。

"鼠"像老鼠的形状。从"鼠"的字基本都与鼠有关，但是这些字都不太常用。这里不具体解释。

"龙"像龙的形状，但"龙"作为构字部件，现代还用的字多用"龙"作声旁。

虫、鱼

"虫"甲骨文作"𧌀"，像蛇的形状，本字读做"huǐ"，后泛指一切动物，如老虎，古人称"大虫"；蛇称"长虫"；甚至连人也归属为"倮（即裸）之虫"。故从"虫"旁的字大都跟动物等有关，如"蚊、蝇、蚁、蛛、蚓、蜂、蛾、蟒、蚌、蛙、螃、蝙、蟋、萤"，等等。"蛊"会意为在器皿里养多条虫;"虹"从虫是因为古人认为彩虹像饮水的长龙;"蜃"本指大的海蚌;"蜀"是一种野生的蚕虫;"强"本义是一种小虫子;"蛋"是动物所产之卵;"蜡"是用蜜蜂蜂巢炼制而成的;"蜕"指动物如蛇、蝉蜕下的皮;"蠢"指动物慢慢爬动;"闽、蛮"二字从"虫"是因为古人认为南方少数民族潮湿多虫,故以"虫"名之;等等。

"鱼"像鱼的形状,从鱼字旁的字大都跟鱼有关,如"渔、鳞、鳃、鳍、鲤、鲫、鲍、鳄、鳖、鲸",等等。另外,"鲜(鱻)"从三个鱼,表示鱼肉鲜美;"鲁"从鱼从日,日当是由甘演变而来,本义指鱼味美;等等。

(二)禽——鸟、隹、至、羽、凡、非

鸟、隹、至

"鸟"写作鸟的形状,汉字中从"鸟"旁的字基本都与鸟有关,如"鸡、鸭、鹅、鸽、鸦、鸥、鹤、鹊、莺",等等。"鸩"是一种有毒的鸟;"凫"是野鸭;"鸣"是鸟叫;"乌"在"鸟"字的基础上省略笔画,是因为乌鸦身体黑色,以至于看不见它的眼睛在哪了;等等。

"隹"的古体也是鸟的形状,所以,从"隹"表义的字大都跟飞禽有关,如"雀、雁、雅、雕、雉",等等。"难"本是鸟名;"雌、雄"本是指飞禽的公母;"集"是鸟停在树上;"隽"本义是指鸟肉肥美;"瞿"像鸟睁大双眼,惊慌四顾的样子;"霍"指鸟在雨中飞翔发出的声音;"雠"是两鸟对鸣,相互应答;"雇"指九雇鸟,是一种候鸟;等等。

还有一些字虽然也从"隹",但却是由别的形体演变而来的,而且这部分字中的"隹"基本都是用来表音的。如"售"上面本来写作"雠",表音;"焦"上面原来写作"雥",表音;"虽(雖)"字右边是"唯"省声;另外,"旧(舊)、离(離)"简化以前也从"隹",都是鸟名;等等。

对"至"字形体的解释说法不一,此处用《说文》的解释,像鸟高飞至地之形,表到来之义。所以,从"至"的字都有"到来"之义。如"到、臻"本义都是到来;"致"本义是走到、送到;等等。

羽、凡、非

"羽"是鸟的翅膀的象形,从"羽"旁的字大都跟鸟毛或鸟类有关,如"翅、翔、翘、翼、翩",等等。"习(習)"是小鸟反复实践练习飞翔;"翻"也是鸟飞翔的样子;"翁"本是指鸟颈上的毛;"翠"本指羽毛颜色青翠的鸟;"翊"也是鸟飞翔的样子;"羿"是鸟张开翅膀旋风而上;"扇"本义指门扇,因门像鸟翅膀一样开合;"翕"是指鸟双翅合拢;等等。

"凡"也跟鸟有关,所以"风(風)、凤、凰"等字都从凡。"凤"的字形像孔雀的样子,其实是古人虚拟的动物;"凰"与"凤"表义基本相同,后来古人分而言之,则雄曰凤,雌曰凰;"风"从凡,是因为大鸟须凭风而飞。

"非"也是鸟的翅膀，但是取其相背之义。从"非"表义的字基本与相背等有关。如"靠"本义指相背；"靡"，指靡散、散碎。

（三）动物的各部位——角、骨、歹、肉、血、采

"角"像兽角的形状，从"角"得义的字一般都与动物的犄角有关。如"解"指持刀解牛，表解剖；"觝"是指牛角相抵状；"觥、觚、觶、觥"等则是指用动物犄角做成的酒器。

"骨"像骨头的形状，从"骨"表义的字大都跟骨头有关。如"髓"是指骨髓；"骼"指禽兽之骨；"骰"是用兽骨做成的骰子；等等。

"歹"本作"歺(卢)"，像有裂缝的残骨。从"歹"表义的字多与死亡、灾难有关。如"死"从人从歺，指生命终止；"歼"指消灭；"殁、殊"指死；"殆"指危险；"殃"指祸害、灾难；"殉"指殉葬；等等。

"肉"甲骨文像动物肉的形状。从肉的字也多与肉有关，但常用字很少，如"脔"指小块的肉。

"血"像祭器中盛有牲血的样子。从"血"的常用字不多。"衅"的本义指血祭，但其本字作"釁"。

"采"像兽爪分别之形，本义为辨别。从"采"的字多与兽爪、辨别等义有关。如："番"本义指兽足；"悉"本义指在心里详加辨别；"释"《说文》解释为："解也，从采，采，取其分别物也。"

三、与植物有关的部首

（一）木竹——木、片、爿、竹、册

木、片、爿

"木"像树的形状，上面是树枝，下面是树根。从"木"的字大都跟树木或木制品有关，如"树、林、李、杏、桑、本、末、村、桌、椅、板、桥"，等等。"本"木下一横标示树的根部；"朱"是木中一横标示红色树心；"末"木上一横标示树梢；"未"本意指树叶繁茂；"某"是"梅"的本字；"梗"是树名；"荣"本指梧桐木；"果"像树上果实之形；"朵"像枝叶花实下垂的样子；"样"本指栩木的果实；"杲"是日上树梢；"杳"是日在木下；"析"是用斧斤把树木劈开；"相"是仔细观察树木；"束"是把木头捆绑起来；"焚"像手持火把焚烧树林的样子；"染"是染色，因为早期的染料多是从植物当中提取出来，所以从木；"枕"是用木头做成的枕头；"乐（樂）"像摆在木架上的乐器；"柔"指木质柔软，可曲可直；"概"指量谷物时刮平斗斛的木板；"朴"是没有经过加工的木材；"椎"本指槌子；等等。

如果将"木"竖着从中间劈开，得到的右边部分就是"片"，左边部分就是

"爿"。所以，从"片"旁的字就有一半、木板的意思。如"牖"是指窗户，指用木板横直为之而成的窗户；"版"指筑墙用的夹板；"牌"指扁而薄的木板；"牍"是写字用的木简；等等。

"爿"也与木板有关。"床（牀）"指用木头做成的床；"寤、寐"二字也与用木头做成的床有关，分别表示睡醒与睡着。但大部分"爿"做构字时都是作为声旁，读做"qiáng"。

竹、册

"竹"像竹叶的形状，作部首时写作"⺮"，从竹字头的字大都跟竹子或竹制品有关。如竹编器物有"箕、篓、箱、箧、笼、箪、筛"；竹子做的乐器，有"笛、箫、笙、筘"；竹子做成笔、简的，有"笔、简、篇、籍、簿"，等等。另外，"笑"从竹是因为竹子被风吹弯的样子跟人笑弯腰的样子很像。"节（節）"本指竹节；"笨"本指竹管的内膜；"策"指用竹子做成的马鞭；"算"和"筹"本义都是指用竹子做成的算具；"筵"本义指竹席；"篷"是指用竹席等制成的遮阳物；"篝"是指熏衣服的竹笼；"簇"是指丛生的小竹；"箍"是指用手把竹篾束成圈，捆扎东西；等等。

"册"是把竹简或竹条串编在一起的样子，也跟竹子有关；"删"指用刀把需要涂改或抹掉的地方刮掉；"栅"不是竹简之形，而是将竖立的竹、木编成栅栏或篱笆之形。

"册"即是"册"。"嗣"字从"司"表音；"册"指国君册封继承人；"口"则表宣布。"扁"一说指登记户口的册籍；"侖"从亼从册，表条理、伦次；"龠"是由多根管子编排在一起的乐器；"典"像几上放着书册。

(二)草——艹、卄、生

"屮"像草的形状，后简化为"艹"头。从"艹"头的字大多表植物或植物的某个部位，如"蒜、艾、苔、蕊、芋、菊、莉、葡、藻、苇、菜、草、芳（香草）、苟（本是草名）、茎、花、英（花）"等；还有一些表植物特征、状态的，如"苗、茂、蔫、萎"等；还有就是人类的一些与草有关的活动，如"葬、盖"等。

另外，"荤"本指葱、姜、蒜、韭一类气味大的菜；"苦"指一种味苦的草药；"蒋"是一种水生植物；"荐"是野兽牲畜吃的草；"苟"是一种小草；"落"表树叶的凋零；"蓝"本是草名，可以用来提取青色颜料；"葬"是把尸体埋在草里头；"莫"用太阳落到草里表日暮时分；"艺（藝）"本义是种植苗木；"萌"像日月照着草木萌生的样子；等等。

也有一些从"艹"头的字跟草没有关系，而是由其他的形体演变而来的。如"蔑、瞢、薨"上面的"艹"头都是由眼睛上的眉毛讹变而来的；"万（萬）"中的"艹"头是由蝎子的夹子讹化而来；"崔、鹳"等一些从艹从隹的字，上面的"艹"头是由鸟头上的羽冠演变而来的；"若"上面的"艹"是由两手和头发演变而来的，其甲骨文字形为"𦹟"，像女子用两手梳理头发，表顺从；"共（艹）"像双手持物状；等等。

"艹"也有一部分与"艹"相对称,置于字的下方。如"卉"像三株小草;"葬"上边和下边原先都是"艸";"莽"似有犬没于草中,比喻草的茂盛;等等。

另外,也有一部分"艹"是由双手之形演变而来的。如"弄"像双手玩玉的样子;"异"像双手举物的样子;等等。

"生"甲骨文作"ψ",像草生出地面。从"生"表义的字不多,如"产(產)"从生,本义指出生、生育。

(三)粮食与菜蔬——禾、米、麦、黍、香、瓜、韭、亼(食)、皀

"禾"是谷物类庄稼的象形,从"禾"旁的字大都跟农作物有关。有表示农作物种类的,如"黍、稷、稻、秫、穀",等等;有表示庄稼各部位的,如"穗、颖、秸、秆、稍",等等;有表示庄稼生长状况的,如"稀、稠、秕、稚、稳",等等;有与耕作收获、计量等有关的,如"穑、种、积、租、税",等等。

另外,"私"本来是一种禾的名字;"秀"指农作物吐穗开花;"秒"是谷物穗上的芒刺;"秉"是手抓着一棵禾苗;"秩"是积聚禾谷;"积"是禾谷的堆积;"科"本是用来衡量谷类的等级的;"程"本义是度量衡的总名;"移"是禾苗随风摆动的样子;"年(秊)"是一人持禾,表示谷子熟了;"秦"是双手持工具治禾;"香"从禾从甘,本指谷物芳香;"稳"指聚积谷物;"秽"指长满野草;"稚"本指晚植的谷物;等等。

也有一部分"禾"字是由其他字形演变而来的。如"乘"像人登在树木上,表攀登之义;"稽"左边是"木"形,但树梢偏向一侧,意思是树梢受阻碍不能上长,引申为停留;等等。

"米"像谷粒的形状,从"米"旁表义的字基本可分为下面四种情况:有表示出米的谷物的,如"粟、粱"等;有表粮食品质的,如"精、粹、粗、糙"等;有表用粮食加工而来的食物的,如"粥、糕、糟、糠、粽、糖、糊"等;有表示粮食买卖的,如"籴、粜"等。"籽"指植物的种子;"粒"指谷粒;"粮(糧)"是指带在路上吃的粮食;"粲"是指经过极其精细加工而得的米;"糜"本指米粥;"料"是米在斗中,表称量;"气(氣)"本义是赠送人粮食和饲料;"粉"本指化妆用的米粉;"粥(鬻)"就像以鬲煮米,热气升腾的样子;等等。

当然,还有一部分字与"米"没有关系的,如"粪"甲骨文像一手拿簸箕,一手拿扫帚,簸箕里有垃圾的样子,后来簸箕里的垃圾简化成米字了;"娄"是由"婁"简化而来;"断"是由"斷"简化而来的;等等。

"麦"指麦子。从"麦"表义的基本都与麦子有关。如:"麸"指麦子的表皮;"䴹"指大麦;等等。

"黍"也是五谷之一,是一种可用来酿酒、做糕的粮食。从"黍"表义的字都与这种粮食有关。如"黏",因黍的特点是较黏,故表示黏连的意思。

"香"也与粮食有关,指的是五谷的香。从"香"表义的字基本与此义相关。如:"馥"指香气;"馨"指散播得很远的香气;"馛"指很浓的香气;等等。

"瓜"金文写作瓜的形状,从"瓜"表义的字都跟瓜类作物有关。如"瓢"是用葫芦壳制成、用来盛水的东西;"瓤"指瓜中的部分;"瓣"指瓜瓣;等等。

"韭"是一种蔬菜,小篆写作"韭",像韭菜的样子。从"韭"表义的字,基本与韭菜有关。如"齑"指捣碎的韭菜。"纤(纤)"也从韭,但指野生的韭菜,而因为野生韭菜比家种的要细,故引出纤细之义。

"食"甲骨文为"食",像一个盛着食物的器皿。"食"作为偏旁时多写作"饣"形,从"食(饣)"旁的字大都跟食物或吃喝有关。如"饱、饼、饿、饭、馆、饥、饲、饮、馋、饵、饺、馒、馍、餐",等等。"饵"指糕饼;"饶"本义是吃饱;"余(餘)"是指食物多;"馁"是饥饿;"蚀"是指虫蛀;"馏"是把熟食再蒸熟;等等。

另外,"皀"也跟食物有关,是食物盛于容器的样子。"即"就是指人靠近食物就餐;"既"则指吃饱以后将脸转过去;"卿、乡"两字则是像两人对着食具跪坐的样子,表亲密;等等。

四、与器物有关的部首

(一)器皿——豆、鼎、鬲、皿、酉、缶、瓦、匸、匕、斗、臼

"豆"像一个高脚盘子,用来盛放食物或礼器。从"豆"旁的字主要可以分为以下几类:一是与食器、礼器有关的。如,"丰(豐)"就是在高脚盘中放着两串玉,其本义是贵重的礼器;与之相同,"登"像双手捧着"豆"上祭祀台祭神;等等。二是后起字,表豆类作物、豆制品。如"豇、豌"是豆类作物;"豉"是用豆子做成的豆豉;等等。还有一部分从豆旁的字,是用"豆"表音的,这里就不举例了。

另外,"豆"还易与"鼓"形相混,"鼓"的本字是"壴",是整体象形,但从现行文字看,与鼓相关的字也有一部分含有"豆"这个部件。如:"喜"从壴从口,会意为击鼓唱歌;"戏(戲)"左下的"豆"字就是由鼓演变而来,有的学者认为它的本义当是指参军戏,故又从虍从戈;"岂(豈)"本义是军队得胜归来奏的乐曲。

"鼎(鼎)"是古代烹煮的器物。从"鼎"的字较少,如"鼐",指大鼎。

"鬲(鬲)"也是一种似鼎的容器。从"鬲"表义的字本义都与这种容器有关。如"融",本义指炊气上升;"鬻(鬻)"像用鬲煮粥的样子;等等。

"皿"像一个大口的容器,从"皿"表义的字多是与容器有关的,如"盆、盒、盘、盅、盛、盂",等等。"血"上的一撇像器皿中所滴之血,是古代祭祀或盟誓时要歃血为盟的缘故;"盟"从皿,也是这个道理,表歃血为盟;"益"像水从容器中漫溢出来,是"溢"的本字;"盈"也表示器皿已满;"尽(盡)"本义是指容器中没有东西了;"监"像一个人低头睁大眼睛在盛水的容器里照自己的面容;"盗(盜)"则像一人

看着盘子里的东西直流口水；"盥"就像双手持盛满水的器皿，表洗脸或洗手；"盅"像器皿里养了很多虫的样子；"盏"指浅且小的杯子；等等。

"酉"像一个装酒的坛子，从"酉"表义的字大都跟酒有关，如"醉、酿、醇、酌、酝、酣、酪、酗、醇"。"酋"像酒坛里飘出的香气；"酷"原指酒味异常浓烈；"酸"本指醋，因为醋是酒发酵过头制成的，故从酉；"醒"是指酒醉后清醒过来；"酱"最早用来指加酒制成的肉酱；"酥"是指酥油；"奠"则像酒置于桌上；"醋"也是酒发酵过头而制成的；"配"从酉，指用不同的酒配制而成的颜色；"酬"是指客人给主人祝酒后，主人再次给客人敬酒以作答谢；等等。

"缶"是用土烧制的盛水的器物，也可以作为乐器，从"缶"表义的字大都跟器皿有关。如"缸"本义是长颈的容器；"缺"是陶器上有缺口；"罐"是指用来盛放东西或汲水用的瓦器；等等。

"瓦"像瓦片一仰一覆交错放置的样子，因为瓦片是用土烧制而成的器物，故从"瓦"表义的字多与土制器物有关，如"瓶、瓷、瓮"，等等。

"匚"像用来盛放东西的方形器物。"区（區）"像器物中放了许多物品，表收藏；"匠"像把斧头放在器物中，表木工；"匿"从匚若声，表躲藏；"匣"是装东西的匣子；"匾"是一种竹制器具，可用来养蚕等。

"匕"是一种取食器，但是现代汉语中从"匕"表义的字却比较复杂，大致可以有以下几个来源：一是取食器，如"匙"基本可看作是"匕"的后起字，"旨"指匙中食物味美。二是由"人"演变而来，如"比"像两人紧挨着的样子，"北"像两人相背状。另外，"后"甲骨文像妇女生产的情形，本义是生子，故而引申出女性义来，等等。三是由动物的蹄足演变而来，如"能"右边的两个"匕"是由熊的两只脚演变而来的，它是熊的本字；"鹿"字是整体象形，下面的两个"匕"，是由鹿的两只腿演变而来的；"豖"下的"匕"也是由猪蹄演而来的；等等。四是用来标示雌性的符号，如"牝"指母牛；"鸨"指生活在水边的鸟，据说，这种鸟只有雌性；"麀"指母鹿；等等。

"斗"是一种舀酒器，后来用做量器，所以，从"斗"表义的字大都与容器或是量器有关。如"科"是用斗量禾谷分等级和品类；"斜"是从斗里舀出、倾出；"斟"是用勺子舀取；"魁"本义是一种汤勺；等等。

"臼"像舂米用的容器。从"臼"表义的字基本与容器等有关。如："舂（𦥑）"像手持棒捣米的样子。"舀"像伸手掏取的样子，本义指用瓢勺取东西。

（二）工具——工、斤、刀（刂）、力、辰、耒、几、彐（帚）、车、舟、爿

"工"的字形有人认为是矩尺的形状，有人认为像木工用的墨绳，有人认为是斧头的象形，等等。但不管怎样，从"工"旁表义的字大都跟工具、做工有关。如"巧"指做工的技能精巧；"功"表用力做工；"巨"是"矩"的本字，是古人用来画直

角的矩尺;"式"本指法规,从"工"是因为"工"即表示"矩";等等。

也有一些从"工"旁的字跟工具无关,是从别的形体讹变而来的。如"左"上边就像一只左手,下边的"工"是符号,没有意义;"巫"像两块玉石交错的形状;等等。

"斤"本义是斧头,从斤表义的字大都跟斧头有关。如"斧"是伐木用的斧头;"断"是指用斧将丝截断;"新"是砍伐树木;"斯"是用斧头劈开;"所"是伐木时发出的声音;"兵"是双手执斧,表兵器;等等。

"刀"像刀的形状,从"刀"旁的字大都跟刀具有关,如"刃、剪、切"。另外,"分"是用刀把东西分开;"劈"表用刀破开;"初"是用刀裁衣;"券"本义是用刀在竹木上刻写契据;等等。

"刂"是由"刀"旁演变而来的,如"利、剑、刮、削、刨、删、刹、创、划、割",等等。"刑"指对罪人进行惩罚;"罚(罰)"从詈从刂,詈是骂,是较轻的刑罚,所以罚比刑要轻;"刘"本义是杀;"则"左边的"贝"是由"鼎"讹变而来的,本义指用刀在鼎上刻画;"副"是用刀剖开;"列"是用刀分割;"别"指用刀使骨肉分离;"刷"是用刀刮;"判"是用刀把东西分成两半;"剂"本义是剪齐;"刊"是削除;"班"像用刀分割玉器之形;"辨"表判别、区分;"刚"从刀,取其坚硬义;"制(製)"指用刀裁衣;等等。

"力"像农具耒的形状,从"力"表义的字多与农耕或气力有关,如"功、劲、努、勤、助、勇、动、勉"等;"男"是指在田里用耒耕地,以此表示男人;"协(協)"右边是三个力,表示共同劳动;"勒"指用力控制马;"劳"指频于用力;"办"是用力治理;"劫"是用强力胁迫别人;"虏"从毌从力,虍声,表捕获;"夯"指用大力扛重物;"劣"是指力量弱小;"勋"本义是很大的功劳;"募"是用力征集;"勃"表推动;"劝"是劝勉别人努力;"励"指勉励;"勘"是校订、核定;"胜(勝)"从力朕声,表胜任,禁得起;等等。

"辰"是蚌壳制作的农具,从"辰"表义的字大都跟蚌壳或农业有关,如"蜃"是指大蚌。"农(農)"是拿着农具在田里干活;"辱"像人手拿农具在锄草,此义现代汉语中写作"耨";"晨"金文作"𪠿",像两手拿农具去干活,以表早晨;等等。

"耒"是一种翻土的农具,从"耒"旁的字大都和农具、农事有关。如"耕"指犁田;"耘"指除去田里的草;"耗"本是稻类农作物;"耙"是一种农具;"耦"是有两个并头的耕土的工具。

"几"像古人坐卧时所倚的扶手,所以,从"几"的字大都跟扶手、垫在下面的架子有关。如"凭"是指身体靠在扶手上;"凳"是形状如几的坐具;"凯(凱)"从豈从几,像架子上放着乐鼓,本指军队得胜时奏的乐曲;等等。

另外,还有一些从"几"的字,是由其他形体演变而来的。如"凡"本来像高且足卷的盘子形状;"朵"像枝叶花实下垂的样子;"咒"本写作"呪","几"字是由"人"字演变而来的;等等。

　　汉字部首中的"彐"，很多是"帚"的省略，如："彗"即扫帚星；"归（歸）"是从止，从妇省，本义指女子出嫁；而"妇"又从女从帚；等等。但也有很多从"彐"的字与帚无关，是汉字简化后的记号部件，如"当、灵"等字。

　　"车"像车的形状，有"车"旁的字大都跟车辆有关，如"辐、轨、轿、辆、轮、载、转、轴、轩、辙、辗"。"轻"指轻便的车；"输"是用车运输东西；"辈"本义是指一百辆车；"软"本义是丧车；"辐"是指车厢；"较"是车厢两边的木板；"辅"是指绑在车轮外的直木；"辖"是指车轴上穿着的小铁棍，用以使轮子不脱落；"轰"是车走过的声音；"军"指用兵车围绕起来；"阵"是指军队战阵的排列；"轧"是用车轮碾压道路；"斩"是指车裂的酷刑；等等。

　　"舟"像船的形状，从"舟"旁的字大都跟船有关，如"舶、舵、舱、船、航、舰、艘、艇"等，多是指各种类型的船或是船上的部件。"般"即指像殳之类的手持撑船工具。

　　另外，还有一部分本来从"舟"旁的字后来变成了"月"旁的，如"服"右边从卩从又，像一只手按住下跪的人，有制服之意，左边的"月"是由"舟"讹变而来，其本义为驾驭船只；"前"从止从舟，金文作"肯"，像脚在舟前到达，表前面；"朕"甲骨文字形为"𦨶"，从舟从两手从丨，像双手持楫撑船之形。

　　"㫃"甲骨文作"𣄼"，像旗帜飘扬的样子。"旗、旌"都指旗帜；"旅"像旗帜下面很多人的样子；"旋"像脚在旗帜之下，表人随旗帜而动；"族"像箭在旗下，指可以战斗的家族。

　　（三）兵器——戈、弓、矢、矛、辛

　　"戈"是古代的一种兵器，从"戈"表义的字多与兵器有关。如"戉"是大斧一类的兵器；"戌"是宽刃的兵器；"戍"像人拿着兵器守卫的样子；"戎"像盾牌和兵器；"戒"是双手拿着戈，戒备状；"戚"本义也是斧头；"我"本是像戈的兵器；"截"指切断；"戳"是用利器刺击；"或"是拿着戈保卫国家或领土；"贼"像人用戈毁坏财物；"划"本义是指像镰刀一类的农具；"威"是在女子头上加斧，表使人害怕、畏惧；"武"本是从止从戈，表持戈威武状；等等。

　　"弓"甲骨文像一张弓的样子，从"弓"表义的字大都跟弓有关，如"弹、弦、张、弛、弧"，等等。"弯"是拉开弓弦；"引"是把弓拉开；"弭"本义是放松弓弦；"躬"是指身体弯曲成弓形；"弗"本义是矫正箭杆，使箭杆变直；"弘"本义是拉弓的声音；"弱"从二弓，从彡，以弓似毛表力气小、势力弱；"吊（弔）"是持弓问吊，以帮死者亲人驱赶禽兽。

　　当然，也有些弓旁是由别的形体演变而来的，如"强（強）"本是从虫弘声，本义是指一种小虫子，因跟"彊"（本义是硬弓）字读音相同，后人于是借用"强"表示"彊"义，后汉字简化时就直接把"强"当成了"彊"的简化字。

"矢"像箭的形状，从"矢"表义的字大都跟箭有关。如"矫"是一种可以把弯曲的箭杆矫直的钳子；"知"本义是指把知道的事情说出来时像箭一样快。另外，因古人也常用箭作为一种量长度的标尺，所以有一些从"矢"旁的字跟长度标准有关，如"短、矮"。

还有些"矢"旁是由别的形体演变而来的，如"矩"本是从大，从巨，像一人拿着一把矩尺的样子，后来左边的"大"演变成了"矢"。

"矛"也是一种兵器，以它作为形旁的字，如"矜"本义为矛柄。但作为构字部件它多作声旁。

"辛"像古代的刑刀，本义指大罪，所以从"辛"的字多与刑罚等有关。如："辜"从辛古声，本义指罪行；"辟"指法律、法度；"辞"本义是指打官司；等等。

(四)乐器——音、龠

"音"，《说文》解释为"声也，生于心，有节于外，谓之音"，即音乐。从"音"表义的字基本与音乐有关。如"章"从音从十，乐竟为章；"竟"指音乐完毕；"韵"指和谐的声音；"意"指从心察言而知意；"韶"本指虞舜时代的乐曲名；等等。

"龠"是古代的一种管乐器。从"龠"表义的字与乐器有关。如"和(龢)"指调和。

(五)纺织——衣(衤)、巾、纟、幺、网、革、韦

"衣"像衣服的形状，从"衣"表义的字大都跟衣服或者布制品有关，如"裳、裁、表、裘、装"，等等。"衰"是"蓑"的本字，像是用草类做成的衣服形状；"裘"像人穿着带毛的大衣之形；"表"从毛从衣，本义指外加上衣；"里(裏)"原指衣服的内层；"衷"指内衣，穿在里面的衣服；"亵"指私服，即在私密空间里随便穿的衣服；"卒"是衣上加指事符号，表示奴隶穿的衣服；"袭"本义指死者穿的衣服；"袁"像人身着长衣之形；"襟"指衣服的前襟；"裔"指衣服的边缘；"裂"是剪裁衣服时剩下的布料；"杂(襍)"从衣集声，表衣服颜色五彩参错；"襄"是脱掉衣服耕田；等等。

但汉字中的"丧(喪)"并不从衣，而是从哭从亡，下面的"衣"是由"亡"演变而来的。另外，"亡"本义是指逃走，与死无关，因古人不忍说亲人已死而说亡，故引申出今义。

"衤"是由"衣"旁演变而来的，从"衤"旁的字都跟衣服或布制品有关，如"被、裤、裙、褥、袍、襟、裸、褂、袜、袄、衫、袱、褐、袖"，等等。"复(複)"本义指有夹层的衣服；"褪"是卸下衣服；"衬"本指外衣内的单衫；"裕"用衣物多表示富裕；"初"从衣从刀，用刀裁衣是制衣之始，故表开始。

"巾"像帕子的形状，从"巾"表义的字大都跟巾类物品有关，如"帜、布、帆、

帽、幕、帕、帐、帷、带、帻、帆"，等等。"市"指的是古人穿在腰前，用于遮蔽的一幅布巾；"币"从"巾"是因为古人常用丝织品来作为等价交换物；"帛"是丝织品的总称；"幅"是指布的宽度；"席"指铺在地上的布坐席；"帅"本义是佩巾；"幢"是古代仪仗用的旗；"希"本义是刺绣；"帖"指在布帛上书写的东西；"常"本和"裳"是一对异体字，本义也是指下裳；"帮"是指鞋子的边缘部分，即鞋帮；等等。

当然，还有一部分从巾的字是从别的形体演变而来的，如"帚"本是整体象形，简化时把下面的部分写作"巾"了；"市"当是从之，兮声，本义是买东西。

"纟"就是"糸"的变形，甲骨文写作"𢇁"，是扭在一起的丝状。从"纟（糸）"旁的字，大致可以分成以下几种情况：

一是与纺织有关的。其中，与治丝有关的，如"缫"是指缫丝；"绡"指生丝；"练"是煮丝令熟；"绪"指丝端；"统"也是丝的头绪；"绝"是断丝；"紊"是指丝乱了；"续"指把断的丝再连起来；"经"指织机上的纵丝；"纬"是织机上的横丝；"缅"是细丝；等等。治完丝后需要染丝，所以很多颜色词也从"纟"旁，如"红（赤白色）、绿（青黄色）、紫（青赤色）、缥（青白色）、绛（大赤色）、缁（黑色）"，等等。纺织出来的成品也多从"纟"旁，如"缯"是丝织品的总称；"绮"指有花纹的丝织品；"素"是白缯；"缣"是和两根丝并织出来的丝织品；"绸"是较粗较稠密的丝织品；"绵"是有彩色花纹的丝织品；"绣"是五彩兼备的丝织品；等等。

二是与绳索等有关的。如"系"就是用来捆绑或悬挂物体的绳子；"约"是指用绳缠束、捆绑；"索"是指很粗的大绳子；"紧"是绳子拉得紧；"辔"指缰绳；"纷"本指扎马尾的丝麻织物；等等。

三是与衣物有关。如"缘"指衣服的边饰；"绅"是指士大夫用来束腰的大带子；"缓"是指衣服宽松的样子；"给"是指衣食丰裕；等等。

"幺"也像丝的形状，从"幺"表义的字也多与丝绳或是细微等有关。如"率"本义指粗大的麻绳；"牵（牽）"指用绳索系牛耕地；"幼"指细微、幼弱；"幻"像游丝飘摇，若有若无之状；等等。

"网"是用线或绳等编织而成的，是渔猎工具。从"网"表义的汉字发展到现代汉语主要演变成了"罒"形，如"罗"是捕鸟的网；"罢"从网，表释放有罪的人；"署"是部署，就像张网以待；另外，"罕"上面的"罒"也是由"网"演变而来，本义是指捕鸟用的长柄小网；等等。

"革"，甲骨文像兽皮剥下来后展开的样子，所以从"革"表义的字多与皮革有关，如"鞋、鞍、鞭、靴"，等等。"靶"表勒马的缰绳；"鞠"指用皮革做成的球；"勒"指马笼头；"韈"是"袜"的本字，因早期的袜子是用皮革做成的，所以从革表义；"巩（鞏）"指用皮革把东西捆起来。

"韦（韋）"本从舛口声，后借用来表皮韦，故从"韦"的字也与皮革有关。如"韧"指皮的特点柔软而结实，韧性好；"韨"本义指古代贵族祭祀时戴的用熟皮做成的蔽膝；"韬"指用熟皮做成的剑套；等等。

（六）宫室——穴、宀、冖、高、广、厂、囗、门、户

"穴"是古人穴居时洞穴的整体象形。从"穴"表义的字都跟洞穴或洞穴特征有关，如"窗、空、帘、窈、窝、窄、窜、窖、窘、窟、窿、窍、窑"，等等。"突"是指狗从洞穴中突然跑出来；"窜（竄）"是老鼠溜进洞穴，表藏匿起来；"穿"是老鼠的牙齿打出洞穴来；"窥"是从洞中看；"穷（窮）"是躬身于穴中，表受困或走投无路；"窒"是指向穴中填塞东西；"究"是指空间有极限，源头、尽头之义；"容"指可以容纳他物的空间；"空"表中空；等等。

"宀"甲骨文像房子侧面的形状，从"宀"表义的字大都跟房屋有关，如"宫、室、宅、客、家、安、宁、宇、官"，等等。有表示不同建筑类型的，如"宣"指天子宣室；"宗"是祭祀祖先的地方；"官"是官舍；"宠"本指建在高处的房子；"牢"是圈养牲口的地方；等等。有表示建筑空间场所状态和部位的，如"宧"是指房子的东北隅；"奥"指室之西南隅；"宇"指屋边；"宽"指房屋很宽大；等等。有表示建筑物与人的起居行为或心理感受的，如"宿"像人睡在房间的席子上；"寡"指一个人在房子里面；"字"是指屋下生子；"寇"是持棒入室敲人头的强盗；"审（審）"从宀从番，用房屋下有动物的脚印表示要仔细辨别、考察；"富"是房子下有财富；"定"是指在房子底下平安、稳定；"宴"表安乐；等等。

当然，也有一部分从"宀"的字与建筑物无关，是由别的形体演变而来的，如"它"本是蛇的整体象形，上面的蛇头在汉字整理时就变成了"宀"了；"寅（寅）"本是从矢从双手，后上面的箭头演变成了"宀"。

从"冖"旁的字有一部分是从"宀"演变而来的。如"冗"指人在屋下无事闲适；"写（寫）"指把东西往屋里搬；等等。

有一部分"冖"跟覆盖、环绕等有关。如"冥"表因东西覆盖而昏暗；"冤"像兔子在覆盖物下面屈身的样子；"军"是指用兵车环绕起来；"冢"指将死者覆盖于墓中；等等。

"高"字古文形体像建在高台上的房子，所以，从"高"省表义的字也有一些与建筑物有关。如"亭"是指建在高台上的亭子；"京"指人工筑起的高土丘；"亮"从高省，表明亮；"享"和"亨"两字来自同一来源，甲骨文都像盖在台子上的房子，有人把它解释为厨房，也有的解释为是祭祀用的建筑物；等等。

"广（yǎn）"像只有后墙的房屋，所以从"广"表义的字多与房屋有关，且房屋相比"宀"要简易，如"庠（学校）、库、店、庖（厨房）、庵、庐、庭"，等等。另外，"座"指坐在房屋下；"底"指房子的地坪；"庞"表高大的房屋；"序"指堂屋的东西墙；"廉"指堂屋的侧边；"废"指房屋倒塌；"麻"本义是屋下治麻；"庇"表义是遮蔽；等等。

另外，也有一些"广"是由别的形体演变而来的，如"庚"甲骨文作"𤯔"像乐器

之形。

　　"厂（hǎn）"则像山崖之形，另外，因其与"广"字形较相似，所以从"厂"的字要么跟山崖有关，要么跟简易建筑物有关，如"厨、厅、厢、厕、厦"，等等。"原"是指山崖下面的泉水；"压"是压迫之义；"厚"也与山石有关，表山陵高、厚；"仄"像人在简陋的空间不得伸展的样子；"厉"本义是磨刀石，同"砺"；"厘"与居家有关，表家庭幸福；"厝"指简易的房子；等等。

　　"口"是一个四周被包围起来的形体，从"口"表义的汉字主要有以下三种情况：一是跟建筑有关，如"国、园、圃"等。"固"四面都是墙，表城墙坚固；"囤"是指储存粮食等的器物。二是有禁锢等义，如"囚、困、图、圄、围"，等等。"团"像小孩圈而养之；"圈"是把牲畜圈起来。三是与范围、形状等有关，如"团"本义与"圆"相同。"图（圖）"从口从啚，口表范围，啚表难，是指规划一件事情时需慎重谋划，反复考虑。

　　还有一部分"口"是由别的形体演变而来的，如"因"外面的"口"本是一张席子。

　　"门"像两扇门的样子，从"门"表义的字大都跟门有关，如"闭、阁、阔、开（開）、关（關）"，等等。"闱"本指宫中的小门；"闲"本指栅栏；"阐"指打开、开门；"闸"是指水闸，因其开闭如门，故从门；"阎"本义指巷内的门；"阙"是古代宫庙及墓门立的双柱；"阀"是指仕宦人家树在门外用以自陈功状的柱子；"闪"是人从门前晃过；"闯"是马出门的样子；"间"像阳光从门缝透进来；"阅"像是在门里清点东西；"闰"从王在门中；古代天子举行告朔之礼时，周王通常居于明堂，但逢闰月，则居于路寝门，所以从王在门中；等等。

　　但"闹"字不从"门"。而是从市从斗（鬥），表争吵、喧扰。因"鬥、門"二字形近，故简化后从"门"了。

　　"户"是"门"字的一半，是一扇门，从"户"表义的字也大都跟门户有关。如"扇"是指门，因门的开合像鸟的翅膀，故也从羽；"房"指屋子的侧室；"启"是指开门。

五、与天地神灵有关的部首

（一）天——日、月、夕、风、雨

　　"日"甲骨文像太阳的样子，从"日"表义的字跟太阳有关或时间等有关，如"春、暗、暑、晚、映、昨、晾、曝、晌、昭（明亮）、昼、旦、旱、昏、晶、明、暖、晴、晒、早、曙（天刚亮时）、旭"，等等。"景"本指日光；"昧"是指光线昏暗；"晰"指光亮；"旷"是光明、明朗；"晕"是指日月周围形成的光圈；"晦"本义是阴历每月的最后一天；"暴"本义是晒太阳；"昔"像在太阳下面晒干肉；"旺"也指日晕；"显（顯）"像一个人在太阳底下理丝的样子;"昂"像人抬头看日之形;"晋"像日出而万物生长的样子;"普"像二人并行而使日光不能透过,表日无光;"暇"指空闲、闲暇;"昆"像日下二人并行,本义是共同;等等。

当然,也有一部分"日"字是从其他形体演变而来的。如"旨"、"鲁"、"香"下的"日"字是由"甘"字演变而来的;"星"上的"日"字甲骨文当中是画成三颗星星的样子,后简化成了"日";"皙"下面的"日"字本来写作"白",表示皮肤白皙;等等。

"月"甲骨文像月亮的样子,从"月"的字主要来自于两个部首:

一是"月",如"明、朗、望、期、胧",等等。"朝"左边上下两个"十"都是草木之形,指太阳刚从草里露出头,月亮还没消失的时候;"朔"指农历每月初一;"霸"从雨从革从月,用皮革被雨浸泡发胀的情景,比喻月亮由亏转盈的时候,大概指阴历每月初七八的样子;等等。

二是来自于"肉"字,这一部分字大多跟身体部位、跟肉有关,如"脸、肚、脚、肢、肤、肩、肋、脑、胎、股、肱",等等。"肯"本义是脚部附着在骨头上的肉;"胡"是动物下巴的赘肉;"有"像手里拿着一块肉的样子;"育"甲骨文为"㐬",像女人生小孩的场景;"肖"是说骨肉相似、相像;等等。

此外,还有一部分"月"旁是由"舟"旁演变而来,如"服"、"前",前面已介绍。

"夕"和"月"有同一个来源,从"夕"表义的字也多与晚上有关。如"梦"是指夜间睡觉时眼前模糊,看不清,本义是夜晚睡眠的幻象;"飧"是指吃晚饭,大概在下午四五点的样子;"夙"像人在天还不亮时就起来干活;"外"指晚上占卜;等等。

另外,也有部分汉字当中的"夕"是由"肉"变形而来的。如"多"字的两个"夕"则是由"肉"变来的,像两块肉叠放在一起;"酱"从肉从酉,爿声,这是因为早期的酱指的都是肉酱;等等。

"风"本义是空气流动的自然现象,从"风"表义的字也多与刮风有关,如"飘"指随风飘动;"飒"指风声;等等。

"雨"像下雨的样子,从"雨"旁的字也多指天气,如"雷、霜、雾、露、霞、雪、雹、霁、霹",等等。"需"是从雨而声,指因遇雨而停留、等待;"霎"本指小雨;"零"也指小雨;"霄"本义是带雨的云朵;"霉"表物体因雨受菌而质变;"震"指疾雷;等等。

(二)地——土、小、山、阝、谷、田、卤

"土"像土块的形状,从"土"表义的字大都跟土块有关,如"地、城、堤、坝、坡、塌、壁、坑",等等。"垂"像草木下垂及地的样子;"生"像草木从土里长出来;"在"像草木刚从土里钻出来的样子,表生存;"壬"像人站在土上之形;"坐"像两人坐在土堆上;"堰"是指拦河坝;"垄"指丘垄,也指田地分界处高起的埂子;"坏"是建筑物倒塌;"培"指给植物等加土;"坚"指土质硬;"堪"指地面突起的地方;"墨"是指书画用的墨,因其用松烟等原料做成,故从土;"塑"是指用泥土捏成的人像;"堕"本指人从陡坡上掉下来;"塞"是从宀、从井、从廾(表双手)、从土,像双手持井状物往屋下填东西;等等。

也有一部分从"土"是由别的形体演变而来的。如"去"上的"土"是由"大"演变而来,从大从凵,表人离开;"赤"也是从大从火;"寺"上面的"土"是由"之"字讹变而来,从寸之声;"幸"上面本是一个"夭"字,从夭从屰,表逢凶化吉;等等。

"小(⺍)"像沙粒的样子,表细小、细微之义,故从小的字多有细小之义。如"少"从小,表不多;"尘"指细小的土粒;"尖"指物体细小的末端;"雀"指小鸟;等等。

"山"是山的象形,从"山"的字大都跟山有关,如"岩、崖、峰、岳、岭、峦、岗、崩、峭、岸",等等。"崩"表示山陵崩塌;"崇"指既大且高的山;"密"是指像堂屋一样的山;"崔"是指山高大;"嵘"是山高而险峻的样子;"岔"指山脉的分歧处;"嵌"是指山幽深;"仙"是指入山修仙;等等。

另外,有一些汉字中的"山"旁是由别的形体演变而来的。如"出"甲骨文像脚走出穴中;"幽"当中的"山"是由"火"形演变而来的,像火燎丝状;等等。

"阝"分为左耳朵和右耳朵。先说左耳朵,它是由"阜"字演变过来的。从左耳朵的字或与台阶有关,或与地势等有关,如"阶、陛、院、除、陆、陡、陕、阻",等等。"除"本义是台阶;"陛"指帝王宝座下的台阶;"陌"指田间小路;"防"本义是堤坝;"附"本义指小土山;"陪"本义是增土;"际"指两墙相接之处;"降"像一右一左两只脚在从高往低走;"陟"是往上走;"阿"本义是大土山;"陶"本指两重的山丘;"队"是指人从高处落下来;"险"是说地势险阻的路;"陈"与"阵"两字为同源字,都表排列。另外,古者山南水北谓之阳,山北水南谓之阴;等等。

右耳朵是由"邑"字演变而来的,从右耳朵的字大都与地方城池等有关,如"邦、都、郑、郭",等等。"部、郭、邹、郎、那、邪、邓、鄂、邱"等字,本为地名;"邻"是较小的居住单位,五家为邻;"郊"是指城郊的范围;"鄙"是指边远的地区;"邮"是传送文书的人休息的馆舍;等等。

"谷(⾕)"像水流至谷口之形,本义指山谷。从"谷"的字都与山谷有关,如:"溪(谿)"指山谷中的小河沟;"豁"指谷的敞口处;等等。

"田"像田地的形状,从"田"表义的字也多与田地有关。如"亩"是田地面积单位;"界"本义是指两田之间的田埂;"甸"指王田;"略"本义是划定土地的界限;"畸"本义指零碎不规则的田;"畔"指田界;"畦"也是田地面积单位;"男"表田里干活的劳力;"苗"像田里长出草来;"留"像渠水流到田中而止,表停留;"番"从采从田,像动物的脚踩在田里,本义就指兽足;等等。

也有一部分从"田"旁的字是由别的形体演变而来的,如"思"上面的"田"本是"囟"字;"果"上的"田"是由树上的果子演变而来的;"畏"上的"田"是由古人想象的鬼脸变来的;"雷"下的"田"本是用来表雷声的;等等。

"卤"也是地,是盐碱地。从"卤(鹵)"表义的字多与盐、碱等有关。如"盐(鹽)"简化前从卤,指盐碱地产的盐;"咸(鹹)"也是从卤,亦与盐有关;等等。

(三)水火——水(氵)、冫、气、巛、火(灬)、赤

"水"甲骨文像流水的形状,汉字当中从"水"表义的字多跟水有关。如"浆"是古代的六饮之一;"冰"是冻结的水;"汞"表水银;"黍"从禾从水,表示这种作物早期可以用来酿酒;"泰"像双手掬水的样子;"泵"是后起的音译字,指吸入和排除流体的机械。但是,"泉"甲骨文字体直至小篆字体都是一个整体象形字,甲骨文作"𤽄"像泉水从泉穴中流出的样子。

"氵"旁是直接由"水"演变而来的,其所收汉字非常多,且多为形声字,从"氵"表义,其余偏旁为声旁。因为是由"水"演变而来的,多与水、水流有关,如"江、浇、汇、没、活、泪、汗、汁、渴、洗",等等。"河"本特指黄河;"漆"本指漆水河;"涯"指水边;"注"指倾泻;"浓"指露水多;"治"表治理洪水;"滞"本指水流不畅;"淫"指雨水太多;"衍"本指水流入海的样子;"沿"是顺水而下;"涉"为趟水过河;"漠",指北方流沙,因沙似水流动,故从氵;"没"从氵,左边的"几"本为"回",像水的漩涡,下面的"又"是一只手,像人没于水中,只露一只手出来;等等。

"冫"甲骨文像冰凝结状,所以从"冫"表义的字多与冰或寒冷有关,如"冻、冷、凉、凛",等等。"况"是寒冷的水;"凌"本指冰;"寒"为了表寒冷,下面画的冰,房子底下画的人,盖的是草;"凝"指冰凝结成固体;"冶"指金属冶炼时像冰那样融化;等等。

也有一部分"冫"是从"氵"演变而来,所以与水有关。如"决"指坝有缺口,水从中涌出;"冲"指向上的涌流;"凑"是指水的会合;"准"表示像水一样平,不倾斜;"净"表用水洗干净;"羡"、"盗"中的"冫"也是从"氵"变来的,指口水;等等。

另外,"枣"本写作"棗",是汉字简化后用两点来代替了下面的重复部分。"次"本是从欠二声,指临时驻扎。

"气"像云气流动的样子,从"气"表义的字多与气体有关,如"氨、氮、氯、氢、氧",等等。"氛"本义是预示吉凶的云气;"汽"指水化为气,本义是水枯竭;等等。

"巛"也与水有关,是"川"的本字,所以从"巛"的部首有部分与水有关。如"邕"本指四面被水包围的城邑。

"火"像火焰的形状,从"火"表义的字大都跟火有关,如"焚、灭、烧、炒、炙、炊、烛、炎、灸、灯",等等。"炙"是把肉去皮毛后放在火上烤的一种烹饪方法;"炮"是用泥土包上肉,直接作用于火上,烤熟后去泥的同时也可去毛的一种烹饪方法;"烂"是指把食物煮烂;"熨"是用火烧烙铁或熨头,熨平织物;"灿"是指光亮;"焕"指光亮、耀眼;"烦"本指发烧头痛;"灰"是指可用手拿的火后灰烬;等等。

"灬"是"火"位于汉字的下部时的变形,从"灬"旁的字也多与火有关,如"热、煮、烹、照、然、黑",等等。"黑"本义是指窗户上被火熏出的颜色;"熊"本义指火燃烧旺盛;"熙"是指用火烤干;"赤"的下部也是由火变形而来的,从大从火,像以火烧人之形,本指红色;等等。

另外,还有一部分从"灬"的字是由别的形体演变而来的。如"燕"是整体象形的字,下面的四点是由燕子尾巴演变而来的;"无(無)"下的四点是由拿着东西跳舞的人的脚演变而来的;等等。

"赤"也与火有关,从大从火,本义为火一样的颜色,即红色,所以从"赤"表义的字基本与红色有关。如:"赧"指脸红;"赭"指红色的土;"赫"指红色;等等。

(四)材质——金(钅)、贝、玉、石

"金"像金属在土里的形状,金作为部首时往往写作"钅"旁,从"钅"旁表义的字多与金属有关,如"钢、铁、锈、针、钱、铃、钟、锋、铐、锐、锅",等等。"钟"是金属的乐器;"釜"是指金属的锅;"镜"指古代的铜镜;"键"本指鼎上贯通两耳的横杠;"锻"指打铁;"错"是用金属涂饰或镶嵌;"铭"是在金属器物上刻字;"鉴"是古代用来盛水用的金属大盆;"钝"指工具不锋利;"镇"是用金属的重物压着;"铅"是金属元素的一种;等等。

"贝"像贝壳的形状,从"贝"表义的字大都与贝壳或财物有关,如"财、货、赏、账、赚、贱、贵、赔、赢、赠、费",等等。"婴"像女子戴在脖子上的贝壳饰物;"贼"指用戈毁贝;"贴"是指拿物品典当抵押;"质"指用财物等作抵押;"责"本义是求取财物;"赖"从贝剌声,表赢利;"赞"是指带礼物谒见;"赋"指征收租税;"贯"是用线把贝壳串起来;"贤"本指钱财多;"负"从人从贝,表人依财有所恃;等等。

另外,还有一些"贝"字是由"鼎"字简化后再讹变而来的,如"员"本指圆形的鼎口;"则"指用刀在鼎上刻字;等等。

"玉"甲骨文中像三片玉串在一起的样子。构字时,往往写作斜玉旁,故较容易与"王(本是象征皇权的斧头形状)"字相混淆。汉字中从"玉"旁的字多与玉石有关,如"珠、珍、瑕、理、玩、璧、环、弄、斑",等等。"璧"是环形的玉器;"玺"是玉做的象征皇权的印章;"全"指纯玉;"瑕"是玉石上的红色斑点;"玲"是玉石发出的声响;"斑"是以刀分玉;"琢"是对玉石进行加工;"理"也是治玉;"弄"是双手把玩玉器;"玩"与"弄"义相近;等等。

"石"像山石的形状,从"石"旁表义的字大都跟山石有关,如"砰、矿、岩、碰、磁、磐、砍、硬、砖",等等。"确"本义是指石头坚硬;"础"是垫在柱子底下的石磴;"磕"是石头撞击的声音;"砰"是石头落下的声音;"研"是细细地磨;"砲"本义是大炮,因为早期的大炮都是用石头充当弹丸的;等等。

（五）神灵——卜、示（礻）、鬼

"卜"像占卜后龟甲或兽骨上留下的裂纹，从"卜"旁表义的字大都跟占卜有关。如"占"是指卜问卦象所表示的吉凶；"贞"是从卜从鼎，本义是占卜；"卦"是占卜的符号；等等。

另外，也有一些汉字中的"卜"跟占卜没有关系，是由别的形体演变而来的。如"卧"右边的"卜"本是人形；"处"中的"卜"本是"几"形。

"示"像古人祭祀时用来放置供品的台子，其作偏旁时大都写作"礻"旁。从"示"旁表义的字大都同祭祀、神灵等有关，如"神、祠、社、福、祥、禄、禅、祖、祝、祸"，等等。"祠"的本义是春天举行的祭祀活动；"社"本义是土地神；"祖"是指供奉先人的祖庙；"福"像在神前摆放的祭品；"祥"表征兆，本是中性词；"祝"像一人跪在神台前祈祷；"祟"是指神灵带来的灾祸；"禁"是指吉凶的避忌；"礼（禮）"则像用玉祭神；等等。

另外，还有一些从"示"旁的字与祭祀无关，是由其他形体演变而来的。如"禀"下的"示"字是由"禾"字演变而来的；"票"下的"示"字是由"火"字演变而来；等等。

"鬼"字上部像个鬼头，下边是人身。从"鬼"旁表义的字大都跟鬼有关，如"魂、魄、魔、魑、魅、魍、魉、魇"，等等。

第二节 声旁的示源性

家族的发展壮大，源于家庭的繁衍。人群中，有相同血缘、相同 DNA 的人，多为同一家族，他们常常有一个标志：拥有相同的姓氏。

词汇系统的发展，一方面是客观对象的增多，一方面也源于词语的引申派生。一个词语在运用过程中，因为意义的引申，派生出新的意义。为了把这些不同的意义区分开，减轻一个音节承载过多意义的负担，人们有时略微改变原词声母的发音部位或发音方法；有时把原词的韵母稍作改变——或者略微改变韵母发音时的口型，或者略微改变韵腹的开口度、圆展状态、舌位前后，或者改变韵尾；有时仅仅把原词的声调变化一下。更改了读音，这些意义就独立成为新的词，词汇系统就多了独立的新成员。还有一种情况，一个词在发展过程中，由于历史发展的原因，或者地域传播的原因，有了另一个读音，人们为适应这另一个读音，又用另一个汉字形体来记录它，也形成一个新的词。某一语言的词汇系统中，这些有亲缘关系的词，学者们或称之为同源字，或称为同源词，或称为同族词。我们称之为同族词。同族词的形式标志是：它们的读音相同或相近。

　　因此，要判断一种语言的词汇系统中哪些词属于同一词族，一方面从意义上看其逻辑联系，一方面得从形式上看其读音是否相同相近。但是，这"相同或相近的读音"是同族词产生时的读音，多是古音。而由于语音的发展变化，过去读音相同相近的词，后来变得可能不同、不相近了。这样，要想深入了解汉语的词族，就得具备相应的音韵学知识，而这有相当的难度。

　　但对于想利用同族词来学习汉字的人来说，同族词还有个形式标志，那就是不少同族词是形声字，同一词族的词在文字形式上有时拥有相同的声旁。形声字显示的同源关系既是我们探讨词源的可资参考的材料，也是帮助我们系统而深入地了解汉字意义的一种手段。

　　对于形声字的声旁表义问题，过去曾有人提出"右文说"。这种学术观点认为，形声字的形旁表示意义的逻辑范畴，声旁体现意义的具体内容。但它容易导致一种倾向，就是所有声旁都表示意义。而实际上大部分形声字的声旁只表示读音。这自然就招致了批评。反对意见和做法大致有两种：一种意见是，同族词只能从音近义通的角度去探讨，借助声旁探讨同族词根本就是一种倒退。一种做法是因为右文说的扩大化，就弃声旁表义现象于不顾。

　　其实，同族词的内在因缘是其意义上的联系，外在纽带是相同相近的语音，而声旁正是表现语音的书写形式。因此相当一部分同族词在文字书写形式上就有相同的声旁。对于声旁表义的现象，正确的做法是厘清有多少个声旁，在哪些情况下表义，哪些情况下只标音。诚如王凤阳先生在张希峰《汉语词族丛考·序》中所说："形声字显示的同源关系是我们探讨词源的可资参考的资料；而离开形声字的单纯以声音为线索的词源探讨，则带有很大的揣测性。这是汉语词的探源工作的弱点。"殷寄明先生在《汉语同源字词丛考》中考证了126个声旁，系联了2071个单字，分为271组同族词。应该说，这还只是形声字声旁表义情况的一部分，没有穷尽所有声旁表义的现象。但这无疑起到了良好的先锋示范作用。

　　由于声旁承载的语义具有隐性、多样、抽象、依赖性等特点，现代也有人将右文说扩大化，某知名网站几乎将所有形声字的声旁都讲出意义来。我们看它对两个汉字的解释：

　　笤　形声。字从竹，从召，召亦声。"召"意为"前导"、"先导"。"竹"与"召"联合起来表示"清晨起床，洒扫庭除用的竹制除尘工具"。本义：（读音 tiáo）新的一天开始之时用来扫地除尘的竹制工具。转义：（读音 shào）新年开头之时用来卜问本年运气的竹制卦算用具。

　　说声旁"召"有前导义、先导义，是没错。但这前导义、先导义能否在此字中具体化为"清晨"呢？难道"笤"只是清晨用的？笤是可作为占卜用具，但是不是只在新年开头用？这得要有相应的文献资料、民俗材料来旁证，或者其他以"召"作声旁的字也确实有清晨、开头义。在没有这些旁证的情况下，只能说是臆测。

其实,殷寄明先生系联了好几个以"召"为声旁的字有"小"义,如轺、韶、韬、佋、沼都有小义。另外,唠叨之叨也有小义。所以我们宁愿相信,"召"在"笤"中也表示"小"义,笤的正确解释应是"用小竹子或细竹枝束成的扫地用具"。

翎　形声。从羽,从令,令亦声。"令"意为"(受)役使"。"羽"和"令"联合起来表示"接受役使的羽毛"。本义:翎毛,鸟翅和尾上的长羽毛。说明:鸟翅和鸟尾是鸟身上两种接受鸟头命令实现飞行和转向要求的羽毛,所以这两种羽毛名称的汉字都从羽从令。清代官员帽子上的翎子就是"接受皇帝役使"的意思。

这个解释也颇值得怀疑。古人造字时难道想到鸟的羽毛要接受其大脑的指令?而且只有翅膀和尾巴上的毛接受指令,头上的毛就不接受?清朝官员帽子上的翎子怎么就是接受皇帝役使的意思?先秦就有武将头盔上插翎子,难道也是接受指令?其实古代一直有用动物长毛装饰的习惯,如"修"就是表示用长毛美饰的,"尾"也是表示人臀部系着毛来装饰,产生于魏晋时的成语狗尾续貂也是用动物毛装饰,难道这都有接受指令的意思?其实"令"单用就有美好义,我们宁愿相信它在"翎"中表示美好义。翎的本义当是,鸟翅、鸟尾上的漂亮长毛。正是因其美好漂亮,所以才被人们(戏剧演员)插在头上当装饰品。

对于形声字的声旁表义情况,一方面要承认,要正视,要探究,另一方面,在探究过程中,要严谨,要科学,不随意,不臆测,要在前人解释中,要在其表示的对象中,寻找一组字共同具有的隐含性义素。

本节收录了部分声旁表义的形声字,共计 366 个声旁,涉及 1594 个汉字。收录的原则是:第一,这些形声字现在还在使用(但不一定在 3500 个常用汉字之内);第二,声旁所携带的意义与它们现在表示的意义还有明显的联系。文中阐述的文字意义侧重于语源语义,与字典、词典上的词汇意义略有区别。排序原则是按声旁的音序排列。

具体来说,记录同族词的一组形声字,其意义同声旁表示的意义之间,有这样几种情况:

第一种,一组形声字都有相同的核心义素,都与声旁的本义或引申义发生联系。如以"敖"为声旁的字都有"大"义。"敖"本表纵情游玩,是放松之大;"遨"是大距离地游玩;"嗷"表大声叫;"聱"指不顺耳的程度大;"鳌"是大鳖;"傲"是自高自大;"骜"是跑起来速度大的马;"獒"是长得高大的狗。

第二种,一组形声字从声旁的义象中各自取义,在词义的发展过程中,对声旁义的义素传承和舍弃各有侧重。有的形声字取声旁的本义,有的取声旁的引申义,或者取声旁的隐含义。如以"巴"为声旁的字就是这样。巴本义是大蛇,是所谓人心不足蛇吞象中的蛇。这个客观对象就有多方面的特点。它是圆长形的,所以引申指条状物,如尾巴的巴。以"巴"为声旁的字,如"把柄"之"把"、"芭蕉"之"芭"、"笆竹"之"笆"也从中传承了条状的特点。又因为把柄之把可手持,"把"又进一步引申出把持、把握义。蟒蛇吞物是先用身体缠绕猎物致死,故可引申为粘附、粘结义，干而粘者如锅巴、盐巴，湿而粘者如泥巴；时粘时分的东西如嘴巴，时粘时分的动作如眨巴（双眼），想与人亲近的言行举止称为巴结，想向对方靠近的心理称为巴望。耙肉之耙、糍粑之粑、伤疤之疤也都有粘附、粘结义。蛇的行进是贴着地面或其他物体表面，所以引申为贴附物体行进，如植物"巴山虎"、"壁虎"称巴虎子，都是起因于攀爬；用于攀爬的身体部位称巴掌。而爬行之爬、耙子之耙、竹笆之笆运用时都有贴地的特点。

第三种，一组形声字，有的与声旁的本义或引申义相关，有的与假借义相关。如"非"本像鸟之两翅分立相背而飞的形状。以之为声旁的字，"蜚"表示飞，"裴"表示衣长飘飘如飞。鸟之双翅可开可合，门扉之扉开合如翅，竹匪之"匪（筐本字）"也开合如翅。鸟之双翅分列身体左右，排列之排即表摆成行列。鸟之双翅相背，故引申出不是，违背义，"诽"即表示认为不对，"匪"也表示为非作歹。——这些都与非的本义、隐含义、引申义相关。而绯红之绯、斐然之斐、翡翠之翡都有红色义。这红色义与"非"无关了，当是"非"作声旁时的假借义。借的是哪个字的意义呢？章季涛先生说，这几个字表示了配的红色义。配的本义是喝酒之后的肤色，即红色。

第四种，一组形声字，有两种不同的意义，这不同的意义经过一个中转词实际上可以联系起来。如以"于"为声旁的字，于、吁、竽、芋、夸、宇都有大、长义，而纡、迂、盂、圩则与宛转、圆周相关。其中，"宇"当是个中转词。"宇"的本义是屋檐，是屋顶大出屋墙外的部分，后泛指屋顶。而古时的屋子是圆形的，所以这表示屋顶的宇能引申指无限大的天穹（所谓天似穹庐就是说天像屋顶一样）。同时，这屋檐也是弧形的、弯曲的、圆转的，所以"纡、迂、盂、圩"就从宇出发，有了宛转、圆周义。与其说这几个字是以于为声旁，实不如说"宇"省声。

第五种，如同词义发展过程中有反向引申的情况一样，一组形声字表示的意义也有完全相反的情况。如"章"可指红色与白色相间的花纹或丝织品，引申有显明的意思，以之为声旁的"彰"和"璋"也有显明的意思，而"障、嶂、瘴、幛"都有遮挡，使不明显的意思。又如"兼"本表手持两把禾，更应该表示多，但以之为声旁的"歉、谦、嫌"都有少义，有认为不够的意思。同以"臾"作声旁的"腴、瘐"，前者有肥义而后者有瘦义。

第六种，一组形声字表示的意义，与声旁自身的本义、引申义、假借义可能都没有关系。如蓁和榛有草木茂盛义，但声旁"秦"没有此义。这种情况的产生，可能是某一个字是纯形声字，另一个字在前一个字的基础上改换形旁，而意义上与前一个字还有联系。同样，纽与扭都有转动义，而丑没有。

从理论上说，一组同族词中的某个形声字，与同族词其他词语相关的意义应是其本义，如"冥、暝、瞑、溟、螟"都有昏暗义，与昏暗相关的意义也就是各字的本义。但是，形声字在同族词中表示的意义有时不是该字的本义，这有两种情况。一种情况是假借形成的，如"非"族中的匪，可直接表示"非"的意思，如："匪来贸丝,来即我谋。"又表示为非作歹,如匪徒。但"非"和"为非作歹"都不是匪的本义。匪的本义是竹筐(后写作筐),只是先因借用而具有了"非"义,又引申出"为非作歹"义。另外,字义的发展方式有别于词义的发展方式,字义的发展有时不与词义发展同步,会受其自身形体的影响。如末组的"末"和"沫"。末本指树梢,引申有碎屑义,如粉末、茶叶末;而沫本指沫水,即今大渡河,但因其声旁有粉末义,此字就表示液体碎状物了,如唾沫、泡沫、肥皂沫。又如"齐"族的"济",像"齐、侪、剂"一样,也有齐义,如人才济济,表示人才多而整齐美好的样子,但这意义却不是它的本义,其本义是渡水成功。之所以能表示整齐,也是受了声旁"齐"的影响。

A

爱嫒,暧叆
前两个有喜欢的意思,后两个有遮掩不明的意思。
爱 ài,喜爱,对人或事物有深挚的感情,如爱护。
嫒 ài,令嫒,也作令爱,旧称对方的女儿,意犹美善之爱女。
暧 ài,日光昏暗。暧昧,不光明,常指行为不光明,不能告人的隐私。
叆 ài,叆叇(dài),云彩很厚的样子。

安鞍晏宴按案
安 ān,泛指安全、平安、安好、安乐。
鞍 ān,放在骡马背上便于(也就是使人安适)骑坐的东西。
晏 yàn,古人认为政治清明,社会便兴盛安定。太平盛世的景象便是海清河晏,海内晏如。晏,古人释为清,实与平安、安乐相关。
宴 yàn,古有安乐义,现指酒宴,享受安乐。
按 àn,本指用手压住,使对象不晃动而安稳,现泛指用手压或摁,如按脉、按电铃;或表示止住、压住,如按兵不动。
案 àn,过去指安放饭碗、菜盘的托盘,现指长条形桌子。

卬昂仰迎抑
这组字或为高举,或为低抑。
卬 áng,昂举,后写作昂。又读 yǎng,表示仰望。
昂 áng,仰,高抬,如昂首。引申义有高、贵,如价格昂贵。也引申为情绪高,如慷慨激昂。
仰 yǎng,脸面向上,跟"俯"相反,如仰天大笑,人仰马翻。引申为敬慕,如敬仰,信仰。
迎 yíng,迎着,如迎面,赶上,这里的迎相当于仰。又表示逢迎,迎合,这里

的迎,是为了讨好,抑制自己的言行符合别人的心意,

抑 yì,压,压制,如抑制。抑郁,指情绪低落,忧闷。

敖嗷聱遨鳌傲骜獒

本组汉字与大相关,或者表程度之大;或者表示形体之大,或者表示纵情之大。

敖 áo,过去表示脱去约束和羁绊,外出放松,纵情游乐——纵情就是放松之大。现在只作姓氏用。

遨 áo,游逛,大距离地游玩。

嗷 áo,嗷嗷,拟声词,模拟嘈杂声,愁叹声——声音大。

聱 áo,话语很(程度大)不顺耳。聱牙,文句念着很不顺口,如佶(jí)屈聱牙。

鳌 áo,传说中海里的大鳖。

傲 áo,自高自大。

骜 áo,跑得很快(速度大)的马。引申指马不驯良。比喻为傲慢,不驯顺,如桀骜不驯。

獒 áo,一种凶猛的狗,比平常的狗高大,善斗,能帮助人打猎。

奥澳懊隩墺

都有深义。

奥 ào,本指室内西南角,是墙的内凹处。古代房屋都是面南背北,门内进入的阳光射向西北、东北,而西南角则为暗角。从视觉上说,暗则幽深,故引申义为奥深。现表含义深,不容易明白。

澳 ào,海边弯曲可以停船的地方。又特指澳门。

懊 ào,心意不平而烦恼,悔恨,如懊悔。懊丧,指因失意而郁闷不乐。

隩 ào,(水边)弯凹或内凹深曲处。

墺 ào,靠近水边的曲凹处。

B

巴把芭笆靶耙疤爬耙笆

这组字都与巴的引申义相关:把、芭、笆有圆长义,靶、耙、疤有粘附、粘结义,爬、耙、笆有贴伏于地面(树木等)行走义。

巴 bā,古本指大蟒蛇,所谓吞象之蛇。引申为表示条状物,如尾巴。蟒蛇吞物是先用身体缠绕猎物致死,故可引申为粘附、粘结义,干而粘者如锅巴、盐巴,湿而粘者如泥巴;时粘时分的东西如嘴巴,时粘时分的动作如眨巴(双眼),想与人亲近的言行举止称为巴结,想向对方靠近的心理称为巴望。蛇的行进是贴着地面或其他物体表面,所以引申为贴附物体行进,如植物"巴山虎"、"壁虎"称巴

虎子,都是起因于攀爬;用于攀爬的身体部位称巴掌。巴蛇所产之地也称为巴,如巴山蜀水。还可引申为大,如不少方言称爸爸为大大。

把 bà,物体上便于手拿的部分,如刀把、扇子把。手持把的动作称 bǎ,并有一系列引申义,如把握、把持,等等。

芭 bā,芭蕉,类似于香蕉,果实圆而长。

笆 bā,本指一种竹子,即棘竹,属于圆而长的物体。后主要指给菜园用竹子编的栏杆障隔,如篱笆。也指用竹片或树的枝条编织成的器物,如车笆、竹篾笆、笆笼(鱼篓)、笆篓(即篓子)。

粑 bā,肉干,肉干因水分少,粘结更紧密。肉制成干肉(腌熏之肉)之前,可能切成条状(如呈条状的肉称为脩),因此该字与圆长形也相关。

粑 bā,北方人称饼的食物,南方人称粑,如糍粑、玉米粑。北方的饼多为面食,南方的粑多用大米制作,都利用了食物的黏性。

疤 bā,皮外伤形成的硬质结痂层,粘附着在柔软皮肤的表面。

爬 pá,虫类行走,或巴掌和脚一齐附着物体行进,如爬行、爬树。

耙 bà,把土块弄碎的农具。又音 pá,聚拢谷物或平地的用具。其得名源于它们有长把,而且使用时它们都是贴地爬行的。

筢 pá,搂柴草的竹制器具,形制似钉耙。

犮:跋拔魃袚

这组以犮为声旁的字,跋的词义外延与越升、拔高相关,其余表清除、拔除。

拔 bá,本表抽拉出,如拔草。又一方面引申为拔高、提升,如选拔。一方面引申为除去,如拔毒拔火罐,就是除毒。

跋 bá,常指翻越山岭。而跋扈本指大鱼强闯遮拦、跃升于竹篱之上而逃走,引申为强横、桀骜不驯。

袚 fú,古代用斋戒沐浴等方法除灾求福,引申为清除。

魃 bá,旱魃指造成旱灾的鬼怪,也就是要清除的对象,故暗含有清除义。

白魄皤,舶泊迫

第一组与白色相关;第二组同船及靠岸相关。

白 bái,雪或乳汁一样的颜色。古人认为天地万物的形成来自阴阳交感,并认为阴盛者色白。

魄 pò,可指月华白光,如权德舆《酬从兄诗》:"清光杳无际,皓魄流露空。"又指依附于形体而存在的精神。这也与白相关,因为古人把魂魄的属性划归为阴和地(总属坤)。

皤 pó,形容白色,如白发皤然。

舶 bó,大船。

泊 bó，停船靠岸，也就是靠近岸边。

迫 pò，接近、靠近，如迫近。也表示用强力压制、硬逼，如逼迫。

包胞苞袍炮庖抱雹龅饱泡疱匏跑

有包裹义，或者鼓突义。

包 bāo，甲骨文字形像孩子在胎衣之中，是胞本字。后来引申表示包裹，鼓突形、弧形东西，如山包、蒙古包。

胞 bāo，包裹胎儿的膜和胎盘，引申为同一父母所生的，如胞兄。

苞 bāo，花苞，由花瓣片片相包而成。

袍 páo，本指包裹整个身躯的长衣。后指棉衣，表层与里层之间包有棉絮。

炮 páo，古代指把物体包裹起来烧烤。现在的烹调法炮（bāo），则指在旺火上急炒。

庖 páo，庖厨，指厨房，是炮制肉食的地方。

抱 bào，指用手臂围，包持，引申为围绕，如山环水抱。

雹 báo，空中水蒸气遇冷结成的冰粒或冰块，呈包块、鼓突之状，常在夏季随暴雨下降。

龅 bāo，鼓突，露在唇外的牙齿，如龅牙。

饱 bǎo，吃够，引申为充分。饱时腹内包满食物，腹外鼓突。

泡 pào，鼓突形状的东西，如气泡、水泡等。表示鼓起而松软的东西时念 pāo，如豆腐泡。

疱 pào，皮肤上长得像水泡的小疙瘩。

匏 páo，匏瓜，中空可作容器包藏它物，俗称瓢葫芦，呈鼓突形。

跑 páo，本指走兽用脚刨地，也就用脚扒，作弧形运动。后指奔跑，念 pǎo。

保堡

保 bǎo，看守住，护着不让受损害或丧失，如保卫、保健、保障、保密。引申指维持原状，使不消失或减弱，如保持、保洁、保质。也指负责，如保证、保荐、保修、担保。

堡 bǎo，军事上防守用的建筑物，如堡垒、城堡。古代也指土筑的小城。又读 bǔ，指有城墙保护的村镇，泛指村庄（多用于地名），如堡子、马家堡。还读 pù，古同"铺"，驿站（今用于地名），如十里堡。

暴爆瀑曝

这组字与猛、急相关。

暴 bào，强大而突然来的，又猛又急的，如暴动、暴雨。

瀑 bào，本指暴雨。又音 pù，瀑布，水从高山陡直地流下来，流势暴急，远看好像垂挂的白布。

爆 bào,是物体受暴烈之火燃烧时迸裂的火花,现指猛然炸裂。

曝 pù,本指在大太阳下猛晒,现指晒。

半伴绊柈泮畔叛判胖

这组字的意思都与分、不完全相关。

半 bàn,甲骨文是分开牛,现表示二分之一,或者不完全,如半透明。

伴 bàn,同在一起能互相帮助的人,也就是形成整体关系的一部分,如伙伴、伴侣。

绊 bàn,古代指套在牲畜脚上的绳子,使之不能完全自在地行走。现指行走时被别的东西挡住或缠住。

柈 bàn,由圆柱形木料劈分成的大块木柴。

泮 pàn,古代统治者习射、游玩场所:一半场地筑墙以立箭靶,一半引水为池以供玩赏。

畔 pàn,田地的分界。

叛 pàn,从一方分离出来,投靠到敌对方中去。

判 pàn,本指分剖,引申为判别、裁判、判决等。

胖 pán,牛、羊、猪宰杀后分成两半以祭祀。分开的半边牲无异于一堆肉,故引申为肉多肥胖,念 pàng。

般盘搬磐

般 bān,本指如舟之旋,回旋。这组汉字即与圆形、旋转相关。

盘 pán,通常指盛放物品的扁而浅的器皿,多为圆形。也常常表示回旋缠绕,如盘桓,即指在一个地方流连来回往返。其他如盘旋、盘纡也是与回旋相关。

搬 bān,般的旋转义可引申指来来回回地移动,进而指移动,搬指移动。

磐 pán,意义与搬相反,指难以移动的大石头。

卑睥婢俾裨脾坤鼙椑

这组汉字与低下、微小相关。

卑 bēi,低下,如自卑感,登高必自卑。

睥 bì,睥睨,眼睛斜着向旁边看,即看不起,自以为高而俯视他人他物。

婢 bì,旧时地位卑微供人役使的女子。

俾 bǐ,本指守门、打杂之类的卑贱的男子。由被役使引申出使令、辅助义。如"俾便考查"。此义衍生出裨、脾字。

裨 bì,补助,如无裨于事。又读 pí,特指辅佐的,如裨将。

脾 pí,古人认为它在胃下,裨助胃气,帮助消化食物。

埤 pí，古指低洼潮湿之地。后通"陴"，指城上女墙，上有孔穴，可以窥外。
又通"卑"，指低下，又指操行鄙陋。

鼙 pí，古代军中用的一种小鼓。

稗 bài，生长在稻田里或低湿地方的一年生草本植物，形状像稻，籽粒极小，
像小米。引申义即为微小的，非正式的，如稗史即记载正史不载的轶闻琐事，稗
官即小官，稗贩即小贩。

北背褙

北 běi，(1)早晨面向太阳左手的一边。(2)打了败仗往回跑。败北逃跑，是
背对敌人的，故"败北"之北与背同。《国语·吴语》："吴师大北。"注："军败奔走
曰北。北，古之背字。"又，"面北"之北关乎背。徐灏《说文注笺》："古者宫室皆向
南，故以所背为北。"这就是说，古代房屋建筑以南北方向为正，面南背北，故北、
背同源，相通。

背 bèi，本指人体后面，引申为后面。

褙 bèi，《大辞典》："裱褙也，装潢也，古作背。"褙分化自背，是因为裱褙字画
关乎贴加背面。又，褙引以指"把布或纸一层一层地粘在一起。"

贲鼖愤喷

有（程度）大的意思。

贲 bēn，有大义，如贲鼓指大鼓；虎贲指勇士；贲士，指敏捷善战的勇士。此
字又念 bì，表色彩华美，文饰，装饰等。

鼖 fén，是以贲作声旁而省去部分笔画的字，表示古代军中用的大鼓："以鼖
鼓军事。"

愤 fèn，因为不满意而情绪非常激动。

喷 pēn，从狭隘口中冲出，因而力量大，如井喷、喷射。

本笨

本 běn，本指草木的根，引申为主干、根本、底本等义。又指本分，即把自己
的贫困不幸境遇归之于"分定、命定"而甘愿承受。

笨 bèn，本指竹青里面的竹黄，是竹之本；后借用来表示"愚体（bèn）"，而
"体"则成为"體"的简化俗字。愚笨，实因认为凡事皆由分定，无须运用机变、灵
巧去谋求改变。不会弄巧即指笨拙了。

比妣仳陛庇篦毗媲纰

都有并列，挨着的意思，纰则相反，指由连到散。

比 bǐ，字的构造像两人相依相挨，引申指表示一个挨一个地排在一起。比

翼双飞即指成双成对地飞。部分以比为声旁的字,有并排、挨着的意思。

妣 bǐ,本指同父亲比肩的人,即母亲,后称已经死去的母亲,如先妣、如丧考妣。

仳 pǐ,古通比,现只有仳离一词,此词指本该比肩的夫妻离散,与挨着相反。

陛 bì,宫殿的台阶,台阶正是一级挨着一级排列而上。陛下是对国王或皇帝的敬称。

庇 bì,庇护,是因为人与人之间具有比连关系。

篦 bì,篦是竹扞密比而成的梳发用具。构造取意上与梳相反,齿疏为梳;齿比为篦。

毗 pí,毗连,意即接连、挨着,毗邻也就是比邻,指房舍挨着的邻里。

媲 pì,并,比,匹敌,如媲美。

纰 pī,布帛丝缕等破坏不连在一起而散开,如线纰了,把这一团毛线纰开。引申为疏忽,谬误,如纰漏。

辟壁僻嬖癖臂避劈霹擗擘

此组汉字与偏离、违离、分离相关。

辟 bì,指君主。又音 pì,指以君主的名义制定的法、法律。法律使人禁避,故以辟为声旁的字多与避离相关。

壁 bì,指墙,特指军营的围墙,是避离风雨以及敌人侵袭的防护体。

僻 pì,远离文化发达地区,引申为见识短浅落后,行为不规范,如僻陋。

嬖 bì,宠幸,偏爱某一人,如嬖爱、便嬖、嬖幸、嬖昵。

癖 pǐ,对事物的偏爱、偏好成为习惯,如癖习、癖好(hào)、癖性、癖爱、洁癖。

臂 bì,从肩到手腕的部分,寓边侧义,如臂力、臂腕、臂肘、左膀右臂。

避 bì,设法躲离开,如躲避。

劈 pī,用刀斧等使树木等分离开、剖开,如劈刀。

霹 pī,霹雳,指响声很大的雷电,能劈开乌云、劈击树木。

擗 pǐ,分裂,使从物体上分开,如擗玉米。

擘 bāi,用手把东西分开或折断,现此义合入到掰。又读 bò,指大拇指。巨擘,比喻能手、有大才干的人。

毕筚跸

毕 bì,古人围猎,大则射杀;小者则驱赶到张挂的网罗之下,而且各持其"毕"(用竹木编成),兜捕叉杀,务求一网打尽。故毕引申为尽、绝。现在表示完、完结,或者完全。

筚 bì,用荆条或竹子编成的篱笆或其他遮拦物,如逢门筚户。其制作与用竹木编成的"毕"相似。

跸 bì，帝王出行时清道，禁止行人来往。这个意义与毕的完尽、止绝义相关。

表婊裱
与外面相关。

表 biǎo，本指皮毛衣服外面的罩衣，后指外面的、在外的，外面、外貌，如表面。

婊 biǎo，过去称妻子为内子、内人。婊子（过去也写作表子），即妓女，相当于外面的妻子。

裱 biǎo，裱糊，是用纸或其他材料糊屋子的墙壁或顶棚。其目的是美化、修饰其表。

扁匾编篇，蝙鳊褊翩
扁为门户编册、题识，实是匾的本字；匾为题字于门墙，为扁的后起分化字。扁的偏旁册有编连义，而编、篇等属之。扁又指扁平，蝙、鳊与之相关；扁又引申为轻飘、窄小（扁平类事物看上去轻飘，侧面看去则窄小），翩、褊与之相关。

扁 biān，《说文》："扁，署也，从户册。户册者，署门户之文也。"意即门户造册、题识。又读 biǎn，指物体平而薄。

匾 biǎn，匾额，题字的横牌，挂在门、墙的上部。实是扁的后起分化字。《宋史·吴皇后传》："梦至一亭，扁曰侍康。"句中的扁即匾。

编 biān，本指按次序穿连竹简，使之成篇。

篇 piān，朱骏声说："篇，谓书于简册可编者也。"篇即指首尾完整的文章，一部书可以分开的大段落。

蝙 biān，蝙蝠肉翅扁平如幅，故字作蝙蝠。

鳊 biān，鳊鱼，身体扁平而薄，故从扁得名。

褊 biǎn，狭小，狭隘，扁平物体侧看窄小。湖北话说"你莫把人看扁了"。这里的"扁"就是指侧看则窄小而失本真状态。从字源上说，褊分化自扁，从属扁字的小义。

翩 piān，浮飞轻快的东西多呈扁薄形，故扁字可以组成形容词"扁扁（piānpiān）"，表示轻快的样子，后来写成"翩翩"。

辡：辩辨辫瓣
这组汉字以辡作声旁，都有区分、分别义。

辩 biàn，为说明是非真假而争论，如辩论、辩驳。

辨 biàn，分析，分别。与辩相关，也是辨别、分辨是非真假的意思。

辫 biàn，将头发等丝状物、条状物分成一缕缕的，然后编起来。

瓣 bàn,自然形成的纹路将瓜果分出的块状,或用刀将瓜果切分出的块状。

宾傧摈殡鬓膑嫔滨

这组汉字有边旁义,或指宾及宾位,或本指边旁事物。

宾 bīn,客人。"喧宾夺主"一词说明在古代,宾指依附于主人,处于边、次之位者。宾的客人义、边旁位次义牵涉到下列汉字:

傧 bīn,迎宾之人就是傧。傧的得名关联迎宾的责任和"宾"字的动词用法,"宾"作动词,古代也可表示迎宾。

摈 bìn,本是傧的异体字,后来指遗弃(晾在一边),这与宾的边旁义相关。

殡 bìn,《说文解字》:"死者在棺,将迁葬柩,宾遇之。"这是说用宾客之礼敬待死者。

鬓 bìn,脸旁边靠近耳朵的头发,与宾的边旁义相关。

膑 bìn,膝盖骨,分处左右两腿,取义与鬓同。

嫔 pín,主要是指处于宾位,服务附侍于主(君及其嫡妻)的姜妇。后来指皇宫女官,只是多了一条督导宫妇的礼仪罢了。又,妻死曰嫔,取义与殡同。

滨 bīn,可指水边,如湖滨、海滨,与边、旁相关。

频濒蘋萍苹

与水边相关。

频 bīn,本义指水边,有如宾位居于主位之旁,与上面"宾"组义通。频的水涯义后由濒、滨代替,现指屡次义,念 pín。

濒 bīn,义同滨,指水边,又可指接近。现代用字习惯里,挨近水用滨,如滨海。泛指临近、挨近用濒,如濒危、濒死。

蘋 pín,水草,生于水濒,故从频、濒得名,显示其主要生长地。

萍 píng,与蘋同属蘋科类植物。蘋草叶大、根长,扎在泥里。浮萍叶小、根短,浮在水面。

苹 píng,现指苹果,也是蘋的简化字。

丙炳

丙 bǐng,天干的第三位,用作顺序的第三,如丙等。在古代"五行"里,丙或丙丁可指代火、南方和夏,火是光明的,所以与光明发生联系。

炳 bǐng,光明显著,如炳炳辉煌。

并骈姘拼饼,屏摒

第一组有合并义,第二组有遮蔽分隔义。

并 bìng,可表合在一起,如合并。可表一齐,并排着,如并驾齐驱。

骈 pián，两物并列，成双的，对偶的，如骈句。

姘 pīn，非夫妻同居，如姘居、姘头。

拼 pīn，指并合、连合、凑合等。

饼 bǐng，米粒、麦粒分开为粉，再合起来即为饼，古代把面条称汤饼，把馒头称炊饼就是这道理。现在指扁平圆形的面制食品。

屏 píng，遮挡，如屏风。其得名是因为它由几扇上有字画的板架并合而成，其功用是遮挡外人的视线，故引申为遮挡、屏除义。表屏除、排出义时念 bǐng，如屏弃不用。这种读音情况下，还可表抑止，如屏气、屏息。

摒 bìng，分化自屏的除去义，表排除，如摒除。

卜：赴讣

赴 fù，本指奔向、奔赴（多指奔向危险的地方），引申指往，去，如赴京、赴会、赴任、赴约、赴宴。进一步引申指投入（某种境地），参加（某种行列），如赴战、赴敌（加入对敌作战）、赴难(nàn)。古代又同"讣"，讣告。

讣 fù，报丧（因交通不便，古人报丧得奔赴），报丧的通知，如讣告、讣闻。

C

才材财

都与有用相关。

才 cái，能力，如天才、干才。就像材为良木，是木中挺拔者一样，才为人才，是人中佼佼者。还可用作副词，表示刚刚，如才来。

材 cái，木料，如木材。引申指原料或资料，如器材，材料。又指资质，能力，如栋梁之材。

财 cái，金钱或物资，如财产、资财、钱财。

采菜

采 cǎi，摘取，如采莲、采茶。

菜 cài，本是采摘来的草本植物，后指主食以外的食品，但有时仍特指蔬菜。

参骖掺

都指加入其中。

参 cān，参与，加入在内，如参军、参战。

骖 cān，古代驾在车前两侧的马（中间的叫服马）。

掺 chān，掺杂，混合。

粲灿璨

都指色泽鲜丽。

粲 càn,鲜明的样子。

灿(燦)càn,灿烂,鲜明耀眼,如灯光灿烂。

璨 càn,璀璨,形容玉石的光泽。

仓舱

有容纳义。

仓 cāng,收藏谷物的建筑物,如米仓、谷仓、仓库。

舱 cāng,船或飞机的内部坐人或装物的地方,如货舱、客舱。

曹糟嘈槽襜蓸漕艚蠐

曹 cáo,本义为救济粮、粮草、饲料。凡从曹之字皆与粮草、饲料有关。曹的引申义为吃粮之人、庶人。与曹字相关的词语,如军曹,指军队给养人员;两曹,指两个吃粮之人(城市平民)。再引申为庶务,如曹务。

糟 zāo,酿酒作坊的副产品,即酒渣,可作为牲畜食料。又指牲畜吃食时把脚踩在食料中,糟蹋、糟践都表示浪费、破坏。

嘈 cáo,本指牲口吃食时发出的咀嚼声。

槽 cáo,木制的牲口食器。后指一种方形较大的盛物器具,如石槽、水槽。引申指东西上凹下像槽的部分,如河槽。又引申指水道,沟渠。

襜 cáo,人吃饭时防止食物、汤水沾身的围单,后指披肩。

蓸 cáo,一种可作牲口饲料的草类。

漕 cáo,利用水道转运粮食,如漕运、漕河。

艚 cáo,载运粮草的船,后指载货的木船。

蠐 cáo,可用作家禽饲料的虫子,文献中指"蛴蠐",金龟子的幼虫,白色,圆柱状,向腹面弯曲,居粪土中,吃农作物的根和茎,俗称地蚕、土蚕、核桃虫。

册栅

册 cè,古代称编串好的竹简,现在指装潢好的纸本子,如纪念册、花名册、画册。引申计量书籍,如一册书。古代还指帝王祭祀天地神仙的文书或封爵的诏书,如册文(册命、册书等诰命文字的一种。简称"册"),册命、册封。

栅 zhà,像编竹简、木牍一样,用竹木铁条等做成的阻拦物,如栅栏、栅子。

叉杈汊衩钗

叉 chā，叉子，一头有分岔便于扎取的器具，如鱼叉。又指交错，如叉手。

杈 chà，树木的分岔，树干的分枝，如树杈。

汊 chà，河流的分岔。

衩 chà，衣服旁边开口的地方。

钗 chāi，妇女的一种首饰，分两股，似叉，如金钗。

臿插

臿 chā，铁锹，挖土的器具。

插 chā，是用臿的动作，扎进去，把细长或薄的东西放进去，如插秧。

柴祡疵赀髭

有小义。

柴 chái，烧火用的草木，所谓小木散材。

祡 chái，指烧柴祭天的仪式。

疵 cī，本指小病，引申指缺点或过失，如瑕疵、疵点、疵病、吹毛求疵。又引申指诽谤，非议，如疵物、疵毁。

赀 zī，本指小额罚款，引申表示财货，如捐赀（捐助资财）、赀财（钱财）、赀产（财产）。

髭 zī，嘴上边的短小胡须，如髭须。

昌倡唱娼

昌 chāng，古代本指光明美好的言论。后主要表示兴盛，如昌明。

倡 chàng，为美好的目的而发动，首先提出，如倡议、倡导。又指给人带来欢乐的歌唱活动，旧时的演艺人员称为倡（chāng）优。

唱 chàng，古代与倡相通，也可表示倡导，后只指歌唱。

娼 chāng，本指能歌会舞的艺伎，后纯指妓女。

辰晨唇振赈震娠

这组字与动有关，前两字与开始耕作有关。

辰 chén，地支的第五位。辰时，指上午七点到九点。辰本义是除草的蚌壳，辰时就是要开始耕作的时间。

晨 chén，本义是房星，提醒农耕的星。现指清早，太阳快出来的时候，也是起床开始劳作的时候。

唇 chún，人或某些动物口腔周围活动最为频繁的部分。

振 zhèn，挥动，摇动，举起来。引申表示摇动，如振铃、振笔直书。

赈 zhèn，救济，使振兴，如赈灾。

震 zhèn，雷电响动。迅速或剧烈地颤动，如地震、震耳。也指惊恐或情绪过分激动，如震惊、震怒。

娠 shēn，胎儿在母体中微动，泛指怀孕，如妊娠（怀孕）。

呈逞

呈 chéng，显出，露出，如呈现。也表示恭敬地送上去，如送呈。

逞 chěng，显出来，逞能、逞强。

丑：纽扭

都有转动义。

纽 niǔ，器物上可以提起或系挂的部分，如秤纽、印纽。纽扣，可以扣合衣物的球状物或片状物。

扭 niǔ，转动一部分，如扭过脸来。

出苗祟黜，屈绌

第一组有出义，第二组有曲义（相当于不使其出，无法出）。

出 chū，跟"入"、"进"相反：表示从里面走向外面，如出门；或者表示往外拿，支付，如出纳；或表示生，生长，如出品、出芽。

苗 zhuó，植物才生长出来的样子。苗壮，指长得壮盛，壮健。

祟 suì，鬼神出来作怪，显出鬼神旨意，借指不正当的行动，如作祟、鬼鬼祟祟、邪祟。

黜 chù，降职或罢免，如黜退、黜职（过去多指从京城降职出京）。

屈 qū，使弯曲，与"伸"相对，如屈指、屈膝、屈伸（弯曲和伸直，引申为失意和得意）、首屈一指、卑躬屈膝。也指低头，降服，如屈服、屈从、威武不屈。还指冤枉，叫人不痛快，如冤屈、委屈、屈辱、屈才、屈就（受委屈而担任某种职务，常用于请人任职的客套话）、屈驾、屈己待人。又指理亏，如屈心（亏心，昧心）、理屈词穷。

绌 chù，不足，不够，如经费支绌、相形见绌。

畜蓄

畜 chù，本义是将猎获的禽兽饲养起来，后专指家养的禽兽，如家畜、牲畜。

又读 xù，表示养禽兽，如畜产、畜牧业。引申表示积储，后代此义写作蓄。

蓄 xù，积聚，储藏，如储蓄。引申表示保存，如蓄电池，养精蓄锐；也表示心里存着，如蓄意已久。

豕：琢啄椓

都有叩击义。

琢 zhuó，雕刻玉石，使成器物，如精雕细琢。

啄 zhuó，鸟类用嘴叩击并夹住东西，如啄木鸟。

椓 zhuó，击，又表示宫刑。

川：顺驯训

都有遵从的意思。

顺 shùn，不违背，如顺从。又表示沿，循，如顺着河边走。

驯 xùn，使动物顺从人的指挥，如驯马、驯服。

训 xùn，教导，教诲，使人由不顺到顺，如教训、训练。

垂陲，锤睡，捶棰

第一组指边远地方，也就是悬挂在国境边的地方；第二组与下坠、悬吊相关。第三组与敲打相关。

垂 chuí，东西一头挂下来，如垂钓。古代可指边远地区，后代此义写作陲。

陲 chuí，边疆，国境，靠边界的地方，如同悬垂在边疆，随时有可能被邻国侵占，如边陲。

锤 chuí，悬挂在秤杆上的秤砣，配合秤杆称重量的金属块，如秤锤。又指敲打东西的器具，如铁锤。引申指用锤子敲打，如千锤百炼。

睡 shuì，古代指瞌睡，即上眼皮不断下垂。后代指闭目安息，大脑皮质处于休息状态，如入睡、睡觉。

捶 chuí，敲打，如捶打。

棰 chuí，短棍子，也表示用棍子打。

囱窗聪

与通明相关。

囱 cōng，本指天窗，现指烟囱，是炉灶出烟的通路。

窗 chuāng，窗户，房屋通气透光的装置，如窗明几净。

聪（聰）cōng，听觉灵敏，如耳聪目明。引申指天资高，智力强，如聪明。

从怂

从 cóng，跟随，如跟从。也表示跟随的人，如仆从、随从。

怂 sǒng，怂恿，从旁劝说，鼓动，使从己意。

衰蓑缞

衰 cuī，古代本指用草做成的雨衣（后写成蓑），其搭接如鳞次，故引申表示等衰，等次，等第。又读 shuāi，表示事物发展转向微弱，如衰微、衰败、衰老。

蓑 suō，蓑衣，用草或棕毛制成的雨衣。

缞 cuī，古代的丧服，衣不缝边，任凭纱线纷披、散解，状似蓑衣。缞也是区别与死者亲疏等差的标志。

D

答搭褡瘩塔

都有承接，连接义。

答 dá，回复，如答复。还报，报答，答谢。答是承接、连接前面事情的，所以下列汉字与之相关。

搭 dā，相交接，重叠，接触，如两根电线搭上了；凑在一起，如搭伙；配合，如两种材料搭着用；架在上面，如把衣服搭在竿子上。又表示乘车船等，如搭车。

褡 dā，褡裢，一种口袋，中间开口，两头装东西。

瘩 dá，瘩背，中医称生在背部的痈，也叫搭手。这是说痈生在肩胛上下的脊背处，患者从肩、腰伸手可能搭触其处。

塔 tǎ，佛教特有的高耸的建筑物，一层搭一层地堆累上去，一般用以藏舍利、经卷等，如宝塔、佛塔。引申指高耸的建筑物，如水塔、灯塔、纪念塔、金字塔、塔楼。

大奋

大 dà，跟小相反，如大山、大树。

奓 dā，大耳朵。奓拉（la），向下垂，如奓拉着头。

单殚瘅阐掸弹

都与用力、大力、尽力相关。

单 dān，独，一，如单身。引申指仅、只，如单说此事。也指不复杂，跟"复"相反，如简单、单纯。古代引申指竭尽，没有剩余，此义后作殚。单在下列字中表示大力，用力的意思。

殚 dān，用力到极致，用尽，竭尽，如殚精竭虑。

瘅 dān，过度用力导致的病，由劳累造成的病。

阐 chǎn，本指用力开门，引申为开辟，如阐并（天下）。又引申指讲明，表明，如阐明、阐述、阐发。

掸 dǎn，本指用力除去，后指轻轻拂拭，打去尘土，如掸桌子。

弹 tán，本指大力拉弓，张弓。引申指箭、丸等弹射物。又表示振动对象使之动、使之落，如弹弦、弹琵琶、弹冠相庆。

当挡裆珰

都有遮挡义。

当 dāng，相当，相称，相配，如旗鼓相当。引申为抵挡义，如螳臂当车。

挡 dǎng，阻拦，遮蔽，如阻挡、拦挡。是当的分化字。

裆 dāng，裤裆，两裤腿相连的地方，也是应当遮挡的地方。

珰 dāng，妇女戴在耳垂上的装饰品。

登蹬镫磴凳

登 dēng，上，升，如登山，登高。又表示踩，践踏，也可写作"蹬"，如登在凳子上。

蹬 dēng，踩，是登的分化字。

镫 dèng，挂在马鞍子两旁供骑者蹬踏。古代也指灯。

磴 dèng，石头台阶，是上升时必须登踏的途径。

凳 dèng，古指置于床前供上床时登踏的器具。后来指没有靠背的坐具。

翟：耀曜

耀 yào，光线照射，如耀眼、闪耀、照耀、光耀、耀斑。也指显扬，显示出来，如夸耀、炫耀、耀武扬威。又指光荣，如荣耀。

曜 yào，照耀，明亮，如日出有曜。又日、月、星均称"曜"，日、月、火、水、木、金、土七个星合称"七曜"，旧时分别用来称一个星期的七天，如"日曜日"是星期日，"月曜日"是星期一，其余依次类推。

氏柢底低祗胝，抵邸羝砥诋

前六字都有在下、低下的意思。氏、底、抵、邸又有到达的意思。抵、羝、砥、诋有顶触义。

氏 dǐ，根本。又读 dī，我国古代西部的民族。古代也有到达的意思，后写作抵。

柢 dǐ，树木的根，如根深柢固。

底 dǐ，最下面的部分，如锅底。引申指末了，如月底，年底。又指根基，基础，留作根据的，如底稿、刨根问底。还表示到达，如底于成。

低 dī，跟"高"相反，如低矮。又指俯，头向下垂，如低头。

祗 zhī，本指低声下气如敬鬼神，引申指恭敬，如祗回、祗仰、祗奉、祗承、祗应。

胝 zhī，本指足底的厚皮，后也指手掌上的厚皮，如胼胝。

抵 dǐ，到达，如抵京。又指挡，拒，用力对撑着，如抵挡、抵制。

邸 dǐ，旧指官员、王公抵达京城的居所。后指高级官员的住宅。

羝 dǐ，公羊，喜用角抵对方。

砥 dǐ，水中阻挡（抵触）水流的石头，如砥柱中流（像砥柱山［在中国三门峡］那样屹立在黄河激流中，喻中坚人物或力量所起的支柱作用）。又指磨刀石。

诋 dǐ，以言语相抵触，毁谤，如诋毁、诋斥、诋辱。

弟娣第梯悌递剃涕

都与顺序、等次相关。

弟 dì，甲骨文字形象有绳索围绕于"弋"（像竖立有权的短木桩）。绳索捆束木桩，就出现了一圈一圈的"次第"。本义就是次第。后指同父母的比自己年纪小的男子，如弟弟。也称同辈比自己年纪小的男性，如老弟、师弟。

娣 dì，古代称妹妹，又可特称丈夫的弟妇，如娣姒(sì，妯娌)。

第 dì，次序，如等第、次第。

梯 tī，登高用的器具或设备，是有次第之物，如楼梯、软梯。

悌 tì，伦理道德之一，指敬爱哥哥，兄弟们和睦。

递 dì，本指依次传送，后泛指传送，传达，如传递、投递、递交、递眼色（以目示意）、呈递国书。引申指顺着次序，如递补、递变、递增、递降(jiàng)。

剃 tì，用刀依次刮去毛发，如剃头、剃刀、剃度（佛教指给要出家的人剃去头发，使成为僧尼）。

涕 tì，古本指眼泪，有连续不断，依次落下之义，如痛哭流涕、感激涕零、涕泣。现代多指鼻子里分泌的液体，如鼻涕、涕泪（鼻涕和眼泪）。

帝谛

天旁有洞悉一切的能力。

帝 dì，古代指天帝，又称最高统治者，如上帝、帝王。

谛 dì，仔细，如谛听、谛视。又表示意义，道理，如妙谛、真谛。

殿臀

与后面相关。

殿 diàn，排列在最后，如殿后、殿军。古代泛指高大的房屋，后专指供奉神佛或帝王受朝理事的大厅，如宫殿、佛殿、太和殿。

臀 tún，人体后面腰与腿的结合部，如臀部。

丁钉叮盯

这组字有凝止之义。

丁 dīng，是钉的古字。也有人说有小的意思，如鸡丁、补丁、丁点儿。后主要借作天干的第四位，现在表示丁壮。

钉 dīng，钉子，如铁钉。过去也表示紧跟着不放松，如钉住对方的前锋。

叮 dīng，蚊子等用针形口器吸食，其刺入状态如钉。又表示再三嘱咐，如叮嘱、叮咛。

盯 dīng，注视，集中视力看，过去也写作"钉"，如眼睛直盯着他。

定锭淀

表示不易改变。

定 dìng，本指安定，引申出安靖，平靖，如大局已定。也引申出不可变更的，不动的，如定律、定论。

锭 dìng，金属或药物等制成的块状物，如钢锭、紫金锭。都有不易改变的特性。

淀 diàn，水停聚的地方，浅的湖泊，如白洋淀、荷花淀。引申指液体里沉下的东西，亦指难溶解的物质下沉到溶液底层，如沉淀、积淀。

兜篼蔸

前二字为装东西的器物，盛物鼓突状则为蔸形物。

兜 dōu，作用和口袋相同的东西，如网兜、裤兜。又指做成兜形把东西拢住，如用手巾兜着。又指兜揽。

篼 dōu，装东西的竹器。引申指走山路的竹轿。

蔸 dōu，方言里指某些植物的根和靠近根的茎，如禾蔸、树蔸。

度渡

度 dù,过,由此到彼,如度日、度假、欢度新春。又指计算长短的器具或单位,如尺度、刻度。也指事物所达到的境界,如程度、高度、风度。

渡 dù,横过水面,如渡船、渡河、摆渡、远渡重洋。引申指过河的地方,如渡口、渡头。也指由此到彼,如渡过难关。还指转手,移交,如引渡。

耑:喘湍惴

与急速,不平稳相关。

喘 chuǎn,急促地呼吸,如喘息、喘气。

湍 tuān,急流的水。

惴 zhuì,内心不安。

兑:脱蜕

都有解除义。

脱 tuō,离开,落掉,如脱发(fà)、脱节、脱离、脱贫(摆脱贫困)、脱稿(完成著作)、脱手、挣脱。又指遗漏,如脱漏、脱误、脱文(因抄刊古书而误脱的字,亦称"夺文")。也指取下,除去,如脱下、脱帽、脱氧、脱脂、脱胎换骨。

蜕 tuì,本指蛇、蝉等动物脱皮,如蜕皮。也指蝉或蛇等脱下来的皮,如蛇蜕、蝉蜕。引申指解脱,变化,如蜕化、蜕变。

E

耳珥聝

耳 ěr,耳朵,听觉器官,如耳聋、耳熟。

珥 ěr,用珠子或玉石做成的耳环。

聝 èr,割去耳朵的刑罚。

厄扼轭

厄 è,本义为木节子。木节子卡生在树上,四周纹理扭结,阻挡刀斧攻治,故有困顿、塞阻之象。厄比喻命运不好,困顿不通则为"厄运";引申为不便通行的关卡,则为厄塞,指险要的地方。

扼 è,本指把持要害处,把守险要地。引申为用力掐着,抓住。而扼守,仍指防守要地,防止敌人入侵。

轭 è,驾车时搁在牛颈上的曲木,呈现出勒扼的样子。

F

反返贩

反 fǎn，可表示颠倒、翻转，如反败为胜、易如反掌；可表示回还，如反攻、反求诸己。下面两字即与回还、翻转义相关。

返 fǎn，多指往回走，引申为回归，如返老还童、一去不复返。

贩 fàn，买货出卖。商贩往返两地，经由买贱卖贵而获利，故与反、返相关。

方枋钫舫防妨放芳

表示方形及其引申义不圆滑、涩滞义。

方 fāng，古代指两船并连，近似方形，舫古本字。现代指四个角全是 90° 的四边形或六面全是方形的六面体。

枋 fāng，方柱形木材。

钫 fāng，古代指一种方口的酒壶。现借指一种放射性元素。

舫 fāng，近于方形的船。

防 fáng，方形的东西不圆转，故引申出阻碍义。防本指堤，是挡水的建筑物，引申为戒备、防备义。

妨 fáng，阻碍，妨害。

放 fàng，与阻碍义相反，表示除却阻碍，得到自由，如放行。

芳 fāng，花朵开放，放散的香味即为芳。

非诽匪排扉蜚裴，斐翡绯痱

前面一组与违背、排列、飞行相关，后面一组有红色义。

非 fēi，古字本像鸟之两翅分立相背而飞的形状。从相背义引申，有不是、违背之义，如非笑、非议。

诽 fēi，其本义是说出内心认为不对的意见，后指说别人坏话，诽谤之言不是事实。

匪 fěi，本指竹筐（后写作筐），筐盖与筐身可开可合如鸟之双翅。后指匪徒，就是为非作歹的人。有时也通非，如获益匪浅、匪夷所思（不是常人的想法）。

排 pái，摆成行列即为排，这是从"非"的两翅分立义引申出来的。

扉 fēi，门扉，开时相背，关时相对，与鸟翅分合相似。

蜚 fēi，古同"飞"。现在仍说的蜚声中外，指名声飞扬很远。还有成语流言蜚语、蜚短流长，流与蜚相对、互文：蜚像流一样，具有扩散传播义；流像蜚一样，具有不实之义。

裴 péi，本义是衣服长，飘飘如飞。

绯 fēi,指红色(章季涛先生说,"绯"分化自"配","配"原指酒后的肤色)。绯闻即桃色新闻。

斐 fěi,大约本指红色,后指色彩对比鲜明,如斐然成章;再进一步引申指鲜明,如成绩斐然。

翡 fěi,翡翠,鸟羽绿色或蓝色,杂有红色,色彩鲜美。

痱 fèi,暑天出汗过多,汗腺发炎,皮肤表面生出来的小红疹,很痒。

分颁盼份粉贫纷棼扮氛芬

这组汉字的内涵或外延都与分开、分散及其引申义零碎、杂乱相关。

分 fēn,分开,划分开。又读 fèn,指成分,同"份",相对"份"来说,意义抽象,如养分、积极分子。

颁 bān,指分发,如颁布、颁发。

盼 pàn,本指眼珠黑白分明,成语顾盼生情,即指美女动目而使爱慕者销魂。引申人指看,如顾盼、左顾右盼。

份 fèn,物体分成几部分,每一部分叫一份,相对于抽象的"分"来说,它一般是可计量的,如股份、份额。

粉 fěn,物体研磨分成的细末,有时也特指化妆用的粉末。

贫 pín,财产经过几次分割就会越来越少,以至于贫穷。

纷 fēn,本指笼络马尾,不使其左右摆动纷扰以影响驾驭的马尾套,后来指纷扰、纷乱义。

棼 fén,纷乱。如治丝益棼指整理丝不找头绪,越理越乱,比喻做事没有条理,越搞越乱。

扮 bàn,化装,乔装,也就是以假乱真,如扮演、打扮、装扮。

氛 fēn,指内含尘埃,透光可见其纷乱之态的气或雾气。

芬 fēn,花草的香气,其得名源于花粉、香味分子之分散。

夆:峰锋蜂,逢缝

第一组有尖义、顶义。第二组有会合义。

峰 fēng,高而尖的山头,如山峰、峰巅、峰峦、高峰、险峰。引申指形状像山峰的东西,如驼峰、浪峰、洪峰。引申指最高处,如登峰造极、峰年(自然界中某种活动达到高峰的年度)。

锋 fēng,本指刀剑等锐利的部分,如刀锋、交锋、锋利、锋芒。引申指器物的尖锐部分,如笔锋、针锋相对。也形容语言的尖锐,如话锋、谈锋。也引申指在前面带头的人,如先锋、前锋。

蜂 fēng,昆虫,会飞,多有毒刺,能蜇人。

逢 féng,遇到,如逢遇、久别重逢、逢凶化吉、狭路相逢。引申指迎合,巴结,如逢迎、逢君之恶。

缝 féng,用针线连缀,使相合,如缝纫、缝缀、缝补、裁缝。又念 fèng,指空隙,裂开或自然露出的窄长口子,如缝子、缝隙、裂缝、见缝插针。也指缝合的地方,如天衣无缝。

风讽疯

风 fēng,跟地面大致平行的流动着的空气。

讽 fěng,民歌流行民间,流传如风,故先秦民歌称风,民歌多有讥刺之作。口语风凉话,意即讥刺。故用含蓄的话劝告或讥刺称为讽,如讥讽、冷嘲热讽。

疯 fēng,神经病或精神病。古人认为中风、抽风、疯狂都是邪风恶气侵入人体造成的。

奉俸捧

奉 fèng,本指恭敬地用手捧着,这个意义后来写作"捧"。引申义为尊重,遵守,如奉公守法、奉行等。也引申为侧重表恭敬的意义,如奉陪、奉还、奉送,这几个词里面的奉多少还有捧的意义。

捧 pěng,两手托着,或者表示奉承、代人吹嘘,如吹捧。

俸 fèng,旧时称官员所得薪酬,与恭敬承受相关,古籍里俸禄之俸本也写作奉。

巿:沛霈

沛 pèi,水势湍急,行动迅疾的样子,如沛然。也指充盛的样子,如充沛、丰沛。也表示跌倒,倾仆,如颠沛(挫折困顿)。

霈 pèi,大雨,亦喻帝王恩泽,如霈泽。也指雨盛的样子,如霈然作雨。引申指自满的样子,如霈然自得。

肤麸

肤 fū,皮肤、肉体表面的皮。

麸 fū,小麦磨成面后经过罗筛筛选剩下的皮称为麸皮。

弗怫拂茀,沸痱

第一组有违背义,第二组有涌起义,茀兼有二义。

弗 fú,否定词,不。

佛 fú,本指心情郁闷不如意,进而指愤怒,如怫然作色。

拂 fú,既有掸尘义,又有不顺义。如拂意,即指不顺心,不合意。

茀 fú,道路上草太多,不能走。道路不通,可喻心情郁蔽不畅,所以怫郁也可写作茀郁。

沸 fèi,茀指野草蓬勃,沸则指液体蓬勃:液体热到一定温度,内部发生气泡,表面翻滚,变成蒸汽。

痱(疿)fèi,指皮肤像液体发热冒泡一样长出的小疱疹。而疿之取义,则与非的红色义相关。基本意义相同,取义侧重点不一样,字形也不同。

孚莩桴蜉郛浮,孵

第一组都有外层、外表义。第二组有覆盖义。

孚 fú,通"莩",指草木种子分裂发芽,如孚甲(植物种子的外壳。引申为萌发,萌生)、孚笋(新竹、幼竹)。

莩 fú,种子的外皮,植物茎秆里的白膜,如莩甲,指种子脱去皮壳而萌发。

桴 fú,浮于水面的小竹筏或小木筏。也指房屋的次栋,即二栋。又指击鼓的槌,如桴革(鼓槌与战甲)、桴鼓(鼓槌与鼓)

蜉 fú,蜉蝣,浮游于水面的昆虫,幼虫生在水中,成虫褐绿色,有翅两对,在水面飞行。成虫生存期极短,交尾产卵后即死。

郛 fú,古代城圈外围的大城,如郛郭(外城)。

浮 fú,漂在水面上,与"沉"相对,如浮桥、浮标、浮泛、浮沉、浮光掠影。引申指表面的,如浮皮儿、浮土、浮雕。又指空虚,不切实,如浮夸、浮华。也指不沉静,不沉着,如轻浮、浮躁。还指呈现,涌现,如浮现、浮想。

孵 fū,禽鸟身体覆盖在卵蛋上(亦指用人工的方法),使卵内的胚胎发育成雏鸟,如孵化、孵育、孵小鸡。

甫:辅补(補)哺,捕逋,敷铺

第一组有相辅、相称义;第二组与逃亡相关;第三组与铺开相关。

辅 fú,古代夹在车轮外旁起辅助作用的直木,每轮二木,用以增加车轮载重支力。后引申指帮助,佐助,如辅佐(协助,多指政治上)、辅弼、辅助、辅导。古代也引申指京城附近地区,如畿辅。又指人的颊骨,如辅车相依("车",指牙床,喻互相依存)。

补 bǔ,把残破的东西加上材料修理完整——衣初成称制,有破绽则辅助之称补,如缝补、补葺、亡羊补牢。引申指把缺少的东西充实起来或添上,如弥补、补充、贴补、滋补。又指益处,如不无小补、于事无补。

哺 bǔ,辅助婴儿或幼小动物进食,如哺养、哺育。

捕 bǔ,本指追捉逃亡的奴隶,引申指捉、逮,如捕捉、追捕、缉捕、捕风捉影。

逋 bū,本指奴隶逃亡,引申指逃亡,如逋迁、逋逃、逋荡。又指拖欠,如逋负、逋债。也指拖延,如逋留(逗留)。

敷 fū,布置,铺开,摆开,如敷设、敷陈(铺陈,详细叙述)、敷衍(叙述并发挥,亦作"敷演";或者做事不够负责或待人不恳切,只做表面上的应付;也指勉强维持)。又表示涂上,搽上,如敷药、敷粉。还可表示足够,如入不敷出。

铺 pū,东西散开放置,平摆,如铺床、铺垫(卧具;衬托,陪衬,写作技巧之一)、铺张、平铺直叙。又引申指商店,念 pù,如饭铺、铺面。又指旧时的驿站,如十里铺。

付咐,府腑

第一组与交给有关;第二组与储存之处相关。

付 fù,交给,如交付、付款。

咐 fù,吩咐,指口头分派或命令。

府 fǔ,主要指储藏文书的地方,如府库、天府。过去也指贵族官僚的住宅,或者省县之间的行政单位。

腑 fǔ,中医里将肝、胆、脾、肺、肾称为五脏(臟),是因为这些器官藏于胸腹,也是精气神容藏之地。胃、胆、大肠、小肠、膀胱称为腑,是因为这些器官是食物经由储藏之所。

复腹蝮

这几个字都有重(chóng)义。

复 fù,表示回去、回答、还原、重复、许多等,都与重相关。

腹 fù,肚里的东西内受肠胃包裹,外受肚皮包裹,形成重重包裹之势,故与复相关。

蝮 fù,蝮蛇,一种毒性很强的蛇,毒液流入心脏就会致命。它伤人后,还会让人产生复视,即眼前有复影、重像现象。另外,它也指大蟒蛇。

G

甘苷柑酣;绀黬钳拑咁疳泔蚶

甘的古字形是从口含一(甜美的东西),第一组字与甘甜相关;第二组字与衔含相关。

甘 gān,甜,味道好,如甘苦、甘泉。引申为美好,如甘雨。又引申为甘心,自愿,乐意,如甘心情愿。

苷 gān,苷草,药草名,味甘。

柑 gān,柑橘,果实圆形,比橘子大,赤黄色,味甘甜。

酣 hān,酒喝得畅快,如酣饮。引申为尽量,痛快,如酣睡、酣战。

绀 gàn,黑中含微红的颜色。

黔 qián,黑中含浅黄的颜色。

钳 qián,一种刑具,束于犯人腿、足之上。后指夹东西的用具,如老虎钳、钳工。

拑 qián,夹持、束含的动作。

咁 gān,嘴里含着的食物。

疳 gān,疳积,小孩的肠胃病,食物蓄含于腹中不消化的病症。

泔 gān,泔水,淘洗米的水,其中悬含有大米的粉末。现指涮洗餐具后含有食物残渣的水,多用来饲养猪。——此义又与甘甜相反。

蚶 hān,毛蚶,软体动物,其特点是身体包含于硬壳之内。介壳厚而坚实,生活在浅海泥沙中,肉味鲜美。

干捍,奸讦,秆竿杆肝

第一组与有防卫义,第二组与触犯相关,第三组与枝干相关。

干 gān,古指盾牌,起护卫防守作用,如大动干戈;干城,指捍卫者。——这个意义上,捍与之相关。引申指干犯,触犯,如有干禁例;干涉,指过问或制止,常指不应管硬管。——在此意义上,奸讦与之相关。又读 gàn,指事物的主体,重要的部分,如树干、躯干。——秆竿杆肝源于它。又指缺乏水分或水分少的,如干燥、干粮。引申指枯竭,尽净,如干杯、外强中干。这个意义与旱相通。

捍 hàn,保卫,防御,如捍卫祖国。

奸 jiān,本指侵犯妇女的性行为,引申指不正当的性行为,如通奸。再引申指邪恶,坏人:可表示虚伪、狡诈,如奸雄、奸笑;可表示叛国的人,如汉奸;奸细,指替敌人刺探消息的人。

讦 jié,指斥奸邪之人,状告坏人。

秆 gǎn,稻麦等植物的茎,如高粱秆。

竿 gān,竹竿,竹子的主干,竹棍。

杆 gān,较长的木棍,如旗杆,电线杆。又读 gǎn,指较小的圆木条或像木条的东西,如笔杆、枪杆。

肝 gān,肝脏。古代医学以五行对应五脏,肝属木,木犹干,所以肝从干名。

感撼憾

都有（心理）动荡义。

感 gǎn，情感，感情，因受刺激而引起的心理上的变动，如百感交集、杂感。

撼 hàn，摇动，如震撼天地。

憾 hàn，悔恨，心中感到不美满，如憾事、遗憾。

冈岗纲，刚钢

第一组有隆起义，第二组有坚硬义。

冈 gāng，山脊（山的隆起处），也可写作岗，如山冈、景阳冈。

岗 gǎng，高起的土坡，如黄土岗。引申指平面上突起的一长道，如肉岗子。进一步引申指位于高处、紧要处的，守卫的位置，如岗楼、站岗。岗位，指守卫值勤的地方，比喻职位，如工作岗位。

纲 gāng，提网的总绳，引申为事物的主要部分，如大纲、纲目。

刚 gāng，硬，坚强，如刚劲、刚健、刚正不阿、刚愎自用。也表示恰好，如刚好。表示才，如刚才。

钢 gāng，不含磷砂等杂质比熟铁更坚硬的铁。

槁犒

槁 gǎo，枯干，如槁木、枯槁。

犒 kào，用酒食或财物慰问，使其枯槁的体肤得到滋润，如犒劳、犒赏。

告诰

告 gào，说给别人，通知，如告谕、告知、告诫、告诉。特指向行政司法机关检举、控诉，如告发、告状、控告。也指表明，请求，如告老、告急、自告奋勇。宣布或表示某种情况出现，如告成、告竭（宣布某种东西用尽）、告罄（现指财物用尽或货物等售完）、公告。

诰 gào，古代帝王对臣子的命令，如诰命、诰封。也指告诫，勉励，如自诰、诰诫。又指帝王任命或封赠的文书，如诰敕（官吏受封的文书）。

各格胳骼

表示分隔出来的。

各 gè，每个，彼此不同的，如各种。又读 gě，表示特别，与众不同。

格 gé，划分成的空栏和框子，如方格，格子。又指阻碍，隔阂，如格格不入。

胳 gē,胳膊,上肢,肩膀以下、手以上的部分。

骼 gé,骨头,骨骼。

艮：根跟龈垠痕；恨很狠艰

从艮的字能表示程度到了极点：第一组字都指最底端的部位；第二组字表示某种心理或性质到了极点。

根 gēn,植物茎干下部长在土里的部分,如树根、须根。引申指东西的下部同其他东西相连的部分,如根基、耳根。也表示事物的本源,如祸根。还表示彻底,如根绝、根治。

跟 gēn,脚的后部,踵,如脚后跟。又表示随从等。

龈 yín,牙龈,牙根上的肉。

垠 yín,原野的尽头。

痕 hén,本指刀剑伤到肌肉底部破坏了血管,因而在痊愈之后,也会因毛细血管中断而在皮肤表层留下印迹,现指斑迹。

恨 hèn,古代本指遗憾到了极点,现仍说含恨而终。后主要指埋怨、仇视,如怨恨、痛恨。

很 hěn,本指凶狠暴戾,现指程度非常深,如很好。

狠 hěn,凶残暴戾到了极点,如凶狠。引申为勉强地抵制住难过的心情,如狠着心。又表示严厉地,如狠狠地打击敌人。

艰 jiān,困难到极点,如艰辛、艰难。

梗鲠埂哽硬

这组汉字主要指坚硬的东西充塞、阻塞于事物间。

梗 gěng,植物的枝或茎,如花梗、荷梗。梗概,指大略的情节。又指直,挺立,如梗着脖子。又表阻塞,妨碍,如梗死、从中作梗。

鲠 gěng,鱼骨。引申义指骨头卡在嗓子里。骨鲠,表示正直。

哽 gěng,声气阻塞,如哽噎。

埂 gěng,田间稍稍高起的小路,如田埂儿。也指地势高起的地方。

硬 yìng,刚强有力,如欺软怕硬。引申为表示坚强,不屈服,如强硬；也可表示蛮强,如硬抢、生拉硬拽。

工功攻红

工 gōng,本指手工业工人,后指工作,所做的事,如做工、工具。也表示善于,长于,如工书善画。

功 gōng，本指工作，后指功劳，贡献较大的成绩，如立功、功臣。也指成就，成效，如成功。

攻 gōng，本指进行工作。特指在敌城外围进行土木工程作业（如建造云梯以登敌城、挖掘地道穿过城墙、堆垒土阜以居高临下、挖掘临时河道准备引水淹城等），如攻击、攻取、攻心、攻陷。后引申指为实现目标进行艰苦努力，如攻读、攻书、专攻医学。

红 gōng，女红，女子所做的缝纫、刺绣等工作。

公讼颂，翁，松凇

第一组与公私之公相关，第二组字与公的男性老者义相关。第三组与松树（树皮看着苍老）相关。

公 gōng，本指与私相对，引申为公平，公道；也引申为公开，如公告、公布。还引申为公堂，俗称官府审案的大堂为公堂，因为它应该主持公道，应具公开性。借指雄性的，如公鸡。在此基础上引申指男人、男性长者：可表示祖父，如外公；又指年纪老的男人，如老公公；也指丈夫的父亲，如公婆。现也称丈夫为老公。

讼 sòng，在法庭上争辩是非曲直，打官司，如讼事。也指争辩是非，如聚讼纷纭。

颂 sòng，颂扬，赞扬别人的好处，如歌颂。也指以颂扬为内容的文章或诗歌。

翁 wēng，老头，如渔翁、老翁。也指父亲，又指丈夫或妻子的父亲，如翁姑、翁婿。

松 sōng，常绿乔木，叶呈针状，分散，引申表示松散、疏松、蓬松等。

凇 sōng，雾凇，水气在树枝上凝结成冰花，状似松针。

共拱恭供栱，洪哄

第一组或表恭敬，或与弧形相关。第二组与大相关。

共 gòng，共字的古文像两人拱手互致敬意或共同抬举东西，是拱的本字，故引申表示共同，一齐，如和平共处。古代也表示拱卫义。

拱 gǒng，拱手，两手相合表示敬意。又指两手合围，如拱抱。引申为环绕，如拱卫。又指建筑物上呈弧形的结构，大多中间高两侧低，如拱门。

恭 gōng，肃敬，内心谦逊而有礼，如恭敬、恭贺。拱手就是表示恭敬的。

供 gòng，奉（双手捧着）献，如供养。祭祀用的东西，如上供。上供与恭敬紧密相关。

栱 gǒng，枓栱，就是斗拱。拱是建筑物上弧形承重结构，斗是垫拱的方木块,合称斗拱。

洪 hóng,本指大水,如山洪、蓄洪、分洪。引申指大,如洪水、洪大、洪福、洪荒。

哄 hōng,指众人大声说话,如哄传(chuán)、哄动。也形容许多人大声笑或喧哗声,如哄咙(象声词)、哄哄(嘈杂纷乱)。又念 hòng,表示吵闹,搅扰,如起哄、哄场、一哄而起。又念 hǒng,表示欺骗,如哄骗。也表示逗引,如哄孩子玩。

句勾钩笱佝劬,狗驹

第一组与弯曲相关;第二组与小动物相关。

句 gōu,同"勾",指曲折。古代叉开形的弯折叫作倨,收拢性(角度小)的弯折叫作句。又读 jù,句子,由词组成的能表示出一个完整意思的语言单位。

勾 gōu,曲折,弯曲。

钩 gōu,悬挂或探取东西用的器具,形状弯曲,头端尖锐,如秤钩。也指用钩状物探取。

笱 gǒu,竹制的捕鱼器具。笱的主体部分呈圆锥状,尾部翘起像蝎钩。

佝 gōu,佝偻(lóu),小儿病,症状是鸡胸、驼背、两腿弯曲。

劬 qú,过度劳累得身体弯曲,不能伸腰,如劬劳。

狗 gǒu,古代将大的称犬,小的称狗。由早期人类从灰狼驯化而来。此字中"句"为"弯曲"、"顺从"之义,主要用于描述犬的向上卷曲的尾巴的形象,同时也表达出了犬对于人类的屈从。

驹 jū,小马称驹。也指少壮的骏马,如白驹过隙、驹光(均形容时间过得很快,就像骏马在缝隙前一掠而过)。有时用以喻少年英俊的人:千里驹(千里马;喻年轻有力的人)。又指小驴、小骡,如马驹子、驴驹子。

古故诂,固锢崮痼涸

第一组都有古、昔义;第二组汉字或有四周环绕义,或有坚固、顽固义。

古 gǔ,时代久远的,过去的,如古老、古板。古怪,指奇怪,不合常情。

故 gù,老,旧,过去的,如故宫、故书。又指本来,原来的,如故乡。

诂 gǔ,用通行的话解释的古代语言文字或方言字义,如训诂、字诂。

固 gù,结实,牢靠,如坚固、稳固。又表坚定,不变动,如固执己见、固体、顽固。还表示原来,本,如固然。

锢 gù,把金属熔化开浇灌堵塞空隙。禁锢,指禁闭起来不许跟人接触。

崮 gù,四周陡峭,上端较平的山。多用于地名,如山东省的孟良崮。

痼 gù,痼疾,积久不易治的病。引申指长期不易克服的,如痼习、痼癖。

涸 hé，河床水流干枯，水底地面变硬。

鼓瞽

鼓 gǔ，是一种打击乐器，在坚固的且一般为圆桶形的鼓身的一面或双面蒙上一块拉紧的膜，可以用手或槌敲击出声。引申义有鼓舞，突起等。

瞽 gǔ，瞎子。古代以目盲者为乐官，故也为乐官的代称。有人说瞽，因盲者无目如鼓皮。

夬：决玦缺诀抉

与缺相关。

决 jué，本指堤岸被水冲开口子，后指凿开水道壅塞使有缺口而疏通，如堵塞决口。决裂，指感情或商谈等破裂。决堤之水奔涌而出，一泻千里，故引申为迅疾，念 xuè。

玦 jué，环形有缺口的佩玉。

缺 quē，残破，如残缺、缺口。引申指短少，不够，如缺乏。

诀 jué，分别，多指永不相见的分别。也指高明的方法，如诀窍、秘诀。还指用事物的主要内容编成的顺口的便于记忆的词句，如口诀。

抉 jué，古指挖出，剔出，使缺，如皮面抉眼。后指从一些选择项中剔出，挑出，如抉择。

官馆倌，管棺绾

第一组与政府相关。第二组与圆周、环绕义相关

官 guān，官吏，官员。旧时也称属于国家的，如官窑、官办。

馆 guǎn，古代是官吏行于官道的官家住所，后指招待宾客住的房舍，如宾馆。又指各国使节办公地方，如大使馆、领事馆。

倌 guān，古指官府地位较低的勤杂人员，后称服杂役的人，如堂倌。现指农村中专管饲养某些家畜的人，如牛倌。

管 guǎn，本指竹制的吹奏乐器，后泛指圆筒状吹奏乐器，如管乐器、管弦乐。引申指圆而细长中空的东西，如管道、管线、管见（谦辞，浅陋的见识）、管窥蠡测（从竹管里看天，用瓢量海水，喻眼光狭窄，见识短浅）。也指形状像管的电子器件，如电子管、晶体管。又指负责，经理，如管理。

棺 guān，装殓死人的器具，是围护尸体之物，如棺材、棺木、棺椁、棺椁、盖棺论定。

绾 wǎn，把长条形的东西盘绕起来打成结，如绾结，绾起头发。也指卷，如

绾起袖子。

光晃觥

光 guāng，太阳、火、电等放射出来照耀人的眼睛，使人感到明亮，看见物体的那种东西，如阳光、电光。

晃 huǎng，明亮，如明晃晃的。照耀，如晃眼。形容很快地闪过，如一晃就过去了。

觥 gōng，据《说文》，指光闪闪的兕牛角做的酒器。

广旷圹

广 guǎng，宽，大，如广场，地广人多。范围大，普遍，如广泛宣传。

旷 kuàng，心境阔大，如心旷神怡。

圹 kuàng，旷野。又指墓穴。

圭闺

圭 guī，古代帝王、诸侯在举行典礼时拿的一种玉器，上圆（或剑头形）下方。也指古代测日影的仪器。圭臬(niè)，标准，法度。

闺 guī，上圆下方的小门。旧时指女子居住的内室，如深闺。

贵:溃愦聩

表示散乱、溃烂义。

溃 kuì，本指溃决，大水冲开堤岸。引申表示溃散，如溃散、溃败。也表示溃烂。

愦 kuì，昏乱，糊涂，如昏愦。

聩 kuì，耳聋，既指完全失聪，也指听觉昏糊错乱。

郭椁廓

都有外围义。

郭 guō，城墙外的城墙，外城，如城郭。一般城池没有外城，但有围着城门而修的瓮城，也是郭。现作姓氏用。

椁 guǒ，棺材外面套的大棺材。

廓 kuò，物体的周围，如轮廓，耳廓。引申指空阔。廓清，肃清，把有害的事物排除干净。

果踝髁颗裹稞课

果为树木结的实,多为圆形(准确地说是球形),以果为声旁的字多有圆形(球形)义。

果 guǒ,树上结的实粒。

踝 huái,踝骨,足腕两旁突起的半球状部位,也称踝子骨。

髁 kē,骨头上突起部分,主要指膝盖(呈半球状),也指大腿骨上端球形部分。

颗 kē,本指头小(有圆义),后计量圆形米粒、珠子。

裹 guǒ,把物品用布缠起来(圆形运动)、包起来(最后呈球形状)。

稞 kē,本指谷物颗粒精好(有圆义),现主要指青藏高原生长的植物,青稞,麦子的一种,粒大皮薄。

课 kè,本指周期性的考核。后指周而复始的活动,如课税,即反复地、按期征税。现代的课,多指教学单位,由复习旧知识,到学习新知识,再到复习旧知识,然后学习新知识,这种教学活动呈螺旋式前进。

H

亥:核骸刻

有内义。

核 hé,果实中坚硬并包含果仁的部分,如桃核。引申指像果核的东西,如细胞核、核酸、核心(中心)、核反应。也指仔细地对照、考察,如核定、核计、核实、核算。

骸 hái,身体中坚硬的部分,骨头,如骸骨、尸骸。引申指身体,如病骸、残骸。

刻 kè,雕,用刀子划入物体之中,如刻石、刻字刻板、刻本(雕版印成的书本)。又古代用漏壶计时,一昼夜共一百刻。今用钟表计时,一刻等于十五分钟,如五点一刻。引申指短时间,如此刻、即刻、顷刻(极短时间)、刻不容缓。也形容程度极深,如深刻、刻骨(感受深切入骨)、刻苦。又指不厚道,如刻毒、刻薄、尖刻、苛刻。

函涵菡

这几个字都有包含义。

函 hán,匣,套子,如石函、镜函。引申指信件(古代用木函装信),如来函、公函。又引申为包容,包含。

涵 hán,包容,包含,如包涵,海涵。

菡 hàn，菡萏（dàn），荷花的别称。荷花含苞大、花期长。

含琀唅

含 hán，衔在嘴里，不吐出也不咽下，如含一口水、含英咀（jǔ）华（喻反复琢磨体味文章的妙处）、含饴弄孙（含着糖逗小孙子，形容老年人的乐趣）。引申指藏在里面，包容在里面：包含、含义、含苞、含蕴、含混、含垢纳污（指包容坏人坏事）。也指怀有某种感情或意思，不完全表露出来，如含怒、含羞、含情。

琀 hán，古代放在死者嘴里的珠玉等，如："殡琀之物，一皆绝之。"本作含。

唅 hán，同"含"。东西放在嘴里，不咀嚼。也指古代殡葬时放在死者口中的珠、玉等物。

寒謇褰骞蹇，塞寨

前四字与收缩相关，后两个与防守相关。

寒 hán，冷，与"暑"相对，如寒冽、寒带、寒战、寒食（节名，在清明前一天。古人从这一天起不生火做饭，也有的地区把清明当作"寒食"）。引申表示害怕，如寒心。或者表示穷困（有时用作谦辞），如寒门、寒舍、寒酸。隐含有收缩义（热胀冷缩）。

謇 jiǎn，口吃，结巴，言辞不利落。引申表示正直，如謇谔。

褰 qiān，（寒冷时穿的）套裤，相对于普通下衣来说较为紧身。引申指撩起（衣服）。

骞 qiān，本指马腹部低陷，亏损。引申表示动物腹部低陷。又反向引申表示高举，飞起，如骞举、骞腾。

蹇 jiǎn，本指腿脚不利索，跛，行走困难，如蹇足、蹇步。引申指迟钝，不顺利，如蹇涩、蹇滞。

塞 sài，边界上的险要地方，如要塞、边塞、塞外。引申指堵，填满空隙，如堵塞，这时念 sāi。

寨 zhài，防守用的栅栏。引申指据险可守之处，如山寨、堡寨。现泛指村落。

合盒颌蛤洽恰龕歙

这组字都与合相关。

合 hé，闭，对拢，如合眼、合抱。又表示聚，集，如合力、合办。

盒 hé，底盖相合的盛东西的器物，如饭盒。

颌 hé，构成口腔上部和下部的骨头、肌肉组织叫作颌，上部叫上颌，下部叫下颌。上下颌具有开合性能。又读 gé，口颌。

蛤 gé，蛤蜊，它的壳就像门扇一样可以开合。

洽 qià，跟人联系、商量（事情），如接洽。又表示谐和，如感情融洽。感情洽和就是合得来。

恰 qià，合适，适当，合于心，如恰如其分。又表示正巧，刚刚，如恰到好处。

翕 xī，合，聚，和顺，如翕动、翕张（一合一开）。又指鸟类躯部背面和两翼表面的总称。

歙 xī，收敛，吸进，如：将欲歙之，必固张之。古同"翕"，和洽。又读 shè，地名用字，歙县，在安徽，所产砚台非常有名。

盍：磕瞌嗑

这几个字与轻微碰撞相关。

磕 kē，碰撞在硬东西上，如磕破了头。

瞌 kē，上眼皮不停下垂，困倦，如打瞌睡。

嗑 kè，上下门牙对咬有壳的或硬的东西，如嗑瓜子。

曷：碣揭竭，渴喝歇遏，葛褐

这一组以曷（hé）为声旁的字，第一组与高举、高立有关；第二组与用尽、止相关；第三组与葛麻相关。

碣 jié，古指突兀高立的大石头。后指石碑，如残碑断碣。

揭 jiē，古代指高高地举起。后指举发、检举、揭露，即举出他人过失给人看，让人明白。

竭 jié，古指背着、扛着。现指尽，用尽，如竭力、竭诚。

渴 kě，泛指尽，特指水尽。现指口干想喝水。

喝 hē，本指声音嘶哑，现指吸食液体饮料或流质食物，如喝酒、喝粥。

歇 xiē，现表示休息，或者停止，如歇工、歇业。

遏 è，阻止，如遏止、遏制、遏抑、怒不可遏。

葛 gé，多年生草本植物，茎可编篮做绳，纤维可织葛布，根可制淀粉，又供药用。

褐 hè，粗布或粗布衣服，或说最初即葛麻编织的衣服。

黑墨默嘿

黑 hēi，煤或墨那样的颜色，如黑头发。也指暗，光线不充足，如天黑了。

墨 mò，写字绘画用的黑色颜料，如墨汁。

默 mò，本指犬从黑处、暗处，不出声地突然跑出袭击人，现指不说话，不出声，如沉默、默写。

嘿 mò，闭口不说话，同"默"。又读 hēi，表示惊异或赞叹。

厷：弘宏闳泓

弘 hóng，大（现多用"宏"），如弘愿、弘图、弘业、弘谋、恢弘。引申指扩充，光大，如弘扬。又作姓氏用字。

宏 hóng，广大，博大，如宏伟、宏图、宏愿、宏论、宏丽、宏亮、宏观、宽宏。也作姓氏用字。

闳 hóng，宏大，如闳大广博，闳言崇议（指议论宏远）。又指巷门，门。也作姓氏用字。

泓 hóng，水深而广。现多作量词，指清水一道或一片，如一泓清泉、一泓水。

虎唬

虎 hǔ，老虎，是当今体型最大的猫科动物。

唬 hǔ，本指老虎的叫声，后指威吓，如吓唬。也指蒙混，蒙哄，如唬人。

化：讹圌

这两字与欺诈相关。

讹 é，敲诈，假借某种理由向他人强迫索取财物或其他权利，如讹人、讹诈。

圌 é，捕鸟时用的经过伪装了的笼子。猎人利用鸟类求偶心切，将其诱入笼子。

奂焕，涣痪

前一组有色彩鲜明相关，后一组与松散相关。

奂 huàn，文采鲜明。也指多、盛。

焕 huàn，光明，如焕然一新。焕发，指外观光彩的样子，如精神焕发。

涣 huàn，涣涣，水势盛大。涣又指散开，如士气涣散、涣然冰释。

痪 huàn，瘫痪，神经机能发生障碍，肢体如散架了一样不能活动。

皇煌凰蝗

都有大的意思。

皇 huáng，君主，皇帝。引以为大，如皇皇巨著。

煌 huáng，光明明亮，光辉强。

凰 huáng，凤凰，传说中的鸟王。

蝗 huáng，蝗虫，一种吃庄稼的害虫，常常大群飞翔造成大的灾害。

回洄徊茴蛔

回 huí，甲骨文形体像漩流之回环，引申为还，走向原来的地方，如回家、回国。也引申为掉转，如回过身来。

洄 huí，水流回旋。

徊 huái，徘徊，来回地走。引申义为犹豫不决，如左右徘徊。

茴 huí，茴香，多年生草本植物，籽实大如麦粒，可入药，又可作香料。古人认为它具有回臭为香之功能。

蛔 huí，蛔虫，寄生在人或其他动物肠子里的一种蠕体动物，像蚯蚓。蛔虫之形回曲，故从回得名。

会绘荟烩侩桧

这些字都有会合、聚合义。

会 huì，可表示聚合，合拢，合在一起，如会话、会审。

绘 huì，用各种色彩画，描画，如绘图、绘形绘声。

荟 huì，草木繁多。荟萃，聚集，如人才荟萃。

烩 huì，加浓汁或多种食物混在一起烧，如烩豆腐、杂烩。

侩 kuài，撮合买卖双方，从中提取佣金的经纪人。市侩，唯利是图，庸俗可厌的人。

桧 guì，常绿乔木，木材桃红色，有香气，可作建筑材料，亦称"刺柏"。会集两种树木的特点：柏叶松身。也指古代棺材盖上的装饰。

彗慧

彗 huì，彗星，俗名扫帚星，拖有长光像扫帚。引申义可指正午的强光。急难中闪现的智慧之光有如彗星闪耀，故彗派生出慧。

慧 huì，聪明，有才智，如智慧。

或域阈惑

或、域、阈有界限义；或、惑有不定义。

或 huò，本指邦域，借作代词，表示有的，引申为或者、或许等表示不定的词，如或远或近。

域 yù，是或的异体字，指有一定疆界的地方，如区域、域外等。

阈 yù，可表示界限，又特指限隔房内外的门槛。

惑 huò，疑惑，不明白对与不对。引申为使迷乱，如迷惑等。

昏婚

昏 hūn，天刚黑的时候，如黄昏。引申指暗而无光，如昏暗、昏黑。也引申指惑乱，如昏愦、昏庸。还指神智不清楚或失去知觉，如发昏、昏厥（亦称"晕厥"）

婚 hūn，男女（在黄昏时）结为夫妇，如结婚、已婚、婚变、婚娶。

J

吉：结髻佶诘拮劼

这组汉字分别与结的系结、弯曲、结实义相关。

结 jié，系（jì），绾（wǎn），如张灯结彩。也表示凝聚，联合等，如结冰、结婚。有结合紧密的意思，如结实（此时读作 jiē）。

髻 jì，梳在头上的发结。

佶 jí，佶屈（诘屈），曲折，如佶屈聱牙。特指语言古奥、别扭，读不顺口。

诘 jí，诘屈，同佶屈，如随体诘屈。又读 jié，表示追问，如盘诘、反诘。

拮 jié，拮据，原指鸟衔草筑巢，鸟足（手）劳累，后泛指手头紧，经济状况不好，财力短屈不可伸展。

劼 jié，可表示坚固，谨慎，勤勉。现在一般用作人名。

及：汲吸

汲 jí，从井里打水，如汲水。

吸 xī，从口或鼻把气体引入体内，跟"呼"相反，如吸气、吸烟。

几（幾）玑（璣）讥（譏）饥（饑）

有微小义。

几 jī，古作幾，指细微，隐微。也指非常小的征兆，苗头。后多表示非常接近，差一点，如几乎、几至。此字又念 jǐ，是询问数量多少（数量不超过十）的疑问词，如几个人、几何（多少，如"人生几何?"研究点线面体的性质、关系和计算方法的学科，如"平面几何"）。也表示不定的数目，如几本书、几百人。

玑 jī，不圆的小珠子，如珠玑。又是北斗星名之一。也指古代测天文的仪器，如璇玑。

讥 jī，古本指用隐微的话旁敲侧击地批评，后指讽刺，挖苦，如讥讽、讥评、讥笑、讥诮。也表示指责，非议，如讥议、讥弹（tán）（指责，抨击）。

饥（饑）jī,五谷不成熟,荒年,收成少,如饥馑。——此字上古与"饥饿"之"饥"不同。

夹颊铗蛱荚峡狭侠箧挟

这组汉字以夹为声旁并取其意义,表示夹形的,狭窄如夹的事物,及其古义"在左右曰夹,协辅曰夹,挟持曰夹"等。

夹 jiā,从东西的两旁钳住。"夹"古文由两个"人"夹着一个"大"组成,"大"代表大人物或事物的主体;两个小写的"人"则为处于旁边的辅助者。其结构体现的义象有三点:(1)分居主体左右、上下、两端者可以称之为夹。所以颊为左右脸,蛱有对叠翅,荚有一分为二的壳。其引申可指叠夹的夹衣、铗子等。(2)分处左右,对主体、主事人起辅助作用的叫作"夹辅"。反之,分处左右对主体、主事人起羁绊、逼迫作用则叫作挟持。(3)夹字引申指迫窄如夹之情态就是狭,器物则为箧。

颊 jiá,脸的两侧。

铗 jiá,冶铸用的钳。

蛱 jiá,蛱蝶,蝴蝶的一类。

荚 jiá,草木的某些夹形果实。

峡 xiá,两山夹着的水道。

狭 xiá,窄,不宽阔,如狭窄、狭隘。

侠 xiá,倚仗自己的力量帮助被欺侮者的人或行为,如武侠、侠客。

箧 qiè,箱子一类的东西。

挟 xié,夹持。倚仗势力或抓住别人的弱点强迫人服从,如要挟、挟持。

加驾架痂袈

这组汉字与"加于其上"、"加于其身"相关。

加 jiā,增多,几种事物并起来,如增加、加价。也指把本没有的添上去,如加引号。

驾 jià,用笼头等把车套在牲口身上,如驾轻就熟。引申为操纵,使开动,如驾飞机、驾驶员。

架 jià,用做支承的东西,也就是其他事物加于其上的东西,如书架、笔架。

袈 jiā,袈裟(shā),和尚披在外面的一种法衣。

痂 jiā,伤口和疮口血液、淋巴液等凝结成的东西,它结加于肌肉之表。

家嫁稼

家 jiā,家庭,共同生活的眷属和他们所住的地方,如老家。

嫁 jià,女子结婚成家,如出嫁、嫁娶。

稼 jià,为维持家庭生活而种田。稼穑,种谷和收谷,农事活动的总称。

叚 jiǎ:瑕霞虾(蝦)

与红色相关。

瑕 xiá,本指纯色玉中杂有赤斑,后泛指玉上面的斑点,引申为毛病、缺点,如瑕疵。

霞 xiá,因受日光斜照而呈现红、橙、黄等颜色的云,如朝霞、晚霞。

虾 xiā,不管白色的虾,还是黑色的虾,熟了就变成了红色。

兼:谦嫌歉廉,赚

有小,少,不足义。最后一个像"兼"一样有多出义。

谦 qiān,虚心,不自满,自认为不足,不自高自大,如谦下、谦让、谦和、谦卑、谦厚、谦逊、谦恭、谦受益。

嫌 xián,不足于心而不满意,厌恶,如嫌恶、嫌弃、讨人嫌。又指可疑之点,如嫌疑、避嫌、涉嫌。也指怨恨,如尽释前嫌、嫌隙(由猜疑而形成的仇怨)。

歉 qiàn,本指吃不饱,后指收成不好,收获少,如歉年、歉岁、歉收、以丰补歉。现指觉得欠人对不住人,如歉意、歉疚、抱歉、道歉。

廉 lián,不贪污,遇财拿得少或不拿,如廉洁、廉正、廉明。便(pián)宜,价钱低,如物美价廉。

赚 zhuàn,本义是做生意获得利润,如赚钱。引申指利润,如赚头。也指占便宜,如赚吆喝。

柬:拣(揀)练(練)炼(煉)

柬有挑选、精选义,拣就是挑选、选择好的。而从丝麻中选治(丝)织品为练,从矿物中选治金属为炼。

拣 jiǎn,本指挑选,如挑拣、拣择、挑肥拣瘦。

练 liàn,把生丝、麻或布帛煮熟,使柔软洁白,如练漂("漂",漂白)。引申指反复学习,多次操作,如练习、练笔、练操、练功。进而指经验多,精熟,如老练、熟练、练达(阅历多而通达人情世故)。古代还指白绢,如素练、江平如练。

炼 liàn,用火烧制或用加热等方法使物质纯净、坚韧、浓缩,如炼钢、炼油、炼乳、锤炼。引申指用心琢磨使精练,如炼字,炼句。

建键健腱毽犍

这组汉字都与强壮、树立有关。

建 jiàn，本义是建立法律、制度，以强健政权机制。现指设立，成立，如建都、建铁路。

键 jiàn，装在车轴头上管住车轮或使轴与齿轮等连接固定的零件，是使车辆树立起来的重要部件，故称关键。后引申指插在门上关锁门户的棍子，如管键。现多指琴或机器上使用时用手按动的部分，如键盘。

健 jiàn，强壮，身体好，如健康。

腱 jiàn，肌腱，连接肌肉和骨胳的一种组织，白色，质地坚韧。腱子，人身上或牛、羊小腿上特别发达的肌肉。

毽 jiàn，一种用脚踢的玩具，有强健身体，锻炼肌腱的作用。

犍 jiàn，公牛，特指去掉生殖器的公牛，长得健壮，力气超过一般公牛。

间涧裥锏

这组汉字与间距相关。

间 jiàn，空隙，如中间。也表示不连接，隔开，如间断、间隔。

涧 jiàn，夹在两山之间的水。

裥 jiǎn，衣服上的褶子，如打裥。

锏 jiàn，车轴上的铁条，用以减少轴与毂之间的摩擦。后指古代一种四棱兵器，像鞭，音 jiǎn。

见现

见 jiàn，看到，如看见、见微知著、见异思迁。也指看得出，显得出，如见效、相形见绌。也引申为会晤，如会见、接见。还表示对事物观察、认识、理解，如见解，见仁见智（指对同一问题各人从不同角度持不同看法）。引申表示接触，遇到，如见风、见习。

现 xiàn，本指玉光，引申为显露，让人看见，如出现、表现、体现。引申指看得见的，实有的，当时就有的，如现金、现款、现货。也表示目前，当时，如现时、现在、现场、现代、现买现卖。

交铰郊佼胶，绞蛟跤

这组汉字，前面五个都与交叉，或交界、交错、交合相关。后面几个与扭结义相关。

交 jiāo,本义为两腿交叉,引申为相错,接合,如交界、交叉。或引申为交叉处,如春夏之交。又引申为互相来往联系,如交流、交易。

铰 jiāo,用剪刀剪,如铰开。又指机械工业上的一种切割法,如铰刀、铰孔。

郊 jiāo,城外,城乡交接地带,如郊区、郊游。

饺 jiǎo,包成半圆形的有馅的面食。饺子的制作是对折圆形面叶,交合其边缘。

胶 jiāo,粘着,粘合,如胶水。其作用是使二物交合在一起。

绞 jiǎo,拧,扭紧。又表示用绳子勒死的一种酷刑。

蛟 jiāo,蛟龙,古代传说中的一种能发洪水的龙。龙总是扭曲绞动的。

跤 jiāo,跟头,如摔跤。跌跤多因它物绞绊所致。

皆偕谐喈

皆是偕同一起、一道,引申为副词,表示全、都。偕表示皆的一块、一道义。偕偶之和乐就是谐、喈。

皆 jiē,古代是偕同的意思,是偕的本字。后表示全、都,如皆大欢喜。

偕 xié,共同,在一块,如偕老,偕行。

谐 xié,和,配合得当,如和谐。又表示诙谐,如谐谈、亦庄亦谐。

喈 jiē,声音和谐,如钟鼓喈喈。又表示鸟鸣,如鸡鸣喈喈。

解懈

解 jiě,剖开,分开,如分解、解剖。

懈 xiè,精神分解,精力涣散,如松懈、懈怠、始终不懈。

介蚧芥疥

这组字都与甲壳义相关。

介 jiè,表示在两者中间。也表示铠甲(古代军人穿的护身衣),或者动物身上的甲壳,如介虫。

蚧 jiè,海贝。又蛤(gé)蚧,爬行动物,像壁虎。

芥 jiè,芥菜,二年生草本植物,种子细小而有介壳,味辛辣,可作调味品。

疥 jiè,疥疮,因疥虫寄生而引起的一种皮肤病,非常刺痒,伴生有疥痂。

斤:忻欣听

都有欣喜义。

忻 xīn,字从心,从斤,斤亦声。"斤"本指斧斤,转指"凿破"。"心"指阴暗心情。"心"与"斤"联合起来表示"阴暗心情就像不见天日的原始森林，一旦用斧斤砍伐掉一棵遮天大树，就会一下子亮堂起来了"。本指凿破阴郁，放飞心情，心情开朗。引申表示欣喜，如忻幸（欣幸，欣喜而庆幸）、忻悦（欣喜）、忻然（喜悦貌，愉快貌）、忻慰（欣慰）、忻戚（悲喜）、忻悚（喜悦与惶恐）。

欣 xīn，快乐，喜欢，如欣欣（高兴的样子，如欣欣而来；草木生机旺盛的样子，如欣欣向荣，亦泛指蓬勃发展）、欣喜、欢欣鼓舞、欣羡、欣悦。

听 yǐn，指高兴而张口笑的样子，即今天"笑吟吟（盈盈）"中"吟（盈）"的本字。今念 tīng，是"聽"的简化字，指用耳朵接受声音，如听力、聆听、洗耳恭听。引申指顺从，接受别人的意见，如言听计从。又引申指任凭，随，如听任（rèn）、听凭、听之任之。又指治理，判断，如听讼（审理案件）、听政。还作量词，如一听可口可乐。

京鲸

都有大义。

京 jīng，本指人工筑起的高土堆，引申有大的意思。后指国家的首都，如京城、京华（因京都是文物、人才汇集的地方，所以称京都为"京华"）、京畿（国都和国都附近的地方）、京剧、京师（首都的旧称）

鲸 jīng，生长在海洋中的哺乳动物，形状像鱼，胎生，鼻孔在头的上部，用肺呼吸。体长可达三十米，是现在世界上最大的动物，如鲸吞、鲸鲵（即"鲸"，比喻凶恶的人）。

警儆

警 jǐng，注意可能发生的危险，戒备，告诫，如警卫、警告、警戒、警惕。引申指需要戒备的事件或消息，如警号、警钟。也指国家维持社会秩序和治安的武装力量，如警察、警士。还指感觉敏锐，见解独到，如警句、警觉（jué）、机警。

儆 jǐng，使人警醒，不犯过错，如儆戒、儆省（xǐng）（使人觉悟，反省）、惩一儆百、以儆效尤。

景影璟

景 jǐng，日光，环境的风光，如风景、景致。

影 yǐng，物体挡住光线所形成的四周有光而中间无光的形象。

璟 jǐng，玉的光彩。

井阱

井 jǐng，在地上钻挖的垂直向下的取水孔洞，如水井。引申指形似水井的东西，如天井、矿井、盐井、藻井等。也引申为法度，条理，如井井有条、井然不紊。古代也可表示陷阱。

阱 jǐng，防御、捕捉野兽或杀伤敌人用的陷坑，如陷阱。

圣（巠）：茎胫颈刭劲痉径经

这组汉字都有直义。

茎 jīng，植物体上生枝长叶开花的部分，是支撑物体的主干部分，意味着劲和力，如茎秆。

胫 jìng，小腿，从膝盖到脚跟的一段。

颈 jǐng，脖子，引申指器物像颈或部位相当于颈的部分，如瓶颈、颈联。

刭 jǐng，用刀割脖子。

劲 jìng，坚强有力，如劲敌，劲旅。又读 jìn，指力气，力量，如干劲。

痉 jìng，痉挛，俗称抽筋，也就是直直舒展的筋抽搐弯曲。

径 jìng，直的小路，如小径。引申为直，如径直。

经 jīng，经线，织布时拴在机上的直线，编织物的纵线。

久灸疚柩

久 jiǔ，时间长，如年深日久。

灸 jiǔ，烧，多指用艾叶等烧灼身体某一部位的治疗方法，如针灸。灸烤的痕迹得较久时间才能消失。

疚 jiù，长期生病。引申义为忧苦，心内痛苦，如负疚、内疚。

柩 jiù，装着尸体的棺材，农村称作千年屋，如灵柩。移尸于棺后，尸体就久安了。

居：踞倨

踞 jù，蹲，坐，如虎踞龙盘（形容地势险要）。箕踞，古人席地而坐把两腿像八字形分开，是傲慢的表现。引申指占据，如踞守、盘踞（亦作"盘据"）、雄踞一方。

倨 jù，傲慢，如前倨后恭（先傲慢而后恭敬）、倨傲、倨慢。

卷蜷圈拳券眷豢

都有卷曲义。

卷 juǎn，把东西弯转裹成圆筒形，如卷尺、卷帘子。也指裹挟带动，如卷入、卷扬。还指弯转裹成筒形的东西,如烟卷儿、纸卷儿。又音 juàn,可以舒展和弯转成圆筒形的书画,如长卷、画卷、手卷。引申指书籍的册本或篇章,如上卷、第一卷、卷帙(书卷成束,用布裹或布囊装起来称"帙",即书套。现一般指书籍)。还指考试用的纸,如试卷。又指机关里分类汇存的档案、文件,如案卷。

蜷 quán,本指虫形卷曲,引申指如虫之卷曲,多指身体弯曲,如蜷伏、蜷卧、蜷缩、蜷作一团。

圈 quān,环形,环形的东西,如圆圈、圈套。也指周,周遭,如跑了一圈儿。也引申指范围,如势力圈。又表示画环形,如圈阅、圈点、圈定。又音 juàn,指养家畜的棚栏,如圈舍、圈养、圈牢(饲养家畜的地方)、猪圈。

拳 quán,屈指卷握起来的手,如拳头。引申指徒手的武术,如拳术,太极拳、拳脚。也指肢体弯曲,如拳曲、拳起腿来。又作量词,用于计量拳头打人的动作,如打他几拳。

券 xuàn,指拱券,是门窗、桥梁等建筑成弧形的部分。又音 quàn,古代的契据,常分为两半,双方各执其一,现代指票据或作凭证的纸片。

眷 juàn,指回环地看,回头看,引申指顾念,爱恋,如眷念、眷恋、眷顾。又引申指亲属,如亲眷、女眷、眷属。

豢 huàn,本指设围栏喂养猪狗,后泛指喂养、饲养牲畜,如豢养。

厥阙蹶噘橛

这组字与缺口或鼓突相关。

厥 jué,缺一口气而造成的气闭晕倒,如晕厥、痰厥。

阙 què,古代宫廷门前面两边供瞭望的楼,两阙之间有道路,这仿佛空缺了一块。

蹶 jué,古代有挖掘、缺损等意义。现在多表示跌倒,比喻挫折,失败,如一蹶不振。

噘 juē,鼓突起(嘴唇),如噘着嘴。又西南官话区,称骂人为噘人,即挖苦人,认为人家缺德。

橛 jué,小木桩,插在地上拴牛、羊等牲畜,在地面上鼓突起一个包。

军:辉晖,浑晕运(運)

第一组都有光的意思;第二组有混杂,混沌,模糊不清义。也可说有圆形义:"军"之为字,表示古代部队出行安营扎寨时将车辆围成一圈,起临时防护作用。故从"军"的字有环形义。

辉 huī,闪射的光彩,如光辉。辉煌,光彩耀眼,如金碧辉煌;引申为优良,出色,如辉煌的成绩。辉映,照耀,引申指事物互相对照,如互相辉映。

晖 huī,阳光,如春晖、朝晖。

浑 hún,水不清,污浊,如浑水摸鱼、浑浊。也用来骂人糊涂,不明事理,如浑话、浑蛋、浑浑噩噩。也引申指天然的,淳朴的,如浑古、浑朴、浑厚。又指全,周,如浑身即周身,浑然相当于说圆全、整个。

晕 yùn,太阳或月亮周围形成的圆形光圈,模糊不明,如日晕。也指光影色泽模糊的部分,如霞晕、墨晕。又指头发昏,有旋转的感觉,如晕眩、晕车、眼晕。又读 yūn,指昏迷,如晕倒、晕厥。也指头脑不清。

运(運)yùn,如搬、还、转一样,运输物品的往返行动,相当于环形运动,故运实有环形义,如搬运、运转。

K

岂(豈)凯恺闿

这组汉字都有和乐的意思。

岂(豈)kǎi,本义是迎接胜利回来的军队、奋扬军威的乐曲。是凯的古字。后主要表示语气,念 qǐ。

凯 kǎi,军队得胜回来奏的乐曲。

恺 kǎi,快乐,和乐。

闿 kǎi,和乐,开心。又念 kāi,表示开。

亢颃吭,抗伉,坑

第一组都曾表示脖子。第二组有同高义。第三组有凹义。

亢 kàng,脖子,咽喉。引申为高,高傲,如不卑不亢。进一步引申为特别,如亢奋、亢旱。

颃 háng,本指颈脖。颉颃,指鸟儿向上(向高处)、向下飞。

吭 háng,喉咙,嗓子,如引吭高歌。又读 kēng,指发言,出声,如不吭声。

抗 kàng,对,抵,争高下,如对抗,搞衡,分庭抗礼。引申为对等,相当,通亢。

伉 kàng,伉俪,旧指配偶,夫妇。

坑 kēng,与高相反,它指洼下去的地方,如水坑,泥坑。又由陷坑引申为陷害,设计使人受到损失,如坑人。

可:阿呵柯苛河坷轲

这组字有曲义。

阿 ē,古指山的转弯处(即三面环山地形的内凹处),三围形的土堆。后指委曲自己的心意讨好他人，曲从、迎合、偏袒，如刚直不阿、阿谀奉承、法不阿贵。也引申有围护、呵护义，念 ā，作词头，如阿姨、阿爸、阿哥。

呵 hē，古代指怒斥，如呵斥。也指吁气，如一气呵成。而呵护，也有委曲自己的心意或枉法，保护关心他人的意思。

柯 kē，指草木枝茎（枝茎与主干之间有曲折形），如南柯一梦。古代又指斧子的柄。

苛 kē，本指细小的草（呈弯曲形），引申为细，如苛细指要求严格且琐碎。又引申指过于严厉，如苛刻、苛毒、苛求、苛责、苛待。也指繁重，使人难以忍受，如苛重（zhòng）、苛捐杂税。现代可指腐蚀性，如苛性、苛性钠。

河 hé，本指黄河（河道都是弯曲的），后指北方的水流（南方的水流多称江），也指世界上的其他水流，如河道、河滩、河鲜（供食用的新鲜河鱼、河虾等）、河运、内河、尼罗河。

坷 kě，坎坷，道路高低不平，引申指事情、事业不顺利或不称心，不得志，如半世坎坷。

轲 kē，本指车轴为两木相接的车（车轴当不平直），后多用于人名，如孟轲、荆轲。

宽髋

宽 kuān，阔大，同"窄"相反，如宽广、宽阔。也指使松缓，放宽，如宽心。宽以待人，则为宽厚。

髋 kuān，髋骨，组成盆骨的大骨，左右各一，是由髂骨、坐骨、耻骨合成的，通称胯骨。古人认为，这骨头最宽大。

匡筐框眶，诓

前四者都与周边有边郭的义象相关。后一个与匡的纠正义相反。

匡 kuāng，古代本指盛放食品的器物，后作筐。现指纠正，如匡谬。

筐 kuāng，竹子或柳条等编的盛东西的器具。

框 kuàng，门窗的周边。引申为周围的圈，如框框。比喻限制，如条条框框。

眶 kuàng，眼的四周。

诓 kuāng，欺骗，如诓骗。

L
来徕睐赉

来 lái，走来。

徕 lài，招徕，把人招来。

睐 lài，示意对方来亲近，是眉目传情的一种。

赉 lài，赐给。由眷顾（睐）而赏赐，是一件事的发展过程。

阑拦（攔）栏（欄）谰澜，兰（蘭）斓

第一组有阻止、遏止义，第二组有条状义，澜兼有二义。

阑 lán，带有格栅的门（隐含有条纹、条状义），古代用作动词时也写作"拦"，表示阻止。用作名词时可写作"栏"，表示用于阻止的栏杆。

拦 lán，遮挡，阻止，如拦挡、阻拦、拦截。

栏 lán，用于遮拦的格栅，如栏杆、木栏、石栏。也指养家畜的圈（juàn），如牛栏、栏厩。

谰 lán，抵赖（阻他人批评）的话，诬陷（阻止他人进步）的话，如谰言。

澜 lán，大波浪，呈横条状，也是阻止船行进的水流。后泛指波纹，如微澜、安澜。

兰 lán，叶片呈条状，似栏杆的格栅条。

斓 lán，颜色（有各种条纹而）驳杂，灿烂多彩，如斑斓。

劳痨

劳 láo，劳动，人类创造物质或精神财富的活动，如劳作，又指辛劳，慰劳，疲劳。

痨 láo，中医指结核病，通常多指肺结核。古人误以为是积劳成疾。

黧黎藜

黧 lí，黑里带黄的颜色。

黎 lí，本指一种小米，后多指黑色。黎明，介于黑夜和白昼之间的时刻。黎民，民众，因其头晒得黑黑的，或说习用黑巾裹头，穿黑衣。

藜 lí，一年生草本植物，开黄绿色小花，嫩叶可吃，茎长了可以做拐杖，如藜杖。藜煮水黧黑，可以染布。

里俚

与乡间有关。

里 lǐ，居住的地方，如故里，同里（同乡）。也指街坊（古代五家为邻，五邻为里），如邻里、里弄。

俚 lǐ，民间的，通俗的。如俚歌、俚语。

厉砺粝励疠

有粗糙义。

厉 lì，古本指磨刀石，是把刃口由粗变细，使刃口锋利的工具。后指严格，厉害，凶猛。古代也指疫病。

砺 lì，粗磨刀石。又表示磨，如磨砺。

粝 lì，粗糙的米。

励 lì，劝勉，奋勉，即对人进行精神上的磨砺，如励志，奖励。

疠 lì，瘟疫。又指恶疮。

鬲：隔膈嗝

隔 gé，遮断，隔开。又指隔膜、隔阂、隔离。

膈 gé，膈膜，横膈膜，体腔中分隔胸腔、腹腔的肌肉膜。

嗝 gé，打嗝儿，胃里的气体从嘴里出来而发出声音，或横膈膜拘挛，声门突然关闭而发出声音。

连涟链裢莲

连 lián，相接，如连接。又指连队，军队编制单位。

涟 lián，水面被风吹起的波纹。余冠英《诗经选》说，风吹水面纹如连锁叫作涟。

链 liàn，用金属环节连套而成的索子，如表链、铁链。

裢 lián，褡（dā）裢，一种口袋，中间开口，两头装东西。

莲 lián，莲藕，呈节节相连之形。

良：朗烺廊

都有敞亮义。

朗 lǎng，明亮，光线充足，如明朗、晴朗。

烺 lǎng，明朗。

廊 láng，廊檐，房屋前檐伸出的部分，可避风雨，遮太阳。较于殿堂之内可谓豁然开朗。

两辆俩

两 liǎng，数目（古指成双成对的二，如两手）。

辆 liàng，量词，指车，因古代车有两轮。

俩 liǎ,两个,如夫妇俩。

列例裂,烈冽

第一组同分解有关,第二组有猛烈义。

列 liè,古本指分解,以刀剖物,使之残裂。这个意义引申为厉害,分化为烈、冽。后指排列,行列,陈列等。这个意义引申分化有"例"。

例 lì,可做依据的事物,如史无前例。又指照成规进行的,如例会、例行公事。

裂 liè,破开,开了缝,如裂痕、裂缝。

烈 liè,气势盛大,如轰轰烈烈。也指猛烈,厉害,如烈火、烈日。

冽 liè,特别地寒冷,如凛冽。

鳞邻嶙,粼磷璘

这组字有"比次"(挨着)义和光泽义。

鳞 lín,鱼类、爬行动物等身体表面长的角质或骨质小薄片。也指像鱼鳞的,如鳞茎、遍体鳞伤(伤痕密得像鱼鳞似的)。

邻(鄰)lín,住处接近的人家,如邻居。

嶙 lín,嶙峋(xún),山石一层层的重叠不平。

粼 lín,粼粼,形容水、石等鳞次闪烁的白光。

磷 lín,磷火,夜间在野地里常见的青色火光,是磷质遇到空气燃烧而发的光。

璘 lín,玉的光彩。

玲铃伶聆,领岭

第一组与声音相关。第二组与脖子相关。

玲 líng,形容玉的声音,如玲玲盈耳。玲珑,指金玉声,或器物细致精巧。

铃 líng,铃铛,用金属做成,振动小锤发声的响器,如车铃。

伶 líng,伶人,旧指以唱戏为职业的人,如优伶。其得名缘于说唱、音乐。

聆 líng,听,如聆教。

领 lǐng,本指脖子,如引领而望。引申指衣服上围绕脖子的部分,如衣领、领口、领结。再引申指事物的纲要,如领袖、要领、提纲挈领。

岭 lǐng,本指山坡,山体像人脖子的部分。引申指山,山脉,如山岭、分水岭、岭脊(山脊)。特指中国大庾岭等五岭,如岭南(指五岭以南的广东、广西一带。亦称"岭外"、"岭表")。

夌：棱菱

棱 léng，物体上的条状突起，或不同方向的两个平面相连接的部分，如棱角，瓦棱，棱锥（多面体的一种），三棱镜，模棱两可。引申指神灵之威，威势，如威棱。

菱 líng，一种水生草本植物，其叶子呈四边形（"夌"意为"四边形平面"），果实多棱角，故名菱角。

流斿瑬

与漂动、摆动相关。

流 liú，作名词，指江河的流水，如河流、江流、激流、奔流。引申指像水流的东西，如气流、暖流、电流。作动词，指液体移动，如流水、流汗、流程、流质。引申指像水那样流动不定，如流转、流通、流寇、流散、流失。又引申指传播，如流言、流传、流弊、流毒、流行。

斿 liú，古代旌旗下边或边缘上悬垂的装饰品。又指古代帝王礼帽前后悬垂的玉串。

瑬 liú，古同"斿"，古代帝王冠冕前后下垂的玉串，也指旗子上下垂的饰物。

留：霤廇溜

都有水流下的意思。

霤 liù，指顺房檐滴下来的水，房顶上流下的水，如檐霤、承霤。还指房檐上安的接雨水用的长水槽，如水霤。后写作溜。

廇 liù，堂的中央；正房的中央。古同"霤"，指屋檐上接雨水的水槽。

溜 liū，滑行，滑，如溜冰。也指光滑，平滑，无阻碍，如溜圆、溜光。还指趁人不见走开，如溜走、溜号。又读 liù，指迅急的水流，如大溜、急溜。古代也指顺房檐滴下来的水，房顶上流下的水，如檐溜、承溜。还指房檐上安的接雨水用的长水槽，如水溜。作量词，指行列，排，如一溜三间房。

龙：笼昽胧聋，庞垄陇宠

第一组与罩遮、模糊相关，第二组有高、大义。

笼 lóng，养鸟、虫的器具，用竹木条或金属丝等编插而成，如鸟笼。又读 lǒng，指遮盖、罩住，如笼罩。笼统，即含混不清。

昽 lóng，曚昽，日光不明。

胧 lóng，朦胧，月光不明。引申指不清楚、模糊。

聋 lóng，听力模糊，听不清、听不到声音。

庞 páng，本指房屋高大，引申指高大，如庞大、庞然大物。又引申表示杂乱，如庞杂。另也可表示脸，如面庞（脸盘）、庞眉皓首（眉发花白，年老的样子）。

垄 lǒng，本指高丘，高大的土堆，后指田地分界高起的埂子，如田垄、垄沟。引申指农作物的行（háng），或行与行间的空地，如宽垄密植。也指像垄的东西，如瓦垄。

陇 lǒng，本指高阜，高丘，或者人为高丘坟丘。特指陕西、甘肃交界地带的陇山，后成为甘肃省的别称。又与"垄"通，指土埂。

宠 chǒng，本指崇高的地位，引申指以为高、推崇，如尊宠。进一步引申指爱，如宠爱、宠信、失宠、争宠。再引申指纵容、偏爱，如别把孩子宠坏了。

娄篓耧镂瘘髅，缕屡数薮

第一组与中空、孔洞相关。第二组同多相关。

娄 lóu，本指多孔通明之物或多孔通明的状态，故以其为声旁的字或有中空义，或有多义。现作姓氏用字。

篓 lǒu，盛东西的器物，用竹、荆条等编成，如纸篓。篓子中空，边侧多眼孔。

耧 lóu，播种用的农具，下有铁齿松土，上有漏斗排出种子，边种边盖，行距整齐。

镂 lòu，雕刻，如镂花。传统的镂花工艺品，常呈空灵之态，雕出孔眼构成花纹。

瘘 lòu，瘘管，身体里面因发生病变而自然形成的管子，病灶里的分泌物可以由这管子流出来。

髅 lóu，死人头骨。也泛指骸骨，如骷髅（没有皮肉毛发的尸首或头骨）。

缕 lǚ，本指麻线，隐含有细、多的意思，如条分缕析，就有一条接一条的意思。

屡 lǚ，就是多次的意思，如屡次、屡屡。

数 shǔ，多次计算，或者计算频繁；表示多次时，过去念 shuò，现代念 shù。

薮 sǒu，本义是沼泽地带，多长草，也可指水少而草木茂盛的湖泽。引申指人或物聚集的地方。

卢垆泸鸬炉颅

都有黑色义。

卢 lú，据《说文》，本指饭器。古人饭器多为灰黑，故引申指黑色。《释名·释地》："黑土曰卢。"现只作姓氏用。

垆 lú，黑色坚硬的土。又指酒店里安放酒瓮的土台子，故也引申指酒店。

泸 lú，本指泸水，是金沙江的支流。《三国演义》依据传说，说泸水墨黑。《水经注·滚水注》："水黑曰卢。"故泸水因其水黑而从卢得名。现指泸州，在四川省。

鸬 lú，鸬鹚（cí），水鸟，俗称鱼鹰，羽毛黑色，有绿光，善捕鱼。

炉 lú，炉子，取暖、做饭用或冶炼用的设备，烟熏火燎，多呈黑色。

颅 lú，脑盖，也指头，如颅骨、头颅，颅以卢为部件，是因为颅有黑发。

虏掳

虏 lǔ，打仗时抓住的敌人，如俘虏。

掳 lǔ，抢取，也作虏，如掳掠。

亦（䜌 luán）：弯湾栾挛峦恋

以亦为声旁的字多有屈曲义。

弯 wān，屈曲不直，如弯曲、弯度、拐弯、转弯。也表示使曲，如弯弓（拉弓）。

湾 wān，水流弯曲的地方：河湾。引申指海岸凹入陆地、便于停船的地方，如海湾、港湾。也指使船停住，如：把船湾住。

栾 luán，本指建筑物立柱和横梁之间成弓形的承重结构，后指树名。

挛 luán，手脚蜷曲不能伸开，如痉挛。

峦 luán，本指小而尖的山，现多指群山弯弯曲曲地连接在一起绵延伸展。

恋 liàn，对喜爱的对象，在其周边转来转去、围绕着喜爱的对象想来想去，想念不忘，爱慕不舍，不忍舍弃，不想分开，如眷恋、留恋、依恋、恋人、恋战。

仑轮伦沦论

这些字都有顺序、条理义。

仑 lún，条理，伦次。

轮 lún，车轮，车辊辘。也指装于钓竿上的旋转轮和轮上的索线（便于收、纵大鱼，使其力竭而捕之）。引申有旋转义，如轮回、轮转。进一步引申为轮流，依照次第转，如轮班、轮值。

伦 lún，伦次，条理，次序，如语无伦次。又特指人伦，伦理，即尊卑、长幼、亲属间的次第规范。

沦 lún，水上的波纹，如沦漪。也指沉没，降落，如沦落、沦陷。

论 lùn，分析、阐明事物道理的文章、理论和言论，如实践论。

M

麻：摩磨蘑，靡糜

这组字的前三个，义象为按压其上运行，后两字则指磨切使散或呈细碎之状。

摩 mó，可表示摩擦、蹭，如摩肩擦背。又表示抚摩、摸，如摩弄。摩挲，即指用手抚摩。

磨 mó，摩擦，如磨刀、磨墨。又读 mò，指把粮食弄碎的工具，通常是两块圆石做成。摩、磨都指摩擦、研磨，古时通用。古人在摩制玉、石、刀具的基础上发明磨盘以研碎粮食。磨字晚出，与摩多通用，只是在磨具、磨石、磨盘等已习惯性分工用磨字。

蘑 mó，蘑菇，蕈（xùn）类，多可食用。蘑菇的背面酷似磨盘、磨齿。

靡 mǐ，这个字古代有磨切、分散、细微、倒下等义。这些义项都与磨相关。"磨切"使物"散"解而"细"微；散解、细微再引申则为"倒下"。又，靡字特指开支过度，使财物靡散，这就是靡费、浪费。

糜 mí，可表示粥，也可表示糜烂，烂到不可收拾，如糜烂不堪。过去也可表示糜费、浪费（异形词规范后不用它表示）。粥是煮烂的，故糜字既指糜粥，也指糜烂。过去人们多吃糁粥，糁是研磨而成的粮食碎粒，所以糜字的词义外延与磨相关。

埋霾

都有掩覆义。

埋 mái，把东西放在坑里用土盖上。

霾 mái，本指暴风卷落的尘土，小者可以埋没（掩覆）物品，大者（沙暴）可以埋掉人。阴霾，指空气中因悬浮着大量的烟、尘等微粒而形成的混浊现象。

卖：渎窦椟

有空义。

渎 dú，沟渠，中空可通水，也泛指河川，如沟渎、四渎（古代对中国"长江"、"黄河"、"淮河"、"济水"的合称）。也指轻慢，对人不恭敬，如亵渎、渎职、烦渎。

窦 dòu，本指阴沟，水沟，水道口，引申指孔，洞，如狗窦、鼻窦。又指人体某些器官或组织的内部凹入的部分，如鼻窦、窦房结。也指端倪，如疑窦、弊窦。也作姓氏用字。

椟 dú，柜、函一类中空的藏物器，匣子，如椟藏（cáng，喻待价而沽）、买椟还珠（喻没有眼光，取舍不当）。

曼蔓漫幔，谩慢

曼有覆盖义，也有延长义。前一组字中蔓、漫与曼的遮覆、延长义相关，幔同曼的遮蔽义相关。后一组与漫的满溢及其引申义欺骗相关。

曼 màn，延长，拉长，如曼声而歌。

蔓 màn，植物茎细长能缠绕或攀附于其他物体上的，统称为蔓，如蔓草。如曼一样，也泛指延长，如蔓延。又音 wàn，指细长能缠绕的茎，如瓜蔓儿。

漫 màn，水过满，四处外流溢出来。漫漫则专指长远。

幔 màn，张在屋内的帐幕。帐幕是用来遮蔽的，与曼、蔓有关，因为蔓生植物可蔓蔽他物。

谩 mán，大、多等意义可表示自吹自擂地说多、说大，因而表示欺骗。如以宣为声旁的字，有大义，也引申出欺骗义，諠（谖）就是说大话。这里谩也有欺骗、蒙蔽义。又读 màn，表示轻慢，没有礼貌。轻慢是出于自满，认为他人不如自己。

慢 màn，态度冷淡，如怠慢、傲慢。怠慢、傲慢是自以为满而对他人不满。自满骄矜之人轻慢于人则为傲慢；轻慢于事则为怠慢，进一步引申则表示迟缓，速度小，跟"快"相反，如慢条斯理、慢车。

矛茅

矛 máo，古代兵器，用来刺杀敌人。

茅 máo，茅草，边上有锯齿形细刺。

毛髦牦旄耄眊

都与丝状物有关。

毛 máo，动植物皮上所生丝状物。

髦 máo，古代称幼儿垂在前面的短头发。

牦 máo，牦牛，身体两旁和四肢外侧有长毛，尾毛很长。

旄 máo，古代用牦牛尾装饰的旗帜。

耄 mào，古代称八九十岁的年纪。人老眉长，毛发也长，因为那时人们不剪发。

眊 mào，眼睛看不清楚，似有丝毛遮挡，与年长也有关系。

冒帽瑁

这组字涉及帽子及其引申义覆盖。

冒 mào，本指帽子，帽子是覆盖头部的，反向引申，则指向外透出来，如冒泡、冒火。

帽 mào,帽子。

瑁 mào,古代本指一种玉,天子接见诸侯时拿的玉叫瑁,形状像一种帽(犁冠),并且要用在诸侯的圭上盖一下,以完成礼仪。现在则玳瑁连用,指一种跟龟相似的生活在海里的爬行动物,四肢不能缩进壳里,过去用它的壳磨制成首饰。

眉楣湄媚峨鹛

眉 méi,指眼上额下的毛,引申为书面上端的空白,如眉批。进一步引申,则上端的不少东西都可称为眉,所以眉与楣通;旁边的也可叫眉,所以眉与湄通。又眉是传情达意的重要辅助手段,所以眉与媚也相关。

楣 méi,门框上的横木。

湄 méi,河岸水边,如同眉在眼边。

媚 mèi,美好、可爱。得名于眉目能传情,呈现妩媚之表象。

峨 méi,峨嵋,四川省的一座山。峨嵋分化自"蛾眉",取义为如美人之眉(另:峨又指嵯峨,表示高)。

鹛 méi,鸟名,眼周围的羽毛像画的眉毛,叫的声音好听。

每:晦诲悔海霉

都与昏暗义相关。

晦 huì,昏暗不明。晦气,指不顺利。又指夜晚,如风雨如晦。也指农历每月的最后一天,是一月中最暗的黑夜。

诲 huì,教导,劝说,如教诲,诲人不倦。教诲是使人破除昏晦。

悔 huǐ,想到过去的事而心情黯然。现在说"肠子都悔青了","黯"和"青"就是"每"的黑义。

海 hǎi,靠近大陆比洋小的水域,如东海。海之所以叫海,是因为古人认为它晦(昏暗)。

霉 méi,古代没有真菌的概念,认为它是物资受潮而生黑点、黑斑的现象。

闷焖

闷 mēn,密闭。

焖 mèn,盖紧锅盖,用微火把饭菜煮熟。

冢蒙濛幪曚朦

这组字都与覆盖相关。

冡 méng,是蒙的本字,表示覆盖。

蒙 méng,据《说文》,本特指像绿萝一类的长藤植物遮覆。泛指覆盖起来,如蒙头盖脑。又形容雨点细小,这种时候,大地像被水珠覆盖似的,如蒙蒙细雨。

濛 méng,也是形容雨雾水珠覆盖的。空濛,形容景色迷茫,如山色空濛。溟濛,形容烟雾弥漫。

幪 méng,帡(píng)幪,古代指覆盖用的东西,指房屋、帐幕等。

曚 méng,曚昽,指日光不明,太阳被云雾等蒙覆遮蔽。

朦 méng,朦胧,指月光不明,引申为不清楚,模糊。

瞢懜

瞢 méng,古代指视力不明,

懜 měng,懵懂,糊涂,不明白事理。

孟猛

与大相关。

孟 mèng,兄弟姐妹中排行,有时用孟、仲、叔、季做次序,孟是老大,如孟姜。一说,"孟"是庶长子,"伯"是嫡长子。引申为四季中月份在开始的,如孟春、孟夏。

猛 měng,气势大,力量大,如猛将、猛虎。也指突然,忽然,如突飞猛进。又指勇猛。

米：眯迷谜,麋糜

第一组有不明义。第二组有小义。

眯 mī,尘土入眼,眼睛不能睁开看东西,或者眼睛半睁半闭,有时看东西模糊不清。

迷 mí,分辨不清,失去辨别、判断能力。

谜 mí,谜语,指影射事物或文字的隐语。又指没有弄明白或难以理解的事物。

麋 mí,麋鹿,是一种体型较小的麋。

糜 mí,大米煮散了、煮碎了、煮烂了的粥。又音 méi,指不黏的黍,颗粒较小。

免娩

都与去除、去掉相关。

免 miǎn,去掉,除掉,如免费、免职。又指避免。

娩 miǎn,分娩,妇女生孩子,免去身体负担。

民抿呡眠

有闭合微张义。

民 mín,据郭沫若,民是被刺瞎一只眼的奴隶。引申为与贵族、官员、军人相对的普通人。

抿 mǐn,可指(嘴、翅膀等)收敛,稍稍合拢,如抿嘴。又指用水或专用油在头发上刷抹,使头发合拢,如抿头发。又指收敛嘴唇,少量蘸取,如抿酒。

呡 mǐn,同抿,略微喝一点。又同吻,音 wěn。

眠 mián,本义是闭上眼睛,一般指睡觉,如睡眠、催眠、失眠。又指某些动植物进入昏睡状态,即在一段时间内不动不吃或不生芽也不失去活力,如冬眠、休眠。

冥暝瞑溟螟

本组字都有昏暗义。

冥 míng,昏暗,引申为愚昧,如冥顽不灵。迷信指人死后进入的世界。

暝 míng,指日落,天黑。或者表示黄昏。

瞑 míng,闭眼,如瞑目。瞑目的感觉就是冥暗无所见。

溟 míng,溟濛,形容烟雾弥漫,昏冥不清。

螟 míng,螟虫,生长在稻茎里,处于昏冥处,吃稻茎的髓部。

明盟

明 míng,亮,清楚,明白,如天明、说明、黑白分明。

盟 míng,发(誓)。古人结盟必须发誓,结盟之盟念 méng,盟誓必须向鬼神表明心迹。

没殁

没 mò,本指隐在水中,引申为隐藏,如出没;或者引申为埋没、淹没、死亡。

殁 mò,死亡。

末沫

末 mò,跟"本"相反,指树梢、尖端,如末节,秋毫之末。引申义有碎屑,如粉末、茶叶末。

沫 mò，本为河流名称。后与末相关，也指液体碎状物，如唾沫、泡沫、肥皂沫。

莫暮漠寞募，墓幕幂膜，模摹慕

第一组或与没有，或与大相关；第二组与覆盖相关；第三组与标准相关。

莫 mò，本指太阳落入草丛中，是暮的古字。引申义则为没有，不要，如莫相忘。以它为声旁的字，有的与大相关，有的与没有相关，或与覆盖相关。

暮 mù，是表示傍晚的莫的分化字，如朝暮。引申为晚，将近，如暮春、暮年。

漠 mò，既与大相关，也与无相关：指面积广大无人居住（字形显示无水）的砂石地带。

寞 mò，非常（程度大）寂静，清静，也就是没有声息的。

募 mù，大规模地、广泛地征求，如募捐。

墓 mù，埋葬（覆盖）死人的地方。也有人说，墓里幽暗相当昏暮。

幕 mù，帐幕，幕布，或覆盖在上，或垂挂在边。

幂 mì，覆盖东西的布巾。

膜 mó，动植物体内像薄皮的组织，如横膈膜、耳膜。膜都是起着某种覆盖作用。

模 mó，法式，规范，标准，如模范、模式、楷模、模型、模本、模压。又读 mú，模样，表示人的长相或装束打扮的样子；或者表示约略的时间、怎么办；还可表示描摹。又指用压制或浇注的方法使材料成为一定形状的工具，如模子、模板、模具。

摹 mó，仿效，照着样子做，如摹仿（同模仿）、摹刻、摹拟（同模拟）、摹写（同模写）、摹状、摹印、临摹、描摹。

慕 mù，羡慕，仰慕，也表示思念。

母姆拇

母 mǔ，本指女性长辈，如舅母、祖母。特指母亲，如父母。又指雌性的，如母鸡，引申有大义，所谓"物有大小轻重，大者重者为母，小者轻者为子"。

姆 mǔ，本指女师、乳母，她们都是年长如母、扶养如母的人。现多称保姆，指负责教养儿童的妇女。

拇 mǔ，手脚的大指。

目眸睦

目 mù，眼睛，如目瞪口呆、目空一切。

眸 móu，眼中瞳仁，如凝眸远望。

睦 mù，和好，亲近，如和睦、睦邻。和好是因为彼此看着顺眼，相互间不瞪眼。

N
浓脓秾

浓 nóng，含某种成分多，跟"淡"相反，如浓茶。又指深厚，不淡薄，如感情浓厚。

脓 nóng，疮口流出来的黄白色汁液。

秾 nóng，花木繁盛，如秾华（繁盛的花朵）、秾艳（美艳；鲜艳的花朵）、夭桃秾李。

P
旁傍膀，磅滂谤雱

前一组有边侧义，第二组有大义。

旁 páng，左右两侧，边旁，如旁观、旁若无人。边旁是相对主体中心部位而言，依附于主体，故引申义为依傍，古可表傍。又可引申为广大，如旁征博引即指范围广大地征引。

傍 bàng，靠，依，如依山傍水。

膀 bǎng，膀子，胳膊上部靠近肩的部分，处于上身的边旁。

磅 páng，磅礴，广大无边际。

滂 páng，滂沱，雨下得很大。

谤 bàng，古义是认为别人有过失，公开指出时言辞激烈而夸大。现在指恶意地攻击别人。

雱 pāng，雪下得很大的样子。

皮披柀破铍，被帔披彼，陂坡波颇跛簸，疲

都与皮的本义或引申义相关：第一组有剥离、分解义；第二组与加覆于体表相关；第三组有不平义。疲有萎弱、萎靡义。

皮 pí，本指剥取动物皮毛，后分化为二义：剥离、分解，动植物体表组织。如"皮面抉眼"之"皮面"即指剥离脸皮。从皮的字除与这二义相关外，还多指不平，倾斜。

披 pī，分开，打开。如披头散发即指分散着头发，披荆斩棘即指分开、砍掉荆棘。

　　柀 bǐ，可指离析破裂。

　　破 pò，本指石头碎开，引申为分解、分离义，如破裂、破土。引申指碎，不完整，如破灭、破落、破绽（衣服裂开，引申指事情或说话的漏洞或矛盾）、牢不可破。又指使损坏，如破坏、破损。还指打败，打垮，如破阵、破门。也表示揭穿，如破案、破译、破获。

　　铍 pī，本指中医用来刺破、分解痈疽的长针。现指一种金属元素，念 pí。

　　被 bèi，被子是躺着时覆盖于体表的东西。

　　帔 pèi，站立时覆盖于体表的衣物。

　　披 pī，站立时覆盖于体表的动作行为。

　　彼 bǐ，据《说文解字》，本指去到对方那里给他被覆上东西，现只表示那、那个或对方。

　　陂 pō，陂陀（tuó），指不平坦。过去，陂、坡是异体字，本指山坡，引申为不平坦、倾斜。又读 pí 或 bēi，都是地名用字，都表示水边山坡，只是不同地区念不同读音。

　　坡 pō，倾斜的地方。与陂本为异体字，后世分化：坡指山坡及倾斜的地方，陂则指陂陀、陂池（陂池转指平坦的良田、田亩）。

　　波 bō，江河、湖、海等因振荡而起伏的水面。

　　颇 pō，本指头大而侧于一边，后指不平正、偏斜。

　　跛 bǒ，腿脚有毛病，走路时身体左右不平衡。

　　簸 bǒ，指用簸（bò）箕颠动米粮，扬去糠秕和灰尘（故有人说与分离相关），也指像米粮在簸箕颠动一样，如颠簸。

　　疲 pí，身体劳累的感觉，如疲乏、疲劳、疲惫、疲敝、筋疲力尽。又指精神上懈怠，不起劲，如疲沓、疲软。

票飘漂瓢熛，嫖剽骠缥瞟

　　这一组字，前五个与浮动有关；浮动义转为轻、轻疾义，或视感上的飘忽义。

　　票 piāo，熛的本字，指火焰飞动。现念 piào，表示钱钞或单据。

　　飘 piāo，随风飞动，也就是在空中浮动。

　　漂 piāo，指在水面浮动，可引申为轻疾貌，如"水上漂"。

　　瓢 piáo，多用葫芦或木头制成。旧时人们舀水之后就丢在水缸里，任其漂来晃去。

　　熛 piāo，指火焰浮飞。

　　嫖 piáo，行为轻浮，玩弄妓女。

　　剽 piāo，轻捷，如性情剽悍。

骠 piào,马轻捷快跑的样子,转义为骁勇,如骠勇。

缥 piāo,视感飘忽而不是很明晰。缥缈,古也写作飘渺,形容隐隐约约,若有若无。

瞟 piǎo,本指略微看过,没看真切,记得也模糊。现指斜着眼看。

平坪枰评抨

平为气息平匀,这组字都与平正相关。

平 píng,不倾斜,无凹凸,像静止的水面一样。

坪 píng,平坦的场地,如草坪。

枰 píng,棋盘,如棋枰,有平整的特点。

评 píng,站在(自认为)公平公正的立场议论或批判。

抨 pēng,抨击,指责攻击他人不公平不公正。

音:剖掊部,陪培赔倍

这一组以音为声旁的字,前三个与分解相关,其他的表示补充完善。

剖 pōu,可表破开,如解剖。引申为分析、分辨,如剖明事理。

掊 pǒu,掊击,抨击。有击之使破的意思,如《庄子·逍遥游》:"吾为其无用而掊之。"

部 bù,整体分解出的一份,如内部、南部。

陪 péi,本是加土于根基,是培的异体字。就主从关系看,原根基之土为主,添加之土是副,是辅。陪伴、陪客、陪席都意味着副,从于"主"。现在主要表示跟随在一块,在旁边做伴,如陪伴、陪同。也指从旁协助,辅佐,如陪审。又指增加的,非主要的,如陪衬、陪都。

培 péi,为保护植物或墙基,在根基部分加土,因此有培补义,如培土、培修、培植。引申指帮助和保护人的成长,如培养、培训。

赔 péi,表示亏损或补偿损失,如赔偿。

倍 bèi,指跟原数相等的数,某数的几倍就是用几乘某数,如二的五倍是十。又表示加倍,如每逢佳节倍思亲、事半功倍。

Q

齐剂侪济

都有整齐义。

齐 qí,古文字像禾麦吐穗上端平整,指东西的一头平或排成一条直线,如齐整,参差不齐。引申指达到,跟什么一般平,如见贤思齐、河水齐腰深。也指同时,同样,一起,如齐名、齐声、齐心协力。又指全,完全,如齐全、人到齐了。古代也表示剂的意思。

剂 jì,调适各方面比例而成的药,如剂型、剂量(liàng)、药剂、清凉剂。引申指量词,用于若干味药配合起来的汤药,亦称"服(fù)"、"付",如一剂药。也指做馒头或饺子等面食时,从和好的面上分出来的小块儿,如面剂儿。

侪 chái,等辈,同类的人们,如侪类、侪辈、吾侪(我们这些人)。

济 jǐ,济济,多而整齐美好的样子。又读 jì,本指渡河成功,引申为成功,再引申为帮助人成功,帮助,如济世、救济、赈济、周济、接济。

奇畸,倚椅,绮漪旖

第一组表示不规则;第二组与不平稳而依靠相关;第三组表示文采。

奇 jī,数目不成双的,与"偶"相对,如奇数、奇偶。又读 qí,表示特殊的,非常的,罕见的,如奇闻、奇迹、奇志、奇巧、商品奇缺、山势奇险。引申指出人意料的,令人难测的,如奇兵、奇计、奇袭。也指惊异,引以为奇,如奇怪、惊奇、不足为奇。

畸 jī,本指不齐整的零散田地,后指残余,零星,如畸零。引申指不规则的,不正常的,如畸形、畸胎、畸变。还指偏,如畸轻畸重。古同"奇",数目不成双的。

倚 yǐ,靠着,如倚靠、倚赖、倚傍、倚托、倚重。引申指仗恃,如倚势、倚恃、倚仗。也指偏,歪,如不偏不倚。

椅 yǐ,有靠背的坐具,如椅子、座椅、躺椅。

绮 qǐ,本指有花纹或图案的丝织品或绣有花纹的衣服,引申指色彩美丽,如衣服绮丽。

漪 yī,水波纹,如清漪、漪澜。

旖 yǐ,旖旎,本指锦旗飘柔之美,现多指风光柔和美丽。

乞:迄讫吃,疙圪纥

前一组有止、尽义。后一组都指包凸形东西。

迄 qì,到,至,如迄今。也表示最终,终究(用于"未"或"无"前),如迄未成功、迄无音信。

讫 qì,本表示绝止,完毕。后表示完结,终了,如收讫、付讫。也表示截止,如起讫。

吃 chī,本表示说话结巴,即口吃。有语流迟滞、滞止之义。

疙 gē,疙瘩,皮肤上突起来或肌肉上结成的病块,也指小球形状或块状东西,如土疙瘩、冰疙瘩。

圪 gē,圪垯,同疙瘩。可指小土丘。多用于地名。圪节,义同骨节。

纥 gē,纥缝,同疙瘩,多用于线、织物等。

契锲

契 qì,用刀雕刻,也指刻的文字,如书契。引申义有相合,如默契、契合。也指买卖文书,如房契、契约。

锲 qiè,用刀子刻。

气汽忾

气 qì,没有一定的形状、体积,能自由散布的物体,如煤气、沼气。又指怒或使人发怒,如生气。

汽 qì,蒸气,液体或固体变成的气体,如汽船。

忾 kài,愤怒,恨,如同仇敌忾。

乔峤桥,骄侨,矫娇

乔本是高而曲的意思。从乔的字,峤、桥有高曲义,骄、侨有高义,桥、矫、娇有曲义。

乔 qiáo,高,如乔木、乔松、乔迁(自低处升高处。后喻人搬到好地方居住或升官)。反向引申指作假,装,如乔装。更引申指无赖,狡诈,如乔才。

峤 qiáo,山尖而高,如峤岳。又读 jiào,指山道,如峤道。又特指五岭,如峤南、峤外。

桥 qiáo,本指树木高耸而盘曲倔强的样子。后指高立于水面、呈拱形,连接两岸的通道。

骄 jiāo,本指马高大雄壮,马壮健。现指自满,自高自大,不服从,如骄傲、骄气、骄恣、骄横(hèng)。也引申指猛烈,如骄阳。

侨 qiáo,本义表示高,后与乔迁相关,指寄居在外地,寄居在外国,如侨居、侨胞、侨民。也指寄居在外国的人,如华侨、外侨、侨眷。

矫 jiǎo,纠正,把弯曲的弄直,如矫正、矫治、矫世(矫正世俗)、矫情(故意违反常态,表示与众不同)、矫枉过正。又表示假托,如矫命、矫诏、矫虔(官吏假托上命掠夺百姓的财物)。也可指强壮、勇武,如矫健、矫捷、矫矫(勇武的样子,出众的样子)。

娇 jiāo,多形容小孩、女子性格婉曲、美好可爱,如娇儿、娇女、娇艾(年轻貌美的女子)、娇娆、娇艳、娇嗔、娇逸(潇洒俊美)。也可指柔弱,如娇弱、娇小、娇嫩、娇气。又指爱怜过甚,过分珍惜,如娇养、娇惯。

臤:坚悭紧贤

都有结合牢固、不易摧毁的意思。

坚 jiān,牢固,结实,硬,如坚固、坚实、坚如磐石。引申指不动摇,不改变,如坚决、坚信。也指牢固、结实的东西或阵地,如中坚、攻坚、披坚执锐。

悭 qiān,小气,吝啬,所谓一毛不拔,铁公鸡,如悭吝、悭囊、悭涩。引申指缺欠,缘悭一面(缺少一面之缘)。

紧 jǐn,密切合拢,与"松"相对,如拧紧、捆紧。又指使紧,如把琴弦紧紧。也指靠得极近,如紧邻。还引申指事情密切接连着,时间急促没有空隙,如紧凑、紧密、紧缩、加紧。进而引申指形势严重,关系重要,如紧急、紧促、紧迫、紧要。

贤 xián,有道德的,有才能的,也就是持之以恒地向善的,如贤明、贤德、贤能、贤良、贤人、圣贤。也用作敬辞,多指行辈较低的,如贤弟、贤侄、贤契(对弟子或朋友子侄辈的敬称)。

佥:敛殓

敛 liǎn,收拢,聚拢,如收敛、敛钱。

殓 liàn,装殓,把死人装入棺材里,如入殓、大殓。

且:沮阻

沮 jǔ,阻止,如沮遏。现多表示坏,败坏,如沮丧(失意,懊丧)。

阻 zǔ,险要的地方,引申指拦挡,如阻止、阻力、阻挠。

睘:环(環)还(還)

环 huán,中央有孔的圆形佩玉,如环佩。引申指圈形的东西,如环形、连环、花环。又指围绕,如环视、环海、日环食。也指相互联系的许多事物中的一个,如重要的一环,险象环生。

还 huán,回到原处或恢复原状,"回来"与"前往"就形成一个圈,如还乡、还俗、返老还童。引申指回报别人对自己的行动,如还手、还击、以牙还牙。也指偿付,如归还、偿还、原物奉还。古同"环",环绕。

秦:蓁榛臻

从秦的字有众多、积聚的意思。

蓁 zhēn,草木茂盛,如其叶蓁蓁。又同榛,指荆棘丛生。

榛 zhēn，泛指丛生的荆棘，如榛莽。也指草木丛杂，如草木榛榛。

臻 zhēn，本指集聚而到，如百福并臻。引申指达到，如日臻完善。

禽擒

禽 qín，鸟、兽的总称，如五禽戏。有时特指鸟类，如家禽，飞禽走兽。古通"擒"，如：不禽二毛。

擒 qín，本指捕捉禽兽，引申指捉拿，如擒拿、生擒、就擒、欲擒故纵、擒贼先擒王。

区：欧呕讴，怄沤鸥，枢瓯伛妪岖

第一组都指发自胸、出自口的事。第二组与积藏，出不来相关。第三组与圆、曲、不直、不平相关。

欧 ōu，古有二义：一为吐气而歌，与讴同。一指胃吐而呕，与呕同。现作姓氏和欧洲的简称。

呕 ǒu，吐，如呕血。作呕，恶心，比喻非常厌恶。

讴 ōu，歌唱。讴歌，指歌颂，赞美。

怄 òu，故意惹人恼怒，或使人发笑，逗弄。这两种意义都指强忍怨愤：怄气是生闷气，气不曾发。逗弄人，人也生气，不过生气人面对"半开玩笑"，即使怄得直冒火，而火气也不好发。怄属强忍怨愤，不快于心。这与讴的气出而歌以快于心刚好相反。

沤 òu，长时间地浸泡，如沤麻。这与怄气郁闷一样。又念 ōu，指水泡，如浮沤。

鸥 ōu，可以长时间浮在水上的水鸟，羽毛多为白色，生活在湖、海上，捕食鱼、螺等。

枢 shū，门上的转轴，也指承轴臼，都是圆形物，如户枢不蠹。引申指重要的或中心的部分，起决定性作用的部分，如枢纽、中枢。

瓯 ōu，指小盆，或者杯子，都是圆形物，如瓯子、茶瓯、酒瓯、金瓯（金属酒器；喻国土完整，亦指国土，如"金瓯永固"）。又指浙江省温州市的别称，如瓯绣、瓯剧。

伛 yǔ，驼背，如伛人、伛偻（lǚ）（腰背弯曲）。

妪 yù，老年女性，人老则身曲，故称妪，如老妪、翁妪。

岖 qū，崎岖，指山路不平。

去祛

去 qù，跟"来"相反，离开所在的地方到别处，由自己的一方到另一方。也表示距离，差别，如相去不远。

祛 qū，除去，驱逐，如祛疑、祛痰剂。

取娶

取 qǔ，拿，获得，得到，招致，如获取、取经、取悦、索取、取款、窃取。又指选择，如选取、取材、取样。引申指采用，如采取、听取、吸取。反向引申指消去，取消、取缔。

娶 qǔ，把女子接过来成亲，如娶亲、娶妻、迎娶、嫁娶。

全牷诠辁铨，栓拴

第一组有完整、全面义。第二组与关、合相关。

全 quán，本指完善无瑕之纯色玉，引申指完备，齐备，完整，不缺少，如齐全、完全、求全责备。引申指使不受损伤，如保全。也引申指整个，遍，如全部、全民、全神贯注。进而指都，如：代表全来了。

牷 quán，古代祭祀用的牛，毛色纯一，也指牲畜毛色纯一。

诠 quán，本指全面解释，阐明事理，如诠解、诠注、诠释、诠次（条理、层次，如辞无诠次；选择和编排，如"诠次不精，致有差误"）。引申指事物的理，如直诠（即真理）、发必中诠（说出话来必定符合事理）、诠有专长、博诠多才。也指分门别类的有系统的知识，如诠说、哲诠、数诠。

辁 quán，古代以全木制成的没有辐条的木制车轮，如辁轮、辁车。后指浅薄、小，如辁才（小才，浅薄之才）、辁朴（浅薄朴拙不堪重任的人）。

铨 quán，古代指秤，后引申指称量、（全面地）衡量、鉴别等，如铨衡（古代史书中解说、评议一类的文字）、铨除（量才授官）、铨考（考量选用）、铨序（按照官吏的才能功绩，确定官位的等级升降）、铨授（量才授官）、铨补（考量才能以补官职）。

栓 shuān，器物上可以开关的部件，如枪栓、消火栓。

拴 shuān，用绳子系上，如拴马、拴车。

屈：倔崛，掘窟

前一组有强势突出的意思，后一组意义相反，是使有凹陷的意思。

倔 jué，个性突出，不易改变观点，如倔强。又音 juè，指性格粗直，态度不好。

崛 jué，山峰高起，突起，如崛起、崛立。

掘 jué，古代同"倔"或"崛"，现在指刨挖，使地面形成个缺洞，如掘地、掘井、挖掘。

窟 kū,凹进去的地方,孔洞,如窟窿。也多指歹徒聚集的地方,如匪窟、魔窟。

夋:峻骏俊逡畯

都与高义相关。

峻 jùn,本指山高而陡,如高峻、险峻、峻峭、峻拔。引申为高大,如峻德、峻节。也引申指严厉苛刻,如峻刻、峻厉、严峻、严刑峻法。

骏 jùn,行进迅速(的马),如骏奔、骏发。引申指高大的马,良马,如骏马、骏足、骏骨。也同"俊",表才智超群。古也同"峻",表示高大。

俊 jùn,才智高出普通人的人,如俊杰、俊伟、俊彦(才智杰出的人)、俊爽、俊造(学识造诣很深的人)。引申指容貌美丽,如俊俏、俊美、俊秀、俊逸(俊美洒脱,不同凡俗)、英俊。古同"峻",大。

逡 qùn,与高升相反,表示退让、退却,如逡巡。

畯 jùn,西周时期负责农事的官,农艺高超主持农事。

R

然燃

然 rán,古本指烧,后借用作代词,表示这样,如此,如当然。又引申为是,对,如不以为然。

燃 rán,烧起火焰,如燃料、自燃。

刃韧忍轫纫

与刚硬、不易折断相关。

刃 rèn,刀枪等锋利的部分,如刃口。又指刀剑矛戟矢等坚硬的兵器。

韧 rèn,又柔软又结实,不易折断,如韧性、坚韧。这与刃的刚硬相反相通。

忍 rěn,指把感情按住不让其表现,如忍耐。

轫 rèn,支住车轮不让其转动的木头。轫木多呈三棱形,棱儿如刃。发轫,比喻事业开始。

纫 rèn,缝缀,如缝纫。缝纫如锋刃之刺。

任妊

与怀抱相关。

任 rèn,本指怀抱,担负。引申指负担,担当,如担任、任课。又引申指职务,如就任、到任、任重道远。再引申为使用，给予职务，如任命、任人唯贤。进而指相信，信赖，如信任。又引申为由着，听凭，如任凭、任性、任意、任从、听任、放任自流。也表示不论，无论，如任何、任人皆知。又读 rén，主要指姓氏。

妊 rèn，怀孕，如妊娠、妊妇。

容：熔溶
熔 róng，固体受热到一定温度时变成液体，如熔化、熔点。

溶 róng，在水或其他液体中化开，如溶化。

柔鞣煣揉
柔 róu，软和，不硬，如柔软。

鞣 róu，制造皮革时，用烤胶、鱼油等使兽皮柔软，如鞣皮子。

煣 róu，将青竹、湿木等放在火上慢慢烤，使之变柔，然后乘势将其弯成合用的形状（或使之挺直）。

揉 róu，回旋地按、抚、摩。揉搓的作用是使硬者变柔软。

S
散撒霰馓潸
散 sàn，分开，由聚集而分离，如散会。引申表示分布，分给，如散传单、散发。

撒 sǎ，散播，散布，如撒种。

霰 xiàn，小雪粒，在下雪以前往往先下霰。

馓 sǎn，古时本指米花，指炒米使之发散膨大。现指馓子，一种油炸的面食，细条相连并扭成花样。

潸 shān，眼泪散落的样子。

扇煽
扇 shàn，摇动生风取凉的用具，如折扇，蒲扇。又读 shān，作动词用，即用扇子摇动。

煽 shān，同"扇"的动词用法。又指鼓动别人去做不该做的事，如煽动。

善缮鳝膳
善 shàn，品质言行好，如善良，尽善尽美。也指交好，和好，如友善。引申指长于，能做好，如善战、善辞令。

缮 shàn，使之完好，完善，即修补，整理。

鳝 shàn，鳝鱼，通常指黄鳝，味道鲜美。

膳 shàn，本指给君王备办饭食，一定得鲜美。后泛指（好的）饭食，如晚膳。

勺酌

勺 sháo，一种有柄的可以舀取东西的器具，如勺子，掌勺儿的（厨师）。

酌 zhuó，本指用勺舀酒，斟酒，如对酌。引申指饮酒宴会，如便酌、清酌。也引申指考虑，度量，如酌办、酌定、酌情、斟酌、酌加修改。

少：眇渺缈妙杪秒纱；耖抄炒

第一组都与小相关。第二组与翻动有关。

眇 miǎo，本指一只眼小，引申为细小、微小，如眇小、眇眇（微小，如眇眇之身；边远，高远，如路眇眇之默默；远看，如目眇眇兮愁予）、眇身（微小之身，古代帝王自称）。现在此义多写作渺。也指瞎了一只眼，后也指两眼俱瞎。

渺 miǎo，微小，如渺小。

缈 miǎo，也指小。缥缈，形容隐隐约约，若有若无，也是因为其小而不明显。

妙 miào，本指幼小，年少（特别是女子），如妙年，妙龄。引申指美，好，如妙语、妙不可言、妙境、妙处（chù）（好的地点；美妙的方面）、妙趣横生。又指奇巧，神奇，如巧妙、妙计、奥妙、妙笔生花、灵丹妙药。

杪 miǎo，树枝的细梢，是树木的细小部分。引申指年月或四季的末尾，如岁杪、月杪、秋杪。

秒 miǎo，本指禾芒的尖小末端，引申为细微，微小，如秒忽（喻细微）。又引申指各种计量单位中的小单位，如时间的计算单位，一分钟的六十分之一，秒表，秒针；弧和角的计算单位，一分的六十分之一；经纬度的计算单位，一分的六十分之一；古代长度单位，一寸的万分之一；古代容量单位，十撮为一秒。

纱 shā，本指细小的丝麻织物。现指将棉、毛、麻、化学纤维等纤维拉长加捻纺成的细缕，通常用作织布的原材料。也指经纬线稀疏或有小孔的织品，如羽纱、窗纱、纱布、纱帽（古代文官戴的一种帽子，后作官职的代称，亦称乌纱帽）。又指像纱布的，如铁纱、塑料纱。还指轻薄的纺织品，如乔其纱、泡泡纱、巴厘纱等等。

耖 chào，土地耕、耙以后用的一种把土弄得更细的农具。也指用这种农具弄细土块。

抄 chāo，搜查而没收违禁物，如抄赌、抄家。又指誊写，如抄写。

炒 chǎo，把东西放在锅里搅拌着弄熟，如炒菜。

申伸绅呻

与引长、伸引相关。

申 shēn，本指闪电。引申为伸引，如申冤、申诉。又用作地支的第九位。

伸 shēn，舒展开，如伸手、伸缩。引申为伸引，同"申"，如伸冤。

绅 shēn，古代士大夫束在腰间的长带子。

呻 shēn，拉长声音诵读诗文，品尝其味。呻吟，痛苦时发出的声音。

生性姓牲

生 shēng，出生，诞生，如生辰。

性 xìng，性质，人或事物生来具有的能力，作用等，如碱性、弹性。又指个性、生性等。

姓 xìng，表明（所出生的）家族血统的字，如姓名。

牲 shēng，用来祭祀神鬼求万物生长的家畜。后指饲养促其生殖以供生活之需的家畜，如牛、马、驴、骡等。

示视

示 shì，表明，把事物拿出来或出来给人看，如示众、示威。

视 shì，看，如视而不见。

失佚轶跌，秩帙

第一组有遗失义，第二组有积聚义、顺序义。

失 shī，丢掉，如遗失，坐失良机，收复失地，流离失所。引申指违背，如失约、失信。也引申指没有掌握住，如失言、失职、失调（tiáo）。还指没有达到，如失望、失意。又指错误，如失误、失策、过失。改变常态，如惊慌失色。

佚 yì，隐逸的人。后主要表示散失，如佚名、佚书（散失的书籍）、佚文（散失的文句、篇章）、佚本（散失的本子）、佚史（散失、隐没的或正史以外的史事）、佚失（散失，失落）、佚存（散失而复得以保存）、佚事（散失沦没而为世人所不知的事迹，多未经史书正式记载）、佚闻（散失、隐没而不为世人所知晓的传说，多未见于正式记载）。

轶 yì，散失，如轶事，轶闻。又表示超过，如轶伦（超过同辈）、轶才（出众的才能）、轶材（不平凡的人才）。

跌 diē，失足，闪失，摔倒，如跌跤、跌倒。也指失去普通水平，即下降，低落，如跌落、跌停、水位下跌。又指顿足，踩脚，如跌足大叹。

秩 zhì，本指按序积聚，引申为次第，有条理、不混乱的情况，如秩序（秩侧重于有条理、不混乱,序侧重于有先后、不颠倒)。

帙 zhì,书的卷册、卷次,暗含次第义。故有整理书籍的意思,如:书乱谁能帙,杯干自可添。后主要指书、画的封套,用布帛制成。也作量词,用于装套的线装书。

士仕

士 shì,古代统治阶级中次于卿大夫的阶层。后指读书人,如学士。现多指普通军人,如士兵。也指有名望的人,如党外人士。

仕 shì,旧称做官,如仕途、出仕。

持恃

持 chí,拿着,握住,如持笔、持枪。又表示遵守不变,如坚持。

恃 shì,依赖,仗着,如有恃无恐。

守狩

守 shǒu,卫护领地、财物等,引申为保持,如守城、坚守阵地。

狩 shòu,在领地内打猎,如狩猎。

受授

受 shòu,古代指给予和接纳,后只指接纳别人给的东西,如接受。

授 shòu,给,与,如授课、授意。

疏梳蔬

疏 shū,事物间距大,空隙大,跟"密"相反,如稀疏。

梳 shū,梳子,整理头发的用具,相对于齿密的篦子来说,其齿稀疏。

蔬 shū,蔬菜,可以做菜的草本食物。古人认为它粗疏。

刷涮

刷 shuā,用带毛的工具清除或涂抹,如刷牙、刷鞋。

涮 shuàn,摇动着冲刷,略微洗洗,如涮涮手。

率:蟀摔

蟀 shuài,蟋蟀,北方俗称蛐蛐儿,雄的好斗。古有斗蟋蟀的游戏,令其摔跤、摔打。

摔 shuāi，跌倒，如摔跤。又表示用力往下扔。

霜孀

霜 shuāng，附着在地面或植物上面的微细冰粒，草木逢霜丧失生机，古人认为它从丧取义。

孀 shuāng，孀妇，死了丈夫的妇女。

斯撕嘶厮澌

都有分散、裂开的意思。

斯 sī，本指劈，砍。后借用作代词，相当于此，这。现代基本只作姓氏用字和译音用字。

撕 sī，用手把东西扯裂，如撕开、撕碎、撕毁、撕票（绑票的匪徒因勒索金钱的要求没得到满足而把掳去的人杀死）、撕心裂肺（形容极度悲伤）。

嘶 sī，本指声音沙哑，也就是声音分散，如嘶哑、声嘶力竭。又指马叫，如嘶叫、嘶鸣、人喊马嘶。

厮 sī，古代干粗活（劈木为薪）的男性奴隶或仆役，服杂役者，如厮役、小厮。后指相互，如厮打、厮混、厮杀。

澌 sī，指冰块消融随水流动。

四驷牭

四 sì，数字，比三多一个。

驷 sì，古代同驾一辆车的四匹马；或套着四匹马的车，如驷介（由四匹披甲的马所驾的战车）；驷马高车；一言既出，驷马难追（喻话说出后无法再收回，说话要算数）。

牭 sì，四岁的牛。

叟嫂

与年龄大相关。

叟 sǒu，本像拿着火把在室内搜索，是搜的本字。后借指年老的男人，如童叟无欺、老叟。

嫂 sǎo，哥哥的妻子，如嫂嫂、表嫂。也泛称年岁不大的已婚妇女，如大嫂、嫂夫人（对朋友妻子的尊称）。

肃：箫啸

与吹相关。

箫 xiāo,箫又名洞箫,单管、竖吹,是一种非常古老的吹奏乐器。它一般由竹子制成,吹孔在上端。有六孔箫和八孔箫之分,以"按音孔"数量区分为六孔箫和八孔箫两种类别。六孔箫的按音孔为前五后一,八孔箫则为前七后一。八孔箫为现代改进的产物。

啸 xiào,撮口作声,打口哨,如啸歌(吟咏)、啸傲、啸聚(互相招呼,聚集成集)、呼啸、仰天长啸。引申指动物拉长声叫,如虎啸、猿啸。又指自然界发出的声音,如北风呼啸、海啸。还指飞机或子弹掠过时发出的声音,如飞机尖啸着冲上蓝天,炮弹呼啸而过。

遂:隧邃燧

都有深义。

隧 suì,隧道,凿通山石或在地下挖沟所成的道路。

邃 suì,深远,如深邃。

燧 suì,木燧,深入木中摩擦取火之具。

T

台:怠殆骀佁

都有迟缓、迟钝的意思。

怠 dài,本指迟钝轻慢,如怠傲,怠慢。引申指懒惰、松懈,如怠惰、怠倦、怠工、懈怠。

殆 dài,本指困顿,即倦怠迟钝,引申出困惑,如思而不学则殆。也引申出困窘,危险,如危殆。

骀 tái,驽马,也就是跑得迟缓的马,比喻指庸才,如驽骀、羸骀。又读 dài,表示疲钝,如骀骀。引申表示舒缓放荡,如骀荡。

佁 yǐ,反应迟钝,痴呆,如痴佁。

覃潭

覃 tán,深,如覃思。又作姓氏用字,也读 qín。

潭 tán,深水坑,泥潭。引申为深,如潭渊。

炭碳

炭 tàn,木炭,把木和空气隔绝,加高热烧成的一种黑色燃料。大部分是碳素。又指煤炭、石炭。

碳 tàn,一种非金属元素。

田畋佃甸

田 tián，种植五谷的土地，如种田。引申指与农业相关的，如田家。古代也同畋。种田是在过去畋猎的土地上进行的——由狩猎时代进入到农耕文明的变化。

畋 tián，打猎，如畋猎。

佃 tián，佃作，耕种田地。又读 diàn，指租田耕种。

甸 diàn，古时称郊外的地方。农田是在郊外的，故郊外的农田区域叫甸。

廷庭

廷 tíng，宫廷，帝王的处所。又指由帝王及其大臣构成的统治集团，也称朝廷。

庭 tíng，院子，如庭院、前庭。家庭，指共同生活的眷属和他们所住的地方。

亭停婷

亭 tíng，有顶无墙，供休息用的建筑物，多建筑在路旁或花园里，是供人们停留休息的地方，如凉亭、牡丹亭。引申指建筑得比较简单的小房子，如书亭、邮亭、岗亭。也表示适中，均匀，如亭匀。

停 tíng，暂时休息，不继续前进，如停留、停泊。引申指止住，中止不动，如停止，停产，停职。也指总数分成几份，其中的一份，如十停儿有九停儿是好的。

婷 tíng，优美、雅致——应与亭的均匀相关，如婷婷。

童僮

童 tóng，儿童，小孩子。

僮 tóng，旧时代受役使的未成年人。

同：峒洞筒胴

有中空义。

峒 dòng，本指山洞、石洞。峒室，指矿井下专为安装各种机械设备或存放材料、矿石和供其他辅助作业的巷道。又指旧时对南方少数民族的泛称，如苗族的苗峒、侗族的十峒、壮族的黄峒等。后来逐渐演变成今侗族，如，峒丁（峒人，峒兵）、峒户（峒人人家）。又：崆峒（Kōngtóng）：山名，在甘肃；又岛名，在山东。

洞 dòng，窟窿，深穴，孔，如洞穴、洞箫、漏洞、洞府、洞天。又引申指透彻地，清楚地，如洞悉、洞穿。

筒 tǒng，本指粗大的竹管。引申指较粗的中空而高的器物，如烟筒、邮筒、笔筒。又指衣服等的筒状部分，如袖筒儿、靴筒、筒裙。

胴 dòng，本指大肠。引申指体腔，即整个身体除去头部、四肢和内脏余下的部分，也特指牲畜屠宰后，除去头、尾、四肢、内脏等剩下的部分，如胴体。

退褪腿

退 tuì，向后移动，与"进"相对，如退步，退却，倒退。引申指离开，辞去，如退席、退职、引退。又表示送还，不接受，撤销，如退还。又指脱落，如退色、退毛、减退。

褪 tuì，使穿着的衣服或套着的东西脱离，如把袖子褪（tùn）下来。也指向内退缩而藏起来，如把手褪（tùn）在袖子里。又表示后退，逃脱，如不要遇事就往后褪。也指颜色消退，褪落（消失，减退衰落）。

腿 tuǐ，下肢，膝上胯下的称"大腿"，膝下脚上的称"小腿"。——有人说其得名之由是其可以前后行走。也指器物上像腿的部分，如桌子腿儿。特指经盐腌、洗晒、晾挂等工序加工成的猪后腿，如火腿、云腿。

屯囤，盹钝饨

第一组有积聚义。第二组有混沌义。

屯 tún，聚集，储存，如屯田、屯积、屯聚。又指驻军防守，如屯兵、屯垦、屯田（驻军开垦田地）。也指村庄，如皇姑屯、屯子（村庄）。

囤 tún，储存，积存粮食货物，如囤积（积聚贮存）、囤集、囤积居奇（指投机商人大量购存货物）。又读 dùn，用竹篾、荆条等编织成的或用席箔等围成的存放粮食等农产品的器物，如粮囤；大囤满，小囤流。

盹 dǔn，打瞌睡，处于一种似睡非睡，朦朦胧胧、神志混沌的状态，如打盹儿、冲（chòng）盹儿、醒盹儿。

钝 dùn，本指刀具刃口不锋利，不快，引申为不顺利，如这把刀真钝；成败利钝。又引申指人混沌不明事理，笨，不灵活，如钝滞（迟钝呆滞；不锋利）、迟钝、愚钝、拙嘴钝舌。

饨 tún，本指饼，后指馄饨，都是囫囵体，古人说像天地混沌之象。

W

亡忘忙罔惘盲茫

与没有、失去相关。

亡 wáng，逃亡，失去，如流亡、亡羊补牢。古时又念 wú，直接表示没有。

忘 wàng，忘记就是丢失记忆，不记得了。

忙 máng，事情多，没有空闲，如忙忙碌碌。也指急迫，急速地做，如忙生产、忙学问。

罔 wǎng，本为渔网之网的形声字写法。但后来主要表示无，没有的意思，如置若罔闻。

惘 wǎng，不得意，若有所失，如怅惘、惘然若失。

盲 máng，没有视力，看不见东西，比喻对事物不能辨认，如文盲、色盲。

茫 máng，对事物全无所知，找不到头绪，如茫然无所、茫无头绪。茫茫，指面积大，看不清边际，如雾气茫茫。

韦围帏袆纬苇，违讳韪

前一组有围绕义。后一组有背离或正确义。

韦 wéi，熟皮子，去毛加工鞣制的兽皮。古人把熟皮子切割成条，当作上好的绳子用。所以韦有系结义、连结义。也就引申有环绕、缠绕义。被捆束之物品多呈违离状态，故又引申为乖违。乖违反向引申则为是、对。

围 wéi，环绕，四周拦挡起来，如围巾、围墙。也表示四周，如周围。引申义还指围起来做拦阻或遮挡的东西，如土围子、床围子。还指两只手的拇指合拢起来的长度，如腰粗十围；或者两只胳膊合拢起来的长度，如树大十一围。

帏 wéi，帐子，幔幕。挂在顶上的称幄，围在边上的称帏。

袆 huī，古代的一种大幅巾，围在腰间，称为蔽膝；围在头部，称为覆首；围系于上身，斜交胸前，带系腰间，又相当于袍服。

纬 wěi，纬线，织布时用梭穿织的棉纱，编织物的横线。纬线围绕经线转来转去，辅助经线织成布匹。

苇 wěi，芦苇，围绕堤岸而生，势如帐幕、围墙。

违 wéi，背，反，不遵守，如违背、违约。又指离别，不见面，如久违。

讳 huì，因有所顾忌而不敢说或不愿说，如忌讳、隐讳、直言不讳。也引申指需要回避的事情，如：不要犯他的讳。

韪 wěi，是，对，如冒大不韪。

为伪

为 wéi，多作动词，做，行，做事，如为人、为难。也表示当作、认作，如以为、认为。还表示变成，如成为。也表示治理，处理，如为政。又读 wèi，多作介词。替，给，如为民请命、为虎作伥、为国捐躯。也表目的，如为了、为何。又表示对，向，如不足为外人道。

伪 wěi，本指人为的，引申指假，不真实，如伪造、伪劣、伪证、虚伪。再引申指不合法的，如伪政府、伪军。

委逶，痿萎

第一组有弯曲义，第二组有萎缩、衰弱义。

委 wěi，曲折，弯转，如委曲、委婉、委屈。也指把事情交给人办，如委派。还表示推托、舍弃等，如委弃。

逶 wēi，逶迤，形容道路、山脉、河流等弯弯曲曲，延续不绝的样子。也写作"逶蛇"、"委迤"等。

痿 wěi，身体某一部分萎缩或失去机能，如下痿、阳痿。

萎 wěi，草木干枯衰落，如萎谢、萎蔫、萎顿（亦作"委顿"）、萎靡、萎缩、枯萎。

未味，昧寐眜

未 wèi，地支的第八位。古人用地支指代月份，未指六月。

味 wèi，味道，滋味。六月里，春生秋熟的作物接近成熟，长出了近于本味的味道。

昧 mèi，本指黎明前的昏黑状态，引申为糊涂、不明白，如愚昧、冒昧；或引申为隐藏、隐瞒，如拾金不昧。

寐 mèi，本指浅层睡眠，引申指睡着，不论深浅。

眜 mèi，指目不明。也指昏昧、不明事理。

昷煴温缊氲酝（醖）蕴韫媪

本组汉字与"煴"的郁烟、文火义及其引申义温暖、温和相关。

昷 wēn，据《说文》，指仁爱，也就是惠爱他人，给人以温暖。

煴 yūn，据《说文》，指生闷火，把火苗藏到燃料中不让火苗烧到外面，有的地方称沤火。后引申为云烟、云气等。也引申为温暖不灼热的火（如取暖的炕火，炙烤的火）或文火（煮茶的火）。

温 wēn，指不冷不热，如温暖。引申为性情柔和，如温柔、温和。也指使东西热，如温酒。

缊 yùn，新旧混合的丝绵。又指麻绒、旧絮，是棉花传入中原之前的袄衣填料。它用以保温，但也不是很暖和。

氲 yùn，氤氲，指烟云弥漫。与煴的闷火形态相似。

酝（醖）yùn，酝酿：造酒材料加工后的发酵过程：蒸煮粮食，拌上酵母，贮于保温器中（大者为坑池），令其自行升温、控温、发酵，然后成为酒浆。引申为指事前考虑或磋商使条件成熟。

蕴 yùn,像煴火一样含着、藏着,如蕴藏。

韫 yùn,蕴的分化字,指收藏。

媪 ǎo,年老的妇女,她们多惠爱(昷)、温和。

文纹雯紊

文 wén,本指画纹,是纹的本字。可表示事物错综所成的纹理或形象,如天文,地文。引申为刺画花纹,如断发文身。也可引申为记录语言的符号、文字,因为文字是写成纹的,如英文、甲骨文。

纹 wén,条纹、纹理,如指纹、木纹。

雯 wén,成花纹的云彩。

紊 wěn,纹有规律则清晰,纹无规律则杂乱。紊即指乱,如紊乱、有条不紊。

呙：窝蜗涡锅埚

这组汉字,或为窝及窝形物,或为其引申义窝瘪、弯折义,都与螺旋形相关。

窝 wō,禽兽及其他动物的巢穴,如鸟窝。也指洼陷的地方,如酒窝。还指弄弯、曲折,如把铁丝窝成个圆圈。又指曲抑不伸,如窝囊、窝瘪。

蜗 wō,蜗牛,背着钙质窝的软体动物。

涡 wō,漩涡,水流旋转形成的中间低洼的地方。

锅 guō,做饭的器具,形体如窝。

埚 guō,坩埚,一种冶炼金属的容器。

五牾龉语悟寤晤

都有冲突,不一致的意思。

五 wǔ,据《说文》,篆文五字的上下平行线代表天、地及阴、阳,中间交叉线表阴、阳的交遇。传统五行说认为,天和单数为"阳",地和双数为"阴"。五在个位数里是中数,正好处在阴阳交遇、冲突、交感处。五字除了表示数目之外,其词义涉及忤、牾(矛盾双方的冲突、抵逆)。

牾 wǔ,抵牾,抵触,冲突,如牾逆。

龉 yǔ,龃龉,牙齿上下不相对。引申义指意见不合。

语 yǔ,《说文》:"直言曰言,论难曰语。"这就是说,语的本义是观念不同而相互辩论,含有矛盾冲突的意思。现在泛指话,如语言,成语等。也表示说,如不言不语。

悟 wù,理解,明白,觉醒。是启示的结果,它强调由不明白、不理解到突然理解、明白、觉醒的转化。

寤 wù,睡醒,由睡着到觉醒的变化过程。

晤 wù,因观点不同而会面,经交流而明白理解。古代有明白的意思。现只表示遇,见面,如晤面、晤谈。

午杵忤,许

前一组与背逆相关;后一个表示同意。

午 wǔ,《说文》,"啎也。"表示悖逆,从"午"的"忤"、"迕"都是此义。

杵 chǔ,舂米的木棒,后指捶衣的棒槌,进而指一种中间细、两头粗的打人兵器。方言里说一个人像木棒一样立在那里,就说"杵在那里",含有不随和、不顺从的意思。

忤(迕)wǔ,下级对上级、晚辈对上辈的抵触,不顺从,如忤逆。

许 xǔ,上级对下级、平级之间的同意、答应、赞同,如允许、许可。

屋幄

屋 wū,本指幄,后指房,房间,如屋子、屋宇、房屋。

幄 wò,帐幕,如帷幄(多指军用帐幕)。

X

昔:措厝错

都有安放义。

措 cuò,安放,安排,如措手、措辞、措置、措身。引申指筹划办理,如措施、措办、筹措、举措失当。

厝 cuò,安置,如厝火积薪。又特指停枢,把棺材停放待葬,或浅埋以待改葬,如浮厝、暂厝。现在闽南语中代表房屋。

错 cuò,本指动手(磨擦、涂饰等)使金属器皿恢复本色。引申义指非原来的(颜色、位置等),偏离,不对。再引申为不正确。古代常通"措",表示放置,安置,措施。

希稀

希 xī,在"少"的意义上现多用"稀"。现多表示盼望,如希望。

稀 xī,少,如稀少,稀有金属。又表示事物中间距离远,空隙大,跟"密"相反,如稀疏。

息熄媳

与生、止相关。

息 xī,本指呼吸时进出的气,如鼻息、叹息、窒息、瞬息万变。引申指停止,歇,如休息、息怒、息兵、息事宁人、平息、偃旗息鼓。也引申指繁殖,滋生,如休养生息、滋息。这个意义上引申出儿女的意思,如子息。还引申出利钱的意思,如息率(lǜ)、利息。

熄 xī,火停止燃烧,或使火光停止燃烧,如熄灭、熄火、熄灯。

媳 xí,本指儿子的配偶,是像儿女一样的人,如贤媳、翁媳、童养媳、令媳(尊称别人的儿媳)、小媳(谦称自己的儿媳)。引申指弟弟及晚辈亲属之妻,如侄媳、孙媳、弟媳。而媳妇一词,在北方指妻子,在南方仍指儿子的配偶。

夕汐

夕 xī,日落的时候,如夕阳、夕照、朝(zhāo)夕相处(chǔ)。引申泛指晚上,如前夕、除夕。

汐 xī,夜间的海潮,如潮汐。

奚:溪蹊

有小的意思。

溪 xī,山间的小水沟,后泛指小水沟,如山溪、清溪、溪水、溪涧、溪谷、溪壑。

蹊 xī,小路,如桃李不言,下自成蹊。又念 qī,蹊跷,指奇怪、可疑。

臽:陷馅阎

都有陷入,涵于其中的意思。

陷 xiàn,本指为捉野兽挖的坑,如陷坑、陷阱。引申指掉进,坠入,沉下,如陷落、陷没(mò)、陷溺、陷入。也引申指凹进,如双眼深陷。又指设计害人,如陷害、诬陷。又指攻破,占领,如失陷、沦陷。还指缺点,如缺陷。

馅 xiàn,包在面食、点心里的肉、菜、糖等,它们是陷入其内,如馅子、馅饼、夹馅、肉馅儿。可引申指事情的底细,秘密,如露馅。

阎 yán,置于里巷内的门,也可指里巷。阎罗,佛教称鬼王,主宰地狱。亦称"阎王"、"阎罗王"。

襄让(讓)穰瓤镶壤囊馕,攘禳

以襄为部件的字,有包容义,又有排除义。

襄 xiāng,据金文,"襄"是手拿农具在地里挖一个个小洞,放进种子,再盖土。据《说文》本义是破除干硬或长草的地面播种。引申指环绕,冲上,如(洪水)怀山襄陵。后代多指帮助、辅佐,如襄办、襄理、襄助、襄赞(赞助)。

让(讓)ràng,本义是指责对方过失,如责让。后指包容对方、不争,如让步、谦让。

穰 ráng,丰盛,五谷蕃盛,如穰穰满家。也指庄稼秆。

瓤 ráng,瓜、橘等内部包着种子的肉、瓣,如瓜瓤。

镶 xiāng,把一物嵌于另一物中,如镶嵌。

壤 rǎng,土地肥,包容有肥力,盛产庄稼,现侧重于指松软的土。

囊 náng,口袋,如囊括。

馕 nǎng,拼命往嘴里塞食物。

攘 rǎng,推,排斥,如攘除。又指窃取,将他人之物容为己物。进一步引申指侵夺,如攘夺。

禳 ráng,旧时的人祈祷消除灾祸。

享:淳醇谆惇敦暾焞墩礅

都与纯(不掺杂质的)、厚相关。

淳 chún,民风朴实、纯厚,如淳朴。

醇 chún,酒未兑水,酒味厚、纯,如醇酒。

谆 zhūn,教信恳切,诚恳,如谆复(反复地说)、谆嘱、谆谆。也指辅佐、辅助。

惇 dūn,人心纯正厚实、敦厚,如惇厚、惇朴、惇谨。引申指劝勉、勤勉,如惇诲(殷勤劝导)、惇学。也引申指推崇、尊重,如惇信明义、惇任仁人。

敦 dūn,厚道、笃实,如敦厚、敦实。引申指诚心诚意,如敦聘、敦请。也引申指督促,如敦劝、敦促。

暾 tūn,暾暾,形容日光明亮温暖,亦用以形容火光炽盛。也指刚升起的太阳,如朝(zhāo)暾。

焞 tūn,光明,如焞耀天地。

墩 dūn,土堆。又指厚而粗的木头、石头等座儿,如门墩、桥墩。

礅 dūn,厚而粗的石头,如石礅。

肖:消销稍梢艄鞘潲筲悄屑

都有小的意思。

消 xiāo,本指冰雪等固体越变越小,以至于溶化。引申指溶化,散失,如烟消云散、消失、消化。又引申指灭掉,除去,如消灭。又指把时间度过去,如消暑、消夏。还指减少,损失,如消耗、消损。

销 xiāo，本指熔化金属，使它一点点变小，如销金、销毁。引申指去掉，如销
案、销账、销赃、销魂、销蚀、销声匿迹（形容藏起来，不在公开场合出现）、报销。
又指开支，花费，如开销。也指出卖货物，如销售、销路、供销。

稍 shāo，本指禾苗末端，引申指一步步地，一点点地，略微，如稍微。

梢 shāo，树枝的末端，引申指末尾，如眉梢。

艄 shāo，船尾，船的细小部分。艄公，掌舵的人。

鞘 shāo，鞭鞘，拴在鞭子头上的细皮条。又读 qiào，装刀剑的套子。

潲 shào，潲水，淘洗大米后含有大米粉末的水，农村用它喂猪。又指略微均
匀地洒水，如熨烫衣服前先潲点水。也指雨点被风吹得斜洒，如雨往南潲。

筲 shāo，筲箕，淘去米粒中粉尘，盛米、盛饭的器皿。

悄 qiāo，声音很小或没有声音，不让人知道，如静悄悄。

屑 xiè，碎末，如屑子，纸屑。也指琐碎，如屑屑、琐屑（细微小的事情）。又
指认为值得（做），如不屑。

臭嗅

臭 xiù，古代本指气味，也表示闻到气味。现在读 chòu，表示难闻的气味。

嗅 xiù，闻，用鼻子辨别气味。

需：儒孺嚅蠕懦糯

都有柔软、柔弱义。

儒 rú，中国春秋战国时代以孔子、孟子为代表的一个学派（儒家暗含温柔
义），如儒教、儒士、儒术、儒学。后指读书人，如儒生、腐儒、通儒（指博识多闻的
大学者）、儒林（儒者之林，旧指学术界）、儒雅（读书人所具有的温文尔雅的风
貌）。古代也通"懦"，懦弱，如儒柔、儒弱（柔弱，文弱）、儒缓（柔弱，宽柔）、儒懦
（柔弱，不刚强）。

孺 rú，弱小之人，幼儿，如孺子、孺慕（幼童对父母的爱慕，泛指深挚的敬爱
或仰慕）、孺子牛、妇孺皆知。

嚅 rú，柔弱胆怯，欲言又止的样子，如嚅嗫（说话吞吞吐吐的样子）、嚅忍（欲
言而止）。

蠕 rú，虫类慢慢爬行的样子，如蠕动（指爬行的昆虫，泛指像虫类爬行的样
子）、蠕变（缓慢地变化）、蠕虫（许多相当小的、多少有点细长的像蚯蚓样的光裸
而柔软的动物）、蠕形动物（无脊椎动物的一类，体长、左右对称，质柔软、无足，如
蛔虫等）。

懦 nuò，软弱无能，如懦夫、懦弱、怯懦。

糯 nuò,稻的一种,米黏、软,如糯稻、糯米(亦称"江米")。

宣瑄喧埼暄愃萱楦渲

宣 xuān,本指大房子,后来引申义多与大相关。表示大范围地告知,如宣扬。

瑄 xuān,指六寸的大璧,是古代祭天用的大璧。

喧 xuān,声音大而嘈杂,如喧哗。

埼 xuān,物质结构空隙大而松软,如馒头又大又埼;埼土。

暄 xuān,可表温暖,同"煖",也就是热量大,温度高。

愃 xuān,为心广体胖之貌,自然也关涉大。

萱 xuān,萱草,即黄花菜,能安稳情绪,助人忘忧。

楦 xuàn,字亦作"楥",表示制鞋时用的模子,它有使鞋面不致缩小,保持其"大"的功用。

渲 xuàn,作为一种绘画技法,是大肆泼墨的意思,如渲染。

玄眩炫

玄 xuán,据《说文》,本指黑而红的颜色。引申指黑色,如玄青、玄狐。又引申为深奥不容易理解的,如玄理、玄妙。又指虚伪,不真实,不可靠,如那话太玄了。玄虚,指不真实或狡猾的手段。

眩 xuàn,眼睛昏花看不清楚,如头晕目眩。引申指为迷惑,迷乱,如眩于名利。

炫 xuàn,光明照耀,如炫目。又指夸耀。炫耀,或指照耀,或指夸耀。

旋漩

旋 xuán,转动,如旋绕、旋转、旋律、盘旋。引申指回,归,如凯旋。也表示与各方来往或来往于各方之间,如周旋、斡旋。也指水旋,后写作漩。又读 xuàn,表示打转的,如旋风。又表示临时(做),如旋吃旋做。也表示用车床或刀子转着圈地削,如用车床旋零件,把瓜皮旋下去。

漩 xuán,回旋的水流,如漩涡(回旋水流形成的螺旋形,也比喻越陷越深不能自拔的境地,如"卷入漩涡"。也可写作"旋涡")。

熏薰曛醺

这组汉字与熏之熏烟、熏染、熏辛气味及其转义昏黑等有关。

熏 xūn,气味或烟气接触物品,如熏豆腐,熏肉。又指气味刺激人,如臭气熏人。

　　薰 xūn，薰草，古书上说的一种香草。引申指花草的香气。

　　曛 xūn，日没时的余光，如曛黄。引申指昏黑、昏暗。

　　醺 xūn，醺醺，醉的样子，也就是酒味特熏人。

旬询徇殉

　　旬 xún，十天为旬，周而复始，如上旬、中旬。故引申有周遍，普遍义。又十年为旬（指年龄），如年过六旬。

　　询 xún，普遍性地征求意见，如询问、询察、查询、咨询。

　　徇 xùn，本指周遍性地巡行示众。后多指曲从，如徇私舞弊。

　　殉 xùn，古代统治者逼迫活人陪着死人埋葬，也指用偶人或器物随葬，环绕死者周围以保卫死者，如殉葬。后引申指为达到某种目的牺牲自己性命，如殉国、殉难。

Y

厓：崖涯睚

　　都有边旁义。

　　崖 yá，高地的边，山边，如悬崖勒马。

　　涯 yá，水边。引申为边际、极限，如天涯海角。

　　睚 yá，眼角。

牙芽蚜呀讶鸦雅

　　有张开义。

　　牙 yá，古指臼齿，俗称大牙，同齿相比，牙上面分丫了。现在泛指牙齿。

　　芽 yá，植物的幼体，多呈丫状，可以发育成茎、叶或花的那一部分。

　　蚜 yá，生在豆类、棉花、菜类、稻、麦等的幼苗上，吸食嫩芽的汁液，能分泌一种甜液，古名竹虱，今称木虱，通称"蚜虫"。

　　呀 yā，古指露齿地张着嘴巴，如喘气或笑。现作叹词，表示惊疑；或作拟声词。

　　讶 yà，惊奇、奇怪，如惊讶。其表情是张大眼睛，张大嘴巴。

　　鸦 yā，乌鸦，呀呀叫的鸟，身体黑色，嘴大翼长。

　　雅 yǎ，古代是鸦的异体字。主要借用来表示正规的、标准的，如雅言。引申为美好的，如雅致、雅观。

亚恶垩娅,桠垭

第一组有次等的、不好的意思,第二组有分支义。

亚 yà,次等的,不好的。次等兄弟即为亚(分别娶了姐妹的男子互称为亚),后写作娅。

恶 è,恶劣、不好,如恶感、恶习。凶狠,如凶恶。又念 wù,表示认为不好而讨厌,憎恨。

垩 è,一种白色的土,不适宜庄稼生长,仅用于涂抹墙壁。

娅 yà,姐妹外嫁形成的亲戚关系,后称连襟。

桠 yā,桠权,树木分权形成的地方。

垭 yà,指两山相交或山梁凹折如桠的地方,多用于地名,如清风垭。

言唁

与言说相关。

言 yán,讲、说,如言情、言欢。引申指说的话,如言论、言辞。又指字,如五言诗、洋洋万言。

唁 yàn,本指对遭遇非常变故者的慰问,后多指对遭遇丧事的人的慰问,如吊唁、唁电。

炎剡琰

与火、光相关。

炎 yán,字形表示炽盛之火上冲状态,本义是火焰、火光。现在表示热,如炎夏、炎暑。又表炎症,指身体的一部分发生红、肿、热、痛现象,如发炎、脑炎等。

剡 yǎn,指像火焰之上焰一样的尖锐之形,表示尖,锐利。也表示使尖锐,即削,刮。又读 shàn,剡溪,在浙江。

琰 yǎn,本指玉之光华,转义指美玉。

庵奄掩阉淹罨

本组汉字都有覆盖、蔽藏义。

庵 ān,关门的房屋,不对外开放的房屋。又特指女性修行者居住的寺庙。

奄 yǎn,覆盖,这个意义后来写作掩。也表示忽然,如奄忽。奄奄,气息微弱,如奄奄一息。——事物、生物处于遮覆、盖蔽之下,一定会暗微、孱弱,以至于灭绝。

掩 yǎn,遮蔽,遮盖,如掩盖、遮掩。也表示关,合,如把门掩上;掩卷。

阉 yān,本指关门,后指宦官。古人认为阉人精气闭藏,也就是不再能分泌雄性性激素了。

淹 yān，浸没，被水掩覆了，如淹没。

罨 yǎn，覆盖，掩盖，如冷罨法、热罨法（医疗的方法）。还指一种渔网。

要腰

要 yāo，本义就是腰，引申为重要、枢要、要害等义，此义现读 yào。又引申出需要、要求、企求等。

腰 yāo，胁下部位，处于身体中部。

摇徭谣遥鹞

这组汉字的词义与摇动义相关。

摇 yáo，摆动，如摇摆、摇晃。

徭 yáo，徭役。行役之人离家遥远，生活动荡仿佛物体之飘摇。

谣 yáo，本指服徭役的民众抒发胸臆的歌，即为徭者之歌。现指大众编的生活的歌，如民谣、歌谣。

遥 yáo，逍遥，优游自得的样子，行动时摇摇摆摆。逍遥游者常远行，故遥字单用、叠用都有远义，如遥远、遥望。

鹞 yào，鹞鹰，善借风力飘摇于空中。有人说摇有疾速义，鹞之命名，与其疾速有关。

尧：翘跷，桡绕挠

第一组有高、长义。第二组有曲义。

翘 qiáo，本指鸟尾的长毛，引申指举起，抬起，向上，如翘首、翘望、翘企（殷切企望）、翘足引领。也指特出，如翘才（高才）、翘楚（喻杰出的人才）。又音 qiào，指一头向上仰起，如翘尾巴、翘辫子（死）。

跷 qiāo，脚向上抬，如跷脚、跷腿。也指竖起大拇指，如跷着大拇指。又跷蹊，指奇怪，违反常理让人怀疑，亦称"蹊跷"。

桡 ráo，本指木头弯曲，后泛指弯曲。在有些方言里表示桨，进而指小船。桡骨，人类前臂靠拇指一边的骨或鱼类以上的脊椎动物前肢的相应部分。

绕 rào，缠，如绕线、缠绕。引申指纠缠，弄迷糊，如绕嘴、绕口令。也指走弯曲迂回的路，如绕道、绕越。也可指围着转，如围绕、环绕。

挠 náo，弯曲（喻屈服），如挠曲（qū）、挠折、挠志（屈节从人）、百折不挠。又指扰乱，阻止，如阻挠。也指搔，轻轻抓，如挠痒。

也匜地池迤施弛驰

也 yě，"匜"古字，像葫芦瓢，只是底部有足，与瓢把相对的一端有柄，而现在的瓢把处则是液体流出的地方，称为鋬。以"也"为声旁的字，取象于其鋬从器身向外伸展，有从此向彼延伸之义。

匜 yí，古代盥洗时舀水用的器具。

地 dì，同头顶的天相对，是脚下向视野之外无限延伸的部分。

池 chí，古代指护城河，绕着城墙延伸一周。又指大水塘，如《孟子》："数罟不入污池，鱼鳖不可胜食。"甚至可指延伸得很远的大海，如《庄子·逍遥游》："南冥者，天池也。"

迤 yí，逶迤，形容道路、山脉、河流等在视野之内向视野之外弯弯曲曲延续不绝的样子。

施 shī，本指旗帜的旒在风中飘拂，由旗端向外延伸。现主要指将理想、抱负、计划、情感等从内心发散出来，延展付之于行动，如施恩、实施、施展。又音 yí，即为延伸，蔓延，如《诗经·周南·葛覃》："葛之覃兮，施于中谷。"

弛 chí，本指放松弓弦，弓弦只系于弓之一端，如旗旒一样飘扬，延伸到弓身之外。后主要指放松、懈怠，即精力、心思延伸于平时专注的事情之外。

驰 chí，车马飞快地行驶，延伸到远方。

腋掖

腋 yè，夹（gā）肢窝，上肢同肩膀相连处靠里凹入的部分。

掖 yè，本指夹肢窝，后指用手扶着别人的胳膊。奖掖，指鼓励，提拔。又读 yē，指把东西塞在衣袋或夹缝里。

衣裔依

衣 yī，衣服。

裔 yì，本指衣服的边缘，引申指边远的地方，也引申为后代子孙。

依 yī，靠，依赖，像人体有赖于衣服蔽体一样，如相依为命。又指按照，顺从，答应等。

邑悒

有聚集义。

邑 yì，古指人口聚居的地方，也就是人口聚集之地。后指都城，或城市等。

悒 yì，情感聚于心中不得发泄，郁结（俗话说钻到牛角尖），内心不安。

罜：释译绎驿

都有解义。

释 shì，解说、说明，如解释、注释、释文、释义。也指消除、消散，如释疑、释怨、涣然冰释（像冰融化了一样，嫌隙和疑虑都完全消除）。也指放开、放下，如释放、保释、手不释卷。也作佛教创始人释迦牟尼的简称，后泛指佛教，如释教、释子（和尚）、释典。

译 yì，翻译，即破解、破译，把一种语言文字依照原义改变成另一种语言文字，如译本、译文、译注、译著、口译、意译、直译。

绎 yì，抽出，解出头绪，如寻绎、演绎（由一般原理推出关于个别事物、现象的结论的推理方法）。又指连续不绝，如绎如（连续不断的样子）、络绎不绝。

驿 yì，旧时供传递公文的人中途解马休息、换马的地方，亦指供传递公文用的马，如驿站、驿馆、驿丞（掌管驿站的官员）。现为地名用字，如龙泉驿（在四川省）。

意臆癔

意 yì，意思、心思，如同意、意见。还可表示心愿、愿望，如中意、任意。也表示料想，如意外、出其不意。

臆 yì，可表示胸，如胸臆。大多数时候表示缺乏客观证据的主观的想法，如臆测、臆断。

癔 yì，癔症，一种心意方面的精神病，患者平时喜怒无常，感觉过敏，发作时，手足痉挛，知觉丧失，流口水，说胡话。多由心理上的剧烈矛盾所引起。

乂刈艾

乂 yì，古代表示割草，今基本不用，现在用刈。

刈 yì，割草或谷类，刈除杂草。

艾 yì，治理。自怨自艾，本义是悔恨自己的错误，自己改正。现在只指悔恨。又读 ài，指艾蒿。

因茵姻裀

有凭借，在此基础上的意思。

因 yīn，是茵的本字，后指因袭、顺着、依，如因势利导、因袭成规。

茵 yīn，古代车子上的席垫，引申为泛指铺的东西，如茵褥、绿草如茵。

姻 yīn，没有血缘关系的亲戚，古代专指婿家。过去，女嫁从夫，夫家为妻所归依，故姻从"因依"之"因"得名。

裀 yīn，指一层因袭一层的夹衣，也指垫子、褥子。

恩 ēn，古代多指君上惠爱臣下，恩旨、恩准、恩宠等仍存古义。君上恩宠大臣，给予恩赏、封赐，必有因依：或因为亲属，或因为功业。现代泛指恩爱、恩情、恩好。

阴荫

阴 yīn，云彩遮住太阳或月亮、星星，如天阴了。引申义为不见阳光的地方，如树阴、背阴。还引申为黑暗，如阴暗。

荫 yīn，树荫，树木遮住日光形成的阴影，如浓荫蔽日。

音：暗黯窨喑

有阴幽不明、静寂无声的意思。

暗 àn，本指日光不明，不明亮，没有光，如暗淡，黑暗。引申指秘密地，不显露地，如暗藏、暗地里。也比喻愚昧，糊涂，如兼听则明，偏信则暗。

黯 àn，昏黑，如黯淡、黯然、黯黑、黯然（心神沮丧的样子）销魂（灵魂离开了躯壳），形容心情极其沮丧、哀痛，以至于心神无主的样子。

窨 yìn，地下室，如地窨子、窨井（为便于检查、疏通地下管线而设置的井状构筑物）。又指藏在地窨里，如窨藏。

喑 yīn，哑，不能说话，如喑哑难言。引申指缄默，不说话。

淫霪

淫 yín，过多，过甚，如淫辞、淫雨、淫威。也指渐浸，浸渍，如浸淫。后主要指在男女关系上态度或行为不正当，如奸淫、淫荡、淫乱、淫秽、淫猥。也指放纵、沉溺，如淫湎（沉溺于酒）、骄奢淫逸。又指迷惑，如：富贵不能淫。

霪 yín，连绵不停的过量的雨，如霪雨（亦作"淫雨"）、霪霖（同霪雨）、霪潦（久雨成涝）。

婴缨璎瘿嘤

这一组字与颈部（脖子）或缠绕相关。

婴 yīng，字形像妇女串连贝壳作为颈饰，后代指缠绕，如疾病婴身。也特指不能下地走路，一天到晚得缠住母亲脖子或怀抱的小孩，即婴儿。

缨 yīng，本指把冠帽系结在颈部的带子，引申为带子、绳子（有缠绕作用），如长缨。也指物体上用线、绳等做的装饰品，如帽缨、红缨枪。还指像缨一样的东西，如萝卜缨子。

璎 yīng，璎珞，古代用珠玉穿成串，戴在脖子上的装饰品。

瘿 yǐng，生在脖子上的一种囊状瘤子。

嘤 yīng，嘤嘤，大约本指婴儿清脆的哭声，后指清脆的鸟鸣声。

荥荣莺荧萤莹滢，营萦潆茔

第一组与小，弱小的光、星光相关。第二组与环绕相关。

荥 xíng，古代指很小的水。现做地名，如荥阳（在河南省）、荥经（Yíngjīng县名，在四川）。

荣 róng，古代指小木，又指梧桐，又指树上的花（有光泽），繁多、昌盛等。

莺 yīng，鸟类的一科，身体小，褐色或暗绿色，嘴短而尖，声音清脆，如黄莺、夜莺。

荧 yíng，微弱的光亮。荧光，物理学上称某种物体被光照射时，吸收了照射光的一部分，而发出一种特殊的光。荧惑，迷惑。

萤 yíng，萤火虫，一种能发光的昆虫，黄褐色，尾部有发光器。

莹 yíng，光洁如玉的石头。引申为光洁、透明。

滢 yíng，清澈明亮，如滢渟。

营 yíng，军队驻扎的地方，如军营，安营扎寨。——过去军队临时安营，是用马车加上树干树枝围成寨子，以便防护。

萦 yíng，缠绕，如萦怀。

潆 yíng，潆洄，水流回旋。

茔 yíng，坟墓、坟地。古代埋葬死人，先用柴草（后代用棺木等）包裹，再覆盖上泥土。

永泳咏

与水、与长相关。

永 yǒng，古本义为水流长远。后引申为长久、长远。

泳 yǒng，有人说，古代潜行水中为永，现分化为泳，指在水里游动。

咏 yǒng，声调抑扬顿挫地念，唱，如歌咏、吟咏。歌咏同说话相比，能使感情抒发得到加长，故咏以永为声。

甬涌勇踊恿，桶蛹通捅

第一组汉字与甬的勃发、涌动义相关。第二组与中空相关。

甬 yǒng，据《说文》，甬为花朵簇簇即将开放的样子，其势如泉水上涌。故甬字有涌出、勃发义。

涌 yǒng，水由下向上冒出来，如涌泉。引申指像水涌出一样。

勇 yǒng,古人认为勇气是腾涌、勃发的胆气,令人奋勇向前。

踊 yǒng,往上跳,如踊跃。

恿 yǒng,怂恿,劝说、鼓动,即使他人鼓起勇气去做某件事。

桶 tǒng,盛水或其他东西的圆柱形容器,如水桶、饭桶、马桶、塑料桶。也指形状中空如桶的,如皮桶(做皮衣用的成件的毛皮)。

蛹 yǒng,昆虫从幼虫过渡到成虫时的一种形态,如蚕蛹(属中空之物)、蛹化、蛹卧(蚕蛹蜷伏茧中,喻隐居)。

通 tōng,中空没有阻碍,可以穿过,能够达到,如通风、通气、通行、四通八达、曲径通幽。引申指懂得,彻底明了,如通晓、通今博古、通情达理。也指传达,如通令、通讯、通缉、通牒。又指往来交接,如通敌、通商、通邮、通融、通假(jiǎ)(汉字的通用和假借)。还引申指普遍、全,如通才(指知识广博,具有多种才能的人)、通论、通体、通常、通病、通盘。

捅 tǒng,使中空的意思,具体可指用棍、棒、刀、枪等戳刺,如捅娄子(引起纠纷,惹祸,亦称"捅漏子")、捅马蜂窝(喻惹祸或招惹不好惹的人而引麻烦)。也指碰、触动,如:纸真薄,一捅就破。又指揭露,如:把问题全捅出来了。

攸悠修倏条

攸 yōu,本指治理水流,使之安稳长流。故以攸为声旁的字,或有长、久义,或有安闲义。

悠 yōu,可表长久,如历史悠久。也可表安闲,如悠闲。

修 xiū,本指用长毛装饰,后或指长久,如修长;或指修饰、修理。

倏 shū,与安闲义相反,表示快速,如倏忽。

条(條)tiáo,长形的东西称为条。

由:油釉柚

有光泽义。

油 yóu,动植物体内的脂肪,如花生油。又指用油涂抹。

釉 yòu,涂在瓷器、陶器外面堵塞气孔并使瓷器、陶器有光彩的东西。是油的后起分化字。

柚 yòu,柚子,比桔子大,多汁,味酸甜。柚子皮仿佛用油刷过似的,故从油得名。

游蝣

游 yóu,动物在水里行动,如游泳。又指不固定,如游资、游牧。还指闲逛,从容地行走，如游历、游玩。

蝣 yóu，蜉蝣，昆虫名，幼虫生活在水中，成虫褐绿色，有两对翅，在水面飞行，成虫生存期短，交尾产卵后即死。

右佑祐

右 yòu，与左相对，也可表示右手，古代还有相助、护佑义。

佑 yòu，帮助。是右的分化字。

祐 yòu，保祐，迷信的人指鬼神相助。

鱼渔

鱼 yú，鳞介类水生动物。

渔 yú，捕鱼，如渔船、渔业。也指谋取不应得的东西，如渔利。

于吁竽芋夸宇，纡迂盂圩

第一组字与大、长相关。第二组与宛转、圆周相关。

于 yú，据《说文》，其本义是大口叹气，或者叹长气。后作介词，相当"在"。

吁 xū，叹息，如长吁短叹。又读 yù，表示为某种要求而大声呼喊，如吁请、呼吁。

竽 yú，乐器名，像现在的笙。比笙大，过去在合奏时起引领作用，吹奏者需要大舒其气。

芋 yù，芋头，多年生草本植物，叶子大，块根也大；大到采集野生植物的先民见到它时会发出惊喜的"于（吘）"声。

夸 kuā，实以于为声旁。夸本有大义，如夸张。又有矜夸，自大，虚夸义，如夸饰、夸谈等。

宇 yǔ，上下四方谓之宇，即天地之间的广大空间。

纡 yū，弯曲，绕弯，如纡徐、纡回、纡尊降贵（指地位高的人转而主动地降低身份，接近地位低的人）。引申指苦闷盘结胸中，如纡郁、纡轸。也指行动迟缓，如纡徐、纡缓。

迂 yū，曲折，绕远，如迂回、迂缓（行动迟缓）。引申指言行或见解陈旧不合时宜，如迂论、迂儒、迂阔（不切合实际）、迂腐（说话、行事拘泥于陈旧的准则，不适应新时代）。

盂 yú，一种盛液体的器皿，圆形物，如水盂、痰盂。

圩 wéi，本指以堤围护的田，后江淮地方指低洼地区周围防水的堤，如圩垸、圩子、筑圩。也指围绕村落四周的障碍物（亦称"围子"），如土圩子。又音 xū，湘、赣、闽、粤等地区称集市，如赶圩、圩日。

於：淤瘀

都有郁积义。

淤 yū,本指河沟中郁积的泥沙,如淤泥、淤溉。也指水道被泥沙阻塞,如淤塞、淤积、淤滞、淤埋。

瘀 yū,血液凝滞郁积,如活血化瘀。

雨雩

雨 yǔ,落自云中的水。

雩 yú,古代求雨的一种祭祀。

予：舒纾抒

都有伸展、展开义。

舒 shū,展开,伸展,如舒眉展眼。舒服,舒坦,都指身心愉快。引申义指从容,缓慢,如舒缓。

纾 shū,缓和,解除,如纾难,纾解。纾的意义从属舒,适用范围较窄,只保留在一些习惯用语里。

抒 shū,抒发,尽量表达,如抒情、各抒己见。抒指用语言文字表达心声:话语舒展于外,而憋闷得到纾解。

腴癏谀

腴 yú,肥,肥美,如丰腴。

癏 yú,癏死,旧时称囚犯因受刑、冻饿、生病而死在监狱里。癏是腴的反义同源词。癏死者脂肪耗尽,骨瘦如柴。

谀 yú,谄媚,奉承。方言称这种行为是"舔肥",言人巴结权势像巴儿狗那样欲得肥油而舔食之。

途除

途 tú,道路,如路途、坦途、长途。

除 chú,本指宫殿的台阶,引申指台阶。现主要表示去掉,如除害、除名、废除。引申表示不包括,如除非、除外。也指算术中用一个数去分另一个数。

禺：遇耦偶藕

这组字涉及行为的双方或两个方面的人事。

遇 yù，表示相逢，会面，见到，如百年不遇、不期而遇。也表示机会，如巧遇。还可表示对待，如知遇。

耦 ǒu，指两个人一起耕地，是古代的一种耕作方式。

偶 ǒu，指双，对，成双成对，跟"奇"相反。也表示偶然等。偶然，指不经常的，不是必然的。

藕 ǒu，莲藕，藕节呈骈偶之势。

原源愿

这几个汉字都有初始义。

原 yuán，本指水流所起始的地方，引申指最初的、开始的、没有加工的及本来、原因等，如原始、原油、原由。

源 yuán，水流所起始的地方，如泉源。引申指事物的根由，如来源。

愿 yuàn，可表示乐意、想要，如甘心情愿、自觉自愿。又表示希望，如愿望、平生之愿。还表示迷信的人对神佛许下的酬谢，如许愿、还愿。这些义项都与原本、本初相关。"甘心情愿"必出自本意；"平生之愿"是原本固有的希求；"还愿"则是履行本初的许诺。

肙涓蜎娟

都有小义。

肙 yuān，小虫，后写作蜎。

涓 juān，细小的水流，如涓涓、涓滴、涓埃（喻微末）。

蜎 yuān，古书上指孑孓，蚊子的幼虫。蜎蜎，形容虫子爬行时屈曲蠕动的样子。

娟 juān，秀丽，美好——是一种与小相关的美，如娟丽、娟秀、娟娟（秀美的样子）、娟媚、婵娟。

员：陨殒

陨 yǔn，坠落，如陨落、陨灭、陨石、陨铁。古代也表示死亡，同"殒"。

殒 yǔn，死，如殒命、殒殁、殒身、殒阵。

夗（yuàn）：宛碗腕剜豌琬婉蜿惋怨苑

这组汉字与宛的屈抑、圆、曲、宛顺义相关。

宛 wǎn，古本指人卷曲着身子睡觉，上面盖着弯环形的草。其基本词义是屈抑、弯环、弯来弯去的情态或事物。如宛丘指周围高，中间低的山丘。

碗 wǎn,盛饮食的器皿,呈弯曲的凹圆形。

腕 wàn,胳膊下端跟手掌相连的部分,有弯折性能。

剜 wān,用刀挖,挖去。从刀法运作上看,剜的运行线呈弯弧形。

豌 wān,豌豆,其秧苗长得弯弯曲曲的。

琬 wǎn,琬圭,一种长方体,一头呈凹弧形的玉器。

婉 wǎn,和顺,温和,如委婉。婉转,指说话温和曲折,但不失本意。都与态度、话语不强硬、不直接相关。

蜿 wān,蜿蜒,蛇爬行的样子。引申为弯弯曲曲。

惋 wǎn,古书中常指意志屈抑不伸之遗憾,现指惊叹,如惋惜。

怨 yuàn,人有屈抑不伸之志则怨。或表仇恨,如怨恨;或表不满意、责备,如任劳任怨。

苑 yuàn,种草木养禽兽的地方,相当于圈养。禽兽不得自由奔出圈外,因此也有委屈之义。

Z

蚤:搔骚

都有扰动义。

搔 sāo,挠,用手指甲轻刮,如搔痒、搔头、隔靴搔痒。古同"骚",扰乱。

骚 sāo,有动乱、不安定,忧愁,举止轻佻等意思。骚动:可指扰乱,使地方不安宁;也指秩序紊乱,动乱。

杲（zào）:噪燥躁

都有不安义。

噪 zào,许多鸟或虫子乱叫,如鹊噪、蝉噪。又指声音杂乱,如噪音、聒噪。也指许多人大喊大叫,喧哗,鼓动,如噪嚷、噪聚、声名大噪。

燥 zào,干,缺少水分,如干燥、燥热、枯燥。古代也指内心焦虑不安。

躁 zào,性急,不冷静,如躁动、躁狂(浮躁轻狂)、急躁、浮躁、骄躁、烦躁。

责债

责 zé,本指债务,引申指分内应做的事,如责任、尽责、负责、职责、责无旁贷。引申出要求,如责求、责令。在此基础上进一步引申为指斥过失,如责备、责怪、责罚、谴责。进而指质问,诘问,如责问、责难、责让。还指为了惩罚而打,如鞭责、杖责。

债 zhài,欠别人的钱财等,如借债、欠债、外债、债主、债权、债券、债台高筑。

曾：缯矰

缯 zēng，丝织品的总称。

矰 zēng，连有丝绳的箭，射中禽鸟后便于回收，不让它飞掉。

占：点玷，阽粘沾

第一组有斑点义，第二组有临近、相连义。

点 diǎn，本指细小的斑点，也指细小的痕迹，如斑点、雨点、泥点、墨点。后指语文、数学用的符号，如标点、小数点。也指事物的方面或部分，如优点、重点、特点。又指一定的位置或程度的标志，如顶点、终点、沸点、冰点、极点。也指时间，如十点三十分；到点了，该做饭了。还可用作副词，表示程度或用于事项，如慢点走，喝了点水。

玷 diàn，白玉上面的斑点，也比喻人的缺点、过失，如小玷（小过失）、玷缺（人有缺点，如玉有斑点）、白圭之玷（"圭"，玉器）。引申指使有污点，如玷污、玷辱。

阽 diàn，临近边缘，一般指险境而言，如阽危。

粘 zhān，黏（nián）的东西互相连接或附着在别的东西上。

沾 zhān，因接触而附着（zhuó）上，如沾水。

章彰璋，障嶂瘴幛

本组字，前面几个表示显明，后面几个表示不明显及引申义遮隔，阻隔。

章 zhāng，可指红色与白色相间的花纹或丝织品，故引申为显明。又指诗歌文词的段落，如乐章、篇章。也指法规，如章程。进一步引申为条理，如杂乱无章。又引申表示条，如约法三章。

彰 zhāng，明显，显著，如相得益彰。

璋 zhāng，一种玉器，形状像半个圭。古代曾经用作政府授权调军、治兵、守土的凭证和身份证明。

障 zhàng，用作遮蔽、防卫的东西，如风障、屏障。

嶂 zhàng，形势高险像屏障的山，如重峦叠嶂。

瘴 zhàng，瘴气，山林中的湿热之气，从前认为是疟疾等传染病的病源。

幛 zhàng，上面题有词句的整幅绸布，用做庆贺或吊唁的礼物。

长涨胀张帐

都有变大、增大义。

长 zhǎng，生长，发育，如长势。又表示增加，如长见识。还指辈分高或年纪大的,如师长。又读 cháng,与短相对,是长的结果之一。

涨 zhǎng,水量增加,水面高起来,如水涨船高。又指价格提高,如涨价。

胀 zhàng,膨胀,体积变大,如热胀冷缩。

张 zhāng,开,展开。如张嘴,张牙舞爪。

帐 zhàng,用布或其他材料做成的帷幕,多指张挂在床上的用品,如蚊帐。

丈:杖仗

杖 zhàng,扶着走路的棍子,如拐杖。又泛指棍棒,如权杖、擀面杖。

仗 zhàng,兵器,如仪仗。引申指战争,如胜仗、打仗。又指拿着(兵器),如仗剑。还指倚仗、仗恃。

朝潮

朝 zhāo,早晨,如朝发夕至。又念 cháo,指在早上拜见君主,进一步引申为朝代。

潮 cháo,海水因受日月的引力而定时涨落的现象,如潮汐。

爪抓

爪 zhǎo,指甲或趾甲,如手爪。又读 zhuǎ,表示禽兽的脚(多指有尖甲的),如鸟爪子。

抓 zhuā,用指或爪挠,如抓耳挠腮。

召招,昭照诏

第一组与召唤相关。第二组有明义。

召 zhào,呼唤,招呼,号召,如召见、召唤、召集。

招 zhāo,打手势叫人来,现还指招聘、招生、招兵、招待等。

昭 zhāo,明显,显著,如罪恶昭彰、昭然若揭。

照 zhào,光线射在物体上,如照射。又表明白,知晓,如心照不宣。还指照镜子、对照、照相、照管、护照等。

诏 zhào,旧称皇帝所发的命令,其目的是昭示臣民,让他们明白该做什么或怎样去做。后指告诉。

兆:跳挑眺

有高远义。

跳 tiào,两脚离地全身向上或向前的动作,如跳跃、跳水、跳高、跳舞、跳梁小丑（指上蹿下跳，兴风作浪的微不足道的坏人）。引申指越过，如跳班、跳棋、跳槽。也指一起一伏地动，如心跳、眼跳、心惊肉跳。

挑 tiǎo，用竿子棍棒等的一头举起或支起来，如挑起帘子。也指用条状物或有尖的东西拨开或弄出来，如挑打。又指拨弄，引动，如挑拨、挑动、挑头。又音 tiāo，指扁担等两头挂着东西，用肩担着，如挑土、挑夫（旧时以给人挑货物行李为业的人）。也指挑的东西，如挑担。又作量词，用于成挑儿的东西，如一挑儿白菜。也指挖取，如挑荠菜。引申指选，拣，如挑选、挑拣、挑剔、挑肥拣瘦。

眺 tiào，望，往远处看，如眺览、眺瞩、眺望、远眺。

者：都猪潴诸煮渚暑署绪

有停聚、聚集、汇集，并且量多的意义。

都 dū，现在的都城、首都是一个国家的政治、文化中心。古代所谓的都城、大都会、通都大邑之都，就是人群聚集、聚居、来往特别多的地方。此字又音 dōu，作范围副词，指一定范围内的个体全部，故也含有数量多的意思。又作时间副词，表示已经，也暗含有量多之义。如：（连）老师都来了，他还没来。此句意味着该来的大多来了。

猪 zhū，猪之所以叫猪，是因为其肉多。甲骨文时代，猪称豕，它同犬一样都是象形字，形体相近，但犬腹细瘦而豕腹肥鼓（犬尾上翘而豕尾下垂）；甲骨文中又有形声字豮，也是猪。先秦的豚指小猪，豚一直给人圆滚滚、胖乎乎的感觉。

潴 zhū，指水积聚、停聚。《尚书·禹贡》："彭蠡既猪（后写作潴），阳鸟攸居。"又如潴积、潴留。

诸 zhū，众，许多。如诸侯、诸位。

渚 zhǔ，水中的小块陆地，即岛小而周围水多，水面浩大。

煮 zhǔ，把东西放在水里，用火把水烧开。相对于其他烹饪方法，水相对多而食材相对较少。

暑 shǔ，热，指热气汇集，古代尤指湿热，空气中水分也多，湿热得如水煮物一般。

署 shǔ，《说文》："部署也。各有所网属也，故从网。"即安排众多的工作或一件工作的众多细节。

绪 xù，丝的头。蚕茧中丝的头还比较有规律可寻绎，但绪多指隐藏在乱成一团（看起来就多了）的丝的头，所谓千头万绪，常常不易理清。

真：颠巅癫，鬒缜稹慎，嗔瞋

第一组有顶巅义。第二组都有密义。第三组有生气义。

颠 diān，头顶，如华颠。引申指最高最初的部分，颠末（本末）。也指头朝下，倾倒，跌，如颠沛、颠倒（dǎo）、颠踬、颠覆、颠扑不破。进而指上下跳动，颠簸。

巅 diān，山顶，如巅峰，山巅。也指顶部，如树巅、巅末（颠末）。又指头部，如巅疾（中医称头部疾患）。

癫 diān，大脑精神错乱失常，如疯癫、癫狂、癫痫。

鬒 zhěn，头发稠密，如鬒发。

缜 zhěn，思考、做事严密，如缜密的思考。

稹 zhěn，本指庄稼长得密密麻麻的。后同缜。

慎 shèn，指思维缜密，小心，如小心谨慎。

嗔 chēn，生气，如嗔怒。

瞋 chēn，（因生气发怒）睁大眼睛瞪人，如瞋目视之。

争睁挣诤，琤铮筝

第一组前两个指夺取，第三个指奋力脱去，第四个与言语争夺相关；第二组都与声音相关。

争 zhēng，力求取得，互不相让，如争夺、争先恐后。

睁 zhēng，张开眼睛，眼皮往上下两边翻，如两手之相争夺，所以称"睁"。

挣 zhēng，用力摆脱或支撑，如挣脱、挣开。挣扎，努力摆脱厄运或死神控制。

诤 zhēng，古与争相通。又读 zhèng，指照直说出人的过错，叫人改正，如诤谏、诤言、诤臣、诤友（能直言规劝的朋友，亦作"争友"）。

琤 chēng，玉石的声音。

铮 zhēng，象声词，多指金属的声音。

筝 zhēng，我国古代弦乐器，最初是五弦，后来加多到十三弦。现多指风筝。

正整政证，征症

第一组与中正相关，第二组与迹象相关。

正 zhèng，不偏不斜，如正中，正午。又指端正，端正引申义即为工整。

整 zhěng，整齐、有秩序、不乱，如整洁。引申为使整齐，如整理。

政 zhèng，政治，如政党、政府、政权、政策等。

证 zhèng，本义是进谏而使对方正。现表示证明、凭证。

征 zhēng，用武力制裁，即使对方符合自己所谓的正道。又指远行，如征途。也指表露出来的迹象，如特征、征候、征兆。

症 zhèng，病，病状，如病症、症状、症候、不治之症、对症下药。

支枝肢翅，跂屐歧岐芰妓伎技

前面四字涉及分支。后面几个字则与旁斜，不正相关。

支 zhī，泛指各种分支性事物。

枝 zhī，由植物的主干上分出来的茎条，如树枝，节外生枝。

肢 zhī，手、脚、胳膊、腿的统称，如四肢无力。

翅 chì，鸟和昆虫的飞行器官，如翅膀、翅翼、插翅难飞。引申指翘出像翅的东西，如鱼翅、翅果、纱帽翅。

跂 qì，踮着脚往远处看。古代还表示手、足多生的指头，引申表示旁斜、非正的东西。

屐 jī，木头鞋。以木为底，以牛皮做鞋面，鞋底下边装有四个高约寸许的方钉，适合雨后泥路穿着。穿上木屐，脚被垫高了，像踮起脚走路一样。

歧 qí，岔道，大道分出的小路。又指不相同，不一致，如歧视、歧义。

岐 qí，古同歧。现指岐山，在陕西省。

芰 jì，菱角，呈多面三角体，体形歪斜不正。

妓 jì，妓女，在人们眼里是品德不端的女人。

伎 jì，技巧，才能。古代在道家学派眼里，伎指区别于"正"的小道、小术。现在伎俩表示手段、花招，还存有古代的贬义色彩。

技 jì，才能，手艺，如技艺、技能、口技等。在古代，它是比伎更具贬义的词，也表示不合自然、不合大道的才能。

直：植殖

植 zhí，栽种，如植树、种植。植物是谷类、花草、树木等的总称。

殖 zhí，生息，孳生，如生殖、繁殖。

执絷鸷贽

执 zhí，拿着，掌握，如执笔，执政。引申为固执，坚持，如执意。又表示捕捉，逮捕。

絷 zhí，拴，捆。拘捕，拘禁。又指马缰绳、络头。

鸷 zhì，本义是击杀鸟，引申为凶狠，如鸷强（勇猛）、鸷悍、勇鸷、鸷而无敌。再引申指凶猛的鸟，鸷鸟指鹰、雕、枭等。

贽 zhì，古代初次拜见尊长持送的礼物，如贽见（拿着礼物求见）、贽敬。

止趾址,沚

有底部义,停止义。

止 zhǐ,本像足趾之形,作名词表示足,后写作趾;作动词表示停足,引申出停下来,使停下来等意思,如止息,终止,阻止。

趾 zhǐ,本义是脚,如趾高气扬。后表示脚指头。引申表示山脚、墙脚、地基,写作"址"。

址 zhǐ,地基,地点,如住址、地址。

沚 zhǐ,水中的小块陆地,是阻止水流的地方。

至致臻,窒桎

与到,使到,使不到相关。

至 zhì,到,如由南至北。

致 zhì,使……到,引申为给予,送给,如致敬,致函。又表示招引,使达到,如学以致用。

臻 zhēn,到、达到,如日臻完善。

窒 zhì,堵塞不通,如窒息、窒塞、窒闷。引申表示遏止,如窒抑(阻遏,抑制)、窒欲(抑制欲望)、窒滞(阻碍)、窒沮(阻滞)、窒郁(抑郁,沉闷)、窒士(不得志的文人)。

桎 zhì,古代拘束犯人两脚的刑具,如桎梏、桎槛。

志痣

与记号相关。

志 zhì,本指记号,标记,后来引申为记载,如杂志、地理志。现在主要表示要有所作为的决定,如志向、立志。

痣 zhì,皮肤上生的斑痕,有青、红、褐等色,也有突起的。

戠:炽(熾)帜(幟)识(識)

有色彩鲜明、特征明显的意思。

炽 chì,本义是火旺,引申表示热烈、昌盛等。

帜 zhì,旗子,像火一样鲜明。

识 shí,知道,能辨别,即记住对象的典型区别特征,如认识。后指知识,所知道的道理,如常识。

知智痴

知 zhī,知道、晓得、明了,如知无不言。又指知识、学问、学识,如求知、无知。

智 zhì,聪明、智慧、见识。

痴 chī,知、智的反面,傻,如痴人说梦。

中仲衷忠

都与中正、内中相关。

中 zhōng,与四方、上下或两端距离相等的地位,如中央、中心。也指在一定范围内,里面,如空中、水中。

仲 zhòng,在当中的,如仲春、仲裁(居间调停,裁判)。又特指兄弟排行中的老二,如仲兄。

衷 zhōng,发自心中的或藏在心中的真情、感受,如苦衷、由衷之言,

忠 zhōng,赤诚无私,诚心尽力,如忠于人民。忠就是以中正之心待人、处事。

州洲

州 zhōu,旧时的行政区划,如杭州、柳州。

洲 zhōu,水中的陆地,如沙洲。又扩展指大陆,如亚洲。洲古代本写作州。

周:凋彫雕

与伤、残相关。

凋 diāo,衰落,如凋谢、凋零。

彫 diāo,刻竹、木、玉、石、金属,如浮彫、彫版。彫是残伤了事物,成就了工艺。现作"雕"。

雕 diāo,老雕,又名鹫,是一种很凶猛的鸟,能捕食山羊、野兔等。它既有利爪,又有钩嘴,残伤猎物而啄撕其肉,故凋、彫通,都有伤义。

主:住驻,柱拄

第一组与停留相关。第二组与支撑相关。

住 zhù,泛指居留,长期居留或暂时停歇,如住城外。

驻 zhù,特指军队、外交使节居留,如驻军、驻外使节。

柱 zhù,柱子,支撑屋顶的木料。

拄 zhǔ,用手扶着杖或棍子支持身体的平衡,如拄拐杖。

专:转啭传

与环形、弧形运动相关。

转 zhuǎn，改换方向，如转弯、向左转。引申指不直接的，中间再经过别人或别的地方，如转送、转达、转发、转运、周转。也指改变位置，如转移。还指改变形势、情况，如转败为胜、天气转晴、病情好转。

啭 zhuàn，鸟婉转地鸣叫，如：鸣啭之声不绝于耳，莺啼鸟啭。也指婉转的歌声，如啭喉（婉转动听地歌唱）、啭呖呖（形容歌声婉转清脆）。

传 chuán，转授，递，如传递、传输、传统、言传身教。引申指推广，散布，如宣传、流传、传名、传奇（中国唐代兴起的短篇小说；中国明、清两代盛行的长篇戏曲；指情节离奇或人物行为超乎寻常的故事）。又读 zhuàn，解说经义的文字，如经传，《左传》。也指记载某人一生事迹的文字，如小传、纪传、传记、传略。还指以演述历史和人物故事为中心的文学作品，如《水浒传》。又指古代设于驿站的房舍，亦指驿站上所备的马车，如传舍（供来往行人居住的旅舍）。

庄：脏赃

脏 zāng，不干净，如肮脏。

赃 zāng，赃物，指不干净的钱财，即贪污受贿或偷盗所得的财物，如追赃、退赃。

兹：滋孳，磁糍慈

第一组有增义。第二组与吸附、亲和关。

滋 zī，生出，长，如滋事，滋蔓。又表示增益，增加，如滋甚。

孳 zī，滋生，繁殖，如孳生得快。

磁 cí，物质能吸引铁、镍等金属的性质，如磁性、磁力、磁极、磁场、磁化、磁感应。

糍 cí，一种用糯米的黏性做成的食品，如糍粑、糍团、糍糕。

慈 cí，仁爱，和善有亲和力，如慈爱、慈善、仁慈、慈眉善目。特指"慈母"，多用于对人称自己的母亲，如家慈、慈闱、慈颜、慈命。

子字籽仔（崽）

子 zǐ，古代指儿女，现在专指儿子。引申指植物的种子，如莲子、瓜子儿。

字 zì，古代本表示生子，抚养等义，故引申有滋生义，如文字之字由文派生，名字之字由名派生。现代主要指文字，即用来记录语言的书写符号。

籽 zǐ，指植物种子。

仔（崽）zǎi，方言里称小孩子。也可指幼小的动物。

宗综

宗 zōng，旧指祖庙，是家族集中举行祭祀的地方，祖宗，先人。

综 zōng，总起来，如综合、错综。

奏：凑辏

凑 còu，本指人群聚于水岸，水边，后引申指聚合，如凑钱。

辏 còu，车轮的辐聚集到中心。

族簇蔟

有丛聚义。

族 zú，聚居而有血统关系的人群的统称，如宗族、家族。又指民族，如汉族、回族。也指具有共同属性的一大类，如水族、芳香族。

簇 cù，丛聚，聚成一团，如簇拥、花团锦簇。

蔟 cù，蚕蔟，通常用稻草做成，状如草丛，老蚕丛聚其上做茧。

卒：瘁悴

有衰弱义。

瘁 cuì，疾病，劳累，如心力交瘁、鞠躬尽瘁。

悴 cuì，忧伤，如愁悴。也指衰弱，疲萎，如憔悴、悴容。

最撮嘬蕞

有聚合义。

最 zuì，古本指冒犯夺取，有聚合的意思，如忧喜最门。现做程度副词。

撮 cuō，用手指捏取细碎的东西，如撮药。引申指聚起，多指用簸箕状的器具铲起东西，如撮成一堆、撮土、撮合。又指取，摘取，如撮要。也指中国市制容量单位，一升的千分之一。故可做量词，如一撮米。撮东西用的器具，如撮子、撮箕。

嘬 zuō，古指吞吃食物时合为一口。现指聚缩嘴唇而吸取，如嘬水、嘬奶。引申指吃，如好好嘬一顿。

蕞 zuì，古代演习朝会礼仪时捆扎茅草立放着用来标志位次，引申为丛聚的样子。也指小，如蕞尔。

尊樽遵

尊 zūn，古代本指酒杯，后来引申义与高相关：地位高，如尊卑，尊长；以为高,敬重,如尊敬、尊重、尊奉。

樽 zūn,古代的盛酒器具。

遵 zūn,尊奉而行、依照、按照,如遵守。

左佐

左 zuǒ,跟"右"相对,如左边、左手。引申义为帮助。

佐 zuǒ,辅助、帮助,如佐理、佐助。

坐座,锉剉挫

第一组与坐相关,第二组与磨锉相关。

坐 zuò,臀部置于椅子、凳子等上面。

座 zuò,坐的位子。

锉 cuò,用钢制成的磨具,用以磨铜、铁、竹、木等。

剉 cuò,同"锉",又指折伤。

挫 cuò,挫折,事情进行得不顺利,失败,如事遭挫阻。

本章主要参考文献:

[汉]许慎撰,[宋]徐铉校定:《说文解字》,中华书局 2002 年重印版。

汉典网 http://www.zdic.net/

黄伟嘉、敖群编著:《汉字部首例解》,商务印书馆 2008 年版。

黄永武:《形声多兼会意考》,台湾文史哲出版社 1984 年(第五)版。

路沥云:《说"甘"、"咸"之词源义》,《株洲师范高等专科学校学报》2005 年 2 月。

马如森著:《殷墟甲骨文实用字典》,上海大学出版社 2008 年版。

齐冲天:《声韵语源字典》,重庆出版社 1997 年版。

王力:《同源字典》(《王力文集》第 8 卷),山东教育出版社 1992 年版。

王力主编:《古代汉语》,中华书局 2005 年重印版。

王宁:《汉字构形学讲座》,上海教育出版社 2002 年版。

叶昌元:《字理——汉字部件通解》,东方出版社 2008 年版。

殷寄明:《汉语同源字词丛考》,东方出版中心 2007 年版。

张希峰:《汉语词族丛考》,巴蜀书社 1999 年版。

章季涛:《实用同源字典》,湖北人民出版社 2000 年版。

第三部分　方法篇

第五章　方法：
现代的识字教学法

第一节　概　述

识字教学流派、识字教学法、识字教学方法是识字教学中常常谈到的，也是很容易混淆的三个术语，其实它们是三个层次分明的概念。

一、识字教学流派

所谓识字教学流派是指那些在识字教学实践中以特定教学思想为纽带而形成的，有着完整教学体系、显著教学特色和较大社会影响的群体。

中国传统的识字教学流派是集中识字教学流派。秦代李斯编的《仓颉篇》、赵高写的《爰历篇》、胡毋敬作的《博学篇》，是用当时法定的小篆字体编写的字书。从出土的零星材料来看，是四字句的韵语。他们既是规范汉字形体的标准，又是识字教学读本。西汉初，启蒙老师将这三种识字课本合并为《仓颉篇》。此后，汉武帝时司马相如作《凡将篇》，元帝时史游作《急就篇》，成帝时李长作《元尚篇》。王莽当政时，扬雄作《训纂篇》。东汉和帝时有贾鲂写的《滂喜篇》。总的来看，魏晋以前的这些蒙学教材基本上都是字书，既提供标准字体，又兼作识字读本（这些字书基本上都佚失了，现仅有《急就篇》保存完整。全书为三言、四言、七言韵语。三言、四言隔句押韵，七言则每句押韵，以便诵习），当然也有些综合知识。后来有三大启蒙读本"三百千"（源于南宋王应麟的《三字经》、成文于北宋的《百家姓》、由南北朝时期梁朝周兴嗣编纂的《千字文》）。这些识字课本既以识字为主，以知识学习为辅，自然是集中识字教学的体现。此外，中国古代的教学，学童学习四书五经，都是先识字写字，甚至背熟了，老师才开讲，讲解文章的意义。现在年龄稍长的人，称小学生不懂意义的背诵为"念科举"。不懂文章意义的念科举，就是重在识字——这种先识字、后读书的教学方法就是集中识字。

从没有散佚的识字教学篇章看，从散佚了又出土的只言片语看，集中识字教学的读本，编排汉字时并非毫无章法，多是按生活常识甚至科学知识将意义相关的字排列在一起，在没有"偏旁"这一术语的情况下，常常将相同形旁的字编排在一起。这无疑给予东汉的许慎相当启示，许慎编写《说文解字》，首创了部首法，而那时的部首，主要就是形旁。

与古代的集中识字教学流派相对的，则是产生于五四时期的分散识字教学流派。新文化运动以后，编写的国文课都是白话文，随课文识字成为流行的方法。当时低年级每课书只学三五个生字，形成所谓的"三五观点"。教材将文字置于课文中，字不离词，词不离句，句不离文。学生一边学习知识，一边识读新字。教学中，先把课文中的重点字词提出来先学，其他的随课文讲读出来；先学字词后读文；在理解课文以后再学生字词。

当今的识字教学法，少量的属于集中识字教学流派，如后面的集中识字教学法、科学分类识字教学法、成群分级识字法。也有老师在某些场合使用集中识字教学法，如有人在一年级入学时，把一个班级学生的姓名按诗歌的节奏编成歌谣让同班同学识记。采用这种识字教学法，往往在语文教材之外另外编有识字教材或者辅助性学习资料。现在的大多数识字教学法都是属于分散识字教学流派。

换个角度，从识字教学法是否关注汉字的构形与其意义之间的关系，现代的识字教学法实可分属为三大派别：一是基于汉字内部构造的字理识字教学流派，二是基于汉字外部构造的形态识字教学流派，三是兼顾汉字内外结构的综合识字教学流派。

字理识字教学流派，重在通过对汉字构造理据的阐释，让学生透彻地理解汉字的形音义。为了达到这一目的，或者抓住汉字的部首，或者将形旁和声旁联系在一起，讲解汉字的构造原理。这一流派有时甚至从汉字的源头开始，演示某一汉字从甲骨文，到金文、篆书、隶书，最后到楷书、到简化字的变化，通过汉字的形体演变过程，展现汉字的构形与其意义的关系，以期学生在了解具体汉字的来龙去脉的基础上，掌握汉字中蕴含的文化因素，熟悉该具体汉字的独特性，从而记住其形音义。

形态识字教学流派，把汉字看成一个个积木组合体，不关注汉字的构形与其意义、读音的关系，纯粹从汉字的外部构造出发，将独体字切分成笔画，将合体字切分出部件，或者说字根，以谜语、游戏的手段，像搭积木一样，让学生熟悉某个具体汉字的结构。先分解，再组合，从形态的离合进行识字教学是这一流派的总体特点。

综合识字教学流派，时而讲解一点字理，时而纯粹从形式上分解汉字，并无定规。这一流派讲解字理，也不同于字理识字教学流派。字理识字教学流派，尽量站在科学的角度，从汉字演化的角度讲解汉字的本义引申义，是从文字学的立场阐释字义。而这个流派讲解字义，着眼于汉字的现代构形，常常是望文生义，根据汉字的构造，随便编出个字理，或者发动学生自己联想，从文学的角度想象汉字的构造，以此加深学生对汉字形体的印象，记住汉字。

二、识字教学法

识字教学法是指在识字教学实践中通过模式的构建提出的识字教学的目的、要求、步骤和方法，是经过实验和总结经验而形成一些带有普遍性的规律认识。

一种教学法的产生和提出，多是经过倡议者根据心理活动特点，在前人的基础上反复探索、验证过了的。从教学对象来看，它适应于一定对象，即特定的人群，范围或宽或窄，年龄或大或小，认知能力或强或弱。从教学内容来看，它适用于一定内容，即一批或者说一定数量的汉字。从教学过程来看，它有一套相对固定的程序，先做什么，后做什么，有条不紊。从教学效果来看，行之有效。

识字教学的目的，就是让学生在一个时间段内，学会给定数量的汉字形体、读音、意义。识字教学的要求是，对老师，要求语言形象生动，在短时间内讲解明白易懂；对学生，要求长时期甚至终生不会写错其形体，不会发错其读音，理解其意义，不会用错场合和对象。识字教学的步骤，是识字教学者采取的比较固定的程序，先借助某种手段，然后采取某种方式，先教什么，后教什么，一步步地加深学生对汉字的印象。识字教学的方法，就是针对具体汉字采用的具体手段，或者说方式、工具等。

识字教学法的普遍性，是指它适用一个较大范围、相当数量的汉字，不仅仅对三个五个、十个八个汉字有效，应该对几十或几百个汉字适用。但是，任何一种识字教学法，很难适用于所有汉字。识字教学者总是在偏好、侧重使用某种识字教学法的同时，偶尔采用其他识字教学法。识字教学法的规律性，正是由其特定的步骤和适用性决定的。一种识字教学法，如无一定的规律，就只能停留在方法层面，不能称其为教学法。

三、识字教学方法

有人利用电脑进行识字教学，就将这方法叫电脑识字教学法。那么，用挂图对儿童进行识字教学,就叫挂图识字教学法? 用黑板教学生识字,是不是就叫黑板识字教学法? 一般人最容易将具体的识字教学方法混同于识字教学法。

方法一般指具体的工具或者手段,即使是一种方式,适用性也不会特别广。比如谜语识字教学方法,它将汉字设计成谜底,谜面上对汉字的意义或结构进行描述,以一种生动、别开生面的形式教学生识字,让学生对汉字也产生形象生动的认识和记忆,发出"原来如此"的感慨,因而记住汉字。这种方法或许也可以解决上百个汉字,但它毕竟不是针对任何人,不是在任何时候,不是对大批量的汉字都可以运用,它只是在识字教学活动中非常有限地使用。即使把生字编成谜语,也没有特定的模式和步骤。因此,它只能是一种方法,而不是"法"。

识字教学方法是指根据教学对象(主要是少年儿童,也可是成人或者外国学生)的年龄特点,进行字的形、音、义教学的具体方式、方法和手段,它们指向纯技术性和操作性,属个人实施层次,主要体现识字教学的艺术性。

一般来说,一种识字教学法,常常采取多种具体的方法来实施,如趣味识字法,下面就运用了 19 种教学方法。反过来,不同的识字教学法,也常常会用到同一种识字教学方法,或者说同一种具体的识字教学方法,会被不同的识字法使用。如字族文识字法、偏旁识字法、部首识字法、趣味识字法等识字法,都会用到换偏旁法。当然,不同教学法换偏旁之后,进一步的阐述就不一样了。

第二节　汉字识字教学的常见方法

汉字识字教学方法很多,我们充分利用前修时贤的研究成果,对能见到的识字教学方法进行分类归纳总结。

关于识字教学法的分类,很复杂,前贤已有涉及(陈黎明,2006)。我们从汉字本身出发,进行大致分类,每个类别归为一种流派。不同的识字教学法,在倡导、实施过程中,有相互学习、借鉴、影响的情况,因此各种识字教学法虽然名称不同,但内部可能相通,可能有所交织。

一、基于汉字构造原理的字理识字教学流派

以传统的"六书说"为理据,根据汉字的内部结构设计教学方法,进行识字教学。

(一)宏观的六书原理法

这些方法,综合考虑汉字内部构造的各个方面。

1. 六书释义法（字源法、多媒体字源识字法）

了解汉字的构造方法及其特点，是教学和识记汉字的基础。汉字有特殊的结构特点，这些特点如果掌握了，教学和识记汉字就比较方便。"六书释义法"即利用汉字构造特点和理论帮助学生深入认识汉字。

"六书"指的是我国古人总结归纳出来的六种造字方法，分别为象形、指事、会意、形声、转注、假借。"六书"告诉我们，汉字表意丰富，有时从一个字的形旁即可准确断出它的意思来（如，歹：像骨之残状，从歹之字，其义多是死亡及丧葬；扌：提手，凡含提手之字，其义均与手有关），所以抓住汉字形旁的特点，是非常有利于学生的形象记忆，容易调动学生识记汉字的积极性的。教学中如能正确利用汉字偏旁形象的"肢体语言"暗示，确实对学生可以起到强化汉字的识记效果。

汉字在数千年的历史发展中，一直顽强地保持着自己表意文字的特征。之所以说它是表意文字，是因为它始终顽强地保持着构字的理据。无论是古代还是现代，汉字的形义关系都具有很大的可解释性。

就形体上看，汉字是在一个两维的平面上来构形的。这个两维的平面，为汉字的构形提供了多种区别因素。除了构件的不同外，构件的相对位置、置向和数量等因素，都可以构成区别性特征。

汉字的所有这些内在和外在的特征，都应该在儿童的识字教材中有所体现。如何去体现？不是直截了当地"告诉"，而是将这些理念渗透在具体的"识字"教材之中，让儿童在学习汉字的过程中去"感受"和"体验"。学生只要了解它的特点，望其形而想其意，展开联想，形义同步审视，经过一段时间的训练，就可以望一眼而牢记，用不着死记硬背或者抄写多少遍。六书释义法，也可称为字源识字法，就是通过追溯汉字的本源，分析汉字的结构，利用汉字的构字理据识记汉字的方法。具体方法主要是分析偏旁、部首。

部首，顾名思义就是一部之首，是用于查字典的。部首大都是取形声字的形旁，表示每个字的意义范畴。

"部首"好比是一个部队的队长，抓住了"队长"，就可以解决属于这个部的一大批字。让学生认识常见部首的意义，不仅有助于学生今后查字典，而且有助于学生理解大批同部首字的字义。如"页"，当学生知道这个部首表示的是人头的象形，就能知道凡从"页"的字，如顶、项、颈、颅、颧、颔、颞等，其表示的意义均与头面部有关。如"钅"，表示与金属有关，"犭"表示与动物有关，"𧾷"表示脚的动作，"扌"表示手的动作等。而且，古人在造字时已经注意到世界万事万物的丰富性，于是就把汉字所要表达的概念尽量细化，做到字与物一一对应。就形声字来说，表示动物，就有"犭"（如"狼"、"猪"、"猫"）类、"虫"类（如"蛇"、"蜈蚣"）、"豸"类（如"豺"、"豹"）等，再加上象形（如"牛"、"羊"、"鸟"、"马"、"象"、"兽"等）、会意等方法,就可以一个字表示一个动物,不致混淆。由此可见,古人在造字时已经注意到了动、植物及其他事物的分类了,其科学的成分也不能不令人感动和敬佩。

偏旁有变形。汉字是方块字,为了适应方块的结构,笔画之间、偏旁之间要求长短大小搭配适中,疏密粗细错落有致,于是就有了"一旁多形"的现象,识字教材中应适当编入"一旁多形"的认识与比较的练习,以帮助学生认识"氵水"、"灬火"、"礻示"、"犭犬"、"扌手"、"忄心"、"亻人"等组"一旁多形"的现象。显而易见,学生懂得了这一变形规律,就能够深刻理解字义,提高识字效率。

偏旁中有大量的声旁。如整理出的"赌、堵、睹、陼、瑹、褚、楮、诸、猪、煮、箸、著、锗、赭"这十四个字,即便学生不能完全读准它们的音,但是只要注意从读音和意义去区别比较,学生容易判断它们是以"者"为声旁的形声字,并从偏旁,猜出其大致意义。"赌"从贝(贝,古货币),必与钱财有关;"堵"从土,必与土有关;"睹"从目,必与眼睛有关;"陼"从左耳(左包耳是阜的变体,土丘义),必与土丘有关;"瑹"从玉,必与玉石有关;"褚"从衣,必与衣服之类有关;"楮"从木,必与树木有关;"诸"从言,其本义必与说话有关;"猪"从反犬,必是凶猛动物中的一种;"煮"从火(即通常人说的四点底),必与火有关;"箸"从竹,必与竹子有关;"著"从草,必与草有关;"锗"从金,必与金属有关;"赭"从赤,必与红色有关,这样就可以提高学生记忆的效率。

所以对偏旁部首的正确释义和理解是非常重要的。可惜的是我们的中学老师往往不加重视,甚至还常把错误的偏旁读法教给学生,制造了许多不必要的麻烦和误解。例如:很多人就把斜玉旁误为斜王旁(王),有人在教学《群英会蒋干中计》中介绍周瑜字公瑾时(之前学生都知道古人的名和字都有讲究,名和字都有某种联系,如大文学家韩愈字退之,"愈"有"进"之义,所取的名和字就有进退之意),学生都把"瑜"和"瑾"的偏旁解为斜王旁,结果就不知道瑜和瑾之间有什么必然联系,但若正确理解为斜玉旁,意思就很清楚了,"玉者,美玉也","瑜"和"瑾"均为一种美玉,当老师把偏旁读法纠正过来时,学生疑惑顿失。这种误读的偏旁从小学带到中学来的还有不少,比如:火字底(灬)叫四点底儿,网字头(罒)叫四字头,"阝"叫左耳刀儿(在右边的叫右耳刀儿)等都是比较典型的。

该识字法的作用具体有以下几种:

(1)揭示构字的理据。汉字最大的特点就是以形表意,也就是用其形象符号来表达意思,这也是古人造字的基本原则。而最能"象其形、摹其状"者,莫过于"象形字",所以,象形字是汉字造字的基础,"汉字六书"中最初的一种当然是"象形"。对许多汉字,我们都可以"望文生义",即看其形象而揣摩它的意思,原因就在象形字如同图画,一看就明白。

象形字发展到楷书阶段,早已失去了原有的形象性,但相当一部分象形字仍然保留着原有的象形"基因",非常适合利用字源进行教学。如"口耳目/羊鸟兔/日月火/木禾竹"(人教版一上46~47页)。由于汉字的字形变化具有渐进性发展的特点,所以,至今许多汉字还留有象形的影子,仔细琢磨就可以看出它的原形来。例如"人"是"企、伐、侄、俭、仙"等字的构字成分,"贝"是"财、购、贸、狈、败"等字的构字成分,"马"是"驴、驮、驾、妈、骂"等字的构字成分。因此,从字源上了解象形字的形、义、音,可以帮助我们掌握一大批现代通用汉字的字义和读音。

指事字记录的多是抽象概念,机械记忆比较困难,利用字源进行识字,可使抽象的意义形象化、具体化。如,"上"、"下"、"本"、"末"、"刃"、"甘"、"血"等。

利用会意原理进行识字,可参考会意字的已识部件加以巩固,并能感悟到古人是怎样利用两个或两个以上的部件来会意出新字的。如"灶"由"火"跟"土"组成,会意为"由泥土砌成、用来生火的是灶";"笔"由"竹"跟"毛"组成,会意为"以羊毛做头儿、以竹子做杆,用以写字的是笔";"不"、"正"会意为"歪";上"小"下"大"会意为"尖";等等。再如"看",是"手"在"目"(眼睛)上,当然是"看"的意思了;"人"在"木"(树)旁,是"休","休息"的意思;"炙",肉下有火,是"烤肉"的意思;"爪"在"木"上,是"采",手在树上采果子的意思;"掰",是两手把东西分开的意思;俩人为"从",三人为"众",二木成"林",三水为"淼",诸如此类,合形而成新字,望之便知其意,心领神会。有些会意字,其造字之意颇能反映古人的某些概念,如"盗",上半部分"次"表示张口流出口水之意,下部分是"皿",皿指盛食物的器皿,"盗"即古代之偷。如何用文字来表示偷的意思?古人用次、皿二字来表示:好吃的东西是偷的对象,这是一种颇为特殊的联想,由此亦见古人造字时表情达意,十分大胆率真,也颇具幽默感。在用字的时候,偷的对象自然不可能有固定的范围了。又如"吠",是会意字,就是"狗"与"口"合形而生意,而且突出了"口",是狗张大嘴在叫,正好就是"吠"(狗叫)的意思。循此理来识汉字,正是抓住了汉字的要害。又如,"戡",是战士(士)、武器(戈)、战车(车)的结合;"牧",左边是"牛",右边是人拿着鞭子,是"放牧"之义;等等。有些字本身就有非常丰富的内容,识记这些字,也正好是培养学生联想想象能力的好机会,是不应该错过的。

以形声字共有的声旁为母体字,与不同的形旁相匹配,就可以孳乳出一批形声字来。形声字占汉字总量的80%以上,让学生知道形声字的构字规律,对于今后自主识字具有重要意义。如用声旁"青"作为母体字,就可以孳乳出"清"、"晴"、"请"、"情"、"蜻"等一串字。学生从中可以悟出:这几个字声旁相同,故读音相近;形旁不同,故表示的意义也不一样。

由于古今语音的变化,到了今天已有不少形声字的声旁失去了表音的作用。但据李燕、康加深对形声字的系统分析,声旁的总体表音度仍有 66.04% ,其中一半以上声旁可以准确表音或基本准确表音,即声韵调全同或声韵全同。

运用声旁带字,最好选用声旁能准确表音或基本准确表音的。对于表音情况比较复杂的同声旁字族,应取谨慎态度。

(2)解释、书写成语,结合"六书"的知识,一些错误自己就能发现并及时避免。下面几个例子能说明。如:一筹(愁)莫展:"筹"为筹码,故从竹字头。若用"愁"字,意义全非。妄(忘)自菲薄:"妄"从女,亡声,胡乱之义,此成语用之正好;"忘"从心,亡声,心不能记也(古人认为心是记忆的器官),此成语若用"忘"字,当是笑话。

成语大都出自于古汉语,准确地说,成语是古汉语精华的一种遗留,读许多成语都相当于读古汉语句子,所以解释其中汉字就可以像读古文一样,运用六书理念结合其特殊语境(如成语含义、成语出处等)来进行理解记忆。

(3)利用"六书"知识帮助学生辨识容易弄混的形似字。例如:"辨、辩、辫"是一组形声字,且都是以"辡(biàn)"为声旁的形声字,我们可以利用它们形旁的不同来将它们区别开。"辨"的形旁是"刀",故其本义与"刀"有关,是判别、分开的意思。(《鱼我所欲也》:"万钟则不辨礼义而受之,万钟于我何加焉!"《木兰诗》:"双兔傍地走,安能辨我是雄雌?")"辩"的形旁是"言",故本义是争论、辩论。(《两小儿辩日》:"孔东游,见两小儿辩斗。")"辫"的形旁是"系",所以本义指交织、编结。(李白《对雪醉后赠王历阳》:"有身莫犯飞龙鳞,有手莫辫猛虎须。")引申指辫子(张九成《旦起理发诗》:"清晨解绦辫,千梳复重重。")。

(4)区别近义词,也可用"六书"中的语素分析法,即抓住词组中不相同的字义来区别。如"化妆"与"化装",据字形,含"女"字之"妆",当与女子打扮有关,含"衣"之"装",当与整个服饰有关,意义范围比"妆"要广。

(5)纠正错别字。如:"他性格急燥"之"燥"是否错误,就可从字形判断为错字。因为从火之"燥",应是与火有关的干燥之类的意义,而"急躁"应是内心急而手足不安之意义。

总之,汉字是充满趣味的,形意同位的,美如图画的。进行汉字教学,教学生识字记字,应该尽可能多了解一些字的字源,知道汉字书写形式的流变,懂得"汉字六书"理论中包含的种种道理。只有这样,教学才可能更有效果,学生才可能对汉字发生兴趣,从而学好汉字。

适应对象:对于已经掌握了一些汉字的小学高年级以上的学生来说,他们对汉字的以形表意、形义结合的特点已经有一些感性认识,那么对他们来说,就应该在掌握汉字特点的基础上来识记汉字,就要学会注意字的整体性、表意性、趣

味性,看形而会意,由意而及形,形义结合,这样就能大大提高识记汉字的效率,
而且能增强对字义的理解和培养学生对汉字的感情,最终摆脱枯燥的死记硬背,
进入快乐有趣的识记过程。教幼儿识记汉字,更应该注意汉字的形象性、趣味性
和图画性,以培养对汉字的兴趣,为将来打好基础。对初中生来说,汉字六书的
理论不应该只在单元知识中了解一下,满足于记住了象形、指事、会意、形声这些
概念,而应该在文字词汇学习中,指导学生自觉地运用这些知识,增强辨字用词
的能力。

局限:第一,"六书"是分析近古文字亦即小篆的结果,它既不能全部解释古
文字,也不能全部解释今文字。第二,"六书说"不够明确,历代的理解虽说大体
相近,但也有不少歧异之处。对于同一个汉字,到底属于哪一种类型,不同的专
家学者也有不同看法。第三,不容易看出字源的字相当多,人们叫作"破体字"。

随着科技的发展,多媒体普遍用于教学,多媒体字源识字法就产生了。多媒
体字源识字教学方法是涂涛于 2005 年经过实证研究后提出的一种科学有效的
识字法。其内在特点和规律顺应中华民族的心理和思维模式,利用多媒体技术
再现古人造字时的原生语境。其做法是:

(1)寓识字于游戏之中。有人对 6～7 岁儿童进行记忆测定,让他们记忆 6
个词,一组是对他们说一遍,让他们复述出来。另一组则是设定一个买东西的情
景,让他们到商店去买这 6 种货物,结果前者识记 2.3 个,后者则可识记 3.8 个。
由此可见,采用创设情境或游戏的方式,能提高儿童识记生字的效率。如让儿童
学习"日"、"燕"、"山"、"舟"、"人"、"水"、"鱼"、"木"、"石"等象形字,就可以用这
九个字的古文字,组成一幅画,让儿童来猜认。还可以让儿童通过想象,将这幅
文字画改画为一般的风景画,再涂上颜色。这样进行教学,就能够激发儿童的学
习兴趣,提高识记效果(参阅苏教版一下 122 页图 3)。又如让儿童学习会意字,
编成歌谣让儿童念诵,效果就比较好:"村前白水泉,村后山石岩。客来鱼羊鲜,
味美舌甘甜。"

(2)合理发挥多媒体的作用。多媒体教具,于字源识字独具优势。如利用多
媒体展现汉字从实物到古文字、再到现代文字变化的过程,就非常生动有趣。又
如,利用多媒体,以转转盘的方式显示不同的形旁与同一个声旁相匹配的情况,
就非常直观,形声相配的规律可使学生一目了然。

(3)要把握好解释字理的度。因为我们的教学对象是一二年级的小学生,有
时在教学中不可拘泥于汉字的原始理据。如教学"鸡"字,就不必回溯到繁体的
"鷄"进行讲解,更不必回溯到象形字的初文。

在教学中,还要防止另一种倾向,即不问字的科学理据,随意杜撰部件之间
的意义联系。

2. 借助古字形的汉字文化教学法

汉字蕴含着丰富的历史文化信息,利用汉字的文化属性进行汉字教育既有利于提高汉字教学的效果和质量,也能提高汉字教学的文化底蕴,培养学生的文化意识和文化认同感。(胡文华,2008)

传统汉字教学在评价学生掌握汉字情况时,一般采取"四会"标准:会读、会写、会认、会用。至于这个字所具有的深层意义、本身携带的文化内涵、在不同语境中的准确理解、学习方法过程及情感价值观等都没有纳入评价标准。评价的形式一般采用默写或听写,考试时一般采用"看拼音写汉字"的题型。汉字文化观,则还要考虑学生是否了解汉字的构形规律、能否利用构字理据解析学习汉字、能否根据汉字体系的系统性特征高效学习、能否体会汉字的美感等。

有人说,汉字与文化的关系主要表现在两个方面:一是汉字的字义系统记录了文化系统,二是汉字的字形构造反映了文化现象。汉字的字义系统是对客观世界和人文世界的划分和整理,其中有客观成分,也有特定文化的影响因素。但汉字与汉文化的关系主要反映在第二个方面,汉字是根据词义来构造字形、追求形义统一的文字。一个词义,用怎样的字形来表示,从中反映着古人的构想和设计,而古人的构想和设计离不开特定的文化背景。也就是说,汉字的形体本身,沉淀了当时社会的意识形态、思想观念以及社会生活的方方面面。

充分挖掘汉字所蕴含的文化因素,启发引导学生了解汉字所负载的文化知识,潜移默化地让学生受到汉字文化的熏陶,感受到汉字文化内涵的博大精深,这正是小学低年级识字教学有效实施的关键所在。

《说文·老部》:"孝,善事父母者。从老省,从子,子承老也。"

"题",《说文·页部》:"额也,从页,是声。""题"的本义为额头,引申为物体的前端,再引申为题目。由此可见先民思维方式在这里所起的作用:从表象上进行整体把握,在已有经验的基础上,通过类比的方式把词义引申下去。汉字的表意性特征可以使学生在汉字个体中明确字义的范畴;在汉字群体中,联想、判断各个字族不同的意义区间,从而遵循逻辑规律,层层推演,训练思路。

《说文解字》:"威,姑也,从女,戌声。汉律曰:妇告威姑。""威"为会意字,象征女性手执武器,本义为"姑",即夫之母。由此引申有权势、权力之意,再引申有尊严、威严、震慑等意。

冠:"冖"义为覆盖,"元"义为人首,"寸"义为"寸口",即中医诊脉处。由于诊脉须掌握腕下一寸的标准,故"寸"作为字素时的字其意义大都与长度、法度及手的动作有关(此处"寸"表"法度"之义)。由此可见,冠字造义显然可理解为:人既加冠,即须依照礼法行事。古代男子到二十加冠。加冠仪式一般在宗庙举行,加冠时,由宾客给加冠青年服饰并祝酒,然后束发加冠。青年再拜亲戚谢宾客。冠在古代是用来节制行为举止、维护封建礼法的东西。古人凡遇重要场合,则必须戴冠,古代贵族及士大夫对冠十分重视。

传统汉字学目标在于解读古汉字构形的寓意;汉字文化学涉及人类学、考古学、文化学、神话学、哲学、历史学等多种学科,学科交叉为汉字阐释增加了灵活度。汉字教学要挖掘汉字所蕴含的文化含义,还原汉字真实面貌。

古都安阳的中国文字博物馆"基本陈列"展厅,一位导游在给一队外国友人讲解"教学"二字,她首先从中国古代的教育文化切入,自然过渡到"教学"二字的字形,对展馆中根据文字所做的图片(𤕝 𤾪)进行了一一讲解:首先是教学的对象,两字都含有构件"子",表示小孩子;其次是"教学"的内容,在甲骨文和篆书中,"教"字左上部构件是"爻"字,"学"字的上部中间也是"爻"字,"爻"代表知识;最后是"教学"的方式,"学"上部左右原为手爪,表示手把手学习;"教"字右边是"攴",是手持棍子或者教鞭的形象,体现了中国传统文化中"严师出高徒"的理念。这样生动的表述,加上形象的图画,让在场的外国友人对中国的文字背后的丰富的文化内涵产生了莫大的兴趣,争先恐后地询问一些关于汉字知识的问题。

3. 字理识字法

字理识字,就是通过对汉字构造原理的讲解,引导学生了解汉字音、形、义之间的关系,从而掌握汉字的识字教学方法。让学生学习汉字,不仅"知其然"而且"知其所以然"。"字理识字"是湖南省岳阳市教育科学研究所贾同均于1991年提出的,以后在岳阳市100所学校进行字理识字实验,并且迅速扩大到广西、浙江等地。

字理识字教学中通常采用"定向—教学字音—解析字理—分析字形—指导书写"的教学模式。"定向"实际上就是创设情境引出将要学习的生字;"教学字音"则是借助拼音,指导学生读准生字字音;"解析字理"是"字理识字"特有的教学环节,教师运用多种方法使学生在字理与字形、字义之间建立有意义的连接,如象形字教学,教师出示实物或图形,引导学生认识字形与实物形象之间的关联;"分析字形"则是在对生字字理有一定理解的基础上,对字形进行拆分讲解,使学生能够对生字进行意义上的识字;最后指导学生书写,进而强化学生对生字的掌握。

识字实验的研究者对"解析字理"的具体教学方法进行了较为全面的总结,其主要方法如下:(1)图示法。图示法是使用具体的影像来展示汉字的原型以及演变过程,一般多用于象形字的教学,如"日"和"山"就可以通过展示甲骨文与现代字形的对比来讲解其中的汉字演变。(2)演示法。相当一部分汉字是表示动作的单音节字。演示法就是通过实物演示或动作表演使学生明了字义,进而阐释字理的方法。比如"闪"字的教学,教师可以先站在门中间,然后快速移开,以示意"闪"字是由一个"门"和一个"人"组成,并且含有快速移动的意思。(3)歌诀法。这种方法主要运用儿歌以及字谜来进行识字教学。如儿歌:"一人大,二人天,天字出头就是夫,夫字两点夹夹牢,夹子站好来来来"。这些儿歌或者字谜要求内容生动活泼,表达简明易懂,能够形象地阐释字形与字义,寓教于乐。这些关于字理的解释,有些符合字理,但也可以超越字理进行自由联想。(4)部首法。这种方法主要针对合体字,特别是形声字的教学。很多合体字是以表意的构件为部首的,所以可以根据其部首来判断字的意义。识字教学中运用这种形近字的特点,不仅可以让学生轻松识字,而且利用这些部首的表意属性,可以顺带学习一连串同部首的生字。(5)拆分法。拆分法是利用拆分汉字构件来帮助字义理解的一种方法。所以教学须按照"整体—部分—整体"的思路进行,先整体进行教学,之后拆分构件分别进行解读,最后再连缀构件意义来领会生字意义。(6)迁移法。顾名思义,就是学习了一种构字规律时,遇到相似的汉字时,学生则可以举一反三,自己领悟字理。如:学习了"火",那么"炎"字由两个"火"组成,所以便是"火苗升腾"的意思,通常引申为"酷热"。(吴忠豪等,2009)

陈黎明、邵怀领(2008)提出了字理识字十法是:图示法、点拨法、联想法、演示法、实践法、故事法、推理法、迁移法、歌诀法、猜谜法等。

杨洪清、朱新兰课题组(2006)称字理识字为解形识字,编辑出版了《新千字文》等。在继承《急就篇》,再到《千字文》到《文字蒙求》的识字教学传统的基础上而有所创新:(1)按汉字的构造规律编排汉字。分为象形、指事、会意、形声四类。独体看形象,合体看偏旁。对象形字,通过附加插图、古文字和注音,突出它的形象,一看便知,一学便会。象形字量少,但充当偏旁两两组合,就变成大量合体的会意字、形声字。揭示了形旁表意、声旁表音的规律,便能以熟(独体)带生(合体),成串识字。(2)按韵语的形式编成歌谣,押韵合辙,琅琅上口。便于寓识(字)于读,以读促识。例如编写一个"旧"字,最先在象形字里出现,配有插图和古文字,歌谣是:"日月云天,风雨气电"。到了会意字里,是:"二日昌,三日晶,日一旦,日月明"。到了形声字里,是:"日—旷旺景晓晌晴晨晚星。日作形旁是太阳,表示时间和光亮;广声读旷莫旷课,王声读旺人兴旺"。

(二)偏旁识字法

侧重于汉字偏旁,从偏旁出发系联汉字。以下第 5—7 种识字法侧重部首,第 8—10 种识字法侧重声旁。

4. 偏旁识字法

偏旁识字法以汉字的偏旁为中心,引导识记偏旁相同、字义相关联的成组汉字。

　　许慎在《说文解字》里对合体字进行了切分。切分的动因是要了解、讲清构成成分在汉字中的作用。他将合体字的成分分成了两类：一类是"从某"、"从某省"（意即以某为意符，从中取义），一类是"某声"、"某省声"、"某亦省"（意即以某为声符）。这就是后来偏旁的起源，表意的偏旁称为形旁，或称为意符、形符；表音的称为声旁，或称为音符、声符。形旁表示意义类属，声旁表示读音。

　　古代人把左右结构的合体字的左方称为"偏"，右方称为"旁"，现在合体字各部位的部件统称为偏旁。作为专门术语，"偏旁"一词从唐宋时期就开始在学者间通行起来了。例如，唐代张参《五经文字》序例云："近代字样，多依四声，传写之后，偏旁尽失。"宋代欧阳修《集古录跋尾》卷一："大抵古字多省偏旁而趣简易。"此后，由明清至现代，随着传统汉字学的发展，"偏旁"这个术语由于其使用频率如此之高，以至于为一般文化层次的普通群众所熟知，成为社会常用层面的一个词汇了。不过，需要注意的是，古代学者所说的"偏旁"有时是针对《说文》的540部首而言的，这与现在人们所常说的偏旁当然是有区别的。

　　这种识字法，实际上是形声字识字法，便于学生记住生字的字音、字形、字义。例如，由"分"加偏旁可以串出很多生字如"芬、纷、粉、忿"等。加"草"字头，与植物的花朵散发的香气相关；加"绞丝"旁，与多、杂乱相关，例如大雪纷飞，落叶纷纷；加"米字"旁，与粉末相关；加"心"字底，与一种情绪相关。在学生学过部分合体字的基础上，学生基本上了解了常用字偏旁所代表的含义，如"木"字旁大多是与树木有关联，如"松、柏、桦、树"等；"氵"代表与水有关的，如"河、流、湖、海"等；"犭"代表与动物有关联的字，如"猫、狗、狐狸"等；"扌"多与人手的动作有关联，如"提、抬、挑、担"等。这样的形声字有许许多多，知道了偏旁的意义，再看看声旁，就大体知道了这个字的读音。采用这种识字法，既提高了识字效率，增加识字量，又使学生抓形旁理解了字义。

　　在教学过程中，我们首先可以用同一形旁系联汉字教学，这是提高汉字教学效率的好方法。在选用形旁时，要选用构字能力强的形旁。在《留学生长期进修汉字教学大纲》中，构字数大于10个的形旁从高到低依次是：扌（手）、氵（水）、亻、忄（心）、口、讠（言）、木、纟、辶、艹、土、月、贝、女、火（灬）、日、钅（金）、刂（刀）、足、疒、竹、禾、礻（衣）、犭、宀、目、石、页、车、力、攵、虫、广、马、米、丷、王、酉、山、彳、衤、巾、穴。其次是用声旁系联汉字教学，可以选用构字能力强且声旁本身是常用汉字的，如：者、皮、分、各、方、干、包、丁、工、令、古、占、尚、非、合、斤、交、青、巴、少、加、白、尤、养、可等。（李香平，2006）

　　在教学中，可让学生通过观察同一偏旁的字，联想这些字跟什么有关，以便更好地识记这一类字。在人教版一年级下册《语文园地四》"我的发现"中，出示了四组字，每组字的偏旁相同，让他们想想这些字跟什么有联系，并随机引导学生学习其中的生字,再趁机问学生,谁还能想出几个带有这些偏旁的字来,如:学习第一组"膀、腰、肚、背",学生不假思索地说出来"脑、脚、腿、胳"等字。还有常用的"艹、亻、口"等偏旁的字,都可通过这个办法,让学生尝到偏旁归类识字的好处。

具体说来,偏旁识字法主要有如下手段:

(1)以偏旁为基础,引出同类字。汉字的偏旁是汉字的一个主要组成部分,同时又表示一定的意义,引导学生抓住这一点,可以起到举一反三的效果。例如有人在教学《操场上》这一课时,根据教材的特点,引导学生体会:读了"打球、拔河、拍皮球、跳高、跑步、踢球"这些写活动的词后,你发现了什么特点?有学生马上站起来说:"打球、拔河、拍皮球"这些活动跟手有关,所以"打、拔、拍"用了提手旁。而"跳高、跑步、踢球"这些活动是跟脚有关,所以"跳、跑、踢"用了足字旁。这样学生从一个偏旁入手,很快就掌握这一类的很多字,同时理解这一类汉字的特点和意义。

在这个基础上,相机引导学生,想一想:我们学过的偏旁,"氵"、"心"你能说出哪些生字?同学们马上就能联系出:带"氵"有"河、流、洗、海、江",这些都和"水"有关系;带"心"有"思、想、念、意",这些都和"心理活动"有关系。这样就自然地引导学生从一个偏旁入手,运用归类识字的方法,不仅拓展了识字的量,更重要的是激发了学生主动归类识字的兴趣,从而掌握了一种识字的方法。

(2)以简单的汉字为基础,变换偏旁。在汉字中,有些字规律性非常强,往往是几个字之间相互联系。有的字形相近,字义却截然不同;有的字音相同,但字形迥然不同。可以运用学过的熟字通过换偏旁,或加、减偏旁的方法,以旧带新,化难为易,触类旁通,提高识字效率。如:机——肌、饥、讥,胡——葫、糊、蝴、瑚。

(3)通过简单的组合。有些汉字其实是由两个汉字合成的,做一个简单的加法,就能使学生掌握很多的汉字。引导学生自觉地去发现,就是引导学生发现方法、掌握方法的过程。在学习了《日月明》一课,引导学生发现"明"这个合体字其实是由"日"和"月"两个独体字组成的这一规律后,引导学生自主去发现还有哪些合体字是分别由哪两个独体字组成的,学生又找到了很多这样的字,如"火"、"丁"组成了"灯","木"、"寸"组成了"村","门"、"人"组成了"闪",等等,他们自己也编了歌谣,在课间互相传唱,在不知不觉中又记住了很多的汉字。

偏旁识字法除了能加深学生对字义的理解、加深学生对文字的印象等常规作用之外,还有如下效果:

偏旁的系统性很强,通过分析偏旁掌握汉字,可以收到执简驭繁的效果。比如通过分析偏旁防止错别字。通过识别偏旁,往往就可以把形近字区别开,不至于写错认错。如"拔"和"拨","豪"和"毫","辩"、"辨"、"辫"和"瓣","祟"和"崇"

等，只要用心分析一下它们各自的偏旁，就能通过识别字的区别特征而牢记字的正确写法和读法了。

如果把偏旁的知识跟"六书"理论结合起来，偏旁的作用就更大。比如，"刃"是指示字，其中"丶"是标志符号，它标在"刀"刃的部位，表示"刃"就指刀的这个部位。明白了这一点，就不会吧"刃"中的"刀"写成其他的形体。并且，"忍"、"韧"、"仞"、"纫"、"轫"等带有"刃"偏旁的字，也不会在"刀"的写法上出问题。再比如，汉字合体字的偏旁往往有标志音类或义类的作用。根据这个特点，汉字的偏旁不仅能够帮助人们正确地书写汉字，还可以纠正方音，用普通话语音读准字音。比如，"伴"、"拌"、"绊"的区别只是体现在偏旁上。而这三个字都是形声字，三个字中相同的偏旁是声旁，不同的偏旁是形旁。可见，如果能够从道理上弄明白其形旁的区别，这三个形近字就不会混淆。"拌"的形旁是"手"，那么"拌"表示的是手的动作，即用手搅拌。"伴"的形旁是"人"，说明"伴"的意义跟人有关，即同伴。"绊"的形旁是绞丝旁，说明"绊"的意义跟丝线有关，即用绳索拦住。这样，通过分析偏旁，既能知其然又能知其所以然，效果是十分明显的。

有些方言的音位跟普通话的音位分合不一致，所以这些方言区的人往往不能准确地读出某些字。通过分析偏旁往往能纠正方音。比如，河北南部有些地区没有 r 声母，普通话有些读 r 声母的字，往往被读成 l 声母。只要把普通话中读 r 声母的字记住，就不会混淆两类声母的字了。通过分析偏旁，记住声旁的读音就可以举一反三。如记住"人"读 r 声母，以"人"做声旁的字也读 r 声母，如"人认任仁"；记住以"襄"做声旁的字读 r 声母，而不读 l，"瓤穰嚷壤攘"等字就不会读错，等等。通过这种方法，可以很快记住大部分 r 声母的字，从而把 r 声母字与 l 声母字分开。

5. 部首识字法

许慎在编撰《说文解字》时，把九千多个小篆"分别部居，不相杂厕"，分成五百四十部，每部以一字总领统摄，此字乃一部之首，所以叫作"部首"。部首往往是一些构字能力非常强的偏旁，一般总是充当会意字或形声字的形旁，起表义作用，因此理解了部首的意义，无异于掌握了理解所有部属字意义的钥匙。段玉裁对许慎创建的部首曾这样评价："合所有之字分别其部为五百四十，每部各建一首，而同首者则曰'凡某之属皆属某'，于是形立而音义易明。凡字必有所属之首，五百四十字可以统摄天下古今之字。此前古未有之书，许君之所独创。若网在纲，如裘挈领，讨原以纳流，执要以说详。"段玉裁的评价是恰当的。

根据《说文》"据形系联"的五百四十部首，明代梅膺祚编写的《字汇》对部首做出了重大改革，以便于检字为目的，从楷书字形出发进行分析归纳，简写了《说文》的部首，总结为二百四十部；同时，部首及部属字的排列都依字的笔画多少为先后,笔画少的在前,笔画多的在后。《字汇》的做法成了后出字书编排汉字的主要方法,《康熙字典》的分部、排字就是遵照《字汇》的。

有人指出,学习一个中文字,需掌握三种知识——部首、偏旁的音读知识,部首、偏旁的语义知识,汉字组字规则的知识。部首是学习中文字的重点,一个字的形音义,一方面有赖部首获得,另一方面也靠部首得到启发,并且只要学童能掌握部首、明白初步字义,进而正确掌握字形,将可以减少学习障碍,亦可利用部首增加识字量。

在识字过程中,具有基本字特性、作为组字的部件之一的部首扮演如下角色:(1)解释字义;(2)字形表义。因此部首具有以下三个功能:(1)学习部首可略知字义。学童能掌握部首,可减少学习障碍,避免错别字的出现。(2)利用部首增加识字量,透过部首识字教学,识字量自然增加,也为阅读打下了深厚基础。(3)利用部首加强笔画教学。

汉字结构大多是由部首和基本字组成的,部首能给该字一定的含义,例如反犬旁的字表示兽类动物,草字头的字表示与花草有关等。认识偏旁部首的名称,熟悉它们的形体,这对识字有莫大的好处。下面列举一些部首识字法的具体方法:"打"字,它的部首是提手旁,"打"和手的动作有关,用手打人或抓住物体打下去,都跟手有关,所以在不同时间教"提、抓、扔、托、扶、拾"等字,我们可以提醒学生,这些字都跟手的动作有关,所以用了提手旁做部首。教"踢、跨、跳、跑"这几个字,其部首是足字旁,在中文里,"足"是"脚"的意思。这几个字的意思都跟脚的动作有关,所以用了足字旁做部首。再如:"语"字,由"言字旁"和"吾"两个偏旁组成;"盆"字由"分"和"皿字底"两个偏旁组成;"问"字由"门字框"和"口"两个偏旁组成;"访、谋、谏、谤、诬、讳、谓、诺、谢、许、诛"都是用嘴巴讲话,所以都是言字旁。我们掌握了方法,就容易理解字义,就能较好地组词造句,学习课文和阅读课文。这种方法对汉字的学习帮助最大。

这种方法也便于初学者学会查阅汉字字典。不会读的字和需要正音的字,通过部首查起来会比较方便。总之,利用部首识字,能教会孩子更加科学地识字、认字,使汉字的学习成为一个良性的循环系统。

部首识字法的具体操作步骤是:

(1)先教学生写一些简单易学的独体字。如"上、中、下、大、小、人、口、手、耳、目……"。这些汉字可以利用汉字象形表意的特点进行教学,并调动学生的各种感官参与学习,激发他们的学习积极性。

(2)把汉字按照部首分类教学。如与"手"有关的汉字:"打、扶、拉、拍、拨……";与"水"有关的汉字:"江、河、湖、海、流……";与"口"有关的汉字:"吃、喝、叫、吼……";与"木"有关的汉字:"树、林、材、桌、椅……"。

我们教学汉字与学习课文是结合在一起进行的，课课有生字，教学中需要灵活运用各种识字方法，利用字音、字形、字义，形象记忆、联想记忆、歌谣记忆、比较记忆、谜语记忆、游戏记忆、多媒体记忆等方法激发学生学习兴趣，多读、多写，查漏补缺，汉字教学、阅读教学，甚至语文教学将会发生"质"的变化。

即使部首识字法对学生认识生字有很大的帮助，同时也使老师节省了许多不必要花的时间，但是老师也不可掉以轻心，应注意以下问题：

(1)部首识字法严格遵守《小学语文教学大纲》对识字教学的各项要求，不脱离现行教材。

(2)部首识字法不采取每学期集中时间学习的方法，而是将部首分散到各课文中去，这样可以将难点分散。

(3)从音形义三个方面分别对学生识字水平用不同来要求，切忌"一刀切"。由于小学低年级学生的心理发展特点和生活经验不同，学生对汉字音形义的掌握不能用同一水平来要求。一般地说，对形和音要明确提出会认、会读、会写的要求，而对义则只要求学生掌握基本意义或与学生生活经验联系紧密的意义，这既是因为部首识字往往是脱离课文进行的，也是因为学生对字义的掌握需要经历一个从具体到抽象、从一义到多义、从已知到未知、从理解到运用的过程。为了帮助学生理解字义，在教学中除了要尽量联系部首所分配到的课文，更主要的是利用所学过的字进行大量的组词，通过组词来加深对词义的理解，还可把带入的字词组成片段文、儿歌，同时在讲解说明时尽可能具体形象化，尽量联系学生的生活经验，以弥补与课文脱节的缺陷。形和音相比，小学生对字形的辨认更难些。这是因为汉字字形复杂，字形与字音分离，低年级学生空间辨别能力差，知觉分化水平不高，而学生个体语言发展是口语先于书面语言。因此，在识字教学中要适当突出字形。在对字形的辨认和再现方面，再现要更难一些。因此，在教学中要有意识地采取大声诵读和背书相结合的方法，组织学生在头脑中将汉字各组成部分按照特定的空间和顺序关系，进行分解组合的认知加工操作，形成表象。由于部首以形声字为主，因此，在教学中要特别注意防止认字认半边的现象。

(4)运用知识策略，提高学生识字巩固水平。在课堂教学中要运用复述策略，强化记忆。复述就是出声或不出声的重复。教师可把生字制成卡片，出示卡片让学生复述。可以采用积累复述的方法，当教师出示第二张卡片时，让学生连同第一张卡片的内容一起复述，出示第三张卡片时，连同前两张一同复述；也可采用部分复述的方法，教师出示一张卡片时，让学生复述已出示过的卡片中至少一张卡片的内容；还可以采用预期复述的方法，教师出示一张卡片之前，先让学生复述一下这张卡片的内容。在组织复述时教师出示卡片一定要有顺序，以使学生有规律可循。除了复述之外,还可以利用自有回忆的方法。教师提出一个部首,让学生回忆,回忆时不强调顺序,这种方法也可在单元复习时用,课后运用重复策略把所学生字贮存到长时记忆中。

6. 科学分类识字

黄剑杰倡导的"科学分类识字法"是"生活教育科学分类识字教学法"的简称。这一方法根据陶行知先生的生活教育理论、钱学森提出的大成智慧学构想,以现代科学分类标准为汉字分类,结合儿童的心理特点进行教学。(黄剑杰,2006)

它的主要特点是:汉字分类系统与科学分类系统一致,从而使识字与学科学同步进行。"科学分类识字法"把全部汉字按其本义、部首、物属,循其进化顺序,分为元物(包括空间、时间、天体、粒子、气体、液体、固体、有机物)、生物(微生物、植物、动物)、人、生活物(食、衣、住、行、器、财、文)和社会物5大类,下分62类214部(同《康熙字典》部首,又是《说文解字》540部的合并简化)。部下分名形动虚4系,系下分若干组,字在组中按一定的次序排列定位。如动物,分"虫鱼鸟兽"4类,兽类有"犬豸豕虎鼠鹿马牛羊"9部。马部有619字,其中常用字22个,按名形动分3组:①马驹驴骡骆驼骏骄验;②驳驯冯驰骠骇;③驻骑骗骚驮驾。水部字有1874个,其中常用字183个,分水名(水液汤浆泡沫波浪……)、水动(流涨滴漏……)、用水(洗浴浇灌……)诸系。这样排列,字与字之间的联系、对立、转化关系,都辩证地存在于统一体中。字义分类,包含了字形的部首分类,这是一条主分类线。还有一条副分类线。副分类线列出某些同声旁的形声字,如"包"的同音字有"胞苞雹饱抱鲍",同韵字有"咆袍跑炮泡"等。声旁本字和它组成的形声字,不仅有音的联系,有许多还有义的联系。如"包"与"胞苞"等的联系。这样分类,字的形与音就以义为核心形成一体了。

2000年8月,中国少年儿童出版社出版了《科学分类识字·绝妙快识3000字》课本,全套共三册,第一册为120个基础字,第二、三册为类推识字。实践证明,幼儿学三年可识3000字,小学一年级学生一年可识3000字。

配套动画《科学分类识字》光盘是幼儿启蒙读物。科学分类识字光盘,全部识字教学内容分36课。每课有田字格中的基础字,认三遍,写一遍,带汉语拼音的常用字每个字教认2遍。全光盘共教120个基础字,1400个常用字,加上儿歌和古诗近3000个字。而基础的富有特征的、能够简单说明汉字构造方式的120个基础汉字,概括了汉字的组成规律与基本部件,这些基础字根据汉字的词性和汉字形体结构特点分为三大类型:数量字(一二三,四五六,七八九,只几,百千万)、物类部首(日月火,气雨水,石玉金,土田山,虫鱼鸟,马牛羊,人女儿,父母子,身骨肉,皮毛羽,首耳目,口牙齿,心手足,走直立,行工力,食丝网,巾革衣,戈

弓矢,贝文示)、字组(上中下,左正右,大天太,小少多,星明晶,古胡湖),然后将
这些字进行训练,再把字合成句子进行巩固,并且结合诗文学习,形成一个较完
整的汉字训练体系。如火类字组,"煤点燃烧,焰烈热照,爆炸熄灭,烟灰灯灶",
可类推"烛炮炕灿烂炎烫熟焦,燥烦燎灼烤烘煮蒸炒",可顺带识得 36 个字。氵
类字组,"源泉沟溪,瀑泽池潭,河江海洋,派澳港湾",进而类推识"洄渠洼沼漱湖
泊滩津",串珠连环,易背易记。可以这么说,认识这些基础字,尤其熟背 1400 个
常用字,就基本上掌握了汉字的形体结构,有了识字的能力。一般来说,一篇文
章中 80% 的字可以认识了,就能独立阅读书报刊,为快速识字打下坚实的基础,
就可以用类推的方法学汉字。《科学分类识字》光盘,将汉字与儿歌、古诗巧妙结
合,文字内容与动画形象相得益彰,伴有愉悦的音乐,同时也充分考虑到儿童对
汉字的陌生感、新鲜感、学知识的渴望及对汉字的好奇,客观地讲是专门为进一
步开发学龄前儿童的智力而出版的。

　　因此,这种识字教学法紧密结合生活实际,识字与学科学、学诗文同步进行,
教学做合一。既便于快速大量集中识字,也便于学习无限的词汇和继承我国古
代文化遗产,还便于儿童学习现代科学的启蒙,因为一组字构成一门科学。

　　科学分类识字法在理论上符合汉字本身的特点,在教学过程中符合儿童的
生理和心理特点,符合汉字和汉语学习的基本规律。主要特点和优点是:依类组
合,串珠连环,易背易记,识字读图,形象记忆,趣味强化,生动活泼,从根本上解
决孩子们识字难、负担重的问题。科学分类识字法正是因为具有许许多多的优
点,因而被国家语委列为全国重要的识字方法之一,并荣获全国首届汉字识字教
育国际研讨会特等奖,被联合国儿童基金会列为援助加强基础教育项目。

7. 汉字结构快速识字法

　　"汉字结构快速识字法"是由南昌航空大学的郑初华、万仁芳提出的一种新
的便捷的汉字识读法。汉字结构快速识字法根据汉字的特点,特别是汉字字形
结构规律和人的认知心理规律,将汉字按部首归并分类,把汉字化繁为简,化难
为易,将汉字自然分解成部首和偏旁两个可以读认的单元,与原来分解的汉字组
成"三字一句,四句一段"朗朗上口的押韵识字经文,每段均标有序号码,并在每
字(含部首、偏旁部件)的上方标注汉语拼音,对于三个可独立成字的部件组成的
一个汉字,实行统一编排,组成三字经文,集中识认。

　　现代识字三字经,是对于三个相同部件组成的汉字,实行集中编排识字的巧
方法,如利用三字经学识部件字(包括汉字的部首、偏旁):

　　例 1(部首字):金木水,火土气,日月白,刀力士。

　　如例 1 所示,12 个部首编成三字经韵文。部首(偏旁)是汉字形体结构中最
重要的基因之一,只要查知一个汉字的偏旁,可以推知其构造,帮助我们从根本

上加强对汉字字形的记忆和字义的理解。《说文解字提要·序》指出:"每见一字,先求其母,如山旁必言山,水旁必言水,此则万无移易者。"如认识了"工、可、羊",在每字的左边加上三点水,使之成为"江、河、洋",左边三点水表义,右边表音,应该说认识起来很容易,要记住也不难。这样会使学习和理解汉字变得更加轻松,特别能提高少儿学识汉字的兴趣和积极性。

也可利用三字经学识常用字:

例2(数目字):一四七,二五八,三六九,个十百。

先学习和掌握了部首(偏旁),就可以进行比较类推,做到"生字熟旁"——某个汉字虽然没有学过,但构成这个字的部首偏旁已经学过,这不会感到陌生,当即进入"一见如故,似曾相识"阶段,这样学识汉字就会感到轻松。用熟悉的字组合学识第三个字,即生字熟旁,学识非常容易,同时能帮助了解汉字的构造和理解其基本字义。用这种联想法学习汉字,不论是中国人或外国人,都能收到快速识字的效果。如先学了"门、人、口、马、木、日、心、耳、虫"部首,进而学习"闪、问、闯、闲、间、闷、闻、闽"等汉字就不难了。又如下列形声合体字(在汉字中占主流):

例3:

门口问:问,内形外声的形声字。从口,门声。本意表示问的意思。

门心闷:闷,内形外声的形声字。从心,从门。会意心关在门内,不舒畅,因而闷。

门马闯:闯,内形外声的形声字。马在门中,会意马要冲出门的样子。

门耳闻:闻,内形外声的形声字。从耳,门声。强调的是用耳听。

会意字也一样:

例4:

三十世:古代三十年为一世。

十人千:千,一人活一百岁,十人为千。

上下卡:卡,不上不下为卡。

一大天:大字上面一横表示人的头顶,头顶上是天。

手目看:"看"字,上从手,下从目,以手加于目上遮光望远之意。

日正是:"是"字,上从日,下从正。(变形)

才土在:"在"字,从土,才声。(变形)

会意字中有些是由三个同样部件组成的汉字,如:

三日晶,三口品,三石磊,三金鑫。三水淼,三土垚,三手掱,三毛毳……

还有些形似字:

子孑孓,兀元无,末未耒,刀刃刁……

也有人进行纯形式的拆分:

一人大，二儿元。火丁灯，天虫蚕；日月明，山石岩。黑土墨，白水泉……

三字经也可编成对子歌，如反义词对子歌：

上对下，小对大。前对后，左对右。

多对少，老对少。来对去，男对女。

黑对白，里对外。高对低，粗对细。

远对近，古对今。明对暗，早对晚。

有对无，出对入。宽对窄，买对卖。

南对北，首对尾。西对东，始对终。

干对湿，公对私。美对丑，薄对厚。

咸对淡，苦对甜。天对地，稠对稀。

旧对新，晴对阴。浮对沉，假对真。

强对弱，对对错。开对关，硬对软。

深对浅，加对减。负对正，降对升。

冷对热，饱对饿。死对生，反对正。

直对弯，长对短。胜对败，好对坏。

快对慢，双对单。熟对生，歪对正。

笑对哭，吸对呼。退对进，阳对阴。

优对劣，日对夜。紧对松，轻对重。

香对臭，胖对瘦。后对先，易对难。

冷对暖，忙对闲。爱对憎，贵对贱。

送对迎，动对静。仰对俯，吞对吐。

浊对清，输对赢。悲对喜，劳对逸。

凸对凹，矮对高。利对弊，此对彼。

盾对矛，贬对褒。涝对旱，简对繁。

扩充开来，双音节的反义词也可编成对子歌，尽管这样的句子不是三个字了，如：

安全对危险，优点对缺点。

晴天对阴天，寒冷对温暖。

喜欢对讨厌，复杂对简单。

也可利用汉字结构，以文字为谜底，以描述文字特征的方法作谜面，编造浅显的谜语。它有利于启迪同学们的思维、开发智能、巩固识字、增长知识，把识字寓于娱乐之中，使同学们智趣双益。这里的字谜，有些是根据构字规律编的，如："有吃有穿"（裕）、"不上不下"（卡）、"不正"（歪）、"八刀"（分）。这类字谜有以下几种：

①谜底是象形字,谜面形象。如:"一块地,四方方,十字路在中央"(田);"画时圆,写时方,有它暖,没它凉"(日);"一个锅里炒仁豆,蹦出两个剩一个"(心);"十二点"(斗);"三横一竖加一点"(玉);"午字落在山中间"(缶)。

②谜底是指事字,谜面记述字的特征。如:"刀上有一点,有点刀就快"(刃);"老牛不露头"(午);"又字中间加一点"(叉);"一点一横长,口字在中央,大口张着嘴,小口里面藏"(高)。

③谜底是会意字,谜面是说明字的结构。如:"门里躲进一个人,门外立着一个人,土上坐着两个人,白云上面有个人"(闪、们、坐、会);"两个肩并肩,两人抬一个"(从、众);"一口咬掉牛尾巴"(告);"把手放在目上"(看);"一人依树旁,歇息来乘凉"(休);"火上加个盖儿"(灭);"小牛落地"(生);"二木不成林"(相);"一字有双口,大口吞小口,大口张着嘴,嘴中含一口"(同);"看来有两个,面目很难分,不像是大夫,倒像是工人"(天);"说它小,下边大,说它大,上边小"(尖);"可上可下,上可下可,上可可小,下可可大"(哥);"早晨太阳从地平线上升起来"(旦);"一块四方木,有边又有角"(楞);"两个娃娃背靠背坐着"(北);"伸手到树上摘果子"(采)。

④谜底是七种字形结构的汉字,根据字的形体编谜语。如左右结构的字:"左边一个鱼字,右边一个羊字"(鲜);"左边一个里字,右边一个予字"(野)。还可以说左边一个食字旁,右边一个包字,合起来是"饱"字。上下结构的字:"上边一个白字,下边一个水字"(泉)。也可以说上边一个分字,下边一个皿部,合起来是"盆"字。按此种猜谜方法,还可以猜左中右结构的字、上中下结构的字、半包围结构的字、全包围结构的字、品字形结构的字。

这种方法还利用汉字相同的基因,进行批量识字。根据汉字的特点和规律,音以类聚,批量识字,突破声调的界限,同声、韵母的字按声旁集中排列,声调码标在每个字的右上角(用12345分别表示声调阴平、阳平、上声、去声、轻声)。

例5:只要记住"章"、"长"、"丈"有相同基因的声符(声旁)和区别表示字义范围的义符基因(形符、形旁),就可以认识该例中的21个字。

zhang 章¹ 鄣¹ 彰¹ 獐¹ 璋¹ 樟¹ 嫜¹ 蟑¹ 障⁴ 嶂⁴ 幛⁴ 瘴⁴

长³ 张¹ 涨³⁴ 帐⁴ 账⁴ 胀⁴

丈⁴ 仗⁴ 杖⁴

例6:对一字多音的汉字,在不同的声母、韵母中,均分别标出。

hang 行²⁴ 绗² 珩²

heng 行² 珩² 衡² 蘅²

xing 行² 荇⁴

对同声、韵母的汉字按照形旁或音旁归并分类,实行集中批量识字、联想识字,举一反三,触类旁通。

"汉字结构快速识字法"灵活应用汉字的字形、字音、字义之间的类比与联想,合理采用汉字偏旁、部首的自然分解与分类方法,恰当地通过" 三字经"易认、易读、易记的表现方式,便于达到易教、易学、易用的识字效果。

其特征在于:按照汉字的部首归并分类,做到有理、有据、有序。先学容纳汉字多的部首字(独体字),进而学识合体字,根据造字原则,将一个汉字自然分解成可读的部首和部件两部分,加上两者合并组成的另一个汉字,编"三字一句,四句一段"的押韵识字经文——现代识字三字经,对于三个相同部件组成的汉字,实行集中编排识字。但缺陷在于识字经文的编排较复杂,需要编排者具有较高的文化和文学素养;同时对汉字结构要有清楚的认知;还要编排成句,要押韵,便于学生理解。这需要花费很多心思,是一项巨大的工程。

与"部件识字法"的相同之处是,"汉字结构快速识字法"把汉字自然分解成可读的部件和部位名称的两部分来记忆。在分析字形时,不是按照传统的笔画分析法,而是把部件作为分析汉字的结构单位,对构成合体字的部件及其部位进行感知和记忆。这两种方法都便于记忆,都是以汉字的结构分析作为出发点的。

与分解法相同的是在识字的过程中,把独体字按笔画(笔顺)分解识记,把合体字分解为几个部件识记,这样,自然地形成了"从合到分"与"从分到合"、"从整体到部分"与"从部分到整体"的认识过程,强化了记忆效果。分解法也和汉字结构快速识字法一样,以结构来分析,易理解。

8. 利用字族理论教识汉字

利用字族理论教识汉字,也称字族文识字,是由四川省井研县鄢文俊等于1960年开始探索,1980年成型并开始实验的一种识字教学方法。该法认为,在汉字中有一定数量具有派生能力的"母体字",母体字可以衍生出几乎所有的常用字,称为"子体字"。经筛选,精选出 2500 个常用字,把用母体字带出的一批批音形相近的子体字,组成一个个"字类"、"家族",称作"字族",以一个字族中的字为主,编写出课文,称作"字族文"。

汉字中确存在着一系列的意义相通、读音相同或相近、字形结构前后传承或有密切关联的汉字,我们把具备这种特点的一系列的字为一个"字族"或"同族字"。这些同族字的特点是有一定的谱系和层次,后一层次的孳乳字总是在前一层次的"母文"(相对孳乳字而言)的形、音、义的基础上分化孳乳的,因而在形、音、义三方面都有着前后相承的"血缘关系",层层关联,犹如一个有一定谱系的大家族。同一族的字往往是在一个载义较多、兼职较繁的母文基础上,逐渐加上类属符号(一般称为形旁)而孳乳分化出一些新的意义相对单一的孳乳字而形成的。该法抓住字族形、音、义的特点及其孳乳规律,有利于科学地认识汉字和提高汉字教学效率。如：

（1）共—供恭拱等

共，甲骨文作栱，金文作栱，像以双手捧器供奉之形，本义为捧物敬献。因而，在当初，共字可用以表示人的外部的恭敬动作，为"供奉"之义。《左传·僖公三十年》："行李之往来，共其乏困。""共"义为供奉、供给。共字可以用于表示人的内在恭敬的行为，为"恭敬"义。《左传·昭公十一年》："不道，不共；不昭，不从。""共"义为恭敬。共字也可以表示类似捧物敬献之状的"拱手致敬"之义。《论语·为政》："居其所而众星共之。"

但是，仅此一个共字表数义，在书面语中不便理解，且语音也有可能变化，于是，后来人们在共字的基础上，根据所用的具体场合的不同，逐渐分别加注相关的形旁来辨义。加"人"旁则为"供"，专表人的恭敬动作，为供奉之义。加"心"旁则为"恭"，表示人的内心的恭敬活动，为恭敬之义。加"手"旁则为"拱"，表示含有恭敬之意的双手动作状态，为拱手之义。这样，共、供、恭、拱就变成了同族字。

（2）加—驾贺枷架痂等

加，《说文》："语相增加也。从力从口。"段注："引申之，凡据其中曰加。"《玉篇》："加，增也。"加马旁为"驾"，《说文》："驾，马在轭中，从马加声。"是将轭加于马脖之上。段注："驾之言以车加于马也。"加贝旁为"贺"，《说文》："贺，以礼相奉庆也。从贝，加声。"段注："贺之言加也，犹赠之言也。"加木旁为"架、枷"，枷、架初为一字之异体，今分为两字，枷字表示加于人身上之枷，架字表示可在其上加置衣物的器具。加"疒"旁则为"痂"，用于表示加于皮肤之上的疮痂之类物。这样，加、驾、贺、枷、架、痂就形成了同族字。（孙德金，2006）

字族文以字归族，以族创文，体现了文从字而生，字随文而识，文与字的统一。字族文的产生找到了规律识字与阅读教学的契合点，使汉字结构规律和小学生识字的规律在字族文中充分展现出来，为儿童快速识字提供了契机。

字族文识字法在传统识字经验的启发下，总结出汉字中具有派生能力的母体字，什么是母体字呢？母体字是孳生、繁衍即派生一族形、音相近的汉字主体字。众多汉字是从母体字孳乳而成，母体字是汉字派生的本源，就是一个母体组成一串形、音相近的子体字。根据这些母体字和子体字来编文，寓规律识字于阅读教学中。例如，由母体字"兆"和派生的"跳"、"眺"、"桃"、"挑"、"逃"等子体字而编成的《小猴认错》一课就是如此。现以本课一、二自然段为例略加说明：

兆家山上的树林里，一群猴子在树枝上跳来跳去，玩得很高兴。一只小猴子四处眺望，看见猴妈妈正在山下摘桃子，便急忙向桃树林跑去。猴妈妈见了，叫小猴也来帮忙。小猴口里答应，眼睛却盯着竹篮里又红又大的桃子，趁猴妈妈不注意的时候，悄悄地挑了几个，便急匆匆地逃回山上去了。

又如《小青蛙》一课：

河水清清天气晴,小小青蛙大眼睛。保护禾苗吃害虫,做了不少好事情。请您保护小青蛙,它是庄稼好卫兵。

《皮字朋友多》：

有土堆成坡,有水波连波。碰石皮擦破,走路跛一跛。披衣床上坐,被子多暖和。玻璃窗前望,夕阳染山河。外婆来看我,带来甜菠萝。

这样,通过所编写的儿童喜闻乐见的字族文的阅读即可以语境识字 2000 个常用汉字。

之所以称作字族文而不称作声旁,是因为这些母体字、子体字除了作声旁外,还可能作形旁,或者纯符号偏旁。颜星华《汉字形声归类新字典》、张学涛等的《汉字基本字带字识字手册》则将这些母体字称作基本字。母体字也好,基本字也好,主要还是作声旁。

9. 集中识字法中的基本字带字法

"集中识字法"最早于 1958 年由辽宁省黑山北关实验学校(原名为黑山县北关完全小学校)贾桂芝、李铎二位老师始创,1960 年北京景山学校加入,"文化大革命"后中央教育科学研究所投入研究,逐步形成了"两山一所"的集中识字教学流派。1985 年形成"集中识字、大量阅读、分步习作"的小学语文教学体系。1991 年教育科学出版社出版的郭林、张田若编著的《集中识字教学的理论与实践》把该项试验推向了新的高度。

这种方法,总的来说,是主要依据汉字的构型规律,把生字归类集中,指导学生用比较类推的方法学习汉字。基本方法就是集中教分散练,先识字后读书,即学一批字读一些课文巩固,再学一批字再读一些课文巩固。具体方法有看图识字、以歌带字、以四声带字、形声字归类、形近字归类、同音字归类、近义词归类、反义词归类、用基本字带字等。

基本字带字法通过给基本字加偏旁部首,引导学生利用熟字记生字,使学生在掌握汉字字形的基础上,逐步理解汉字音、形、义之间的相互关系,建立汉字音形义的统一联系。

集中识字的后期,即以基本字带字为主要特点,基本方法是根据形旁或声旁归类,根据形旁所属理解字义。例如从"页"的字大多与头部名称及动作有关,像额、颊、额、项等;从"王(斜玉旁)"的字大多与玉石有关,如碧、玦、玛、弄等;从"心、忄"的字与心理活动有关,如情、思、慕、恭等。根据声旁归类如"盏、浅、栈、践、残、贱、钱"等,这一组字的共同特点是都有表音的声旁"an,ian",加上不同的表意符号的形旁构成,可编成歌诀"有皿是灯盏,有水还显浅,有木修客栈,有足去实践,遇歹便伤残,有贝分贵贱,有金就是钱"。这些方法有助于学生掌握构字规律,形成学习迁移。

这里,所谓基本字,就是那些构字能力强的字,有完整的字形,能表达完整的字义,有明确的读音。主要体现为独体字,如包、抱、饱、咆、泡、胞、炮、跑、鲍、苞、刨这组字中,基本字是包字,其他的字都是由包加上不同的偏旁构成的。但有的合体字也可以作为基本字,如"古"字是个合体字,可以作为基本字带出沽、姑、苦、胡等字(这里都用古作声旁);而"胡"字又是合体字,也可以作为基本字带出湖、糊、葫等字。这就是利用了汉字中形声字的构字规律。集中识字充分运用这条规律,先教独体字,然后教合体字。但也不是绝对的,有的简单的合体字,也可以作为基本字先教。还可以用形旁带字,如"口"这个偏旁,加上"乞"为"吃",加上"昌"为"唱",加上"孔"为"吼",加上"门"为"问"。"氵"带出"河、滴、洗、游";"穴"带出"空、窗、穿"。也可以把形近字、反义字(词)组在一起,用比较方法认读。教学实践证明,凡属形声归类的字,学生不仅容易记住字音和字义,同时可以比较牢固地记住字形。一般讲基本字带字和形声字归类的方法效果最好,因为它以解决字形为主,音、形、义三结合,基本字标音,形旁(多为部首)标义,认识了基本字,根据形旁部首就可理解字义。

以"巴—疤把爸吧肥"这组字为例来做考察。这组字的基本字(一般是形声字的声旁)是"巴"。先让学生学会"巴"字,达到熟练掌握,然后靠它来带字,即靠它来识记生字,识记"疤、把、爸、吧、肥"五个字。

从字形上说,这一组字共同的难点是"巴"字。表义的偏旁"疒、扌、父、口、月"是学生在学习识字基础时已经掌握了的,知道它们的名称和所示的意义:疒表示疾病;扌表示用手动作;父是父亲;口表示与口有关;月与肉有关。这样看来,构成这些字的偏旁都是已经学会了的,现在搭配起来构成新字。记忆的时候都以"巴"作为记忆支柱,加上"疒"就是疤,加上"扌"就是把,加上"父"就是爸,加上"口"就是吧,加上月就是肥,字形通过这样的分析,就可记住了。而且这种记忆是理解的记忆,它充分显示了汉字表意性的优越,利用这种优越性来记字形,就使字形的记忆变得容易了。这一组字放在一起学,还可以较充分地发挥知识迁移的作用,即把已经掌握的基本字和偏旁部首知识迁移到这上面来。通过这样的迁移,学生不仅掌握了新知识,认识了生字,而且巩固了旧知识,练习运用了旧知识,学习了识字方法,提高了识字能力,进行了思维(分析、推理、判断、想象等)训练。

从字音方面说,这一组字前面四个字是形声字(学生逐渐知道什么叫形声字),读音都是"巴",而"巴"是已经认识的,所以记音并不困难,只是声调不同。会不会读错呢?不大会读错。这是因为小学生(当然指汉族小学生)是已经掌握了汉语的,而且正在学习普通话,生字后边都有多音节的词语,如"疤"后面有

"伤疤"；"把"后面有"一把米"；"爸"后面"爸爸"；"吧"后面有"走吧"。学生口语
中已经掌握"伤疤、一把米、爸爸、走吧"这些词语（只是不知字形），会说，会发出
音节和声调，他们据词定音，稍加引导就可分别读准字的不同声调，"疤"读第一
声，"把"读第三声，"爸"读第四声，"吧"读轻声。学生读不准的字教师加以指导，
在这个过程中结合进行了普通话的语音教学。

从字义方面说，由于基本字带字所学的字词几乎都是常用字词，只要读出音
来，学生就可知它们的意思（当然又是汉族儿童），所以学生对字义的理解是不困
难的，即使个别有不甚理解的，稍作解释也就可以明白。例如对"伤疤"可以略作
解释。那么，同组字中各字的字义能否记准呢？会不会把"疤"记成"爸爸"的
"爸"呢？很少可能。因为字上有义符。学生明白了字形的构成"疒"旁的意义，
不可能出现这样的混淆。这里又显示了汉字表意性的优越。汉字可以从字形上
找到示意的符号，使形与义很好地结合起来了。

"集中识字法"的特点是突出汉字的字形特点以及形、音、义之间的区别与联
系，按照汉字由易到难、由简到繁，分类排队，使识字学习走向科学化。具体如
下：(1)先学一批构字率高的最常用汉字，以便学生及早阅读。(2)打好识字的四
大基础（汉语拼音、笔画笔顺、偏旁部首和基本字），以"基本字带字"作为基本识
字方法。坚持"形音义统一、字词句联系、认读写结合和记比说兼用"，通过给基
本字加偏旁部首，引导学生利用熟字记生字，使学生在掌握汉字字形的基础上，
逐步理解汉字音、形、义之间的相互关系，建立汉字形音义的统一联系。(3)吸收
先识字后读书、看图识字、在阅读中巩固和扩大识字等传统识字教学经验，组织
学生掌握汉字规律，自学生字。同此法类似的有小集中式的"基本字带字归类识
字法"，彭吉来(1994)对此做了讨论。

10. 成群分级识字法

"成群分级识字"是湖南省"小学语文综合改革实验"的重要研究成果。实验
者廖郁山、曾青云认为：汉字并不是先有笔画，再用笔画造出部件而合体成字的，
而是先有象形的"根"字，然后以"根"字为基础繁衍出"成群"的合体字。因此，要
从造字方法和造字历史沿革的实际出发，采用"根"字添加偏旁组成字群的方法
建立一个层级序列，并根据这一序列去认识汉字。

根据这一设想，实验者构建了"成群分级识字单元"，在组织字群时，按派生
字由简到繁的发展规律，形成识字序列，即以根字加一次偏旁为一级派生字，再
加一次偏旁为二级派生字，以此类推。如：古—姑(1)—菇(2)，亡—芒(1)—茫
(2)。在教学时，先教根字带一级派生字，再教二级或少量三级派生字。

"成群分级识字"有如下特征：(1)根字系联，整体有序。每册实验教材编有
"成群分级识字"5个单元计25课次，每课次由1～3个根字循序系联相关的一

大串字群。6 册教材共 2704 个生字,除随文出现的 364 个字外,全部由 272 个根字统领,这 272 个根字可统领字数约 4000 个。这些根字孩子们大部分已通过看图拼音识字、语言环境识字学过,作为根字来联系字群,实际上是进一步巩固与运用的问题。这样,可大大简化识字程序,减小识字难度。如根字"斤",它衍生的一级派生字"斥、折、斧、斩、斫、所、断、斯"等,其意义全部与"斤(斧)"有关联。它们的二级派生字在读音上又大多与一级字有关联,只有古今音有所变化。如:斥—拆;折—哲、浙、逝;析—淅、晰;斩—渐、惭、堑、崭、暂;斯—撕、嘶。这些二级派生字除了"哲、浙、淅、嘶"4 个纯形声字外,它们的字义也都与它们相应的一级字有关联,实际上也是与根字"斤"有关联(其中"斯"的本义即辟开、撕裂)。这样,一个根字可以使许多无序的字系联成有序的整体。新字全部由已知根字衍生而来,这完全符合由旧知到新知组建认识图式的心理规律。由于把生字组成系列有序的有机整体,在识记中便于克服学汉字难记易错等不利因素。如由根字"亡"系联"忙、盲、荒"等字,就不会在"亡"的末笔再添一点;由根字"旦"系联"得、碍",就不会丢了"日"下的一横;系联"檀、颤",就不会把"旦"字误为"且"字。

(2)设境拼形,活动识字。成群分级识字坚持整体识字的原则。这个"整体"的含义,是由汉字本身特征所赋予的:对笔画而言,是指形块部件;对部件而言,是指整个汉字;对一个字而言,是指在音形义上有某些关联的系列字群;对字群而言,则是指一系列字群的运用环境。因此,研究者认为识字教学应尽可能创设语用环境,开展拼形组字的活动。在这样一个语用活动场景里,即使一次集中识字较多,也会感到有趣而易记。为此,在所有成群分级识字单元中都配以句子、韵语或短文。

如在根字"尚"的字群后面,编有儿歌:"穿着新衣裳。笑着进课堂。老师教儿歌,大家拍手掌。歌唱红五星,歌唱共产党。"这里押根字"尚"的"ang"韵,可在琅琅的诵读声中创设一种热烈的气氛使学生在积极愉快的情感中识字。又如为"栽、裁、载、戴"4 个同根字编的一组韵语:"头戴草帽,车载树苗。春风裁出千行绿,双手栽下万棵苗。"诵读这些韵语、句群,在语言环境中潜移默化地加强了识字、辨义与运用的能力。识字教材还尽可能提供开展拆字、组字等识字游戏的条件。

为根字"土"所系联的字编了一段识字游戏材料:

小朋友,仔细听,下面生字要分清。

土加口,是吐字,随地吐痰不卫生。

土加小,是尘字,灰尘里面有病菌。

土加月,是肚字,喝了生水肚子疼。

土加火,是灶字,炉灶生火须留神。

土加木,是杜字,杜鹃花开满山红。

二、基于汉字外部构造的形态识字教学流派

针对小学生,特别是低年段学生无法全面理解汉字构造原理的心理特点,将汉字拆分成一个个模块,通过模块的组合,在比较中认识汉字。

11. 部件识字法

部件识字法,顾名思义就是按汉字的部件和部位名称来分析字形结构的一种识字方法,即利用已学过的熟字部件,通过"加一加、减一减、换一换"字的偏旁,帮助学生识字的方法。(石海泉等,2006)

把常用汉字按不同部件的不同组成形式,统一按汉字的"三级结构",即笔画、部件、整字,排出不同的树形结构图形,编到教材中。生字以部件为线索,按独体字—简单合体字—复杂合体字的顺序排列,按"三级结构"有层次地展开。一级结构用笔画分析法教学独体字和基本字;二级结构用部件分析法教学简单合体字;三级结构用复部件分析法教学复杂合体字。在教材内容的改革上,自选、自编课文 55 篇。同时,对语文教材中基础训练和课后思考练习也作了改进,形成训练系列化、题型多样化,突出智能培养,加强实践性,注重因材施教。

实验表明,部件识字法能有效地引导学生进行知识迁移,简化儿童识字的心理过程,有助于培养学生独立识字的能力,有利于突破字形难点,提高识字教学的效率和质量,使整个识字教学过程变成儿童生动活泼的、主动的发展自我智能的过程。这就为促进儿童语言能力的整体发展和德智体全面发展,为普及农村"九年制义务教育"创造了条件。

根据实验教材的编排,生字的出现以部件为线索,按单体字(如:木、又、寸)→简单合体字(如:对)→复杂合体字(如:树)的顺序排列。

与上述生字出现的顺序相对应,部件识字教学按"三级结构"有层次地展开。

一级结构。用笔画分析法教学单体字。在这一阶段要重点教给学生有关汉字笔画和笔顺的知识,牢固地掌握一批单体字,为进一步学习简单合体字打好基础。

二级结构。用单部件分析法教学简单合体字。简单合体字由单部件(包括成字的,即单体字;不成字的,如"宀"、"厶")组成,因此要用单部件分析法来帮助学生识记字形。在这个阶段,要教给学生认识合体字的结构特点、类型(上下结构、左右结构、里外结构),汉字的部位和各部位的名称(上"头"、下"底"、左"旁"、右"边"、内"心"、外"框"),让学生开始认识和积累部件,并重点教会学生用部件分析字形的两种方法:一种是口头表述法,一种是书面表达法。如分析"队"字的字形,口头表述为"左耳旁、人字边",书面表达式是"阝→人"。

三级结构。用复部件分析法教学复杂合体字。复杂合体字由复部件(包括成字的,即简单合体字,和不成字的)组成,因此要用复部件分析法分析,帮助学

生识记字形。由单部件分析到复部件分析，只是分析字形的单位扩大了(实际上是把字形结构化简了)，分析字形的方法则完全相同。如分析"海"字的字形，口头表述为"三点水旁，每字边"，书面表达式是"氵→每"。

以上三级教学结构，一级结构是部件识字的基础，二级结构是部件识字的重点和关键，三级结构是二级结构的延伸和发展。不管哪一个阶段，字形教学都要注意引导学生认真地观察字形，按照从整体到部分再到整体的要求，准确地分析、综合字形和记忆字形。

部件识字教学注意了贯彻"教、扶、放"的原则，十分重视培养学生独立识字的能力。"教"就是教给学生精要有用的知识和掌握、运用知识的方法；"扶"就是学生在教师的指点扶助下，运用学过的知识和方法去分析解决问题；"放"就是教师放手，让学生运用学过的知识和方法，独立地去分析解决问题，完成学习任务，教师可以进行必要的检查和评定。

识字教学要求读准字音，认清字形，理解字义，掌握书写，学会运用。要提高儿童识字的效率和质量，就必须使部件识字教学操作程序化。有人从多年的教学实践中探索、总结出部件识字教学的操作程序：

正音：直接念读音节，读准音调，注意发音部位、声调的正确。

析形：利用汉字的笔画、笔形、笔顺和部件分析、觉知、记忆字形。

释义：详细运用六书介绍部件，并解释合体字的意涵，让学生能造词、说话，利用汉字构句，联系上下文理解字义，学习查汉语字典。

书写：练习书写(书写、抄写等)，熟悉字形、笔顺与间架。

【附录：部首分级】

依据小学常用汉字1072字出现的频次，试分为四级，以利初学者循序渐进。

①第一级28字：口、人、水、木、心、手、言、纟、辶、女、宀、艹、土、攴、刀、日、页、一、火、贝、阜、囗、广、竹、力、彳、目、金

②第二级36字：子、肉、田、儿、巾、戈、玉、示、衣、隹、雨、八、又、大、寸、月、止、禾、十、方、见、走、车、邑、乙、二、夕、尸、曰、犬、穴、羊、行、足、门、食

③第三级34字：丿、入、卩、工、干、弓、斤、欠、牛、白、皿、石、立、耳、里、音、马、亠、宀、冂、氵、小、己、乡、户、殳、父、网、老、臼、虍、虫、酉、鱼

④第四级88字：亅、匕、厶、尢、山、毋、氏、爪、甘、生、疒、矢、米、羽、臣、至、舟、襾、角、身、豕、辛、青、非、骨、斗、鬼、鸟、鹿、黑、丨、丶、屮、勹、乚、卜、厂、士、夂、巛、幺、廴、廾、彑、支、文、斗、无、歹、比、毛、气、爻、爿、片、牙、玄、瓦、用、癶、皮、内、缶、两、自、舛、艮、色、血、豸、辰、长、面、革、韦、风、飞、首、香、高、髟、麻、黄、鼠、鼻、齐、齿、龙

12. 字中字识字法

"字中字检字法"是遵义市新文汉字研究所所长姚朝伦研究发明的一种汉字

快速检索方法。这种检字法不同于一般传统的音序、部首和笔画等检索方法,它是根据汉字绝大多数由简单字组合成复合字这一科学规律研究出来的。它根据汉字的形体结构,找出它们的共同特点加以排列,是一种新的形序排检法,符合人们从形出发求音求义的查字要求。在中国汉字中,绝大多数的汉字都是由一个或几个简单汉字构成的复合字。用"字中字"来检字,就是在一个汉字中找出另一个简单的字用来查本字。如查"陈"字,就用"东"字查,查"李"字用"子"字查,查"国"字用"玉"字查,查"问"字用"口"字查。字中无字的字(人们习惯上称的独体字)直接按笔画查检,不用非字"部首"(如亻、宀、艹、扌、忄、氵、攵等)去查字。"字中字检字法"查找"字中字"的规则是:

上下结构的字:先上后下再中角

左右结构的字:先右后左再中角

全包结构的字:只查里面不查外

字中无字的字:不去分字查笔画

用"字中字"进行识字教学同样是一种科学的识字教学法。这种方法充分依据和体现了汉字的构字规律和特点,无论是对汉字语音教学还是对汉字写字教学都大有益处。我国民间早有这种方法的应用。比如:人们在自我介绍姓氏时常说"姓章,是立早章"、"姓张,是弓长张"、"姓吴,是口天吴",他人一听就清楚地知道了介绍者的姓氏。

将复合字分解编成韵文式课文进行教学,我们称为"字中字"识字法,集中认字,识字速度快。现行小学识字课的基本字教学也编有这样的课文,小学生很喜欢这样的课文。可惜,这样的课文仅编写几课就转到随文识字。

从 2500 个常用汉字选出 800 个复合汉字,按其字的组合结构进行合理分编成蒙学识字教材《汉字三字经》,"小土尘,小大尖,人云会,人王全,土不坏,王不环。门口问,门日间,山灰炭,山石岩,户方房,鱼羊鲜"。三字一句,六字成韵,读起来朗朗上口,易学易记,经久不忘。这种方法识字,字音读得准,字义理解快,字形记得牢,事半功倍,效果非常好。儿童在短时间内就能学完 800 个复合汉字,还能认识这 800 个复合字中所包含的 400 多个常用汉字,识字量已超过1200 个。2500 个常用字中绝大部分汉字都可以编成这样的课文来教学。这样既可以大大缩短儿童识字的时间,又减轻了儿童识字的负担,实现了识字教学的多快好省,真正快速高效。

更重要的是儿童首先学习的字既是独立的汉字"原型",又是汉字的"部件",对汉字有一种神秘感,有学习的强烈兴趣和欲望,这样汉字信息更容易输入大脑,记忆深刻。研究表明,婴幼儿一般在掌握 350 个汉字时,会表现出对汉字的高兴趣性、高敏感性,达到识字教育的敏感期,进一步学习很快就能进入阅读。

13. 字根识字法

我国几千年的传统汉字教学方法是把汉字的学习与书写练习结合到一起进行的,通过书写汉字就能掌握、记忆和使用汉字。在信息时代,人们动笔写字少了,使用汉字多数都是输入汉字。汉字字形输入(用键盘写字)是根据汉字的字形结构输入汉字,能起到与书写汉字同样的掌握、记忆和使用汉字字形的效果。因此在汉字字形的练习与使用中,字形输入(用键盘写字)就能成为汉字书写的替换方法,成了练习与使用汉字字形的不可或缺的技术。缺少了汉字字形输入,就缺少了练习与使用的环节,汉字字形教学就不会取得好的效果。提高汉字字形教学效率就应在字形教学中采用并强调汉字字根分析与字形输入。

张继贤 1987 年倡导字根识字教学法。字根识字的基本观点是:汉字是分析型文字,任何汉字都离不开五种基本笔画。张继贤经研究发现汉字有 28 个字根,这 28 个字根都是不超过五笔的独体字。每个字根都派生若干字件(构成汉字的基本部件,也是汉字存在的基本形态),把字根字件相同的汉字集中编成字组,可以把全部汉字串联起来,汉字纵横序列一目了然,充分体现出汉字构形的科学体系。如"一"字根派生 285 个字件。这些字件又派生 2200 多个单字。汉字的序列主要是通过"形表意、声表音"的形声字表现出来。字根识字所用《中小学快速识字手册》将字件(字根)相同的汉字以字件为首编成字组,字件按笔画排列,笔画相同的按音序排列。字根 28 个建立纵序,1000 个字为横序。共编 1010 个字组,每个字组含 2—20 个单字不等,共收 5956 个单字,多音字和联绵字集中一处注释。

字根识字法,通俗说法便是像五笔打字法一样把相同字根构成的字集中教学。利用这种识字法可采取不同的形式来达到同一目的。

第一种是图形—电脑字根识字法,这是一种适合国内外朋友们自学汉字,更适合幼儿和小学教育的教学方法。它通过"看图识字"、"电脑输入"、"字根组合"达到容易、有趣、快捷识字的目的。从道理上讲,就是很多小学老师正在创新的"字理识字法"和"解形识字法"的组合。其中关于"看图识字"、"电脑输入"有专门介绍,并还介绍一个大致教学方案:(1)0~6 岁,汉字开智视听认字教育;(2)一年级,看图识字及初步构字规律教育;(3)二年级,朗读、书法及构字笔画、笔顺、字根组合分解;(4)三年级,学英语结合计算机输入,学习汉字输入,利用电脑屏幕提示自主扩大词汇量。

第二种是在做字根识字法练习前先让学生做好几个识字转盘,让学生感受转盘识字的乐趣,了解形声字的构字规律:形旁表义,声旁表音。然后找一组形声字,用转转盘的方法揭示其构字特点,接着让学生试着说说形声字形旁的意义。如下面的几组字:

（1）字根"也"。"也"与三点水搭配，三点水表示与水有关系，所以这个字是
"池"，水池是盛水的地方，水池里都是水。"也"与单人旁搭配，单人旁表示人，所
以"他们"是表示人。"也"与提土旁搭配，提土旁表示与土有关，所以田地里都是
土。"也"与马搭配，马是跑得非常快的，所以"驰"是跑得快的意思。

（2）字根"青"。"青"与三点水搭配，清组词清洁，洗干净的东西才是清洁的，
所以清洁的清是三点水的。"青"与虫字旁搭配，蜻蜓是一种昆虫，所以蜻蜓的蜻
一定是虫字旁的蜻。"青"与竖心旁搭配，感情是发自内心的，所以心情、感情的
情是竖心旁的情。"青"与言字旁搭配，请别人做事要说话，所以请坐、请喝茶要
用言字旁的请。"青"与目字旁搭配，目就是眼睛，所以眼睛的睛是目字旁的。
"青"与日字旁搭配，太阳出来才是晴天，所以晴天的晴是日字旁。

（3）字根"丁"。"丁"与火字旁搭配成了灯，"丁"与口字旁搭配成拟声词
"叮"，"丁"与目字旁搭配成"盯"，"丁"与金字旁搭配成钉。灯组成词语电灯，叮
组成词语叮叮当，盯组成词语盯着，钉组成词语钉子。看看字，说说词，理解理解
意思，最后再让学生读读儿歌："小丁丁，开电灯，拿起锤子修板凳。眼睛盯着钉，
锤子敲不停，叮叮当，当当叮，妈妈夸他爱劳动。"

练习时，学生还可自己做几个字根转盘：字根"少"加三点水，加口字旁，加提
手旁，加火字旁。字根"包"加提手旁，加三点水，加月字旁，加足字旁，加立刀旁。
字根"尧"加食字旁，加绞丝旁，加女字旁，加木字旁，加三点水，加火字旁，加羽，
加日字旁。学生在家长的帮助下做转盘的同时，也认识了许多还没学过的字，知
道了这些字的意思，还会用这些字组成的词语造句。

第三种是白双法发明的"七字根"识字法，不用一年的时间便可识读 3500 个
汉字。太原师范学院汉字研究所所长白双法创造了一套独特的识字方法。他把
汉字分成人体、天文、地理、动物、植物、器物和符号七个类别，每个类别分别以
"人、日、山、龙、木、工、一"为代表，也就是七字根。比如"气"字，其他教材和儿童
识字挂图上，对这个字的描述通常画一幅水壶冒出的蒸汽的图片，旁边写一个
"气"字。白双法认为，这种描述方法仅仅能体现出气字所指物品，并不能解释给
孩子，为什么描述气体的"气"字要这么写。而他的方法解释出了为什么"气"字
这么写：因为三个横道表示气体是多层的，上面的一撇，表示上连天，底下的折勾
表示下接地，用简笔画画出来，孩子就能非常形象地知道为什么这个字写成这
样，从而达到深刻记忆的效果。另外，孩子还可能会问到另一个问题，为什么把
这个字读成"qi"呢？因为古人在创作汉字时经过大量观察，发现气体一出现就
向上升起，所以就跟"起"字一个音。

综上所述，字根识字法的优势有以下几点：（1）它能够巧妙地与电脑键盘相
结合，有机地运用在一起。在学会字词的同时，还能进一步提升对电脑键盘的知

识。(2)字根识字与其他的识字法相比更容易培养学生分析字体结构的思维能力,从而激发孩子对汉字学习的兴趣,由被动学习转变成自主能动性学习,发挥最大能动性。(3)字根识字最大的一个特点便是能够比较有效地防止错别字的产生。孩子的初步学识阶段的记忆力是最佳的,这样便可避免做无用功或是错误的引导。一套方法其优势纵然多,但也必有其缺陷之处。字根识字的不足体现在知其然还要知其所以然,小学生的思维较简单,如果每个字都这样学习,那势必会剥夺很多时间,此外,容易造成混乱。

14. 立体结构识字法

以汉字智力游戏的形式,提高学生识字能力的一种方法。

中央民族大学对外汉语教学中心赵明德教授发明的汉字立体结构教具、学具,由按照汉字本身的结构分割的几十块字块组成,分教具、学具两种。它所使用的教具由形似"魔方"的正方体字块组成。这一汉字智力游戏教具,包括各种形状的多面体拼块、汉字编码表和地理简图。在拼块外表面标有不同颜色的汉字偏旁、部首、独体字及声调。字块的含字量高,功能多。一块最少含六个字,或六个偏旁,最多可达 20 几个字,具有魔方的特点。每个字既可独立使用,又可与它块拼合,组成新字、新词。

该教具可以准确演示汉字的各种结构,如左右结构、上下结构、左中右结构、上中下结构、全包围结构、品字结构、特殊结构等。其中半包围结构的各种情况,如左上右包围下(同)、左下右包围上(凶)、左下右包围右上(这)、上左下包围右(区)等,均能准确演示。

该教具还能在演示该字结构的过程中,准确地显示出该字大部件的组合比例。如"妈",左右结构,女字旁占 1/3,马字占 2/3;"花"字,草字头占 1/3,化字占 2/3。

该教具还能根据教学的需要进行偏旁归类,进行基本字带字或母体字带子体字的演示。如请、说、话、读;青、晴、睛、请等。

该教具还能进行同音字、形近字比较,如十、石、实、是、土、王、禾、木等。

该教具还有配套的学具。书上的字一个不少,书上的词一个不丢,还能多学100%的字,还能学 200%～300%的词。

结合拼字、组词、造句练习可大大提高孩子的识字能力、造句能力、会话能力、思维能力、创造能力,扩大儿童的视野,使玩、学、创有机地结合起来。通过这种拼合,可清楚地显出汉字的独体结构、上下结构、内外结构的特点和造字规律。

它将传统的汉字教学由平面变立体,由枯燥变有趣,由难变易。对提高学生对汉字的学习兴趣,提高学生对汉字的理解能力、分析能力、记忆能力有很好的辅助作用。它不仅直观形象而且便于学员操作和参与,因而受到师生和专家们的好评。这套教具和学具广泛适用于幼儿园、小学低年级、扫盲及第二语言汉字教学。

15. 笔画—部件—整字由易到难教学法

汉字绝大多数是由若干笔画或者部件组成的，在图形上具有完整统一、立体组合的特点。所谓完整统一，是指由几个部件组成的合体字的几个部件是完整地统一在一个正方体内的。由独立汉字转变为偏旁的部件虽然在整体上是不变的，但在具体的笔画上还是有差别的。这一点细微的变化是外国学生难以察觉同时在学习时也是难以记忆的。而所谓立体组合，是说各汉字的各部件不像拼音文字那样的横向线性排列，而是方形立体结构。例如，"萍"字，由"艹"、"氵"、"平"三个图形组成。这三个图形不是横向线性排列而是从上到下从左到右的立体排列才组成一个规范的"萍"字。这让使用拼音文字的外国学生感到困难，上下、左右、半包围、全包围这些结构完全是陌生的。仅仅是各部件的分布，就让那些外国学生望而却步，何况这些部件在具体的字中还有不同的变化，这就让外国学生更感觉汉字的难学。（胡文华，2008）

因此，研究者从笔画数、部件及结构方式进行了研究，并且认为笔画、部件、部件的组合、整字都有成为知觉与加工的单元的可能。汉字字形有独体与合体之分，后者又有三级切分结构及上下、左右、内外等不同的空间关系。汉字的这种形体结构方式是比较独特繁杂的。正因为如此，研究者主张对初学识字的学生安排二级切分结构以下的汉字进行教学，认为这样做才合情合理。从一般情况来说，这种考虑是有道理的。不过仍有两个问题值得讨论：第一，独体字与合体字相比，一级切分结构的汉字与二级、三级切分结构的汉字相比，并非前者的学习掌握一定比后者容易。认知心理学的研究表明，不少汉字虽然笔画数目多且字形复杂，但结构规范、对称性良好，从而易于认知识别。从表面上看，二、三级切分结构的汉字虽然比较复杂，但构形有序，空间配置关系清楚明了。尽管组字的部分（偏旁部首）较多，可各部分本身却并不复杂。所以这些字看似繁难，其实并不难掌握。与之相反，有些独体字和一级切分结构的字，则看似简单，而实际上在感知和记忆方面笼统一体，难以准确掌握各笔画之间的先后顺序以及空间配置关系，因此在学习过程中也就容易出错。由此而论，简单地、一概而论地将初学汉字限定在某个切分等级之下的做法有待进一步商讨。第二，汉字由整体分解为各个部件，各部件按特定空间配置关系组合成整体汉字的特性，即分解组合性，是汉字形体的心理特征。在汉字教学过程中，一些合体字确实容易出错。常见的错误主要有三类：一是空间位置关系的错误；二是笔画增减的错误；三是组成部分替换错误。从教学方面来说，可以认为主要是由于对整体汉字与各组成部分之间的"拆拼关系"重视不够。所谓"拆拼关系"是针对汉字结构的分解组合特性而言的。在教学中，无论哪种汉字教学法都需要对汉字的各个组成部分（偏旁部首或基本笔画）进行分析讲解，然后再让学生按照特定的先后顺序和空间配置关系将各组成部分——组合起来形成整体汉字。总而言之,无论是教学过程还是学习过程,都需要有一个"整体—部分—整体"的认知心理活动过程。

汉字认知心理学的研究表明,当汉字作为一个整体供学习者观察辨别以及再认时,是把整体字形的视觉表象作为内部参照,根据所看到的汉字的形状线索来加以判断和辨认,其感知任务和记忆条件都相对简单、明确,因此较少出错。但听写或默写汉字时,由于不可能一下子完成整体字形,只能是在整体字形的视觉表象唤起之后,一部分一部分地提取出来并组合成与原来正确的空间结构位置搭配关系相同的汉字,所以既要求对各组成部分本身感知记忆准确,还必须对各个部分组合的先后顺序和特定空间配置关系明确无误。这就势必增加学习任务的复杂性和相应认知心理操作活动的难度,由此而产生学习错误的可能性也就相对比较大。但是,在教学过程中对整体字形的反复认知活动远远多于分解组合的练习操作,让学习者任意自发地进行汉字的分解组合练习以便学习掌握。这从认知心理学研究的结果来看,刚好是避重就轻,因而难以取得良好的教学效果。由此可见,在教学汉字时,应该分析字形,讲清楚结构、部件位置关系,以及分解组合的次序,以便学习者形成明确的视觉表象,掌握字形。

"笔画—部件—整字由易到难教学法"遵循由易到难的顺序,从汉字的基本要素——笔画,拓展到汉字的基本构字单位——部件,再到整字,使学生在学习过程中能清晰地掌握汉字的书写规则、构字规则。这样的识字教学方法,有利于教师在汉字教学方面系统地进行教学,也有利于学生更有规律地学习汉字。

由于现代汉字组成部分的符号性越来越明显,所以在分析现代汉字时可以从最小的结构单位开始。笔画就是构成汉字的最小书写单位。写字时从落笔到抬笔,这就叫"一笔"或"一画"。现代汉字中的笔画有几十种不同的笔势和变化,其中横、竖、撇、点、折是基本的笔画。

部件是由笔画组成的。部件具有组配汉字的功能,每个汉字由一个或几个部件组成。由一个笔画构成的部件叫单笔部件,例如"乙";由一个以上笔画构成的部件叫多笔部件。

整字就是一个个方块汉字,它是汉字的使用单位。从内部的构成说,整字分为独体字与合体字两类。一个部件构成的字是独体字,两个或两个以上部件构成的字是合体字。合体字多数是由两个部件或三个部件构成的。

从汉字的最小的书写单位笔画开始到汉字的基本构字单位部件,再到整字,是识字教学中一个循序渐进的过程。教师应在识字教学中加强学生识字的系统性,遵循从易到难、由简入繁、螺旋上升的认知规律,从而使学生在学习生字词的过程中清晰地掌握汉字书写规则和构字规则。运用该方法有利于教师更好地开展识字教学任务。

要让学生规范使用汉字,达到不写错、不用错的要求,不但要让学生在识字时分析正确字形,了解正确字义,更应让学生们了解字的构造原则,分析整字的构成要素,从而达到独立识字的目的。创始人胡文华认为,"笔画—部件—整字由易到难教学法"大致可以分为以下几个步骤:

(1)先教基本笔画。在外国学生看来,汉字笔画十分繁杂,一个字好像一团乱麻一样。其实,现在使用的汉字,结构方正,笔画平直,每个字都是由基本笔画构成的,而基本笔画的数量是有限的。教写基本笔画时,要强调汉字的书写规则。不论在哪个字里,横都不能由右向左,竖都不能由下向上,撇都不能由左下向右上,捺都不能由右下向左上,提都不能由右上向左下。掌握基本笔画的写法,熟练这些笔画,是辨认字形的开始,也是写好汉字的第一步。这一阶段的训练宜按习字规律从严要求,一开始就养成良好的书写习惯,并配合小型书法比赛与展览以激励学生的兴趣,为此后的汉字学习提供书写准备。

(2)从基本笔画到独体字。独体字是由基本笔画组成的。有的独体字笔画简单,有的独体字笔画繁多。学生掌握了基本笔画以后,就可以进一步教笔画简单的、常用的独体字。常用的独体字基本上都是象形字,汉字形体虽然几经演变,表面看去,有些字虽然已不十分象形,但是稍加分析解释,仍可看出象形的痕迹。对这类独体字的教学,利用象形的痕迹,适当地作些解释,不但可以收到因形见义的效果,而且可以提高学生的学习兴趣,帮助他们记得牢固。在教写独体字的同时,要把写汉字的笔顺规则教给学生。笔顺是汉族人长期以来书写汉字的经验总结,也可以说是汉字形体结构的一个组成部分。

(3)分析合体字,化繁为简。现在使用的汉字,绝大多数是合体字。合体字看起来笔画繁多,但大都是由两个或两个以上的部件构成的,把合体字分拆成几个部件,繁多的笔画就分解成比较简单的了。教学实践证明,笔画多少相同的汉字,能分拆成几个部件的合体字,比不能分解的独体字易记易写。如"村"、"身"都是七笔,"村"是个合体字,可以分解成"木"、"寸"两部分,比不能分解的独体字"身"要容易得多。这种拆字方式存在的基础就是"六书"中的会意造字法。会意字主要由象形字或指事字会合成字,这些象形字或指事字在合体字中演变成偏旁。汉字教学中要充分利用汉字的会意结构特点,通过字(或偏旁)与字的组合或拆解,认识新字,巩固所学的汉字。

(4)把字和词的教学结合起来。强化汉字教学,字与词的教学相结合。汉语在其长期的发展过程中,表达概念和意义的单位绝大部分已由单音节的汉字发展为双音节或多音节的词,因此字的意义在词中能更好地理解,离开词、句孤立地学习单个汉字不仅不易掌握,也很难激发和保持学习者的兴趣。因此我们在教学时要字与词结合,做到字不离词,有时甚至可以在更大的环境中,如句子中,让学生猜测字的意思,加强他们对于意义的理解。学生如果理解了1500～2000个常用汉字的意思,就可以借助这些汉字的字义去理解大量的新词。当然,要防止"望文生义"的毛病,如"大家"、"丢人"等,两个字义相加并不等于该词的意思。但是,培养和发展学生"望文生义"的能力,作为一种能力的培养,还是很重要的。

"笔画—部件—整字由易到难教学法"中的笔画教学,就是通过分析一个字由哪些笔画组成进行识字的方法,例如日字由竖、横折、横、横组成。这种方法适合于学生刚学汉字以及学习独体字时用。教学时要讲清这个字由哪些笔画组成,又要说明笔画规则,还要指出每一笔画在田字格的位置,这种方法的好处是可以巩固对汉字的零件——笔画的认识,有利于掌握书写顺序,有利于正确认识字。

从汉字教学的内容来看,汉字教学主要包括"字音、字形、字义"三个方面,其中字形分析是汉字教学的核心内容,我们可以通过分析字形来指明字形与字义、字音的关系。字形分析即"结构分析",汉字结构分为整字、部件、笔画三个层级,部件是整字和笔画的中介,是结构的核心,因为"无论造字还是考字,都是从部件出发的"。通过部件教学,可以让学习者明白,构成一个汉字的每个部件对该字的字义和字音或指示或曲折暗示,都有其特定的意义,从而促进学生对汉字特征的了解,激发学生学习汉字的兴趣,加速学生对汉字的识记和掌握。可见,部件教学在汉字教学中是十分重要的。

以"只"、"公"、"台"、"文"等几个生字为例,重点是教给学生用单部件分析简单合体字的方法。

开始,教师首先在黑板上写出一个熟字"分",并告诉学生"分"字是上下结构,由上下两个部件组成,上面的部件是"八",下面的部件是"刀"。接着,教师按"分"字的结构形成,在黑板上画出一个上下结构的汉字图形,凭借这个图形,让学生知道上下结构的汉字有上下两个部位,上面叫"头",下面叫"底"。接着再分析"分"字的字形,口述为"八字头,刀字底",写下来就是"八、刀"。再接下去学习生字"只",分析字形时,教师可从旁指点,让学生自己按教"分"字的方法去试着分析。

学习"公"、"台"、"文"等字,教师除了告诉学生"厶"、"亠"、"乂"三个生部件的名称外,就可以逐渐放开,通过让学生们独立地去分析字的构造原则,了解整字的构成部件,从而达到独立识字的目的。

"笔画—部件—整字"由易到难的识字教学方法符合人的认知心理。它遵循从简单到复杂的认知规律,在识字教学过程中,分析生字构成部件,将生字有效归类,发展了学习者的归纳能力,加深了对汉字构成的理解,使学习者不仅机械识记,而且能够进行归纳学习,减轻了记忆负担。

"笔画—部件—整字"由易到难的识字教学方法适用于多种教材,适用于不同层次的各级各学段教育和经济条件各异的地区;它不仅可用于普通教育、扫盲教育,而且适用于特殊教育、少数民族教育、华侨教育和对外汉语教育。

"笔画—部件—整字"由易到难的识字教学方法推广的最大障碍是对部件的拆分和命名有一套独特的规则,拆分后得到的许多独体字是比较生僻的字,许多的部件以前没有命名,这些生僻字与部件给学生带来了负担。

另外该识字教学方法的生字编排按照三级结构来呈现,按笔画—部件—整字的顺序进行教学,具有特殊性。如果教师没有经过专门培训,对部件识字教学没有较深的研究,不了解部件识字教学程序,那么使用起来便会极为吃力,甚至有可能对识字教学起负面作用。

16. 四结合识字法

"四结合"识字教学是把小学语文识字教学、计算机教育、汉字编码及汉字输入技能融为一体,做到识字、查字、编码和打字四者有机结合,最终的目的是让学生更好地掌握字形、记忆字形,努力提高识字教学的效果,并使学生掌握汉字的编码方法,掌握计算机的一般操作编码方法和打字技能,从而全面提高学生的素质,培养和发展学生的各方面能力。这种方法使学生不仅能通过识字教学掌握计算机的基本操作技能,还能反过来通过"四结合"激发学生兴趣,加深对汉字间架结构、笔画、笔顺、读音和字义的理解。

下面,就人民教育出版社 2001 版小学语文第四册归类识字(一)第一课的第一课时,来具体分析一下。

上课之前,首先通过多媒体教学软件,把课文中的插图出示在每一名学生的显示器上,然后教师指导朗读。这样可使学生从上课之始就产生了好奇心,调动了学生的学习兴趣。

通过控制台的教学软件,"安徽黄山"便出现在学生面前。书上的图画可在显示器上看到,学生的好奇心一下子被调动起来。接下来依次出现"杭州西湖"、"龙门石窟"、"黄果树瀑布"、"西安大雁塔"等景观,让学生在观察美丽图画的同时,了解本课前七个生字的读音,并且知道它们的字义。在"看"的同时"记",这样使学生既能记得牢固,又不感到十分的费力。这种教学模式,使学生在"眼、口、手、脑"等多种感官的作用下,既强化感性认识,同时又使理性认识得到升华,智力得到开发,能力得到训练,达到常规语文教学方法所无法替代的教学效果。

接下来进行的是识字教学。在前七个生字当中,重点讲解"徽"和"瀑"这两个笔画比较多的生字。剩余的五个生字通过学生的自学来理解记忆。

(1)"徽"的教学。首先让学生观察"徽",知道"徽"是什么结构的字。然后通过教学软件把"徽"的结构演示给学生看。这样改变了以往的生硬讲解与记忆方式,同时使学生感到生动有趣。接着让学生观察"徽"与经常见到的"微"有什么不同,从而导出"趣味识字"中的四句记忆口诀:"微字山下去掉几,换上'幺'、

'小'做山底,这字读'徽'不读'微',看清字形记心里。"口诀出现在学生显示器上的同时,教师跟读,这样改变了以往教学中强硬记忆的模式,使学生"眼"、"耳"、"脑"并用,既加深了记忆,同时又与形近字"微"区分开。低年级学生对形近字的区别能力差,在识字编码教学过程中,有机融入比较字形这一内容,能有力地帮助学生克服这个困难。然后让学生组词,把成词率比较高的词语出现在显示器上,使学生清晰地看到相关生字的字形。再让学生分析"徽"的编码方式,学生说的同时,软件出示编码顺序,这样,学生就能准确知道自己说的是否正确,或者是错在哪里。最后指导书写,同时让学生根据软件中的教学提示一起书写,加深记忆,这样既记得扎实,又不感到生硬。书写后,指导学生把"徽"的音节、字形、编码、组词写在本上。

(2)"瀑"的教学。"瀑"的教学方法与"徽"完全相同。

在教学过程中,用多媒体辅助教学,目的是引导学生更加主动地参与学习,使学生在学习过程中的主体作用得到更充分的发挥,把学习知识和发展能力与素质培养统一起来。这种教学方式,打破传统的教师中心论,强调学生是学习的主体,使学生在学习的过程中始终处于高度自觉的状态,学生不仅跟随着教师去识字,而且可以人人参与、个个动口、动脑、动手,进行自我学习、检查与提高。而教师只是学生学习知识、获取信息的帮助者、促进者。

(3)自学剩余的5个生字。自学时让学生根据结构、编码、书写、组词这一顺序把自学的内容写在本上,写完后输入计算机。根据教学需要,有的放矢地做到析形、编码、打字穿插进行。

把编码、正音、想打结合起来,能突破汉字记忆这一难关。发挥人机对话优势,让计算机鼓励学生发现错误,改正错误,主动正音。如果学生将字音读错,则输入编码肯定不正确,计算机便不显示,直到学生正确读准音、编对码为止。

在识字课教学中,学生通过操作计算机,人人参与活动,做到耳听、眼看、口说、脑想、手打;通过人机之间的交流,进行自我学习,自我提高;同时使教学密度增大,反馈速度加快。这与传统的识字教学相比,有着无法估量的优越性。

学生学完新知,如果不及时地巩固,就如同把水泼到筛子里一样。所以课后习题是必不可少的。本节课有两道课后练习:

①听打练习(每个词语打两遍)

安徽黄山、龙门石窟、西安大雁塔、黄果树瀑布、杭州西湖。

②用生字组词,用词说话。

徽:(　　)_____。

瀑:(　　)_____。

通过两道练习题,全方位地复习了本节课的生字;通过打字,加深了记忆,使学生在"眼"、"耳"、"脑"的交替使用中发展了能力,训练了思维,掌握了新知。

　　语文"四结合"识字教学模式"看—听—说—写—打—想"是一个启发式、探索式的教学程式。看、听、说都是学生在教师指引下进行的接受信息的活动;而写、打、想则是学生对信息加工、存储、恢复、应用的活动。学生是一个积极的探索者,从自发的学习(教师指导)到自觉的学习(思考—操作)到掌握概念、理解原理、解决难题,完成一次学习过程。在这里,教师的教学是"情景—帮助—共享"的尝试式的模式。

　　17. 三画识字法

　　"三画识字法"是由四川省南充市干休所调研员黄大城于 2009 年提出的一种识字教学法。"三画识字"是一种用汉字的第一笔、第二笔和最后一笔的笔画编码来认识汉字的创新型识字法。它可以将识字化繁为简、化难为易,它的诞生宣告了我们识字不受找部首、数笔画数、翻部首目录、翻部首笔画查字表和难查字表的折腾了,可以实现汉字工具书、文档资料等三画识字拼音直通,并且不分认识的字和不认识的字都能实现识字和查询一步到位。那么,"三画识字法"是如何用笔画编码来认识汉字的呢?黄大城提出,可以将所有的汉字的笔画进行编码,总共分成 8 种笔画编码对汉字进行 3 画编码排序,编制成"三画识字表",这 8 个笔画编码分别是:1 横(一)、2 竖(丨)、3 撇(丿)、4 点(丶)、5 折(一)、6 折(乚)、7 提(㇀)、8 捺(㇏)。这样一来,识字时就可以直接取汉字笔顺的第 1 笔、第 2 笔和最后 1 笔的笔画编码来对照"三画识字表"简单直接地搜索汉字了。表5-1 就是编写成的"三画识字表"。

　　这种三笔输入法是怎么工作的呢?其实三笔输入是将组成所有汉字的基本单位归纳为:一、丨、丿、丶、丁、乚、㇏、十、氵、卄、口笔形,每一个笔形配置一个阿拉伯数字或英文字母作代码,用代码编成汉字输入软件。到这里,有人会说,这样做的话,人们在输入汉字时,不是一样要先把编码记牢了才行?解决这个问题很简单,因为三笔输入法的编码不像五笔输入法那么多,只有 11 个,我们只要把这 11 个笔形标示在手机(电脑)键位或触摸屏上,打字时按标示的笔形,打所需汉字的第一笔、第二笔和最后一笔的笔形就能完全轻松地搞定汉字的输入。例如我们要打"福"字,就可以直接在键盘或触摸屏上打"福"字的笔形"丶"、"フ"、"口"就能准确无误地、没有丝毫障碍地、快捷地打出"福"字来。(黄大城,2010)

　　其次,"三画识字法"还可以运用到小学教育识字教育阶段,作为除拼音查字典法和部首查字典法这两种识字方法之外的第三种查字识字方法,在小学生识字教育中推广运用。学生在学习新字的过程中,难免会遇到不认识或不知道拼音的字,又不想查字典找字的部首、数字的笔画数,并且还要翻字典的部首目录和检字表,有些字还需要查难查字表,要反复折腾好一阵子才能查到,在这种情况下,就可以使用"三画识字法"这种将识字化繁为简、化难为易的识字法来查找学习生字了。这样既可以提高学生的学习效率,又可以增加学生的学习兴趣。

表 5-1　汉字笔画编码表

编码	笔形	名称	字例	编码	笔形	名称	字例
1	一	横	一三	6	ㄥ	横折折	凹
	⁄		七盏		ㄥ	横折弯	朵没
2	丨	竖	中旧		ㄥ	横折提	认识
	⎪		五直		ㄟ	横斜钩	飞气
3	丿	撇	八川		乙	横折弯钩	亿九
	一		小秋		ㄴ	竖折	山母
4	丶	点	广义		ㄴ	竖弯	西四
	⁄		写点		ㄴ	竖弯钩	已礼
5	㇇	横折	马尺		ㄥ	竖提	长以
	㇉	横钩	买皮		㇄	撇提	红线
	㇇	斜横折钩	也池		ㄥ	撇折	么台
	㇋	横撇	又水		㇏	斜钩	戏成
	㇆	横折钩	幻有		〈	撇点	女巡
	㇠	横撇弯钩	陈都	7		提	刁红
	㇅	横折折	凸				冰江
	㇈	横折折钩	仍杨	8		捺	八大
	㇅	横折折折撇	及建				还返
	亅	竖钩	水利				
	)	竖弯钩	猫狗				
	ㄅ	竖折折	鼎				
	ㄣ	竖折撇	专				
	ㄅ	竖折折钩	与写				

说明:1. 折钩笔画以收笔方向向左向下或向左斜的编码为"5";

2. 折钩收笔方向向右或向右斜的编码为"6";

3. "冫氵纟"下边一笔归为提(⁄)编码为"7"。

三画识字编码规则是按汉字书写笔画顺序取笔画编码:1—3画的字按该字的实际笔画取码;3画以上的字取前2画和最末1画的编码,省略第2笔与最末1笔之间的笔画编码。

三画识字编码说明,笔画以宋体字笔画笔形为准;笔画编码为5的折(㇇)包括向左折的所有折、钩、弯钩和折折钩;笔画编码为6的折(ㄴ)包括向右折的所有折、钩、弯钩和折折钩。

识字公式:汉字=笔画≤3画=编码。见表5-2"三画识字例字表"、表5-3"三画识字表"。

表 5-2　三画识字例字表

汉字	笔 顺 笔 画	三画识字	编码
三	一	一	1
上	丨 一 一	丨 一 一	211
白	丿 𠃌 一 一	丿 丨 一	321
字	丶 丶 乛 乛 丿 一	丶 丶 一	441
刁	乛 丿	乛 丿	57
水	丨 𠃌 丿 乀	丨 𠃌 乀	558
台	厶 丶 丨 𠃌 一	厶 丶 一	641

表 5-3　三画识字表

（3 画识字公式：汉字＝笔画≤3 画＝编码）

1. 规则：按汉字书写笔顺的第 1 笔、第 2 笔和最后 1 笔的笔画编码编制本表（1—2 画的字按实际笔画编排）。
2. 笔画编码：1 横（一）、2 竖（丨）、3 撇（丿）、4 点（丶）、5 折（乛）、6 折（乚）、7 提（𠄌）、8 捺（乀）。
3. 本表按上述笔画编码和规则从小到大排序。
4. 符号【】内的数字为 3 画识字笔画编码。
5. 符号[ ]内的笔画为 3 画识字所取笔画。
6. 符号〚 〛内的汉字为 3 画识字分类说明。
7. 汉字右边的字母为拼音数字为《汉字直通车》正文页码。

〚1 画的字〛
【1】
[一]
一　yī　563
【6】
[乙]
乙　yǐ　566
〚2 画的字〛
【11】
[一一]
二　èr　133
【12】
[一丨]
十　shí　433
【13】
[一丿]
厂　ān　8
【15】
[一乛]
丁　dīng　166

【16】
[一乚]
七　qī　361
【24】
[丨丶]
卜　bo　26
【36】
[丿乚]
儿　ér　136
几　jī　323
匕　bǐ　37
九　jiǔ　139
【38】
[丿乀]
人　ré　411
入　rù　423
八　bā　10
乂　yì　511
【53】
[乛丿]

刀　dāo　197
力　lì　231
乃　nǎi　273
【55】
[乛乛]
了　liǎo　268
【56】
[乛乚]
乜　miē　398
【57】
[乛丿]
刁　diāo　269
【58】
[乛乀]
又　yòu　622
【64】
[乚丶]
厶　sī　468
〚3 画和 3 画
以上的字〛

【111】
[一一一]
三　sān　436
吞　tūn　489
青　qīng　399
春　chūn　69
舂　chōng　61
替　tì　477
盂　yú　569
型　xíng　123
萅　huā　123
盏　zhǎn　126
韫　yùn　596
韬　tāo　425
鹉　wǔ　509
鳌　lí　286
彗　huì　258
籽　zǐ　646
耜　sì　455
枷　jiā　214

【1】

【1】
↓
【64】

【111】

举个例子来说,假如现在我们不认识"札"字,我们要用三笔识字法来查找这个字,我们就可以直接用"札"字的第一笔横(一)的编码"1"、第二笔竖(丨)的编码"2"和最后一笔折(乚)的编码"6"来认识它,由此可见"札"字 3 画识字码是"126",识字和查询时直接翻三画识字表中的"126"即可搜索到"札"字的相关信息。这样一种识字方法对于对字音不认识、对偏旁部首又不是很懂的学生和工作人士来说,无疑是一种很好的新的识字方法,因为它既易学易懂,又能简单快速地查找到目标生字。

"三画识字法"具有下列优点:

(1)该识字法突破了识字要找字的部首、数字的笔画数、翻字典的部首目录和检字表才能查汉字的传统方法,它将知识化繁为简、化难为易。

(2)它的诞生宣告了我们识字不受找部首、数笔画数、翻部首目录、翻部首笔画查字表和难查字表的折腾,实现了汉字工具书、文档资料等三画识字拼音直通,不分认识的字和不认识的字都能实现识字和查询一步到位。

(3)这种全新的识字方式使学习认识和查询汉字又快又简单并节约时间。

(4)"三画识字"教学能充分调动学生学习的积极性,使汉字教学变得简单,既能减轻负担又提高质量。

(5)有利于识字能力的培养,加快识字能力的形成。

(6)目前已将"三画查字法"列入五种查字法中(五种查字法分别是:拼音查字法、部首查字法、四角号码查字法、数笔画查字法和三笔画查字法)。

"三画识字法"存在下列缺点:

(1)只用到了笔画,而将部首彻底摒弃了。

(2)只追求速度,不适合低年级学生对字的本义的学习及了解。

(3)适合在日常生活中运用,但不适合在课堂中教学以及推广。

三、兼顾汉字内外结构的综合识字教学流派

针对不同的汉字,采取不同的方法。

18. 奇特联想识字

从 1989 年开始在小学识字教学中进行了"奇特联想识字"的实验,实验表明:运用"奇特联想识字法"识字,两年可以认识 2500 多个常用字,且巩固率高,效果显著。1994 年中央教育科学研究所在安徽黄山召开小学汉字识字教育国际研讨会,论文《奇特联想识字法的理论和实践》获特等奖。1995 年第 5 期《人民教育》专门介绍了"奇特联想识字法",并将它列为全国的 20 个识字教学流派之一。2000 年教育部在北京召开全国小学识字教学交流研讨会,"奇特联想识字法"作为 30 多种识字流派之一在会上被介绍。同年在哈尔滨召开全国小学语

文多种风格展示会上,"奇特联想识字"实验课在会上展示,得到与会同志的好评,荣获一等奖。(李卫民,2001)

　　"奇特联想识字"的关键是识字教学的过程中充分发挥学生的创新意识,达到提高识字效率的目的。

　　"奇特联想识字法"的课堂操作:(1)自学课文:识字教学的要求是读准字音,认清字形,理解字义。先让学生在听录音或教师范读课文后,自由读课文,遇到带拼音的生字拼拼字音,看看字形,想想意思,初步感知全文,同时为奇特联想识字打下基础。(2)联想识字:常用的奇特联想识字法有:①图示法。根据汉字的形状,用简笔画画出相关事物的形状,建立字与图画的联想。如识"月"字,可画出弯弯的月亮;识"水"字,可画出流动着的水。②演示法。用动作来演示,表示汉字音、形、义的关系。如识"看"字,可以用一只手放在眼睛上遮住阳光,往远处"看";识"灭"字,可以用一块板在火上一压,火就"灭"了。③会意法。通过分析会意字的部件来识记字形,理解字义,记住字音。如识"囚"字,人关在牢房里就是囚禁;"灾"字,屋中起火就是灾害。④谜语法。用谜语的形式来分析字形,猜想字义。如学"饭"字,猜谜语"反复吃的食物";识"炸"字,可编谜语"左边有火,怎能放心"。⑤故事法。根据字的音、形、义,想出一个故事情节,并作形象描述。如识"疑"字,可以编这样一个故事:"古时候,有一个人在山上遇到一只野兽,他心里想:我用匕首(匕)刺还是用箭(矢)来射,用短矛(マ)来戳还是赶快逃走(疋)?他疑虑不决,一时不知怎么办才好。"此外还有儿歌法、引申法、比喻法等,联想时,可根据生字的特点,灵活地运用。(3)放松回忆:保加利亚的拉扎诺夫创造的"暗示学习法"是运用身体的放松练习,大脑注意力的集中和暗示原理二者的高度统一来强化人的自我感受,从而提高记忆力。汉字是表意字,可以在大脑中形成一幅幅图画,有利于用暗示学习法学习。在让学生用暗示学习法回忆生字时,教师可播放节奏缓慢优美抒情的音乐,学生边听音乐、边慢慢放松,使大脑得到休息,进入最佳记忆状态,然后闭上眼睛,教师轻声读生字,讲字的音、形、义之间的联系,并注意吸收学生在课堂中进行奇特联想的实例。学生边听,边有大脑中浮现出生字及有关的物象,以加深对生字的理解和记忆。(4)综合运用:在学生读准字音、记清字形、理解字义后,要引导学生再次展开联想,用课上学过的生字说一段话,例如,学了"冻、保、藏、晨、晚、炎、凉、肉"后,有个学生说:"一天早晨,妈妈把红烧肉藏在冰箱里后,就到保险公司上班去了。"一个学生说:"一个冬天的晚上,我冻得全身哆嗦,奶奶让我快穿上大衣,当心着凉。"开始练习时,可以要求学生仔细挑选几个生字说几句话,以后可逐步提高要求,尽量把学过的生字都用上,如有位学生说:"一天早晨,叔叔带着我们几个小朋友一起到郊外玩。一路上,叔叔一直保护着我们,到了中午,天气非常炎热,我们几个藏在大树底下休息,小伙伴们有的吃牛肉干,有的吃果冻,还有的吃凉菜。傍晚,我们就高高兴兴地回家了。"(5)巩固练习:根据小学生的年龄特点和遗忘规律,在课堂上对所学的知识要加强巩固。①以自由读、集体读、指名读等多种形式对所学的生字作进一步复习巩固。②通过朗读课文,促使学生在语言环境中巩固识字,加深记忆。③安排书写练习,如指导学生在四字格中抄写生字或进行看拼音写汉字、听写等练习。④设计游戏活动,进一步巩固所学的知识。

"奇特联想识字法"的优势是:(1)有效地减轻学生的识字负担、提高识字巩固率;(2)有效地培养创新能力,促使全面发展;(3)奇特联想识字法要求学生运用已有的知识经验,看着抽象的文字展开联想,因而培养学生细致观察文字的能力;要求学生根据部件的意义推断出整个字的意义,从而培养学生的分析推理能力;要求学生根据字形展开联想,在脑海中画出一幅幅奇特的画,从而培养了学生的想象能力;要求学生在联想识字中各抒己见,说出自己的识记方法,还要运用生字说一段话,从而又培养了学生的说话能力。

19. 联想识字

"联想识字法"就是依据汉字的构字基础,运用联想,借助语言的描绘,把单调的汉字从字形、字义的发展联想成一幅幅图画、一个个生动的故事,赋予字以生命的活力。"联想识字法"有一个循序渐进的过程,根据学生学习的特点,可以分为初级阶段和高级阶段。不同的阶段,联想的出发点不一样。(张其菊,2008)

(1)初级阶段

刚入学阶段儿童的思维富于形象直观,这种思维的特点决定了他们比较容易掌握一些标志具体对象或特征的东西,因此需要以教师对字的讲解来引导学生联想,填补学生大脑的空白。初级阶段的联想识字可以如此入手:

①单字字形联想法。这种字一般以简单的象形或会意字为主。教师先指导学生观察字形,并赋予形象的语言描述,让学生借助于原有的表象与教师的描述产生联想,建构一幅幅画面,变抽象的文字符号为直观、具体的表象。

A. 具体的事物联想。如教学"雨"字。教师一边描述一边指着"雨"字的点说:"下雨了,下小雨了。小雨点,一滴一滴往下落。"学生借助原来的雨点表象与教师的描述建构"雨点"画面,变抽象的文字符号"雨"为形象直观、具体的表象。如"伞"字可这样教学:"伞"字上面的"人"像雨伞的什么呢?"一"像伞的什么?"|"又像雨伞的什么呢?

B. 根据学生的已有生活经验联想。新课标指出,识字要充分利用儿童已有的生活经验,注重教识字方法,如"上、下"字的教学,学生能根据已有的经验联想:有的把"一"联想成桥面,桥上有车,桥下有船;有的联想成滑滑梯的天桥,一个小朋友在滑滑梯上面,另一个已下来了。

②联词联想法。语文本身就是一个文字符号与情感文化融为一体的多彩世界，字词只有在整体状态的时候，才呈现出"生命"。一些字由于不善于分化字形和有意识记，可以采用联词联想法。如"友"，可以组词"朋友"，学生一看到"朋"就想到"友"。如"片"字可引导学生联想到电视广告短语"健胃消食片"。

③词义联想。有一些字词的立意色彩比较浓厚，所表达的是生活的一面，与另一层意思有明显的对立面，这种字词我们就可以抓住其反义词进行联想，这样能帮助学生理解字义，更好地识记。如学习"丑"时，可以回忆联想到"美"，学习"白"可以想到"黑"，这样的联想不仅有助于记忆，也能促进学生积累词语。

（2）高级阶段

汉字是表意文字，一般的汉字都有所承载的文化。当学生已掌握了一定数量的汉字后，就要让学生进入字理归纳阶段，对汉字文化的人文性和趣味性升华到更高一个境界，使他们在识别字形的同时依靠字理掌握其深层次意义。

在联想同类字中运用到比较法，能逐渐趋于分化，对外界刺激有精确的反映。通过比较联想培养孩子的逻辑性，让学生从中有所发现，能归纳和推理迁移，既符合儿童的认识规律，又符合汉字的造字规律。

①部首联想。汉字有单字和合体字，其中合体字又有部首与单字的合体、字与字的合体。汉字的表意性特点使得合体字的部首也具有具体的表意性。有些部首是经过演变而来的，这就需要教师对学生解释出这些部首的演化过程，从而为学生的联想搭建桥梁。如"月"字旁，在古代"月"表示肉类，因而人体很多器官的名称都是"月"旁，引导学生联想到"脸、腰、肚"等。"穴"是洞穴，如"窗、帘、空"字，经过教师的解释，学生能把"洞"的概念与"窗、帘、空"形成联想。"礻"与"衤"的混淆错误较多，教师在教学这两种偏旁的字时应给予解释："衤"是"衣"演化而来的，让学生联想到衣物类如裤、袜；而"礻"是"示"演化而来的，一般表示祝贺，如"祝、福、祥"。

②形近字联想。识字教学要将儿童熟识的语言因素作为主要材料。汉字当中有一部分是形近字，这时候教师要引导学生前后整合联想，比较字形、字义，从而掌握这一类的汉字。

A. 比如学习"辫、辩"字时，教师就可把"瓣"提前学习，让学生根据偏旁"纟"、"讠"、"瓜"联想："讠"表示语言；"辫子"一丝一缕的；有的学生说从"瓜"字想到橘子一瓣一瓣，像南瓜的外形。孩子们对汉字的构字素材展开联想有助于理解力的提升。

B. 比如"青"的学习，可以与"清"进行比较，引导学生联想在美术课中"青"表示哪种色彩，可以组词：青草、青山。而"清"可以从偏旁联想，它跟"水"相通，应组词"清水"。一些学生会把"眼睛"写成"眼晴"，是缺乏比较。因此当学生一学到"睛"时就要引导想到"晴":"目"是指两个眼睛,因此有两横,而"晴"是晴天,"太阳出来了",跟"日"相关。

③音近字联想。这一类字的学习和形近字的学习是一样的,都是建立在儿童已知的基础上,通过比较联想而掌握得更加清晰。如学"文"可以联想"吻、闻、蚊"的学习,学生根据已有的生活经验知道"口、虫、耳"所表示的意思:蚊子是昆虫类,因此"蚊"是虫字旁;妈妈吻了我一下,用"口";教师要相机解释"闻"的字义,"新闻"不仅指看到的事,还指听到的事,因此有"耳"字;"文"是语文、文字。

使用"联想识字法"正是遵照儿童识字的心理,从音、形、义出发,根据新课标倡导的整合理念,采用比较、分析的方法,既培养了学生的逻辑思维,加强了学生的理解能力,又培养了学生的语言能力。这样的识字法能记得快,记得久,用得准。当然,这样的识字法在课堂中费时较多,只能酌情地选择一部分来学。

20. 字频识字

字频识字,是河北省唐山师范学校董兆杰老师根据汉字特点和儿童学习规律而编制的一种识字方法。所谓字频,就是汉字的使用频率。语言学家用电子计算机对各个门类、时代的上亿字的语言材料进行统计,再按每个字在这些语料中出现的频率(次数)从高到低进行排队,编制成字频统计表。然后通过对字频和累频的分析,了解人们需要学会多少字可以进行什么样的阅读。结果发现只要掌握 25 个高频字,就可以读懂非专业文章的 1/4 的内容;掌握 126 个高频字,就可以读懂 1/2 的内容;掌握 1500 个高频字,就可以读懂 94.6% 的内容;掌握 2500 个高频字,就可以读懂 99% 的内容。这告诉我们,汉字虽多,没有必要全认,只要会认 2500 个高频字,就可以进行阅读。对于儿童来说,只要先掌握 1500 多个高频字,就可以流畅地阅读一般读物。(邵怀领、陈黎明,2008)

"字频识字法"能在全国范围推广当然有它自己的特点。(1)按字频选学高频字 1800 个,其中包括字频最高的前 1500 字的绝大部分,另加儿童阅读高频字 300 多个。(2)按字频高低安排学习的顺序,先学频率最高的字,然后学习频率比较低的字。(3)采用高频复现的方式识字。让学过的高频字在口诀中,在比字、读词、读句和读文的练习中,高频率反复出现,在增加"见面"的机会和过程中,学习和巩固记忆生字。(4)把字形作为学习重点,在练习中领悟字义,学习说话,进行阅读,培养语感,全面培养语文能力。(5)学法与教法的统一。与其他韵语口诀式的识字教学法的不同点在于,它不仅规定了有学习的字数和对象,还通过练习的方式把学习方法固化在教材中,这就保证了高效和快速的优势。

"字频识字法"有专门的课本 4 册。编者把这 1800 字中的 1792 个字,编成了 7 字一句、14 字一条、句句押韵、条条协韵接龙、没有重字的 128 句口诀,再按 4 条一个单元的方式,组成了 32 个单元,每册 8 个单元,每个单元包括 4 课(4 条口诀)和一个综合练习。为了保持记忆线索的连贯,在上下条转换时,采用了同韵顶针、协韵接龙的方式,把条与条之间连接起来.保持记忆的线索不断。如:"九月十日星期四,小朋友们来识字。自己努力大家帮,很快可以读文章。张开嘴巴念课本,手指眼看要用心。""四"和"字"、"帮"和"章"押韵,"字"和"自"、"章"和"张"的声、韵、调相同。在背诵时起一种像演戏时"提词"的提示作用,使口诀长久地记忆在心里,同时也巧妙地解决了汉字同音字多,不易区分这个难点。

字频识字教学法简介:

(1)字音教学。字频识字是从学习字音开始的,在学习字形和字义之前,先学习口诀。让学习的字在口诀中建立起语音上的联系,形成字串,每个字都确定自己的位置,然后通过音与形的对应,转入字形的教学。口诀教学的主要方法是听、读和背。听,就是听录音,听教师的范读。读,就是根据教师的教读自己读。背,就是用准确的读音,熟练地背诵口诀。具体如下:①录音法。学生先不看书全神贯注地听1~2遍。②范读法。要求学生耳听音,眼看书,手指字。教师用清晰、准确的读音进行范读(也可用录音代替)。先一字一字顿读,速度要与学生指字速度一致。再按基本节奏(两字一拍)读一遍。③跟读法。要求学生耳听音,眼看书.手指字,跟教师(或录音)读。先慢读,再快读;先小声跟读,再大声跟读。④领背法。由老师或指定学生领大家背。先慢后快,先小声后大声。⑤试背法。不看书,边想边背。先背句,后背条。先个人背,再集体背。

(2)字形教学。字形教学是在字音教学的基础上进行的字形教学的主要方法,包括指字、析字、记字和说字。指字是从整体认知到局部认识,初识字。析字是辨析字的形体特点,在比较中抓特点,区分认知。记字是利用字形上的特点,加强形象感知,采用多种方法记字形。说字是说出字的结构,再现认知。

21. 快速循环识字

"快速循环识字"是"循环识字·分步阅读·分格习作"小学语文教学实验的基础部分,该法是黑龙江省牡丹江市农垦师范学校刘振平老师受"俄文生词循环记忆法"的启示而开始进行探究的。(邵怀领、陈黎明,2008)

"快速循环识字"依据"科学识字、合理循环"的原则,把有意识记和无意识记、机械记忆和意义记忆结合起来教学生认识汉字。

"快速循环识字法"在教学内容上共分为八个部分。第一部分和第五部分是看图识字。这两部分共编排230幅图、383个生字,图画的内容都是儿童所熟悉的,文字与图紧密相连,这样儿童学得快,记得牢。第二部分是104个基本字,参照了集中识字法中"基本字带字"的方法来教学。第三部分是"姓名百字歌",根据传统识字教材《百家姓》的编排思路和原理,共编排了250个姓名常用字作为母歌,要求教师在具体教学中再编适合本班的子歌。第四部分是《识字三字经》,

以每天从早到晚的小学生行为规范为内容,共 84 段,2016 个汉字,其中纯生字 589 个。第六部分是《新编千字文》,参照了传统识字教材《千字文》的方法与原理,字不重复而句子押韵,几百个熟字与生字混编,既学习新字,又复习旧字。第七部分是组词识字,目的是学习无法编入《千字文》的少量常用字。第八部分是连文识字,旨在通过阅读课文学习没有学过的少量生字。

"快速循环识字"的基本点是尽量借助于意义识记的原理,在汉字的字音、字形、字义之间编织出联想之网。基本方法有:拼音识字、看图识字、学好常作部首的基本字、利用造字方法识字、组词识字、基本字带字和归类识字、编儿歌识字、连文识字等。在教学中,本着一环套一环、环环相扣的原则设计课内"排队法"、课外"列表法",安排复习时间间隔,其中,列表法是合理循环的关键,不按表落实就不能算真正的循环识字法。

22. 猜认识字

"猜认识字"是指在儿童初步具备识字能力的基础上,教师通过对字形字义的分析,充分调动儿童的想象力,创设一些教学情景,引导其通过猜测的方式进行识字的一种方法。(陈黎明、邵怀领,2008)

"猜认识字教"学理论有三部分组成:"模糊"识字的整体设计、"猜认"识字的教学方法、小组教学的组织形式。

"模糊识字"的整体设计。儿童的识字过程就是不断地由"初识字"(即使见到它,也是读不准,说不准,但是一旦在文章中,有了上文联系的"字义场"是可以揣摩大意、不影响阅读理解的字,我们把它叫作"初识字"),再变为"三会字"的发展过程,如同滚雪球一样,越滚越多,越滚越大。在每节课识字量、每一学期识字量的设计上都分为三个层次,即"三会字"、"认读字"、"初识字"并进,不要求儿童"一刀切",而是强调这种发展中的"模糊性"、教学过程中的"整体性"。

"猜认识字"的教学方法。在我国关于认字,有一句调侃读书人的老话:"秀才认字认半边。"这是指读书人对于不认识的字,有时是凭着汉字的表意性的特点对大量的形声字采取"猜"的方法。当然,有的猜对了,有的猜得不对,可能闹出笑话。从儿童掌握汉字的心理过程看,儿童面对一个具有表意性的汉字生字,他的头脑必然会产生许多丰富的联想,这是汉字的回忆性特点所造成的。仔细分析一下,儿童的"猜"是有道理的。其一,先是由"形"向"义"的"猜",即建立"形—义"的联系;同时进行的是由义向音的"猜"。因为说汉语的中国儿童早已在口头语言中掌握了义音的联系,那么,这样一猜,相当大部分汉字是可以被儿童"猜中的",于是,新的"形—义—音"联系就建立起来了。其二,当儿童已经掌握一批汉字的基本字时,这种"猜"就更活跃了。其心理过程是由已建立的形音的联系开始,去猜"形—义"的联系。很显然这样"猜",正确的可能性更大了。一旦两个联系重合,就会建立起正确的"音—形—义"的联系。其三,从汉字教学的信息传递过程看,"认"字阶段,教学的作用是很大的。而"记"字的阶段,主要是儿童自己的活动,靠学生的学。具体说,是靠儿童把教师教的内容,拿到书面语言的实际"字义场"中去碰。这种"碰"是一种"猜"。在语言实践中,猜对的字,得到一次肯定的强化,猜错的字,得到一次否定的强化。这样重复多次,正确的"音—形—义"的联系就会逐渐在头脑中固定下来。

小组教学的组织形式。就是把全班同学组织成一些相对稳固的课堂学习小组,凡属于探究性的学习活动,都在教师的指导下,由课堂学习小组以集体合作的方式去完成。这样做的好处有:它可以在同一教学时间内,把全体同学都组织到教学活动中来,大大提高单位时间内的教学效率;它可以在同一教学时间内,给认知水平不同的学生布置不同的操作任务,让他们得到相应的发展;它还可以调动学生中的组织力量,使教师节省精力,更好地发挥主导作用,去照顾全局;在培养非智力因素方面,使落后的学生增加自信心,促进智力的发展。

"猜认识字"在教学过程中主要分为部件教学、拆字训练及猜认识字三个阶段,其中,前两阶段是第三阶段的基础和准备,第三阶段则是重点和特色所在。

部件教学。汉字从构成上可分为两大类:一类是独体字,一类是合体字。独体字一般都是象形字或指事字。如日、月、山、水、上、下、刀、末。合体字,则是有两个以上的独体字,或由独体字省略、简化、变形而来的"非字"部件组合而成的,一般都是会意字或形声字。如:采字"爫"是手爪的变形,用手在木(树)上摘果实,即会意为"采集"之义。在实际教学中,为了启发学生的联想能力,教师可有意识地引导学生的识字想象由具体向抽象发展。比如,在教"氵"时,先在部件教学中让学生通过描图认识这是一个和水滴有关系的表意符号。再次,第一个出现的合体字是"河",儿童对小河很熟悉,没有一个人没见过河,教室又用图演示了江,几个同学描述了他们见过的海,接着让同学想象有水的地方,学生说到湖、沟、溪、洋、洼……最后得出三点水旁和水有关系。不久又出现了"流"字,教师引导学生想象水在动,学生说出了滴、淌、渗等,得出三点水旁和水的动态有关系。

拆字训练。拆字训练是从部件教学向猜认识字法进展的过渡阶段。这一教学步骤的主要目的是培养儿童对汉字的"分解—组合"能力,即如何把合体字化整为零,拆成各单字的构字部件,然后再根据各部件的形、音、义功能,去"组合"成整字的"形—音—义"的能力。拆字训练具体有两种方法:(1)解"会意"字,采用实用字义学的方法拆字。比如教"奄"字,教师有意将它分成"大"字和"电"字,同学说:"这个人很大意,他触电了。快要死了,也可以说已经奄奄一息了。"大意、触电,这是形与义的联系,奄奄一息是义、形、声的组合产物。后来教学"掩"、"淹"字时,教师请同学按"氵+奄"的表意性能去猜认,同学说:"大水一来,人和动物都奄奄一息了,那是让水淹了。"对"扌十奄"有的同学说:"有个人要奄奄一息了,他忙用手拦住,他准遇到了敌人。"有的说:"他用手掩护自己。""掩"和"淹"的教学任务就完成了。(2)设计固定的语言模式,利用无意的记忆作用,拆解形声字。比如,教"蜻"字。要求学生说:这个字的偏旁是虫字旁,和昆虫有关系,基本字"青"是标音的,合起来念 qīng "蜻蜓"的"蜻"。如教"情"字,学生要说:这个字偏旁是竖心旁,和心情有关系,基本字"青"用来标音,合起来念 qíng,"心情"的"情"。

猜认识字法。根据经验,正式的猜认识字法从二年级第一学期开始为宜。通过前两个教学步骤的准备,儿童已经具备了"猜认"的基本能力。这一阶段采用"猜认"识字的方法,儿童的识字速度会大大超过常规式的教学。其具体方法有如下两大类:一是部件猜认法,具体又分会意猜认、形声猜认。如"秃",学生说,田里只有几棵禾苗,光秃秃的。一是"字义场"猜认法,其中可分为四小种。①以词猜认。如出现"辅导员"三个字后,一个学生说:"我认识基本字'甫',后面又有'导员'两个字,所以这个词念辅导员。"又如教师写了一句话:"一坐车,我就觉得头晕。"学生很顺利地读下来。教师问:"怎么记这个字呢?"学生说:"每日,一坐秃宝盖的车我就头晕。"②在课外阅读时(或课上)与故事情节或画面联系起来猜认识字法。初识"寺"字时,一个学生说:"这是'少林寺'的'寺'。"教师说:"你怎么认识的?"他说:我看过这本小人书,里面住的都是和尚。象、熊、鹿、宫殿、宝镜、善良等字都是在儿童读物中认识的。③在与其他学科横向联系中猜认。如在数学课上,"数、减、乘、节省"等字留下了极深的印象,大部分能准确猜认。在自然课、唱歌等许多课程中都对不同的生字留下印象。④与生活经历联系起来的猜认。像日历、电视、广播和商店、停车场、旅馆、影院等出现的广告、招牌,都是学生猜字之源。

"猜字认字"识字教学激发了学生的兴趣,培养了学生的想象能力,唤起了学生的主动性,积累了识字的方法,锻炼了学生的创新思维,形成了自主识字的能力,养成了在生活中自主识字的好习惯,为以后的阅读与写作打下坚实的基础。从提出"猜字认字"识字教学法至今,主要是针对小学低学段(即一、二年级)的识字教学。

23. 口诀识字

"口诀识字教学法",又称"儿歌式口诀识字教学法",是辽宁省开原市民主小学在长期探索识字教学规律的基础上总结出来的一种以"学口诀、识字形、读文章、悟字义、勤写作、练能力"为特征的识字方法。(陈黎明、邵怀领,2008)

"口诀识字教学法"有一套依据小学语文教学大纲和小学生生理心理特点而编写的教材。该教材共有 191 首口诀,共包含 2540 个常用字和 134 个次常用字。每一首口诀皆为七言句式,均以儿童韵语的形式体现,每一句都有一个独立的意思,同时上一句的尾字又引出下一句的首字(即上一句的"尾"字与下一句的"首"字同"音"),句句首尾相接,串珠连音,顶针接龙,琅琅上口,有"情"有"义",易背易记,具有鲜明的规律性。例如,教材的开头就是:

一二三四五人走,六七八九十只手。

首尾相接口诀背,两千余字容易会。

汇聚智慧取众长,提早阅读写文章。

"口诀识字教学法"分为两个程式,第一程式:音—形—义—写—用;第二程式:字—词—句—话—文。

在第一程式,先让学生听音、学音、背音。接着,按音对字形、认字形、辨字形。然后,让学生在不断地读念口诀的过程中,逐渐"悟"出字义(只是个别生字,教者给予恰当点拨),即不让学生过早地去急于深抠字义,而是让他们尽量依靠自身所固有的生活经验和生活积累去逐渐领悟。通过不断读念,不断领悟,最终达到深刻理解字义的目的。

在第二程式,"字—词—句—话—文"的顺序本身就告诉我们,还是以单字为主攻方向,从认字到"用"字。有的单字不能独立成词,可学词组(例如玻璃、葡萄等)。通过组词、造句、说话等"用"字手段,使学生逐步达到深刻领悟字义和灵活运用字词的目的。由于"口诀"主要是起串音连字的作用,因此,对于整句口诀的意思不宜给学生过多过繁地讲解,而是让他们自己去"悟",再从整句的含义"悟"出单字的字义,即先整体,后部分。

"口诀识字教学法"通过对精心编制的口诀"滚雪球"式地记诵,不仅快速高效地认识了汉字,而且还扩大了背读量,增强了语感;同时,通过对按口诀内容设计的识字歌、识字舞和识字操及其他游戏的表演,使学生在玩中识字、在识字中玩,这对我们在识字教学中如何强化记忆和寓教于乐也都有很大的启发。

24. 大循环整体输入识字法

"大循环整体输入识字法"是根据低年级语文教材故事性强、篇幅短小、生动有趣的特点,将 10 首(篇)儿歌(童话)作为一个大循环组输入到学生的头脑中,激发学生读书兴趣,促使学生自学而达到轻松识字的一种方法。(张书全,2002)

(1)听读输入。在低年级语文教学中运用听读输入是符合记忆规律的。这一步骤包括"赏读、跟读、朗读"三个环节。

(2)定位识字。通过以上三个环节的听读输入,学生对组成儿歌或童话的汉字已经有了模糊认识,达到似曾相识的程度。也就是说,学生能准确而快速地判断出生字所处位置,然后能根据头脑中的字音记忆准确而快速地推断出生字的正确读音。

(3)循环识字。经过定位识字认识完一个循环组的生字之后,再回过头来,从头认识另一批课文中没出现的生字,在复习生字的同时,认识另一批生字,以此扩大识字量。如要求认识"二、四、六、八、十"五个生字,通过定位识字,学生认识了这五个生字后,教师以板书(或其他)的形式再现这首诗,同时在复习的过程中擦去学生已掌握的"一、二、三、四、五、六、七、八、九、十"这些汉字,课文就变成如下形式(以□代表已学汉字):

□去□□里,
烟村□□家。
亭台□□座,
□□□枝花。

25. 趣味识字法

朱红莉(2011)介绍了以下几种方法,例字有增加:

(1)组合法。用熟悉的字组成新字。如"木"、"子"组成"李"。

(2)换偏旁法。如"块"到"快"。

(3)儿歌识字法。根据汉字的音、形、义编成儿歌,其字要在儿歌中出现。如给"蚕"字编为:"天下有益虫,'蚕'儿留美名。吐丝织成锦,为人御寒冷。"给"帆"字编为:"巾字在一旁,几中一点藏,'帆'船有了它,乘风又破浪。"教学生写"牛"字:"'牛'字四笔是独体,一撇两横一竖笔,黄牛水牛能耕田,铁牛翻地有力气。""晚",可用"太阳出来照小兔,小兔藏起尾巴来。"

(4)图画法。就是用简笔画帮助理解记忆。如"休",教师画一个人靠在树旁,让学生说说这是什么,根据学生回答,老师小结:"一个人靠在树木旁,就是休息。"从而引出"休"字。

(5)想象法。对一些字进行想象,使识字富有童趣。如"国"字,很多学生会先写外面的"口",再写里的"玉"。据此,老师边讲述,边让学生展开想象。"先砌一座房子就是'冂',然后进去一个人,写上一个'玉'字。最后把门关上,加上一横。"

(6)猜谜法。根据小学生好奇、喜猜的特征,将汉字编为浅显易懂的儿歌式字谜,让学生在猜想中识记。"谜语识字法"不同于"儿歌识字法"的主要特征是:要识的字不在谜语中明显出现。如给"午"字编为:"远看像头牛,近看牛没头。要问是啥字,看看日当头。"给"喜"字编为:"上村十一口,下村二十口,两村合一起,欢乐不发愁。"或"'古'字上下两分开,一粒豆子滚进来,惹得弟弟哈哈笑,逗得哥哥笑开怀。"给"农"字编为:"半件衣服真奇怪,肩膀扛着秃宝盖。种田除草是本分,袖从领口露出来。"给"弟"字编为:"头戴虎耳帽,身穿'弓'字衣。一条腿站着,一条腿跳起。"

(7)部首提示法。提醒生字部首，有效识记。如"铁"，提示学生"铁"是金属，所以是"钅"。

(8)比较识字法。把两个形近字放在一起，比较异同，以便区分，防止混淆。如给"未"和"末"两字编为："粗看两字很相像，细细分辨不一样：'末'字上长下横短，'未'字上短下横长，祖国'未'来多美好，敌人'末'日快来到。"一位老师帮一年级学生区分"云"和"去"两个字："'云''去'二字要分清，下面相同上不同，下面都是撇折点，认准上面是关键。'二'字下面撇折点，白云彩云飘满天；'土'字下面撇折点，来来去去义相反。"

(9)拆字法。拆字法亦称字形分拆，或增损离合法。它和会意法一样、是灯谜猜制两大法门之一。它利用汉字可以分析拆拼的特点，对谜面或谜底的文字形状、笔画、部首、偏旁进行增损变化或离合归纳，使原来的字形发生变化。如"国"，拆为"囗"、"王"和"丶"三部分。

(10)竞赛识字法(佟守芳，2011)。在教学过程中，巧妙利用游戏，创设丰富多彩的教学情境，让学生乐学、会学。经常采用"猜认生字"、"组合生字"、"叫字排队"、"送字回家"、"读词赏画"、"读文找字"、"孪生聚会"、"玩玩字卡"、"找找朋友"、"选难认字"、"眼明手快"、"邮差送信"等游戏方法进行教学。

以下趣味识字法均引自邵怀领、陈黎明，2008。

(11)演示法。这是通过幻灯、投影、录像、动作或实验演示的方法进行识字。学生不仅喜欢接受，而且有益于发展他们的形象思维。如识记"灭"字时，先用火柴点燃一个小纸团，然后用黑板擦向下一压，这样，火就"灭"了。识记"看"字时，面对学生，左手上举眼上遮阴即"看"。识记"笔"字时，手执毛笔，笔尖向下，上是"竹"笔杆，下是"毛"笔头，即"笔"。识记"尖"字时，拿支铅笔，笔头向上，上"小"下"大"即"尖"。识记"红"、"黄"、"绿"、"蓝"等字时，可以展示不同颜色的纸张或布块，以便辨认、识记。有些表示动作的字则可演一演，以动作促识记。

(12)同音识字法。把读音相同或相近、容易混用的字放在一起，编成儿歌，进行同音辨形辨义识记，如给"向"和"像"两字编为："方'向'明确劲头大，好'像'猛虎把山下。"给"刻"和"克"两字编为："'刻'苦学习下苦功，'克'服困难攀高峰。"

(13)串连识字法。用同偏旁带出一串字，或利用加点、加竖、加横等规律带出一串字，编成儿歌，进行串连式的辨析识记。例如，以"尧"字带出的字可编为："加水能'浇'地，加火可燃'烧'，加人是'侥'幸，加日天拂'晓'，加足踩高'跷'，加食多富'饶'，加丝弯弯'绕'，细辨莫混淆。"以"青"字带出的字可编为："天气'晴'，草儿'青'，河水'清'，'蜻'蜓飞，'青'蛙鸣，今天心'情'好，我要'请'个假，出去办事'情'。"

（14）游戏识字法。通过填字、组字、变字等方式进行智力游戏。在游戏中识记、巩固汉字。如出示一个字后，让学生尽可能多地组成词语，这个游戏叫"生字开花"。另外，还可以利用汉字的特点进行"火柴摆字"、"偏旁找朋友"、"连环组字"、"加两笔，变新字"、"排字扑克牌"、"猜字谜"、"击鼓传花"、"开火车"、"认字卡"、"送信件"等游戏进行识字。

（15）故事识字法。讲一个故事，识一个或几个汉字，寓识字于生动有趣的故事中。如讲《伯虎卖画》的故事，说的是唐伯虎卖画，画面上是一个人牵着一只狗，让人猜字，谁猜准了就赠画给谁，有一个人猜中画的是个"伏"字，就把画拿走了。

（16）笑话识字法。将识记汉字寓于笑话之中。这与故事识字类似，主要区别是引人发笑，笑中识字。如讲笑话《买猪千口》，讽刺一个县太爷把"舌"字写长了（过去人写字是竖写），成为"千口"二字，闹了笑话。

（17）分解法。在识字过程中，把独体字按笔画（笔顺）分解识记，把合体字分解为几个部件识记，这样，自然地形成了"从合到分"与"从分到合"、"从整体到部分"与"从部分到整体"的认识过程，强化了识记效果。

具体方式有：

增，即在熟字基础上增加偏旁部首，或与其他熟字组成新合体字。如：军、光—辉。

减，即在熟字基础上减少笔画或偏旁部首记忆字形。如：属—尸、禹。

换，用熟字更换偏旁部首记忆字形。如：格—以"月"换"木"是"胳"。

分，将较为复杂的字分解为几个较为熟知的简单字。如：裹—衣、果。

（18）趣联识字法。它是利用趣联来帮助学生识记汉字的一种方法。在教学时，教师可根据熟字做出上联（或下联），然后由学生根据新学字对出下联（或上联），从而帮助学生进行识记。例如教"鸿"时，可用学生熟悉的"蚕"作上联，"蚕"是上下结构。上边是一个"天"字，下边是一个"虫"字，由此得联："蚕是天下虫"；然后再让学生分析"鸿"字，"鸿"是由"江"和"鸟"组成的。"鸟"在"江"的旁边，学生通过分析可得出下联："鸿为江边鸟。"

（19）点睛识字法。即教师在识字教学过程中向学生点出或引导学生指出关键笔画，即易错之笔表示的意义，从而提高学生兴趣，并同时进行印象深刻的意义识记。如教学"鸟、卵、灭、雨、旦"等字时，可向学生分别指出："鸟"字的点表示眼睛，"卵"字的点表示蛋黄，"灭"字的横表示覆盖火的东西，"雨"字的横表示天，"旦"字的横表示地等。这样，学生明白了字的关键之笔所表示的意义，记忆深刻，从而避免了在书写汉字时增减笔画，造成错别字。

26. 潜能识字

"潜能识字"主旨是发挥汉字潜在的育人功能,开发学生潜能,实验对象为幼儿园和小学低年级儿童,实验范围遍及全省城市和乡村。(陈树民,2007)

从实际操作层面说,基本的"范式"和"运作"就是三个"一"。

(1)一堂识字活动课:我们从改革课程结构入手,在不改变现用教材的前提下,每周开设一节"识字活动课",引导学生从生活中自主识字,再拿到课堂上来交流。(2)一个剪贴识字本:让学生各自准备一个硬壳的、稍大一点的本子,带些他们喜爱吃的、常见的食品包装或广告来。让大家先看看上面的图画,认认上面的汉字,说说它们的口味,再通过游戏的方法,比一比、赛一赛,看谁认的字多,谁识字最快。老师接着就指导他们认认、读读,动脑、动手,剪剪、贴贴。就这样,一个个学生自己动手创造的"识字课本"诞生了!(3)一个"汉字开花"的游戏:所谓"汉字开花",就是引导学生以自己认识的某一个汉字为"中心球"展开联想,发散思维。如学了"鹅"和它相关的字:鸭、鸣、鹦、鹉等,词语:白鹅、鹅掌、鹅毛等,成语:鹅行鸭步等,诗句:"鹅、鹅、鹅,曲项向天歌",也会想到"春江水暖鸭先知"等。学了"花",会说出各种花名,诸如:月季花、菊花、桃花、石榴花等,成语:花好月圆、花花世界、花天酒地、花言巧语、花枝招展,花的诗句:"竹外桃花三两枝"、"黄四娘家花满蹊"、"花重锦官城"、"春城无处不飞花"、"报与桃花一处开"。由"春"会联想到季节:夏、秋、冬,组词:春风、春雨、春雷,成语:春风得意、春华秋实、春暖花开、春风扑面,诗句:"春风又绿江南岸"等。

27. "四步式"识字法

"四步式"识字导学模式,从"学"出发,发展智力;以"导"入手,培养能力。目标自己认,字音自己读,字义自己解,字形自己辨,方法自己想(说),把单调的识字转化为具体的、有意义的和令学生兴奋的可操作性活动,诱发学生"内驱力",引起学生的无意识记,尽可能地利用学生之间的相互作用和影响,把所识的字放到语言环境中不断复现,层层递进,让学生自发、自觉地用个性化的语言把学到的东西讲给别人听,促其优势互补。同时,把学习方法渗透到教学的各个环节,使学生发现识字方法,掌握识字规律。(黄多成,2003)

操作过程:第一步,圈画生字,认定目标。分三个环节进行:①教师范读(或听录音读课文),一方面给学生在感情朗读上做出榜样,另一方面使学生整体感知课文;②学生自由仿读,在自读的过程中动手圈出要学会的字,画出要认识的字;③学生口述学习目标。

第二步,注音认读,读准字音。分三步:①师生合作完成注音,指名学生拼读音节,教师在课前写好的生字上注音(多音字、前鼻音的韵母可在此时提醒学生);②教师领读;③小组"开火车"认读。

第三步，组词说话，了解字义。这是识字法中最重要、最活跃的一步，共有五个环节：①在强调学生有可能写错的字后，安排学生完成课后"写字练习"，同时指名一组学生在黑板上组词，一人对一字，能组几个词都行；②集体订正，教师打上对错符号，然后让学生评价；③"小老师"领读，先教生字后教词，生字、词语比例为一比三；④任选词语自由练习说话，从某一组开始，能用哪个词语造出句子就用哪个词语，凡能用词语造出句子的同学按接龙方式说下去，教师不指名道姓；⑤把黑板上的词语注在课后的生字栏内，以便备用。

第四步，介绍识字方法，认清字形。采用"一想二说三小结"的步骤完成：①想想今天的生字你能用什么方法记住；②说出你记字的方法，这时教师要随学生的介绍一边在黑板上指示，一边点明方法，如会意法、形象法、换部首法等；③教师把学生介绍的最好的识字方法加以总结，供学生记忆。

以《乌鸦喝水》这篇课文为案例。首先老师朗读课文，在老师的朗读下学生动笔圈出要认识的字和要学会的字，比如"乌、办、喝、鸭、渐、法、瓶、石"。之后就是拼一拼（即自己拼读生字字音）。在拼读之前教师就已经写好音节指名读，教师结合韵母、前鼻音、后鼻音等有针对性地加以指导。之后就是教师示范读，然后让学生以"开火车"的形式读生字词，这时也要关注地方方言，比如淮安地区几乎没有翘舌音、后鼻音、鼻音等。这样在教学中遇到此类生字，就要让学生多读，并教给他们归类的方法，如"宁"声母是鼻音，那么和它相关的"拧、柠、狞、泞"等字声母类推也是鼻音，达到了帮助记忆的效果。接下来便是第三步的教学环节——组词说话，了解字义。在强调学生有可能写错的字后（如"乌—鸟、办—为、喝—渴、鸦—鸭"），安排学生完成课后写字，同时指名一组学生在黑板上组词，一人对一字，能组几个词都行；在教师订正错误之后，由学生当"小老师"先教生字再教词，之后任选词语自由练习说话，从某一组开始，能用几个词就用几个；之后同学记下自己没有想到的词。最后一步便是介绍识字方法，认清字形。在教学中不要过多地包办代替，而要放手让学生自主学习汉字，自主探究汉字，在自主感悟中发现一些汉字的规律，培养识字能力。首先问问学生：今天的生字能用什么方法记住？如"乌—鸟、办—为、喝—渴、鸦—鸭"的字形相近，引导学生自己去发现"乌、办、喝、鸦"这些字是和"鸟、为、渴、鸭"比较记忆的，采用了比较识字的方法。如"渐、法"，它们的偏旁都是三点水，它们的偏旁相同，这种识字方法叫偏旁识字。这便让他们认清了字形，如"喝"水要用嘴，"喝"是口字旁；口"渴"要喝水，"渴"是三点水。如"瓶"，在让学生上去组词的同时引导学生学会组词识字的方法。再如"石头"的"石字"，它是一个独体字，让学生自己数笔画，采用数笔画识字的方法让学生学会此字。此外还有会意法、象形法、换部首法，等等。教师总结学生介绍的最好的识字方法，供学生记忆。在识字过程中我们让学生自己开动脑筋想识记字形的方法,这样就调动了儿童思维的主动性、积极性,使他们各自以其特有经验作为记忆的支柱,变一种分析字形的方法为多种分析字形的方法,从而取得良好的识记效果。学生在自学中慢慢体会,这样就变牵着学生的鼻子走为学生自己掌握识字的主动权。在此案例中充分运用了黄多成的"四步式"识字法,不仅充分调动了课堂的气氛,而且就学习的效率来说也是很高的。

四、识字教学法的辅助手段

下面所说的识字教学法,是倡议者所说的识字教学法,在我们看来,属于识字教学方法的范畴。它们没有利用汉字形体构造上的特点,只是借助汉字的声音形式,或者借助汉字出现的语境,或者借助通用的教学工具与手段。我们沿用这些名称,不一一改成"方法"。

（一）借助语音形式

28. 速成识字法

"速成识字"是解放军某部文化教员祁建华创造的一种识字教学法,在新中国成立初期扫盲运动中发挥过巨大的作用。尽管它属于成人识字教学方法,但由于这是新中国成立后与识字教学有关的首次试验,对以后小学识字也有影响。

新中国成立后,6亿人口中有4亿多的文盲,扫除文盲、普及文化知识成为一项重要的任务。为帮助广大的工农民众识字,使他们能够在短时间掌握常用的汉字,具有初步的阅读能力是扫盲运动的重点,因此必须创造一种快速、有效的识字教学方法。祁建华创造的"速成识字法"应运而生。他借助注音符号,根据汉字具有音形义相结合的特点,使大众化的扫盲教育在短期内获得大范围的快速进展,使5000万人脱盲。

"速成识字"的基本方法是以注音符号为辅助识字的工具,联系生活实际理解字义,通过读写训练达到会读、会讲、会写、会用,互教互学,集中识字。

"速成识字法"其核心是借助注音符号作为辅助识字的工具,掌握注音符号和拼音是学习的关键。在教拼音时,祁建华选择一批学员熟悉的汉字,说明声符、韵符的拼读规律,总结出"前音轻短后音重"的拼读要领,带领学员先练习拼读熟字,再练习拼读生字。结果使认读注音符号一般只需一天,学会拼音也可在两天内完成。然后是按照拼音和注音突击单字。祁建华精心筛选出1200个常用汉字,每个字均对应标列注音符号,制作为两大张"生字表",教学生字时,侧重于字形、字音的掌握,对于字义,则不作过高要求,每个字只讲一两个使用实例,留待日后使用中再去加深理解。在每日集中识字的同时,还要求对前面所学习的生字进行复习巩固,通过简答、读、写,在运用中逐步熟练。如此教学,在一个半月内便可基本扫除文盲。"速成识字法"对以后小学教学中运用拼音,加快识字提供了有益的经验。1958年国务院颁布了《汉语拼音方案》,小学语文教学普遍采用的识字教学的方法,就是以拼音字母为识字工具——先学拼音,然后利用拼音进行识字教学。"速成识字法"中依据汉字偏旁部首进行"生字编班"的做法,后来被运用到集中识字实验中,并成为其主要的识字方法之一。在识字量上依据学员能力分组,分层确定不同学员的识字量,使部分学员识字量有了数倍的增长。(吴忠豪等,2009)

29. 注音识字法

"注音识字法"是"注音识字、提前读写"教学改革实验的组成部分,由黑龙江语委组织实施,1982年在佳木斯第三小学、拜泉县育英小学和讷河市实验小学开始首轮实验。

注音识字旨在发展儿童语言,以语言训练和思维训练为重点,借助汉语拼音,听说读写同时起步,学好汉语拼音,"无师自通"地不定量识字,设写字课,"有师指导"地定量识字,解决识字和学汉语的矛盾。

"注音识字法"改变了集中识字、分散识字所提倡的低年级以识字为重点的传统做法,强调充分发挥汉语拼音的多功能作用,以学好汉语拼音并发挥其帮助阅读的功能为前提,以寓识字于读写之中为原则,在学生未识字或识字不多的情况下,借助汉语拼音,使听说读写同时起步,相互促进,达到发展语言、训练思维和同步识字的目的。注音识字把"无师自通"的不定量识字与"有师指导"的定量识字结合起来。

"注音识字法"注重低年级学生语言能力的发展。利用汉语拼音进行阅读和写作,使学生在低年段不受识字量的限制提前进行读写训练。表面看似乎没有以识字为教学重点,而是识字、阅读、说话、写话并举,但却是科学地抓住了语文学习的内在规律,形成了"越读越识、越识越读"的良性学习机制,并且圆满完成低年级识字教学任务,实现了识字和学语言同步发展的双赢局面。

"注音识字、提前读写"实验坚持了二十多年,成为我国识字教学改革影响深远的一大流派,对丰富小学识字教学方法,推进语文教学改革做出了贡献。其经验已经被部分吸收到当下的语文教材之中。(吴忠豪等,2009)

30. 韵语识字法

1987年,由辽宁省东港市姜兆臣老师开始"韵语识字"实验。"韵语识字"根据快速记忆原理,遵循儿童认知规律,主张"三先三后"的识字原则,即先记忆后理解、先整体后部分和先形象后抽象。

韵语,是祖国的传统文化,从儿歌、诗词、对联到歌词、戏剧台词等,都运用韵语的形式,不仅形象有趣,押韵上口,使人喜欢诵读,而且特别有利于记忆。"韵语识字"就是把小学阶段要求掌握的 2000 多个常用汉字,先组成最常用的词,再依据快速记忆原理,用这些常用词围绕一个中心意思和故事情节,编成符合儿童特点的且含适当生字的一篇篇韵文。这些韵文短小精悍,句式整齐,合辙押韵,朗朗上口,背诵自如,通俗易懂,文道结合,便于儿童理解,易激发学生识字的兴趣。如:"一人大,二人天。日月明,小大尖。""木子李,羊女姜。口天吴,弓长张。""从古到如今,世代讲孝心,儿孙敬长辈,永远别忘恩。"这就为学生的整体记忆奠定了记忆基础和情感基础。

韵语识字有五个方面的特点:(1)先识 1000 个最常见的高频字,以利学生尽早阅读。(2)充分发挥字音和字义场的优势效应,把常用字组成常用词,再用这些常用词围绕着一定的中心和故事情节,编成句式整齐、合辙押韵、通俗有趣、短小精悍的韵文,使字不离词、词不离句、句不离文。在语境中联系生活实际识字,把常用汉字编成集中精炼的"意义块",便于学生联想和记忆,从而使一年级学生能轻松愉快地在一年内熟练识读 2500 个常用字。(3)课文尽量避免重复字的出现,力图以最小的篇幅囊括所有的生字,突出意义组块、整体输入、先整体后部分的特点,成批识字。(4)不要求"四会"一步到位,以先认读为主,解决尽早阅读的问题,在大量阅读中逐步达到识字会讲、会用、会写的要求。(5)采用韵语的形式学习汉语拼音,并发挥其"注音"功能,帮助学生阅读汉字读物,在阅读中扩大学生的识字量和词汇量,为学生的作文打好基础。又如:

《小马吃草》:周岁小马吃青草,南岭想着北坡好。来回往返不停步,瞎忙一天也未饱。

《喜鹊尾巴长》:喜鹊尾巴长,黑背白胸膛。张嘴说句话,声音真响亮。

《家乡变新样》:以往咱村离城远,要看戏剧非常难。如今有了电视机,精彩节目随便看。

(二)借助语境

31. 阅读识字法

"阅读识字法"就是通过和孩子一起直接阅读有趣的儿童读物来教他们识字,使孩子识字和阅读同步发展。这种方法主要适合 3 岁半以后的孩子。有些孩子错过了 3 岁半以前识字的教育,或目前识字不多,就可以采用"阅读识字法"。(此法转自 http://jingyan.baibu.com/article/86fae346950a423c49121a94.html)

这种方法的教学原理是:虽然孩子不认识或认识文字不多,他们都喜欢背儿歌、听故事、看图画书,大人完全可以根据孩子这一特点,找一些字迹大,内容有趣的儿歌或小故事,和孩子一起大声念读,念多了、读熟了,也就自然而然地认识了许许多多的字、词、句。有如下几种具体教法：

（1）先背后认法

所谓"先背后认法"就是先把所要学习的内容背诵下来，再通过以手指字的形式念读，使字音和字形达到重合，完成辨字音、认字形的过程，也就实现了正确认读文字的目的。如大人先教孩子背熟这样一首儿歌："秋风吹，树枝摇，红叶黄叶往下掉。红树叶，黄树叶，片片飞来像蝴蝶。"当孩子背会了以后，再翻开书教孩子边读边指，此时因为孩子事先已背会了这首儿歌，只要大人起个开头，或范读一遍，孩子就比较容易指读了。在反复的指读中，孩子就会不知不觉地认识文中的多个词语，如"秋风"、"树枝"、"树叶"、"蝴蝶"，等等。

应用这种方法要把握以下几个要点：一要解决好背的问题。大人先要引导孩子将所要指读的内容背熟，这样才有利于形成对整个文字的把握，对接下来的指字念读才有了可能。二要综合运用手、眼、口、脑。在指读的过程中，要求孩子"手指着这个字，眼睛看着这个字，嘴里念着这个字，脑子还要记着这个字"，使手、眼、口、脑同时在每一个字上"聚焦"。三要强化"目的字"的学习。当孩子对一篇短文能熟练地指读后，就要将文中的"目的字"（即事先想让孩子学习的生字或生词），如上述儿歌中的"秋风"、"黄"、"红"、"蝴蝶"等几个字和词，单独抽出来，写在字卡上，让孩子认一认、读一读。如果孩子不会认读，就再放回原文中去认读。四是选材以韵文为主。"先背后认法"要求孩子先熟背内容，再认读，因此要选择句式短小、文字押韵、内容风趣的儿歌、绕口令、小古诗等韵文作为教学的主要内容，这样便于孩子背熟所要指读的内容。

（2）跟读训练法

所谓"跟读训练法"就是在孩子识字甚少的情况下，把一篇生字较多的短文交给孩子，大人在前面领读，孩子在后面跟读。

常规的读书，必须有大量的识字这一前提，当孩子掌握了众多汉字之后，再读这些汉字组成的文章。而"跟读训练法"则反其道而行之，它是在孩子识字不多的情况下，孩子跟着大人一起朗读有趣短文，在跟读中认识字、词、句，从而达到识字和阅读的同步发展。这就是"跟读训练法"的基本原理。

"跟读训练法"根据读法的不同，可分为异步跟读、同步跟读和轮步跟读三种。

异步跟读：就是大人在前面领读一句，孩子在后面跟读一句。

同步跟读：就是大人和孩子一起念读。有些孩子已有了一定的识字量，当看到一篇图画新奇、有趣的短文，就迫切地想知道其内容，不愿跟着大人一句一句地读下去，这时会不由自主地附和着大人念读。

轮步跟读：就是大人读第一句，孩子读第二句；大人再读第三句，孩子再读第四句……

　　应用"跟读训练法"要注意如下几点：①要选好教材。教材还是以字迹大、内容有趣的儿歌、绕口令、小古诗、故事为主，便于孩子跟读。②要把握好几个环节。归纳起来，有这样几个环节：停顿、检查、调整。所谓"停顿"，就是对故事散文大人不要一口气读得太长（儿歌、古诗等韵文不存在这个问题），而要及时停住自己的"脚步"，这样便于孩子跟上；所谓"检查"，就是停顿以后，要看一看孩子是否指到了应该指的那个字；所谓"调整"，就是当发现孩子有指错的现象或情绪不振时，要及时调整孩子情绪，使他指到应该指的那个字，然后再开始进行下一句的指读。③要敲打"目的字"同"先背后认法"一样，经过反复朗读一篇短文后，一定要将文中的"目的字"抽出来单独认一认、读一读。④要控制好时间。每次教学时间不宜太长，以 15 分钟为宜。

　　（3）直接读文法

　　如果运用上述两种方法进展到一定程度时，便有了新的矛盾，那就是孩子有了相当的识字量，在阅读的内容中，已知字已占绝大部分，再用跟读法势必会出现一个问题：孩子跟着大人一字不漏地反复诵读，似有浪费时间之嫌，也影响了孩子的情绪。在这种情况下，就可以应用"直接读文法"。

　　所谓"直接读文法"，就是把阅读内容直接交给孩子，不让他再跟着大人读，而是独立阅读，遇到生字时，由大人帮助解决。这样，不仅可以减少时间和精力的浪费，保持教学的快节奏、高效率，而且还有其他方面的明显作用。其一，能训练孩子的胆量和自信心；其二，能激发孩子大脑的自发运转，举一反三，触类旁通；其三，能尽快进入阅读状态；其四，能巩固已知字，使识字量像雪球一样越滚越大。

　　"直接读文法"要注意的问题是：①首先要让孩子直接阅读。这种方法就是省略了大人先领读的程序，而由孩子自己先阅读，大人只是帮助他们完成把未知字化为已知字的任务。②要及时消化障碍字。大人发现孩子在阅读中遇到了障碍字时，要及时帮助他当场消化。其方法是：一方面可以当场帮助孩子读出障碍字，让其能顺利地阅读下去；另一方面等孩子读完短文后，及时将全部的障碍字抽出来重复认读，然后再回到原文中去阅读。③要反复阅读短文。这种方法由于是以孩子为主导来学习识字阅读，因此，要将每篇短文反复朗读。④要逐步脱离指读。当孩子自然而然地不指字而能流畅阅读了，就可以不要求他用手指字了，学会眼睛看着文章，有感情地朗读。

　　（4）故事提放法

　　所谓"故事提放法"就是在讲故事的过程中，随着故事情节的流动，相继提出目的字、关键字。在讲故事的过程中，就是说所提的目的字是跟故事的发生、发展紧密联系的,而不是游离、隔断的;随着故事情节的流动,就是说讲一句故事提出相应的目的字,接着讲下面的故事,再提出相应的目的字。所谓目的字,就是施教者准备在这个教育活动中所要解决的生字。

运用此方法应注意:①故事的内容、情节要有趣。讲述要绘声绘色,在孩子的注意力充分调动起来时写出要教的字。切忌故事平淡、讲述乏味,更不要让孩子看出你是为教字而讲故事。要努力做到教在有心,学在无意。②每讲一个故事,以教四至七个字词为宜。教字太多,讲述停顿相应增加,影响了故事的连贯性和吸引力,教学效果也不会好。③在适当的时候,想法让孩子重复念刚教过的字。如讲火焰山,教"火焰"两字,在讲述中写出这两个字。然后讲"悟空两次借芭蕉扇都没有成功,后来去找牛魔王,牛魔王问孙悟空到他这里有什么事,孙悟空说,我陪师傅去西天取经,今天走到……这时候,悟空忘记这儿叫什么山了,是什么山呢?"这时,教育者手指"火焰"二字,让孩子说出"火焰"山来。这时孩子会尽力回忆字的读音和写法,努力记住。④教育者要灵活地、创造性地利用孩子喜欢的故事题目,填进不同内容、不同情节进行教学。如《火焰山》,孩子百听不厌,教育者可以百编百变。今天讲孙悟空找铁扇公主走遍中岳嵩山、东岳泰山、西岳华山、南岳衡山、北岳恒山,既教字又教地理知识;明天又讲孙悟空和牛魔王打仗,从地球打到金星、木星、水星、火星,在教字的同时融进天文知识;后天又可以讲孙悟空借到芭蕉扇后用力扇了"四加五下",直扇得乌云密布、大雨滂沱,让孩子认字的同时算一算孙悟空共扇了几下。这样,既能引起识字兴趣,又在教字的同时丰富了孩子的其他知识。

32. 随文识字法

随文识字也叫分散识字,一课书,先教生字,后教课文,边识字,边阅读。这是目前义务教育阶段特别是低年级汉字教学采用的最主要的、最常规的方法,一直以主流识字方法的显赫身份在低年级语文教学中占主导地位。它的魅力来源于根据儿童的语言思维发展水平与特点,从儿童的兴趣与接受能力出发,构建学习体系与内容;同时把识字与阅读及发展语言结合起来,以识字与学习书面语言互相促进的方式,贯穿于整个低年级语文教学之中。它的优势在于:字不离词,词不离句,字义在课文语境中得到明确深入的开掘,有助于培养提高学生的语言感悟能力,实施笔画笔顺、字形结构的机械记忆。

在识字教学中,分散识字有以下几种具体的处理方式:(1)依在课文中出现的顺序,边读文边识字。(2)把课文中的重点字词提出来先学,其他的随课文讲读时再学。(3)先学字词后读文。(4)在理解课文以后再学字学词。

1958年,南京师范大学附属小学特级教师斯霞老师率先进行分散识字的实验,她首先改革教材,增编课文,增加看图识字,增加识字数量,改进识字方法,加强汉语拼音和汉字基本结构教学，以识字教学为重点，精讲多练，动用汉字本身的规律，提高儿童识字能力；坚持"字不离词，词不离句，句不离文"的教学原则；适当扩大阅读量，寓识字于阅读中，使识字和阅读训练结合起来，提高了识字效率。（李香平，2006）

学生的汉字积累和学习完全依赖于每一课出现的生字生词，语文教材（人教版、苏教版等）的编著者有意识地把每课出现的生字生词用非常醒目的方式列举出来，教师在讲解生字生词时不系地零星地介绍这些生字生词的结构及和形似字词的差异，可能涉及生字生词的形、音、义，一般主要依据生字生词在课文出现的环境，不会扩展太多。

刘瑾（2011）以《天鹅》（北京实验教材第二册）的第一课时为例探索出随文识字五步法。第一步：找出处读句子，初步感受词语含义。先让学生了解课文内容，请学生把需要学习的生字（如"洁"）在书中圈出来。同时，孩子们也将带有"洁"字的词语"洁白"标了出来，引导孩子读这个句子，初步感知"洁"的意思。第二步：读字音看结构，整体把握生字特点。接着，让孩子们将"洁"的字音读准确，整体观察字形，然后问他们发现了什么。有的孩子发现了"洁"字的偏旁，也有孩子发现了"洁"字是左右结构，右边又分为上下两部分。从而整体把握了这个字的特点。第三步：据偏旁说联系，借助旧字记字形。下一步，让孩子们把"洁"字和学过的字联系起来，有的孩子说"'吉'和'氵'合起来就念'洁'"。还有的孩子说"把'清'字去掉'青'，换上'吉'，就念'洁'"。第四步：说组词试扩词，积累词语学会运用。接下来，让学生用"洁"字组词，还可以进一步把组出的词语扩展为一句话。有的小组组出了"洁白"、"洁净"等词语，还能用自己所组词语说出一句话"洁白的雪花从天空中飘下来。"第五步：辨字形数笔顺，观察生字。

33. 炳人识字法

"炳人识字法"的发明人唐炳人经过近 30 年悉心研究，将国家语言文字委员会颁布的 2500 个常用字、1000 个次常用字和 420 个非常用字不重复、不遗漏地编制成七言句式的识字口诀。为了便于记忆，口诀在编排上努力做到句句顶针连环，合辙押韵，每句都有完整的意思。

"炳人识字法"的方法是，运用口诀进行汉字的认和记。"炳人识字法"由"开、辽、跋、翱"4 个字引出 20 个索引字，只要记住这 20 个字，就能引出 280 个句首字，每个句首字再引出一句口诀（14 个字），总共 3920 个字。口诀通篇采用七言段式，结构严谨，串珠连音，顶针连环，具有鲜明的规律性。连环的规律性分为六个环节：

第一环，由"开、辽、跋、翱"四个"集引字"代表四集："开字集"、"辽字集"、"跋字集"、"翱字集"。

第二环,四个"集引字"共引出二十个索引字:

开原平生灵,辽阔沃土宁。

跋涉坎坷程,翱翔驯雕鹏。

第三环,索引字再引出"句首字"。"开字集"的句首字为:

开首目标无限行,尽处辉煌硕果迎;

原籍故情终难忘,祖国脉搏连心脏;

平展路遥曲折环,此山越出另峰拦;

生息自古沉浮烟,但愿灼炭熔炉间;

灵感幻觉入仙境,牧童悠笛吹醒梦。

其余句首字的组成形式,从各集句首字的竖排规律可以看出。

第四环,每个句首字再引出一句口诀。例如,句首字"开"引出口诀诗句:

开数一三五七九,二四六八十拍手。

句首字"首"引出:

首先猫找小白兔,哥俩哗啦浇树木。

第五环,采取"顶针"方法,使每句末尾字与下句句首字同音,以上句为例,引出与"木"同音,又是索引字第三个字"目"字作第三句句首字:

目光低看弯着腰,吃草为了长肥膘

以此类推,引出全部3920个生字来。

第六环,第一个"开"字和全篇结尾字"揩"同音,这样,首尾相接,背诵连贯。

整个方案串珠连音,环节紧凑,相互关联,层层联想,有"牵一发而动全身"之株连妙趣。全部口诀,合辙押韵,朗朗上口,一个字接一个字,一个口诀接一个口诀,一环套一环,易念易认,易背易记。

胡重光(2001)把"炳人识字法"的基本做法概括为以下几点:(1)集中用一年的时间教会刚开蒙的儿童认识3920个常用汉字,这一年只识字,不教阅读;(2)识字的基本方法是诵读七言一句的韵语,对字义很少解释,只要求儿童认字形和记读音;(3)配合每句韵语设计律动操,识字时边念边做,并设计大量的游戏,教学自始至终在做操和游戏中进行;(4)所编韵语不仅合辙押韵,而且"顶针连环",每两句的首字又组成韵语,排列成可以检索的字盘,很方便记忆;(5)先认后写,认写分开。

34. 成语识字法

佳木斯教育学院特级教师、小学语文教研员陈凯先生集多年从事小学语文教学和研究的实践经验,认真研究了儿童认知过程中的规律和特点,在继承传统识字教学方法的基础上,博采众长,特别关注了对汉语的精华——成语的完美形式和丰厚内涵在儿童口语交际、识字、阅读和习作学习训练中的巨大能量和特殊

作用的挖掘,创造了"中国成语识字法",编成了《中国成语趣味识字》。(徐励,
2001)

这套教材是按照语文活动课的需要设计的。本书共有成语故事 160 篇,每
篇含 28 字成语韵文一则。如《叶公好龙》:

叶公好龙太可笑,口是心非惹烦恼。看人不仅听其言,表里如一最重要。

160 则成语韵文,共有汉字 4480 个,吸纳常用字 2500 个,次常用字 1000
个,复现率为 22%。学前班及一、二年级儿童每天用 30—35 分钟时间,通过听
故事、看动画(教学软件)、教师朗诵韵文、儿童复述故事、分组拍手诵读韵文、即
兴表演小品、猜字游戏、背诵韵文等师生互动式的游戏可以轻松地完成识字任
务,学习到最精辟的语言、词汇,在游戏中通过努力获得成功,感受到极大的快乐
和自豪,同时培养口语交际能力、对事物的感知和观察力,养成良好的注意品质。
每一个成语故事,都为儿童提供了一个产生联想、发挥潜能、积极创造的自主活
动的时空天地,多方面充分地满足儿童身心发展的需要。

"中国成语识字"教学方法具有三个不同于其他识字教学方法的突出特点:
(1)以言简意赅又富于哲理的成语故事为识字情境。(2)尽可能地吸纳众家之
长,力求体现口语交际、识字、阅读、作文四位一体的大语文观,体现了多种方法
的整合优势。(3)实验教材努力追求时代的特征和现代化的教学手段的运用。
在插图绘画语言和风格的选择上,多采用儿童喜闻乐见的卡通形式,使他们在饶
有兴味地欣赏画面的同时,凭借童心童趣去领悟那几个神奇汉字的形、音,以及
那个娓娓动听的故事。在多媒体的运用和配套课件的开发上,让每个故事都配
有教学光盘,用以演示故事主要情节及某些常用字部件的拆分组合过程,既科学
形象地揭示了字理知识,便于理解记忆,又激发了孩子的学习兴趣,发展孩子的
形象思维。

35. 捷龙识字法

在对诸多方法进行深入研究和科学总结、使之更具规律性、普遍性的基础
上,刘立峰等人从组织推广识字新法的多年实践中,逐步酝酿设计并实验成功了
一种记忆联想互动、诵读识记汉字,以四言成语为载体,以记忆模块为构架,采用
多层次成语接龙的形式的新方法"成语接龙识字教学新方法"。为了方便起见,
我们取"接龙"和"捷龙"的谐音,命名为"捷龙识字法"。(刘立峰、施显生,2002)

具体说来,这套教材由三个层次的成语模块组成:

第一个层次包括由一、二、三、四、五、六、七、八、九、十、百、千、万、亿等 14 个
常用数量词引出的一级模块单元 14 个。这些常用数量词在这里是以模块单元
索引字的形式出现的,也就是教材中的第一课。

第二个层次包括由模块单元索引字各自引出的二级模块单元 5 个,合计 70

个。例如由索引字"一"引出的成语接龙"一字千金、金口玉言、言为心声、声振林木、木本水源",由索引字"二"引出的成语接龙"二分明月、月光如水、水深火热、热血沸腾、腾云驾雾",由索引字"三"引出的成语接龙"三思而行、行步如飞、飞龙乘云、云锦天章、章决句断",由索引字"亿"引出的成语接龙"亿万斯年、年深日久、久别重逢、逢凶化吉、吉人天相",以此类推。以上是教材中的第二部分——识字初阶,也就是教材的第二课到第十五课。

第三个层次包括由教材的第二部分识字初阶成语接龙中的每一个汉字各引出的一族四字成语接龙,这些构成三级模块单元 4 个,合计 280 个。由索引字"一"引出"一马当先、先见之明、明察秋毫、毫发不爽",由索引字"字"引出"字里行间、间不容发、发号施令、另起炉灶",由索引字"千"引出"千里之行、始于足下、下不为例、例行公事",由索引字"金"引出"金刚怒目、目瞪口呆、戴盆望天、天下兴亡",以此类推。以上是教材中的第三部分——成语通识,也就是教材的第十六课到第八十五课。

每个三级模块单元内含四字成语四组 16 个字,这样就形成了 4480 个汉字的有机组合网络,再辅之以与这些成语一一对应的意义相近、相似或相反的成语,使汉字总容量倍增为 8960 个,除去重复的外,字总共 3000 个,涵盖了 1988年 1 月 26 日国家语言文字工作委员会和国家教育委员会联合公布的《现代汉语常用字表》中的 2500 个常用字,体现了"常用汉字先学多学"的字频特点。(刘立峰、施显生,2002)

捷龙识字法从结构上说有三个基本特点:(1)以成语为载体。(2)以模块为构架。(3)以联想助理解。

这套方法和教材如能正确运用,可以收到五个有利的效果:有利于学习汉字与学习词语的结合;有利于识字与阅读的结合;有利于机械记忆和理解记忆的结合;有利于现代汉语与古汉语的结合;有利于家庭教育和学校教育的结合。

36. 三阶段生活识字法

"以生活为资源,以评价促发展"的生活识字就是让生活成为学生识字的资源,引导学生将生活中那些自己熟识的语言因素作为识字的材料,在生活中寻找所学的汉字,在多处见面、多次认读中巩固积累,在运用资源、再创语境中识用结合;同时将评价贯穿于生活识字的全过程,强调参与与互动、自评与他评相结合;注重过程,终结性评价与形成性评价相结合。发挥评价的激励功能,促进学生的主动发展。(柳涟,2005)

"以生活为资源,以评价促发展"的生活识字分三个阶段来实施:

(1)课时阶段:在寻找复现中巩固积累。识字来源于生活,也应该回归生活。老师结合每篇课文的学习,引导学生到生活中去阅读、寻找,并通过组内、组间的交流,在多处见面、多次阅读中得到巩固积累。

操作步骤:寻找复现—展示成果—组内交流—组间评价。

寻找复现。学生在课文的语境中初次认识了这些生字,初步了解了它们的意义和用法,课后让学生到生活环境中去找一找,在日常生活中还有哪些地方使用了这些字,引导学生从身边去发现语文,随时随地在生活中主动识字。学生上学路上从路牌、店名看到了;到商店购物从商标、包装盒上找到了;外出游玩从名胜介绍、亭子石刻上见到了;家庭休闲时从电视、广告中听到了,从报纸杂志上读到了……这对学生来说,是很新鲜、很惊喜的事。就这样,这些生字在学生自己寻找的各种语境中多次再现,经过多处寻找、多次阅读,学生们在愉快的生活中不断地巩固了所学的生字,认识的不再是一个个枯燥的符号,而是充满生命力的活生生的字。

展示成果。课堂教学时间有限,不能满足每个同学的展示汇报。老师为每个小组提供一个学习展示栏——一块小黑板或墙上的一块学习园地,同学们可以采用各种方式来展示自己找到的识字资源:将包装盒挂起来,商标贴出来,剪报粘起来,路牌、广告抄出来……展示中重点标出自己找到的带这些生字的一个名称、一个词语、一句话,等等。

组内交流。每位同学展示后,小组内展开互教互学,认读组内收集到的这些带有生字的词句,再互相学一学词句中不认识的字。这样不仅认读了出现在各种语境中的生字,还认识了一些课外字。当学生能正确地读出小组中展示的这些词句后就能得到一颗星的奖励,同时也获得了同学的鼓励、成功的体验。

组间评价。个人找的资源有限,全班收集的就可观了。要充分发挥资源的效能,在小组交流的基础上,开展组间互动式交流评价。小组每个成员轮流当小老师,负责其他小组同学前来学习和考核。每个同学可以利用课间、午休等零星时间去认读其他小组的展示内容,不认识的字向“小老师”请教,在巩固中达到积累。当能正确读出这一小组所展示的词句后,该同学就能得到这组奖励的一颗星。这是一种竞争,一种激励,一种儿童好胜心的满足。

(2)单元阶段:在再创语境中识用结合。资源来自生活,再让资源在生活实践中得以运用。到了单元复习阶段,引导学生运用资源,联系生活进行语言实践,在再创语境、编辑佳句中力求识用结合。

操作步骤:再创语境—组间评价—编辑佳句录—归入成长袋。

再创语境。积累的目的在于通过运用,促进积累。通过一个单元四五课课文的学习寻找,每个同学、每个小组都已从生活中积累了几十个带有生字的词句,到了单元复习时,结合语文学习园地——识字展示台的学习,引导学生资源共享,充分运用资源,联系生活再创语境。学生可以单独一人,也可以伙伴、小组合作，充分运用自己组、其他组的资源，来编一编句子，使积累的这些字词在自己创造的新语境中得以运用，再一次巩固积累了字。在教师的帮助下，将自己创造的句子展示出来，可以在小组黑板上抄出来，可以写在纸上贴起来，也可以鼓励同学用电脑打出。在能认读本组编写的句子的基础上，每个同学再去分别读一读其他小组编写的句子，在各组小老师的指教与考核下，当其能读出这一小组所展示的句子时，就能得到这组奖励的一颗星。通过这样的互动式学习评价，学生在各组创造的不同语境中，又与这些字词多次见面了，在巩固积累的基础上，促进了对字词的理解与运用，达到识用结合。

编辑佳句录。在组间互动式交流学习评价的过程中，同学们在认读句子的同时，也欣赏到了其他小组同学的创造作品。在互相阅读时，有各自的感受、赞赏，也会有建议。因此让同学们来评一评，推荐自己最欣赏的句子，师生合作作进一步的补充和修改，最后编入班级佳句录中，供学生轮流带回家与家长共同阅读，每句下面署上创作者的姓名，让孩子们获得一种成功的体验。

归入成长袋。一个单元的生字经过在课时阶段的生活中学习寻找、组内组间交流和单元阶段的再创语境、互动式交流评价及佳句的修改编辑等过程，会多次出现在各种语境中，同学们已与这些字词多次见面，达到了熟识的程度。单元复习后，就引导学生按单元将自己积累的字词、创作的句子放入学习成长识字袋，保存自己的学习成果，以便期末复习检测。

（3）终结阶段：在梳理展示中创造发展。期末复习阶段的识字巩固不再是纯粹的认读、枯燥的识记，而要让复习充满情趣，在"识字袋"梳理分类中温故知新，在创设展示中施展创造才华，在互动评价中获得个性发展。

操作步骤：梳理分类—创设展台—自我评价—互动评价。

梳理分类。期末复习时，引导学生将成长识字袋进行梳理分类，回顾自己在生活中阅读、积累、创作的词句。一学期来，成长识字袋里储藏着同学们生活识字中的快乐、辛劳、收获，可能从这张商标上会回想起一个小故事，从那个店名中会回想起一段笑话、从几个路牌中会引出一段笑话、坐车的经历，从几个句子中会重温到合作的愉快……这种回顾，获得的是一种乐趣、一种自豪、一种成功。学生边回顾边分别用彩笔圈出本册学过的生字以及在生活中寻找、创作时同时认识的课外字。在温故知新的同时，学习怎样将资料梳理分类，如按生活识字的来源——商标、广告、路牌、报刊等方面归类。

创设展台。在梳理分类的基础上，为学生提供施展自己创造才华的机会，引导学生充分发挥自己的想象力、创造力。在家长老师的指点下，策划、创设一个自己的展台，用各种方式来展示自己的生活识字成果。可以将包装盒串起来，可以将商标贴成一个有趣图案，可以将店名设计成一条购物街，可以将路牌设计成游览线路图,可以将广告录制成广告节目,可以将剪报粘贴成本,可以将创作的句子打印成册……鼓励学生用自己喜欢的方式来展示自我。

自我评价。面对策划布置的成果展,让同学们作一次自我评价,读一读积累创作的词句。能认读所有学过生字的贴上一颗星,能认读每个课外字的贴上一颗星,能认读 50 个课外字的贴上一颗星,能读 100 个课外字的贴两颗星……重自主参与、自我评价的过程,促进良好学习习惯的形成。

互动评价。开展两轮互动式评价,每个同学都拥有评价权。第一轮,自找伙伴,轮流抽读 50 个课内生字、50 个课外生字,读对了分别给予一颗星。第二轮全班开展展台评比,看看谁的展台设置得最有特色。这样既展示了童心,也张扬了个性。每个同学将自己拥有的评价权——五颗星分别贴到自己赞赏的五个展台上,特别出色的可以贴上两颗星。同学们在评价中欣赏提高,在展示中体验发展。

这种方法能以最有乐趣的教学或学习方式走进课堂,增添教学气氛;也能培养学生的观察能力,同时养成良好的学习习惯;还能促进学生自我能力的提高,为自己提供学习的舞台;可以在生活中寻找自己熟悉的字,并在此基础上再创语境。在整个学习过程中,学生不再仅仅局限于课堂学习,在课外也有自己的收获,使学生能学到更多的知识。

37. 听读识字法

听读识字是指在入学儿童不识字或识字很少的情况下,根据儿童的认知规律,引导学生在"听故事—说故事—读故事—认汉字"等语言实践活动中自主识字。这是上海师大小学语文教学研究中心联手上海、浙江、江苏在 2000 年主持的一项低年级语文整体教学实验。实验班学生在两年时间里,人均识字 2000 余个,阅读书面语言材料超过 6 万字,学会讲述故事人均近 100 个,积累书面语言材料近 4 万字,在基本完成识字任务的同时,学生的语言能力得到比较充分的发展。

听读识字采用的是在阅读中识字的方法。学生在不识字或识字少的情况下如何阅读呢? 实验设计了听说起步,听后阅读,在阅读中识字的办法,即"听故事—说故事—读故事—认汉字"。

听读识字方法的优点是:(1)负担减轻。每堂课平均识字 12 个,识字教学一般 10 分钟可以完成,教师和学生都感到识字变得轻松了。到了一年级第二学期,特别是二年级以后,识字变得越来越轻松。整个低年段识字占用教学时间可以削减到三分之一,这样就为保证低年段学生语言学习赢得了宝贵的时间。(2)识字量增加,巩固率提高。据测试,第一轮学生两年平均识字量达到 2174,第二轮学生一学期识字量达到了 1693 个,巩固率普遍达到了 110% 以上(普遍超过预定识字数量)。(3)主动学习意识增强。学生在阅读活动中自主识字,识字成了学生自觉的行为。由于教材给学生留下了充分的学习空间。不是教师教识多少字,而是学生根据能力自己识字,这样能激发学生的积极性。学生不仅课内主动识字,还把这种习惯延伸至课外,学习潜能得到比较充分的开发。(4)有效地解决学生识字差异问题。实验在识字量上提出了"最低识字量"的概念。确定保底数量,但是上不封顶。实验教材为一部分学有余力的学生留有相当充分的识字空间,使他们的识字潜力得到充分的发展。(5)通过听说途径学习语言。可以使儿童的语言发展不受生字的限制,继续得到迅速的发展。而教师在课堂中用于识字教学时间大大减少,这样就能有比较充裕的时间进行阅读、听话、说话等语言训练。(吴忠豪等,2009)

38. 自主识字法

如何解决入学儿童识字差异问题?最好的办法就是寻求一种能够同时满足不同层次儿童识字需要的教学方法:既能够使识字较少甚至基本不识字的儿童在识字过程中不至于因为差异过大而丧失学习兴趣和自信心,又能够满足识字较多的儿童进一步提高识字量的强烈需求。"自主识字"的实践就是基于这样一种认识,在这样一种背景下应运用而生的。(吴忠豪,2005)

所谓的"自主识字",就是识字教学构成中根据学生的差异,留出比较充分的识字空间,让学生根据自己的识字基础和学习能力,自主地选择所要认识的生字。学生识字的自主权主要体现在以下三个方面:一是识字数量。同一单位时间里学生根据自己的能力自主决定识字数量,能力强的可以多识,能力差的可以少识。二是生字选择。我们知道即使识字量相同的学生,所认识的具体的汉字也不可能是全部相同的,因此学生阅读一篇课文,文本中的生字对学生个体而言是因人而异的,所以学习过程中应该允许学生个性化地选择自己需要认识的生字。三是识字渠道。

在识字教学实验中主要采用了以下一些策略:(1)上不封顶,下要保底。这是确定识字目标的策略。(2)留出空间,鼓励自主学习。施行弹性识字目标,必须有相配套的识字教材。(3)听说起步,阅读识字。这是识字教学方法的策略。(4)多次认读,化生为熟,逐步强化。这是按照记忆规律设计的识记生字的策略。(5)多渠道识字。

这项实验对我国小学识字教学理论和实践的贡献主要体现在以下几个方面。(1)创建了汉语文启蒙阶段"双重点"教学模式。中国人学语文都是从识字开始,"低年级以识字为重点"多次被写进课程标准和教学大纲,成为低年级语文教学的金科玉律。其实"以识字为重点"是汉语文教学的一种无可奈何的选择,并非是儿童学语文的最佳方案。(2)较成功地解决了入学儿童的识字差异问题。

实验正视学生识字能力上客观存在的差异,创造性地设计了"弹性识字目标",让不同层次的学生都能根据自己的能力识字。有效解决了低年级识字教学中长期存在的"好学生吃不饱,差学生跟不上",识字能力强的学生被迫长期"陪读"的不正常现象。体现了识字目标的人性化和开放性。(3)减轻了师生识字的负担。由于按照记忆规律识字,实验中用于识字教学的时间减少,教师和学生都感到识字变得轻松了。(4)提高了学生学习兴趣。儿童在幼儿园以游戏为主,进入小学以后其学习活动形式骤变,儿童难以适应,严重影响学习兴趣。自主识字在教学方法上采用"听说起步,阅读识字"的策略,让儿童兴致勃勃地听故事,背儿歌,自己学讲故事,一改传统语文课堂沉闷枯燥的气氛,使语文课堂充满了游戏色彩,变得生动活泼。(5)培养了自主学习的意识。在"自主识字"实验中,不是教师教学生识多少字,而是学生根据能力自己识字,识字变成了学生自觉的行为,学习积极性充分地释放出来。教师采用各种方式鼓励学生自主识字,不断地表扬识字多的学生,极大地调动了学生的学习兴趣。学生不仅课内主动识字,还把这种习惯延伸至课外,学习潜能得到比较充分的开发。教师们普遍感受到,培养学生自主学习的意识,实在比教学生识多少字更难能可贵。

39. 快速识字法

当代儿童能够接收大量的信息,具备一定的识字基础。如何顺应时代发展的潮流,吸纳成功的识字教学经验,尊重儿童的身心发展规律,抓住最佳识字期,充分开掘儿童的识字潜能呢? 如何充分体现外国语学校"汉语为本,母语和外语同步学习、协调并重,东西方优秀文化成果融合共享"的办学特色呢? 在这样的背景和思考之下,"快速识字"研究应运而生。(王树华、陈祥悦,2007)

"快速识字"的第一层含义是快速高效地提前识字,扩大识字量,即将规定小学阶段认识的3000常用汉字两年内识完,会写其中的1000个左右;书写上,与课程标准提出的低年级会写800—1000的要求基本相当。第二层含义是快速识记汉字能力的培养。研究儿童识字的规律,探索科学识字方法,提高单位时间内的识字效率。这是本课题实验目标得以实现的保障性支撑条件之一,是实验的过程性体现。

主要研究成果:(1)识字量完成预定目标。参与实验的学生,平均识字量达2913个,最少的也达到了1924个,超过课标规定的1600—1800个的标准,最多的达到了3529个。(2)实验班学生多方面能力得到提高。能够较有兴趣地阅读书报和中外名著,平均阅读量在20万字以上,习作水平也明显高于同年级的学生。(3)参与研究的教师得到专业发展和成长。研究中,实验班教师努力学习所涉及的教育教学理论,在实践中不断总结提高,教师的素质得到了迅速提高。(4)识字软件系统的尝试开发与应用。

（三）借助现代技术手段

40. 电脑识字法

电脑的迅速发展和普及给识字教学改革提供了新的手段和契机。上海市实验学校自 1991 年开始电脑识字(也称双脑识字)实验,集合电脑的图像、声音、形象等的多媒体技术,通过电脑技术引导学生自主识字,激发了学生的识字热情,提高了课堂教学效率。经过多年的研究和实验,不断改进和完善电脑识字教学方法,学生识字量逐年提高。据测试,1997 年学生进校两个半月平均识字量达到 990 个,1998 年达到 1240 个字,1999 年竟达到了 1455 个字。经过两个月的训练,小学生电脑输汉字每分钟达 20 个字,最高的达到 42 个。有些进校时就认 1000 个字的学生,已能在电脑中"写"童话故事,尽管他们还不会写这些字。许多学生能流畅地读很多故事书。识字能力得到了很大的提高。

电脑识字实验改变了以往先教汉语拼音、再识汉字的传统方法,而是在学汉语拼音双拼码的同时就开始识字。双拼码是一种"智能双拼编码"的电脑汉字输入法,它只采用 26 个英文字母,就能拼出现代汉语普通话中的全部音节。每个字的声、韵母只需用两个字母就能正确拼出,不仅简单易记,便于学生掌握使用,还能把认字、识词、学拼音和多媒体计算机的应用结合起来。学生们学习双拼码时,在电脑上输入字母,屏幕上就会显示出汉字,同时计算机会发出该字的读音,随后发出含有该字组成的词语的句子的读音,让学生从中了解该字的含义。学生在学习生字的过程当中,同时练习了电脑操作,还增加了阅读量,而这一切都在轻松愉悦的氛围当中完成。

与其他教学方法比较,电脑识字具有以下几个优点:(1)激发学习兴趣,符合儿童认知规律。电脑识字可以集合图像、声音等形象的手段,运用色彩鲜艳的画面、生动有趣的声音、活泼多变的形式,通过手、耳、脑、口多种感官并用,集学拼音、识汉字与学电脑操作为一体,符合儿童形象思维为主的认知特点和活泼好动的生理特点,也满足了儿童好奇心,使儿童在轻松愉快的情绪中认读了常用汉字,激发学生的学习兴趣。(2)提高了识字教学效率,有利于学生提前进入阅读。研究表明,同时使用听觉、视觉和触觉认识汉字,能强化汉字对大脑的刺激,明显提高记忆效率,使所学汉字记得准、记得牢。实验充分利用电脑识字的优势,采用"先二会再四会"的分步识字要求,使学生能够在短短的 10 周时间内,在负担不重情况下先认识 1000 个最常用字,可以较早阅读一些浅近的儿童读物,这样既可以提高识字兴趣,又可以拓展知识面。(3)改变学习方式,提高学生自主学习能力。电脑识字采用了人机互动的自主、开放式新型教学方式,学生学会了双拼码输入法,可以在电脑上输入自己想认识的汉字的读音,就可找出这个汉字对应的一系列信息：读音、组词、造句，等等。这样不仅满足了不同层次学生的不同需要，有利于个性化教学的开展，还增强了学生自主学习意识，减轻了教师的教学负担。(吴忠豪等，2009)

41.多媒体熟语识字

所谓"熟语"，是指六七岁的孩子们在口语交际中熟悉的话，即听了能懂、大部分会说会用的词语和句子。"熟语识字"就是借助熟语，学习汉字。"多媒体熟语识字"就是在现代多媒体技术的支持下，师生通过各种情境和丰富的形式熟读课文，认读文中的生字，并通过学生的自主操作、自主练习和教师的指导、测试，学会其中的生字。(陈青、黄达，2001)

"多媒体熟语识字"的整个教学过程是在现代教育技术的环境中进行的，在这种环境中，汉字的音、形、义得以同时生动的呈现，真正实现汉字音、形、义的统一，学生口、耳、眼、手多种感觉器官并用，加强大脑输入烙印，利于记忆，并能不时进入一个个新奇的世界。

开发和设计的熟语识字 CD-ROM 多媒体光盘，充分考虑师生在课堂上使用的特点，提供了情境动画演示、课文范读、拼音助读、学生自读、单句诵读、单字(词语)认读、背诵提示、生字书写指导、点生字听熟语、课文生字任意组合检测生字卡。同时安排了听音认字、看图识字、选字组词、看拼音认字词、字形比较、句中填词语、连词成句等课堂交互训练项目。

多媒体熟语识字的教学程序是：(1)复习生字，读背课文。(2)提示新课，展示课文情境，领会文义，练习说话。(3)学生运用媒体，认读生字，诵读课文。(4)点生字，读熟语，扩展组词。(5)自主练习，识记生字，背诵课文。

此外，还有诸如歌诀顶针识字法(夏德刚，2011)、语境识字法(太山、林平泽等，2000)、全脑开发快速识字法(马牧，2003)、幼儿全息识字(陈洪敏、房凯洁，1995)、集优识字(顾桂荣，2001)、基因识字(任育梅，2001)、大成序化识字(崔振，2006)、汉字信息原码拼形识字(乔全忠，2006)、尝试学字法(石皇冠，2006)、直映认字(张秀琴，2006)、直指汉字识字法(黄晓兰，2006)等，因篇幅关系，不再列举。

教学法之所以具有多样性，这是因为制约教学活动的因素是多方面的，它受不同的教学目的和任务的制约，还受不同的教学内容、不同的教学对象、不同的教学条件等诸多因素的制约，而这些因素的不同的特定结合，就构成了教学法的千差万别。当然各种各样的教法，既受教学对象年龄阶段等具体特点的制约，又具有其特殊的个别特点。然而各种各样的教法又有其共同的属性，是个性与共性的统一。因此，研究教学法和实际运用教学法，既要掌握教学法的共同规律，又要切实掌握自己教学时的具体情况和特点,在掌握教学方法共同规律(原理、原则等)的基础上,根据自己的教学实际,创造性地发展和运用多种多样的教学方法。不能死抱着自认为是很好的一种教学方法模式,一用到底。在中小学的实际教学过程中,一堂课的教学只采用一种教学法的情况是很少的,更经常的是多种教法的有机结合,是综合性的应用。

另一方面,各种教学方法,都有特点和利弊。一种方法的运用,往往只能在某一个或几个方面发挥教学所需要的积极作用,很难用一种教学法完成教学活动中各项具体任务要求。正因为各种方法都有其利弊和局限性,就要辅之以其他各种不同的教学方法,使之相互取长补短,相辅相成,发挥整体综合效应。

世间一切事物都是发展变化的。识字教学是完成一定任务的活动过程,它同样是随着时代和种种条件的发展及教学活动中各种因素的发展变化而相应地发展、变化着的,因此老师需要不断地研究和探索新的教学方法。

本节主要参考文献:

北京新东方扬州外国语学校"快速识字"课题组,王树华、陈祥悦执笔:《低年级"快速识字"课题研究》,《小学语文教学》,2007(3)。

陈洪敏、房凯洁:《幼儿全息识字的理论与方法》,《临沂师专学报》,1995(3)。

陈黎明:《汉语识字教学法的分类问题》,《识字教育科学化方法选粹——第二届识字教育国际研讨会文献之一》,中国轻工业出版社2006年版。

陈黎明、邵怀领:《猜认识字》,《小学语文教师》,2008(7、8)。

陈黎明、邵怀领:《字理识字10法》,《小学语文教师》,2008(2)。

陈青、黄达:《小学生识字新起点——多媒体熟语识字》,《中国电化教育》,2001(2)。

陈申、傅敏跃:《汉语教学的两个难点与电脑的辅助作用》,《世界汉语教学》,1996(3)。

陈树民:《攻克半个世纪的"老大难"——"科学认读·潜能识字"课题实验介绍》,《小学语文教学》,2007(6)。

崔振:《大成序化识字教育的成功探索》,《识字教育科学化方法选粹——第二届识字教育国际研讨会文献之一》,中国轻工业出版社2006年版。

顾桂荣:《小学低年级"集优识字"实验研究》,《现代特殊教育》,2001(6)。

胡文华:《汉字与对外汉字教学》,学林出版社2008年版。

胡重光:《"炳人识字法"与汉语语文教育体系》,《湖南第一师范学报》,2001(1)。

黄伯荣、廖序东:《现代汉语(增订四版)》,高等教育出版社2007年版。

黄大城:《三画识字法》,《中国索引》,2009(3)。

黄大城：《手机(电脑)三笔输入法》，《中国索引》，2010(1)。

黄多成：《形成导学模式　学会自主识字——"四步式识字法"初探》，《小学教学设计：文体版》，2003(2)。

黄剑杰：《科学分类识字》，《识字教育科学化方法选粹——第二届识字教育国际研讨会文献之二》，中国轻工业出版社 2006 年版。

黄晓兰：《直指汉字识字法》，《识字教育科学化方法选粹——第二届识字教育国际研讨会文献之一》，中国轻工业出版社 2006 年版。

李卫民：《创新教育和奇特联想识字》，《福建教育》，2001(4)。

李香平：《汉字教学中的文字学》，语文出版社 2006 年版。

刘瑾：《随文识字"五步法"让一年级学生自主识字》，《北京教育·普教版》，2011(9)。

刘立峰、施显生：《"捷龙识字法"的基本理念》，《湖南第一师范学报》，2002(2)。

刘志基：《汉字——中国文化的元素》，华东师范大学出版社 2007 年版。

柳涟：《以生活为资源，以评价促发展——新课程"三阶段生活识字法"》，《教学月刊·小学版》，2005(4)。

马牧：《有这样一个空军大校——李光伟和他的"全脑开发快速识字法"》，《西部人》，2003(5)。

庞新：《识字教学流派、识字教学法和识字教学方法》，《聊城大学学报(社会科学版)》，2009(2)。

彭吉来：《小集中式的"基本字带字归类识字法"浅谈》，《首届小学汉字教育国际研讨会论文集》，1994。

乔全忠：《汉字信息原码拼形识字教学法原理与实践》，《识字教育科学化方法选粹——第二届识字教育国际研讨会文献之一》，中国轻工业出版社 2006 年版。

任育梅：《基因识字：快快乐乐学汉字》，《中国教育报》，2001-12-12(04)。

邵怀领、陈黎明：《成群分级识字》，《小学语文教师》，2008(3)。

邵怀领、陈黎明：《口诀识字教学法》，《小学语文教师》，2008(7、8)。

邵怀领、陈黎明：《快速循环识字》，《小学语文教师》，2008(10)。

邵怀领、陈黎明：《趣味识字》，《小学语文教师》，2008(9)。

邵怀领、陈黎明：《字频识字》，《小学语文教师》，2008(11)。

石海泉等：《论部件识字的教法》，《识字教育科学化方法选粹——第二届识字教育国际研讨会文献之二》，中国轻工业出版社 2006 年版。

石皇冠：《尝试学字法》，《识字教育科学化方法选粹——第二届识字教育国际研讨会文献之一》，中国轻工业出版社 2006 年版。

孙德金:《对外汉字教学研究》,商务印书馆 2006 年版。

太山、林平泽等:《语境识字法略论》,《佳木斯教育学院学报》,2000(4)。

佟守芳:《低年级趣味识字"五法"》,《小学语文教学》,2011(1)。

涂涛:《原生语境再现:多媒体字源识字教学研究》,《电化教育研究》,2006(11)。

吴忠豪:《小学"自主识字"实验研究》,《语文教学通讯·小学》,2005(9)。

夏德刚:《诵歌诀 用顶针 乐识字——〈歌诀顶针识字法〉课题实验阶段研究报告》,《小学教学参考:综合版》,2011(10)。

小学教学参考杂志社:《识字教学方法简介》,《小学教学参考·语文版》,2005(11)。

《新中国小学语文教学改革 60 年》项目组吴忠豪等:《新中国 60 年小学识字教学改革(上)、(下)》,《语文教学通讯》,2009(4)。

徐励:《"中国成语识字法"及其教材初评》,《现代中小学教育》,2001(7)。

杨洪清、朱新兰:《解形识字》,《识字教育科学化方法选粹——第二届识字教育国际研讨会文献之二》,中国轻工业出版社 2006 年版。

尹德富:《字中字检字法及识字教学研究》,《识字教育科学化方法选粹——第二届识字教育国际研讨会文献之三》,中国轻工业出版社 2006 年版。

张朋朋:《部首三字经》,北京语言大学出版社 2002 年版。

张其菊:《联想识字》,《小学教学参考:语文版》,2008(4)。

张书全:《大循环整体输入识字法》,《小学语文教学》,2002(4)。

张秀琴:《"直映认字"的理论与实践》,《识字教育科学化方法选粹——第二届识字教育国际研讨会文献之一》,中国轻工业出版社 2006 年版。

赵明德等:《立体结构识字法实验》,《首届小学汉字教育国际研讨会论文集》,1994。

郑初华、万仁芳:《汉字结构快速识字法:一种新的便捷的汉字识读法》,《南昌航空大学学报(社会科学版)》,2010(12)。

周健:《汉字教学理论与方法》,北京大学出版社 2007 年版。

朱红莉:《"趣味识字法"让识字教学更高效》,《小学阅读指南(教研版)》,2011(9)。

第三节 汉字识字教学示例

案例一：人教版一年级下册《1 柳树醒了》识字教学建议

（一）课文

1 柳树醒了

春雷跟柳树说话了，

说着说着，

小柳树呀，醒了。

春雨给柳树洗澡了，

洗着洗着，

小柳枝哟，软了。

春风给柳树梳头了，

梳着梳着，

小柳梢啊，绿了。

春燕跟柳树捉迷藏了，

藏着藏着，

小柳絮啊，飞了。

柳树跟孩子们玩耍了，

玩着玩着，

小朋友们，长高了……

我会认 醒 雷 澡 枝 软 梳 梢 耍

我会写

说	说		话	话
朋	朋		友	友
春	春		高	高

（二）教学建议

1. 正音

受方言的影响，很多地区的儿童普通话发音不太标准，主要体现在前后鼻音、平翘舌等问题上，所以老师在教授的过程中可以在以下字音上加以强调。

（1）后鼻音的字：文中后鼻音的生字是"醒"，因为这个字在课题中出现，所以老师可以在出示课题时，引导学生认读，并提醒学生注意读准后鼻音。除此以外，"风、朋"两字很多同学受方言的影响也容易读错，可提醒学生不可将它们的韵母读做"ēn"，也不可读做"ōng"。

（2）平翘舌的字：在课文的生字中平翘舌的字主要有"春、澡、枝、梳、梢、耍"等。老师可以结合课文朗读，在出现"春雷"、"洗澡"、"柳枝软了"、"梳头"、"柳梢绿了"、"玩耍"等词句时引导学生认读。此外，以前学过的字，文中出现且也读平翘舌的可一并正音，如文中的"树、说、着、捉"等。

2. 识字

一年级学生识字可以主要采用基于汉字外部构造形态的识字方法，在此基础上简单涉及一些基于汉字内部构造的识字方法。

（1）从本课要认的生字来看，木字旁的字较多，可以考虑用偏旁识字的方法来教学，如"柳、枝、梳、梢"四字都是木字旁的字。同时，一年级上册第2课《口耳目》中也已学习过"木"的甲骨文字形，所以老师可以提醒学生，这些字都和"树木"有关。同时，也可以回忆一下一年级上册学过的一些从木字旁的字，如"桥（最早是用木头建的）、树、棵（植物的株数）、松、桃、梅"，这些字也都和树木有关。

（2）本课的生字从形体上看都是合体字，可以考虑用拆一拆、加一加的方法识字，如"醒＝酉＋星；雷＝雨＋田；枝＝木＋支；软＝车＋欠；梢＝木＋肖；耍＝而＋女"。但使用这种方法要考虑学生的接受能力，如果学生识字能力强，不仅可以记住生字，而且还可以认识一些新的独体字，如"酉、欠、肖、而"。

（3）低年级的学生接触的新字较多，所以容易在学习新字时与以前学过的旧字混淆。对于这一情况，老师可以针对性地在教学中找出这些形近字，让学生比一比，找出新字与旧字的差别。如"软"很多同学容易将其与之前学过的"欢"弄混淆，老师可以特别提醒学生注意"软"的部首是"车"，"欢"的左边是"又"；另外，"耍"字也与之前学过且出现频率较高的"要"字形似，可以提醒学生注意它们上面构件的细小区别。

（4）同样，也可以用旧字带新字的方法，帮助学生在学习新字的同时巩固旧字。如"雷"字，和上学期学过的"雪"字结构相同，也都有雨字旁，只是下面构件不一样，可以拿这两字让小朋友比较形体。还有，"澡"和上学期学过的"操"也是结构相同,只是部首不同,同样可以让学生比较旧字记新字。

(5)在低年级的识字学习过程中,以词带字的识字方法也经常被采用,学生们可以在朗读词语的过程中记住汉字的字形。如课后"我会读"的专题中就罗列出了"打雷、雷雨、树枝、树梢、洗澡、梳洗、玩耍、苏醒"等词语,学生可以根据语境、上下词语的联系记住生字的字形。除此以外,老师还可以出一些词语连线的练习,帮助学生巩固生字,如:

春雷	柳树	说话	醒
春风	柳梢	洗澡	长高
春雨	小朋友	梳头	软
春燕	柳枝	玩耍	绿

(6)生活中识字也可以帮学生记住一些新字,如本课中的"消"右边的声旁就是姓肖的肖,如果班上有同学姓肖的话,老师也可以考虑用他来帮助学生记住这个汉字。

(7)另外,低年级的学生形象记忆能力较强,在识字过程中,也可适当考虑采用编故事、想象等方法让学生记住生字。如:

雷:打雷了,马上就要下雨了,所以雷字有个雨字旁。

澡:在木盆里放上水洗澡,打上肥皂后一个泡泡,两个泡泡,三个泡泡……

软:火车上的软卧好舒服,躺在上面直打哈欠。

梳:用木头梳子,把头发梳得直直的。

3. 写字

一年级的语文课堂中,写字所占比例很大。一年级的写字要注意以下几点:(1)示范字体应采用楷体;(2)书写应在田字格中进行;(3)教师应主要提醒学生注意汉字在田字格中所处的位置、结构的安排等。

本课"我会写"的字有 6 个:

(1)"说、话"两字都是左右结构的字,且都带言字旁,在教授的过程中可以主要提醒学生:整个字要写得左窄右宽;言字旁的点要写得高一点、靠右一些;第二笔横折提应从横中线起笔;同样压横中线的还有"说"字中"口"的下横;"话"字中"舌"第二笔横。

(2)"春"字的书写,关键是上半部分:三个横不宜长;撇捺要伸展开,盖住下面的"日"字。

(3)"高"字上小下大,不要写得太长。

(4)书写"朋、友"两个字,可让学生先自己观察,再提示大家写时应注意什么。

案例二:人教版二年级上册《识字7》识字教学设计

(一)课文

识字7

你拍一,我拍一,
保护动物要牢记。

你拍二,我拍二,
孔雀锦鸡是伙伴。

你拍三,我拍三,
雄鹰翱翔在蓝天。

你拍四,我拍四,
天空雁群会写字。

你拍五,我拍五,
丛林深处有老虎。

你拍六,我拍六,
黄鹂百灵唱不休。

你拍七,我拍七,
竹林熊猫在嬉戏。

你拍八,我拍八,
大小动物都有家。

你拍九,我拍九,
人和动物是朋友。

你拍十,我拍十,
保护动物是大事。

我会认　护 牢 孔 雀 锦 鹰 丛 鹂 灵 嬉

我会写

丛	丛	牢	牢
拍	拍	护	护
保	保	物	物
鸡	鸡	猫	猫

（二）教学建议

1. 正音

根据地域、方言的特点，老师可以针对性地提醒学生注意易读错字的读音，这里只列出几种有可能会读错的生字，老师们可以有选择性地挑选讲解。

（1）"牢"和"鹂"的声母是边音；

（2）"锦"的韵母是前鼻音，"鹰"和"灵"的韵母是后鼻音；

（3）"护"不能读成"fù"。

2. 识字

（1）本课中的有些新字是在以前学过的旧字基础上加部首组成的新字，老师在上课时可以考虑用旧字带新字的方法，让学生快速地记住这些生字。如"护"是在"户"的基础上加提手旁构成；"丛"是在"从"的下面加了一横；"记"是在"己"的基础上加上言字旁。不过，这种旧字带新字的方法，因为旧字和新字读音相近，所以学生在组词过程中容易混淆。老师应在此基础上，让学生多组词，以巩固旧字，同时也让学生清楚旧字与新字的不同用法。

（2）本课的生字中，和鸟有关的字比较多，老师可以考虑把它们放到一起用偏旁识字的方法帮助学生识记汉字。如"鹰、鹂"都从鸟字旁，它们都是指鸟的一种；"雀"从"隹（zhuī）"也是鸟，是指短尾巴的鸟。这里需要注意的是，"鹰"字的音符"䧹（省略了下面的'肉'部）"中也有"隹"，但它只是表示读音，和意义无关，表义的部分是"鸟"。

（3）既然提到了"鸟、隹"两字，老师也可以考虑把以前学过的鸟字旁的、与鸟有关的汉字"鸡、鸭、鸥"拿出来让学生巩固；另外，"谁、推、准、难"等旧字也可以让学生联系着记忆，但这些汉字中的"隹"在现代汉语中也都基本不表义。

（4）二年级的学生，也可以适当涉及一些比较浅的字理知识，特别是在一些关键词上。如本课中的"保护"一词，是由两个近义字组成的合成词，其中"保"古字形为"伊"，像把小孩背在背上的样子，引申出保护的意思来。老师可以从字形引导学生理解保护的含义。另外"牢"古字形为"㸚"，像牛在圈中，指关养牲口的圈。在讲述中可以将"牢"与"牢记"一词联系起来，说明"牢记"就是把东西关在头脑里，深深记住不忘记。这样的话，学生就能很形象地理解"牢记"的意义了。

（5）如果运用字理识字讲解汉字的话，要特别注意的是"锦"。它是一个形声字，其中"金"是读音，"帛"是意义，指有彩色花纹的布。

（6）运用"创编儿歌"的方法，也可以帮助学生形象识字。如：护——手拿户口本;牢——小牛戴帽子;<u>丛</u>——两个小人走独木;<u>鹂</u>——一只美丽的鸟;<u>灵</u>——火烧山倒;<u>嬉</u>——女孩喜欢做游戏。

（7）老师也可以想办法将本课的生字用一句话串起来,帮助小朋友记忆生字"天空雄**鹰**黄**鹂**百**灵**飞舞,**丛**林**孔**雀**锦**鸡**嬉**戏,保**护**动物要**牢**记。"

（8）当然,因为这是一首拍手儿歌,因为其韵律整齐,小朋友可以很快地记住,所以老师也可以考虑选用诵读识字的方法教学。如果用诵读识字法,则要注意诵读的主要目的就是识字,所以诵读的次数要多,形式要多样化,这样才能使整堂课不显枯燥。

（9）另外,教师亦可采用游戏法进行教学,在游戏中让学生认识生字。如"找朋友"游戏,采用拼音、图、文结合,让学生找动物"锦鸡、雄鹰、黄鹂、孔雀、大雁"等。

3. 写字

二年级的写字,老师提醒学生注意汉字的结构,力求把汉字写得漂亮。

(1)本课"我会写"的字共八个,其中上下结构的字 2 个,左右结构的字 6 个。

要想写好上下结构的字,应注意:比宽窄、上下靠近、重心对齐。

要想写好左右结构的字,应注意:看宽窄、看高矮、看笔画。

(2)注意提示:

①"丛"上长下短,"牢"上短下长。

②"丛"字下面的横一定要拉长,把上面的"从"字托住。

③"物"的第四笔是提;"鸡"的第二笔是点。

案例三:人教版三年级上册《27 陶罐和铁罐》识字教学设计

(一)课文

国王的御(yù)厨里有两个罐子:一个是陶的,一只是铁的。骄傲的铁罐看不起陶罐,常常奚(xī)落它。

"你敢碰我吗? 陶罐子!"铁罐傲慢地问。

"不敢,铁罐兄弟。"陶罐谦虚地回答。

"我就知道你不敢,懦(nuò)弱的东西!"铁罐说,带着更加轻蔑(miè)的神气。

"我确实不敢碰你,但并不是懦弱。"陶罐争辩(biàn)说,"我们生来就是盛东西的,并不是来互相碰撞的。说到盛东西,我不见得比你差。再说……"

"住嘴!"铁罐恼(nǎo)怒了,"你怎么敢和我相提并论! 你等着吧,要不了几天,你就会破成碎片,我却永远在这里,什么也不怕。"

　　"何必这样说呢，"陶罐说，"我们还是和睦(mù)相处(chǔ)吧，有什么可吵的呢！"

　　"和你在一起，我感到羞耻(chǐ)，你算什么东西！"铁罐说，"走着瞧吧，总有一天，我要把你碰成碎片！"

　　陶罐不再理会铁罐。

　　时间在流逝(shì)，世界上发生了许多事情，王朝覆(fù)灭了，宫殿(diàn)倒塌(tā)了。两个罐子遗落在荒凉的场地上，上面覆盖了厚厚的尘土。

　　许多年代过去了。有一天，人们来到这里，掘(jué)开厚厚的堆积物，发现了那个陶罐。

　　"哟(yō)，这里有一个罐子！"一个人惊讶地说。

　　"真的，一个陶罐！"其他的人都高兴地叫起来。

　　捧起陶罐，倒掉里面的泥土，擦洗干净，它还是那样光洁，朴(pǔ)素(sù)，美观。

　　"多美的陶罐！"一个人说，"小心点儿，千万别把它碰坏了，这是古代的东西，很有价(jià)值的。"

　　"谢谢你们！"陶罐兴奋地说，"我的兄弟铁罐就在我的旁边，请你们把它也掘出来吧，它一定闷得够受了。"

　　人们立即动手，翻来覆去，把土都掘遍了，但是，连铁罐的影子也没见到。

陶　懦　辩　恼　耻
逝　殿　掘　朴　素

| 陶 | 谦 | 虚 | 嘴 | 恼 | 怒 | 吵 |
| 感 | 荒 | 捧 | 朴 | 素 | 值 | 受 |

(二)教学建议

1. 正音

(1)中高年级的正音，主要是提醒学生注意多音字和易错字的读法。

　　本文中的多音字有"盛、处、倒、闷"四个，可以提醒学生把这几个多音字的读音熟悉一下。盛：盛(chéng)东西——盛(shèng)开；处：相处(chǔ)——处(chù)所；倒：倒(dǎo)塌——倒(dào)立；闷：闷(mēn)得够受——沉闷(mèn)。

　　本文中学生容易读错的字词有：堆积(jī)物、兴(xīng)奋、立即(jí)

(2)此外，本课中的鼻音也较多，如"懦、恼、怒"，应提醒学生特别注意"懦弱、恼怒"两词的读法。

2.识字

1—2年级的语文教学是以识字为主进行的,而3—6年级的语文教学则应该把识字与阅读、理解等能力结合起来。老师在教学中应该既考虑扩大学生的识字量,又能把识字与词语的理解、课文的理解相结合,讲出特色来。

(1)3年级的同学,经过预习基本上能记住一部分生字,老师在课堂上只需将生字放入词组中让学生巩固认识。如本课中的生字词主要有"傲慢、谦虚、恼怒、荒凉、朴素、价值、嘴巴、吵闹、感受、捧起、和睦相处、盛东西、懦弱、争辩、羞耻、流逝、宫殿、掘开、奚落"等。

(2)从形体上系联汉字,可以让学生通过字族牢记一串汉字,同时也能从汉字的形旁中区分新字与旧字的差别,为理解汉字打下一定的基础,因而也是比较可取的一种识字方法。如,匋:陶(陶土)、淘(用水来淘米)、掏(用手来掏)、啕(张口嚎啕)、萄(树上结葡萄);辡:辩(说话争辩)、辨(分开辨别)、辫(用绳扎辫);少:吵(口多吵闹)、抄(用手抄写)、纱(用丝纺纱)、沙(海边有沙子)。

要注意的是,系联的目的有两个:一是串记汉字;二是区分音同音近字的不同意义。在教学过程中老师应尽量引导学生通过联想理解汉字的意义,如前文中提到过的"辡"族字。可以让学生根据偏旁"纟"、"讠"、"瓜"联想:"讠"表示语言;"辫子"一丝一缕的;有的学生说从"瓜"字想到橘子一瓣一瓣,像南瓜的外形。孩子们对汉字的构字素材展开联想有助于理解力的提升。

(3)从形体出发,教师也可以考虑把新字与以前学过的一些形近字拿来比较,让学生辨析新字与旧字。如:陶(陶器、陶冶)——淘(淘气、淘米);辩(争辩、辩论)——辨(分辨、辨别);恼(气恼、恼怒)——脑(大脑、脑子);捧(手捧、捧着)——棒(木棒、很棒);朴(朴素、质朴)——扑(相扑、扑倒);受(感受、接受)——爱(母爱、喜爱);吵(吵闹、吵嘴)——沙(沙子、沙发)。

这种辨析,最好伴随着组词,以便了解学生的掌握情况。

(4)除了从形体上掌握新字,3年级的学生,也应该适当地了解一些汉字字理方面的知识,学会用汉字的古形体来帮助我们理解汉字。如本课课题中出现的生字"陶"就由"𨸏(阜,山地)"、"𠂤(人)"、"缶(缶,用杵棒等特殊器具制作圆形的陶器)"三个部分构成,表示从山上取下陶土来制作陶器。老师如果可以把古形体再配上图片进行比较的话,不仅可以很快地让学生理解这个字的意思,同时也可以增加学生学习的乐趣和对中华传统文化的喜爱。

(5)此外,本课中的重点词语"傲慢",想要理解清楚它的含义,除了可以根据上下文以外,还可以根据汉字本身来理解。"傲"由"亻(人)"、"敖(畅游不羁)"两个部分构成,其中"敖",既是声旁也是形旁,表示持杖出游,自由不羁。通过对这个字的理解,学生应该会对"傲慢"一词理解得更加深刻。

3.写字

(1)这一年级阶段的写字学习,老师应提醒学生自己去发现易错字、难写字。如本课中的如下汉字在书写时容易出现错误:"荒"中的"亡"最后一笔有的学生喜欢加点;"值"字中间是三横,很多学生易写成两横;"素"中间部分是"幺",有的学生可能会少写一点;"感"右上方的点学生容易忘记;等等。这些易错的地方最好由学生自己找,这样印象会更深刻一些。

(2)老师也可以考虑提醒学生注意结构较复杂和较简单的字,因为,太复杂的字排列时容易比例不匀称,笔画较少的字要写漂亮也有一定难度。如本课中的"嘴"如何排列更好看,老师可在田字格中演示;"朴、受"二字笔画少,但要写得漂亮也不容易,教师同样可以示范书写。

案例四:人教版四年级上册《9　巨人的花园》识字教学设计

(一)课文

从前,一个小村子里有座漂亮的花园。那里,春天鲜花盛开,夏天绿树成阴,秋天鲜果飘香,冬天白雪一片。村里的孩子都喜欢到那里玩。

花园的主人是个巨人,他外出旅行已有好久了。花园里常年洋溢着孩子们欢乐的笑声。

有一年秋天,巨人突然回来了。他见到孩子们在花园里玩耍,很生气:"谁允许你们到这儿来玩的!　都滚出去!"

孩子们吓坏了,四处逃散。

赶走孩子以后,巨人在花园周围砌起围墙,而且竖起一块"禁止入内"的告示牌。

不久,北风呼啸,隆冬来临,刺骨的寒风吹起雪花。巨人孤独地度过了漫长的严冬。春天终于来了,村子里又开出了美丽的鲜花,不时传来小鸟的欢叫。但不知为什么,巨人的花园里仍然是冬天,天天狂风大作,雪花飞舞。巨人裹着毯子,还瑟瑟发抖。他想:"今年的春天为什么这么冷,这么荒凉呀……"

一天早晨,巨人被喧闹声吵醒了。他抬头望去,一缕阳光从窗外射进来。好几个月没见过这么明媚的阳光了。巨人激动地跑到花园里,他看到花园里草翠花开,有许多孩子在欢快地游戏,他们大概是从围墙的破损处钻进来的。孩子们的欢笑使花园增添了春意。可是巨人又发脾气了:"好容易才盼来春天,你们又来胡闹。滚出去!"孩子们听到可怕的训斥,纷纷逃窜。与此同时,鲜花凋谢,树叶飘落,花园又被冰雪覆盖了。巨人不解地看看四周,突然发现桃树底下站着个小男孩。

"喂!你赶快滚出去!"巨人大声叱责。小男孩没有拔腿逃跑,却用他那会说话的眼睛凝视着巨人。不知怎么,巨人看着他的眼神,心里感到火辣辣的。这个小男孩在树下一伸手,桃树马上绽出绿芽,开出许多美丽的花朵。

"噢!是这么回事呀!"巨人终于明白,没有孩子的地方就没有春天。他不禁抱住了那个孩子:"唤来寒冬的,是我那颗任性、冷酷的心啊!要不是你提醒,春天将永远被我赶走了。谢谢你!"

小男孩在巨人宽大的脸颊上亲了一下。巨人第一次感到了温暖和愉快。于是,他立刻拆除围墙,把花园给了孩子们。

从那以后,巨人的花园又成了孩子们的乐园。孩子们站在巨人的脚下,爬上巨人的肩膀,尽情地玩耍。巨人生活在漂亮的花园和孩子们中间,感到无比的幸福。

溢 允 喧 添 训 酷 颊 拆

| 溢 | 允 | 墙 | 牌 | 添 | 训 |
| 覆 | 凝 | 辣 | 酷 | 愉 | 拆 |

(二)识字建议

1. 正音

四年级的读音基本问题不大了,要注意提醒的还是易读错的字。如本课中易读错的主要有两处:一处是 ABB 式的短语中的变调——"火辣辣",其中的"辣"在词语中要变成阴平调,即读作"huǒ lā lā";另一处是"啊"的变读,"唤来寒冬的,是我那颗任性、冷酷的心啊!"句中的"啊"受前音的影响,应变读成"na(哪)"。

2. 识字

(1)和三年级一样,四年级的新字同样可以只需在课前利用词语让学生巩固即可。本课的生字词语主要有"洋溢、允许、围墙、告示牌、隆冬、喧闹、孤独、增添、训斥、叱责、覆盖、凝视、火辣辣、冷酷、愉快、拆除"等。

(2)但四年级的识字教学不能只局限于认识生字,老师应该引导学生理解文章中的重点词语。通过对重点词语的理解,学生能很好地理解课文。本课中可以通过理解汉字达到对词语的理解的主要有以下词语:

①洋溢:这个词语中"洋"由三点水和羊字两部分组成,是古水名。"溢"本写

作"益"，其篆文作，像水横溢的样子，组成词语表示"(情绪、气氛等)充分流露、显示"，虽与"充满、弥漫"等意义相近却又有区别。区别在于"羊"在汉字中通常有"祥"的意思：祭师或巫师祭祀时向神巨细如实地祝告为"详"；水面浩瀚而安详为"洋"；大鸟展翅在蓝天平稳地滑行为"翔"，所以洋溢一般只用于褒义。

②荒凉："荒"，从亡从川从艹，强调洪灾之后了无人烟、田地长草的样子，所以荒凉指的是旷野无人、荒芜冷落的样子。

③冷酷：酷从酉告声，本义是指酒味浓，后引申指"极、丰常"，所以"冷酷"指待人冷淡苛刻。

(3)另外，利用字理的方法解释汉字让学生理解词义，还可以用于词义比较上。如本文中就有两处近义词的使用"训斥——叱责"、"逃散——逃窜"，如果可以从分析汉字入手，可以轻易地区分这两组同义词。

①训斥与叱责：这两个词语文中都出现了。要区别它们的意义就要从汉字着手。"训"从言从川，表示不停地教说，所以"训斥"孩子时巨人的话加上了理由——"好容易才盼来春天，你们又来胡闹"；"叱"则从口从匕，指话语尖刻，措辞严厉，高声呵斥，所以"叱责"孩子时直接说"滚出去"。

②逃散与逃窜：要理解它们的区别，首先要理解"窜"字。"窜"本写作"竄"，从穴从鼠，表示老鼠飞快地躲进洞穴中，强调躲藏，所以文中第一次讲到孩子们逃走时，使用的词语是"四处逃散"，可见孩子们是散开了；而第二次逃跑时则用的"纷纷逃窜"，虽然也有逃跑的意思，但却没有散开，而是像老鼠躲进洞穴一样都躲到了树丛里。

(4)当然，对四年级的学生也可以从字形出发，采用形近字辨析的方法让学生记住新旧字的细微区别。如：拆(拆除、拆开)——折(折断、曲折)；愉(愉快、愉悦)——偷(小偷、偷闲)；允(允许、允诺)——充(充分、充足)。

3. 写字

(1)本课中左右结构的字有10个——溢、墙、牌、添、训、凝、酷、愉、拆、辣。要注意"酷"左右宽窄一般，其他的是左窄右宽。

(2)上下结构的字有2个——允、覆。它们分别是笔画最少和笔画最多的字，可以示范书写。

(3)易错字有："添"的右下角是比"小"字多一点，是"心"字的变形，可以与"慕"字联系记忆；"拆"的右边是"斥"，别忘记点写成"斤"。

(4)"牌"字书写时注意笔顺，第二笔是竖。

(5)部件的变形。"墙"：土字作为偏旁时横改提；"覆"："襾(yà)"字作为构件时的变形；"辣"：辛字作为偏旁时竖改撇。

案例五：人教版五年级上册《6 梅花魂》识字教学设计

（一）课文

故乡的梅花又开了。那朵朵冷艳、缕缕幽芳的梅花，总让我想起漂泊他乡、葬身异国的外祖父。

我出生在东南亚的星岛，从小和外祖父生活在一起。外祖父年轻时读了不少经、史、诗、词，又能书善画，在星岛文坛颇负盛名。我很小的时候，外祖父常常抱着我，坐在梨花木大交椅上，一遍又一遍地教我读唐诗宋词。每当读到"独在异乡为异客，每逢佳节倍思亲"、"春草明年绿，王孙归不归"、"自在飞花轻似梦，无边丝雨细如愁"之类的句子，常会有一颗两颗冰凉的泪珠落在我的腮边、手背。这时候，我会拍着手笑起来："外公哭了！外公哭了！"老人总是摇摇头，长长地叹一口气，说："莺儿，你还小呢，不懂！"

外祖父家中有不少古玩，我偶尔摆弄，老人也不甚在意。唯独书房里那一幅墨梅图，他分外爱惜，家人碰也碰不得。我五岁那年，有一回到书房玩耍，不小心在上面留了个脏手印，外祖父顿时拉下脸。有生以来，我第一次听到他训斥我妈："孩子要管教好，这清白的梅花，是玷污得的吗？"训罢，便用保险刀轻轻刮去污迹，又用细绸子慢慢抹净。看见慈祥的外祖父大发脾气，我心里又害怕又奇怪：一枝画梅，有什么稀罕的呢？

有一天，妈妈忽然跟我说："莺儿，我们要回中国去！"

"干吗要回去呢？"

"那儿才是我们的祖国呀！"

哦！祖国，就是那地图上像一只金鸡的地方吗？就是那拥有长江、黄河、万里长城的国土吗？我欢呼起来，小小的心充满了欢乐。

可是，我马上想起了外祖父，我亲爱的外祖父。我问妈妈："外公走吗？"

"外公年纪太大了……"

我跑进外祖父的书房，老人正躺在藤沙发上。我说："外公，您也回祖国去吧！"

想不到外祖父竟像小孩子一样，"呜呜呜"地哭了起来……

离别的前一天早上，外祖父早早地起了床，把我叫到书房里，郑重地递给我一卷白杭绸包着的东西。我打开一看，原来是那幅墨梅，就说："外公，这不是您最宝贵的画吗？"

"是啊，莺儿，你要好好保存！这梅花，是我们中国最有名的花。旁的花，大抵是春暖才开花，她却不一样，愈是寒冷，愈是风欺雪压，花开得愈精神，愈秀气。她是最有品格、最有灵魂、最有骨气的！几千年来，我们中华民族出了许多有气节的人物,他们不管历经多少磨难,不管受到怎样的欺凌,从来都是顶天立地,不肯低头折节。他们就像这梅花一样。一个中国人,无论在怎样的境遇里,总要有梅花的秉性才好!"

回国的那一天正是元旦,虽然热带是无所谓隆冬的,但腊月天气,也毕竟凉飕飕的。外祖父把我们送到码头。赤道吹来的风撩乱了老人平日梳理得整整齐齐的银发,我觉得外祖父一下子衰老了许多。

船快开了,妈妈只好狠下心来,拉着我登上大客轮。想不到泪眼蒙眬的外祖父也随着上了船,递给我一块手绢——一色雪白的细亚麻布上绣着血色的梅花。

多少年过去了,我每次看到外祖父珍藏的这幅梅花图和给我的手绢,就想到,这不只是花,而且是身在异国的华侨老人一颗眷恋祖国的心。

魂　幽　葬　颇　腮　玷
秉　谓　飕　衰　侨　眷
魂　缕　幽　葬　愁　腮　甚
绸　呜　谓　梳　衰　绢　侨

(二)识字建议

1. 正音

这里只提示文中一些容易读错的字词,有"大抵(dǐ)、分(fèn)外、抹(mā)净、低头折(zhé)节",在学生朗读时老师应格外注意他们是否读得正确。

2. 识字

(1)高年级的语文识字教学可以主要引导学生从汉字的形体去理解其意义,并且,在理解词义时也可以不一定局限于本文中的词义,而是可以和以前学过的知识联系理解,故可大量采用字理识字的方法来教学。如:

①魂,由云、鬼两部分组成。云是气流,处于流动、变幻状态;鬼,指支配心灵的神秘能量,表示人体内不可捉摸的能量。所以古人认为"魂"是人的流动、变幻的神秘能量,是生命最重要的元素,统领精神。故而,"梅花魂"也就是指的梅花的精神。

②幽,隐也。从山,就像隐字从阜(亦指山),取遮蔽之意。理解了它的本义,则其组成的一系列词语的含义也就不难理解,如"幽芳、幽静、幽深、幽谷"等。

③葬是一个会意字。小篆字形为"𦸐"。从"死",在"茻"(mǎng)中,"一"其中,所以荐之。这个字是我国古代草葬习俗的反映,人死后用席覆盖,掩于草丛中。从字理上讲解,学生不仅能很快记住这个汉字的字形,而且还可了解古代的

文化知识。

④玷字的讲解可以与近义词区分联系起来,如"玷污"和"沾污"两词形似且义近,如何区分这两个词语呢？从"玷、沾"二字的意义就可以加以区分。玷,从玉字旁,指白玉上的斑点。玷污,指弄脏、污损,往往比喻高贵的东西受到污损。沾,本义指沾水,后假借为"霑",表示浸润、浸湿。所以沾污,指某一外界之物因进入某一物体而破坏其纯度。

⑤秉,金文写作"秉",从又从禾,又是手的变形,故为以手持禾之状。故成语有"秉烛夜游",至于这一意义是在这里讲,还是留于六年级的老舍先生的《养花》一文中讲,老师可以结合学生实际情况考虑。

⑥衰,是"蓑衣"的"蓑"的本字。从衣,从冄(rǎn)。"冄"像蓑衣上的草毛茸茸的样子。引申为衰落、衰败的样子;后用来指人,如文中的"衰老"。

⑦侨,从人乔声。乔有高义,如乔木、乔迁等。而"侨"后也与乔迁有关,指寄居在外地、寄居在外国。同样从乔得声,且也有"高"意的字还有:桥(指架在水上,高空中便于通行的建筑物)、骄(本指马高大雄壮,后指自高自大、自满)、娇(本指高大强壮,由此义引申出美好、可爱之义)、矫(本指强壮、勇武,如矫健、矫捷)。

⑧眷,从卷从目,卷指缠绕,所以"眷"比喻目光缠绕,深情、依恋地看。了解了"眷"的含义,"眷恋"之意也就不言而喻。

⑨另外,也可以用字理识字法来解释文中的其他重点词语。如,漂泊:漂,从水票声,指浮流;泊,从水白声,指停靠。"漂泊"则指随流漂荡或停泊。结合词义即可理解外祖父虽侨居星岛却如漂泊在外的游子,思念着祖国。

(2)此外,本文中的新字,还有两个与以前学过的旧字的形体相近,也可以拿出来,让学生自己找出它们的不同点,并用组词的方法将其辨别。如:玷(玷污、瑕玷)——沾 zhān(沾污、沾水);衰(衰败、衰落)——哀(哀伤、悲哀)。

3. 写字

(1)字的结构及易错点,主要由学生自主学习。

(2)教师在教学过程中可做适当提示:

①"衰"和"哀"的区别,中间有一横。

②"葬"下面是开少一横,但注意上面不要太长。

③"幽"字的笔顺是先写一竖,再从左到右写撇折、撇折、点,最后写外面部分。

附录:第一批异形词整理表

中华人民共和国教育部　国家语言文字工作委员会发布

（2002 年 3 月 31 日试行）

前　言

本规范规定了普通话书面语中异形词的推荐使用词形。

本规范由教育部语言文字应用管理司提出立项。

本规范由国家语言文字工作委员会语言文字规范（标准）审定委员会审定。

本规范由教育部、国家语言文字工作委员会发布试行。

本规范起草单位:中国语文报刊协会。

本规范起草人:李行健、应雨田、谢质彬、孙光贵、邹玉华、张育泉、郗凤岐等。曹先擢、傅永和、高更生、苏培成、季恒铨任顾问。湖南常德师范学院、山东潍坊学院和湖南长沙师范学校有关人员参加了研制工作。

1　范围

本规范是推荐性试行规范。根据"积极稳妥、循序渐进、区别对待、分批整理"的工作方针,选取了普通话书面语中经常使用、公众的取舍倾向比较明显的338 组(不含附录中的 44 组)异形词(包括词和固定短语),作为第一批进行整理,给出了每组异形词的推荐使用词形。

本规范适用于普通话书面语,包括语文教学、新闻出版、辞书编纂、信息处理等方面。

2　规范性引用文件

第一批异体字整理表(1955 年 12 月 22 日中华人民共和国文化部、中国文字改革委员会发布)

汉语拼音方案(1958 年 2 月 11 日中华人民共和国第一届全国人民代表大

会第五次会议批准）

普通话异读词审音表（1985 年 12 月 27 日国家语言文字工作委员会、国家教育委员会和广播电视部发布）

简化字总表（1986 年 10 月 10 日经国务院批准国家语言文字工作委员会重新发表）

现代汉语常用字表（1988 年 1 月 26 日国家语言文字工作委员会、国家教育委员会发布）

现代汉语通用字表（1988 年 3 月 25 日国家语言文字工作委员会、中华人民共和国新闻出版署发布）

GB/T 16159－1996 汉语拼音正词法基本规则

3　术语

3.1　异形词（variant forms of the same word）

普通话书面语中并存并用的同音（本规范中指声、韵、调完全相同）、同义（本规范中指理性意义、色彩意义和语法意义完全相同）而书写形式不同的词语。

3.2　异体字（variant forms of a Chinese character）

与规定的正体字同音、同义而写法不同的字。本规范中专指被《第一批异体字整理表》淘汰的异体字。

3.3　词形（word form/lexical form）

本规范中指词语的书写形式。

3.4　语料（corpus）

本规范中指用于词频统计的普通话书面语中的语言资料。

3.5　词频（word frequency）

在一定数量的语料中同一个词语出现的频度，一般用词语的出现次数或覆盖率来表示。本规范中指词语的出现次数。

4　整理异形词的主要原则

现代汉语中异形词的出现有一个历史发展过程，涉及形、音、义等多个方面。整理异形词必须全面考虑、统筹兼顾。既立足于现实，又尊重历史；既充分注意语言的系统性，又承认发展演变中的特殊情况。

4.1　通用性原则

根据科学的词频统计和社会调查，选取公众目前普遍使用的词形作为推荐词形。把通用性原则作为整理异形词的首要原则，这是由语言的约定俗成的社会属性所决定的。据多方考察，90％以上的常见异形词在使用中词频逐渐出现显著性差异，符合通用性原则的词形绝大多数与理据性等原则是一致的。即使少数词频高的词形与语源或理据不完全一致,但一旦约定俗成,也应尊重社会的选择。如"毕恭毕敬 24——必恭必敬 0"(数字表示词频,下同),从源头来看,"必恭必敬"出现较早,但此成语在流传过程中意义发生了变化,由"必定恭敬"演变为"十分恭敬",理据也有了不同。从目前的使用频率看,"毕恭毕敬"通用性强,故以"毕恭毕敬"为推荐词形。

4.2 理据性原则

某些异形词目前较少使用,或词频无显著性差异,难以依据通用性原则确定取舍,则从词语发展的理据性角度推荐一种较为合理的词形,以便于理解词义和方便使用。如"规诫 1——规戒 2","戒""诫"为同源字,在古代二者皆有"告诫"和"警戒"义,因此两词形皆合语源。但现代汉语中"诫"多表"告诫"义,"戒"多表"警戒"义,"规诫"是以言相劝,"诫"的语素义与词义更为吻合,故以"规诫"为推荐词形。

4.3 系统性原则

词汇内部有较强的系统性,在整理异形词时要考虑同语素系列词用字的一致性。如"侈靡 0——侈糜 0|靡费 3——糜费 3",根据使用频率,难以确定取舍。但同系列的异形词"奢靡 87——奢糜 17",前者占有明显的优势,故整个系列都确定以含"靡"的词形为推荐词形。

以上三个原则只是异形词取舍的三个主要侧重点,具体到每组词还需要综合考虑决定取舍。

另外,目前社会上还流行着一批含有非规范字(即国家早已废止的异体字或已简化的繁体字)的异形词,造成书面语使用中的混乱。这次选择了一些影响较大的列为附录,明确作为非规范词形予以废除。

5 《第一批异形词整理表》说明

5.1 本表研制过程中,用《人民日报》1995—2000 年全部作品作语料对异形词进行词频统计和分析,并逐条进行人工干预,尽可能排除电脑统计的误差,部分异形词还用《人民日报》1987—1995 年语料以及 1996—1997 年的 66 种社会科学杂志和 158 种自然科学杂志的语料进行了抽样复查。同时参考了《现代汉语词典》《汉语大词典》《辞海》《新华字典》《现代汉语规范字典》等工具书和有关讨论异形词的文章。

5.2 每组异形词破折号前为选取的推荐词形。表中需要说明的个别问题,以注释方式附在表后。

5.3 本表所收的条目按首字的汉语拼音音序排列,同音的按笔画数由少到多排列。

5.4 附录中列出的非规范词形置于圆括号内,已淘汰的异体字和已简化的繁体字在左上角用"*"号标明。

第一批异形词整理表

（注：拼音为本书添加）

A

按捺—按纳 ànnà

按语—案语 ànyǔ

B

百废俱兴—百废具兴 bǎifèi-jùxīng

百叶窗—百页窗 bǎiyèchuāng

斑白—班白、颁白 bānbái

孢子—胞子 bāozǐ

保镖—保镳 bǎobiāo

保姆—保母、褓姆 bǎomǔ

辈分—辈份 bèifèn

本分—本份 běnfèn

笔画—笔划 bǐhuà

毕恭毕敬—必恭必敬 bìgōng-bìjìng

编者按—编者案 biānzhě'àn

扁豆—萹豆、稨豆、藊豆 biǎndòu

标志—标识 biāozhì

鬓角—鬓脚 bìnjiǎo

秉承—禀承 bǐngchéng

补丁—补靪、补钉 bǔding

C

参与—参预 cānyù

惨淡—惨澹 cǎndàn

差池—差迟 chāchí

掺和—搀和 chānhuo[①]

掺假—搀假 chānjiǎ

掺杂—搀杂 chānzá

铲除—划除 chǎnchú

徜徉—倘佯 chángyáng

车厢—车箱 chēxiāng

彻底—澈底 chèdǐ

沉思—沈思 chénsī[②]

称心—趁心 chènxīn

成分—成份 chéngfèn

澄澈—澄彻 chéngchè

侈靡—侈糜 chǐmí

筹划—筹画 chóuhuà

筹码—筹马 chóumǎ

踌躇—踌蹰 chóuchú

出谋划策—出谋画策 chūmóu-huàcè

喘吁吁—喘嘘嘘 chuǎnxūxū

瓷器—磁器 cíqì

赐予—赐与 cìyǔ

粗鲁—粗卤 cūlǔ

D

搭档—搭当、搭挡 dādàng
搭讪—搭赸、答讪 dāshàn
答复—答覆 dáfù
戴孝—带孝 dàixiào
担心—耽心 dānxīn
担忧—耽忧 dānyōu
耽搁—担搁 dānge
淡泊—澹泊 dànbó
淡然—澹然 dànrán
倒霉—倒楣 dǎoméi
低回—低徊 dīhuí③
凋敝—雕敝、雕弊 diāobì④
凋零—雕零 diāolíng
凋落—雕落 diāoluò
凋谢—雕谢 diāoxiè
跌宕—跌荡 diēdàng
跌跤—跌交 diējiāo
叮咛—丁宁 dīngníng
订单—定单 dìngdān⑤
订户—定户 dìnghù
订婚—定婚 dìnghūn
订货—定货 dìnghuò
订阅—定阅 dìngyuè
斗拱—科拱、科栱 dǒugǒng
逗留—逗遛 dòuliú
逗趣儿—斗趣儿 dòuqùr
独角戏—独脚戏 dújiǎoxì
端午—端五 duānwǔ

E

二黄—二簧 èrhuáng
二心—贰心 èrxīn

F

发酵—酦酵 fājiào

发人深省—发人深醒 fārénshēnxǐng
繁衍—蕃衍 fányǎn
吩咐—分付 fēnfù
分量—份量 fènliàng
分内—份内 fènnèi
分外—份外 fènwài
分子—份子 fènzǐ⑥
愤愤—忿忿 fènfèn
丰富多彩—丰富多采 fēngfù-duōcǎi
风瘫—疯瘫 fēngtān
疯癫—疯颠 fēngdiān
锋芒—锋铓 fēngmáng
服侍—伏侍、服事 fúshi
服输—伏输 fúshū
服罪—伏罪 fúzuì
负隅顽抗—负嵎顽抗 fùyú-wánkàng
附会—傅会 fùhuì
复信—覆信 fùxìn
覆辙—复辙 fùzhé

G

干预—干与 gānyù
告诫—告戒 gàojiè
耿直—梗直、鲠直 gěngzhí
恭维—恭惟 gōngwéi
勾画—勾划 gōuhuà
勾连—勾联 gōulián
孤苦伶仃—孤苦零丁 gūkǔ-língdīng
辜负—孤负 gūfù
古董—骨董 gǔdǒng
股份—股分 gǔfèn
骨瘦如柴—骨瘦如豺 gǔshòu-rúchái
关联—关连 guānlián
光彩—光采 guāngcǎi
归根结底—归根结柢 guīgēn-jiédǐ

规诫—规戒 guījiè

鬼哭狼嚎—鬼哭狼嗥 guǐkū-lángháo

过分—过份 guòfèn

H

蛤蟆—虾蟆 háma

含糊—含胡 hánhu

含蓄—涵蓄 hánxù

寒碜—寒伧 hánchen

喝彩—喝采 hècǎi

喝倒彩—喝倒采 hèdàocǎi

轰动—哄动 hōngdòng

红彤彤—红通通 hóngtōngtōng

宏论—弘论 hónglùn

宏图—弘图、鸿图 hóngtú

宏愿—弘愿 hóngyuàn

宏旨—弘旨 hóngzhǐ

洪福—鸿福 hóngfú

狐臭—胡臭 húchòu

蝴蝶—胡蝶 húdié

糊涂—胡涂 hútu

琥珀—虎魄 hǔpò

花招—花着 huāzhāo

划拳—豁拳、搳拳 huáquán

恍惚—恍忽 huǎnghū

辉映—晖映 huīyìng

溃脓—殨脓 huìnóng

浑水摸鱼—混水摸鱼 húnshuǐ-mōyú

伙伴—火伴 huǒbàn

J

机灵—机伶 jīling

激愤—激忿 jīfèn

计划—计画 jìhuà

纪念—记念 jìniàn

寄予—寄与 jìyǔ

夹克—茄克 jiākè

嘉宾—佳宾 jiābīn

驾驭—驾御 jiàyù

架势—架式 jiàshi

嫁妆—嫁装 jiàzhuang

简练—简炼 jiǎnliàn

骄奢淫逸—淫奢淫佚 jiāoshē-yínyì

角门—脚门 jiǎomén

狡猾—狡滑 jiǎohuá

脚跟—脚根 jiǎogēn

叫花子—叫化子 jiàohuāzi

精彩—精采 jīngcǎi

纠合—鸠合 jiūhé

纠集—鸠集 jiūjí

就座—就坐 jiùzuò

角色—脚色 juésè

K

克期—刻期 kèqī

克日—刻日 kèrì

刻画—刻划 kèhuà

阔佬—阔老 kuòlǎo

L

褴褛—蓝缕 lánlǚ

烂漫—烂缦、烂熳 lànmàn

狼藉—狼籍 lángjí

榔头—狼头、锒头 lángtou

累赘—累坠 léizhui

黧黑—黎黑 líhēi

连贯—联贯 liánguàn

连接—联接 liánjiē

连绵—联绵 liánmián①

连缀—联缀 liánzhuì
联结—连结 liánjié
联袂—连袂 liánmèi
联翩—连翩 liánpiān
踉跄—踉蹡 liàngqiàng
嘹亮—嘹喨 liáoliàng
缭乱—撩乱 liáoluàn
伶仃—零丁 língdīng
囹圄—囹圉 língyǔ
溜达—蹓跶 liūda
流连—留连 liúlián
喽啰—喽罗、偻㑩 lóuluo
鲁莽—卤莽 lǔmǎng
录像—录象、录相 lùxiàng
络腮胡子—落腮胡子 luòsāi-húzi
落寞—落漠、落莫 luòmò

M

麻痹—痳痹 mábì
麻风—痳风 máfēng
麻疹—痳疹 mázhěn
马蜂—蚂蜂 mǎfēng
马虎—马糊 mǎhu
门槛—门坎 ménkǎn
靡费—糜费 mífèi
绵连—绵联 miánlián
腼腆—靦觍 miǎntiǎn
模仿—摹仿 mófǎng
模糊—模胡 móhu
模拟—摹拟 mónǐ
摹写—模写 móxiě
摩拳擦掌——磨拳擦掌 móquán-cāzhǎng
磨难—魔难 mónàn
脉脉—眽眽 mòmò
谋划—谋画 móuhuà

N

那么—那末 nàme
内讧—内哄 nèihòng
凝练—凝炼 níngliàn
牛仔裤—牛崽裤 niúzǎikù
纽扣—钮扣 niǔkòu

P

扒手—爬手 páshǒu
盘根错节—蟠根错节 pángēn-cuòjié
盘踞—盘据、蟠踞、蟠据 pánjù
盘曲—蟠曲 pánqū
盘陀—盘陁 pántuó
磐石—盘石、蟠石 pánshí
蹒跚—盘跚 pánshān
彷徨—旁皇 pánghuáng
披星戴月—披星带月 pīxīng-dàiyuè
疲沓—疲塌 píta
漂泊—飘泊 piāobó
漂流—飘流 piāoliú
飘零—漂零 piāolíng
飘摇—飘飖 piāoyáo
凭空—平空 píngkōng

Q

牵连—牵联 qiānlián
憔悴—蕉萃 qiáocuì
清澈—清彻 qīngchè
情愫—情素 qíngsù
拳拳—惓惓 quánquán
劝诫—劝戒 quànjiè

R

热乎乎—热呼呼 rèhūhū
热乎—热呼 rèhu
热衷—热中 rèzhōng

人才—人材 réncái

日食—日蚀 rìshí

入座—入坐 rùzuò

S

色彩—色采 sècǎi

杀一儆百—杀一警百 shāyī-jǐngbǎi

鲨鱼—沙鱼 shāyú

山楂—山查 shānzhā

舢板—舢舨 shānbǎn

艄公—梢公 shāogōng

奢靡—奢糜 shēmí

申雪—伸雪 shēnxuě

神采—神彩 shéncǎi

湿漉漉—湿渌渌 shīlūlū

什锦—十锦 shíjǐn

收服—收伏 shōufú

首座—首坐 shǒuzuò

书简—书柬 shūjiǎn

双簧—双镑 shuānghuáng

思维—思惟 sīwéi

死心塌地—死心踏地 sǐxīn-tādì

T

踏实—塌实 tāshi

甜菜—恭菜 tiáncài

铤而走险—挺而走险 tǐng'érzǒuxiǎn

透彻—透澈 tòuchè

图像—图象 túxiàng

推诿—推委 tuīwěi

W

玩意儿—玩艺儿 wányìr

魍魉—蝄蛃 wǎngliǎng

诿过—委过 wěiguò

乌七八糟—污七八糟 wūqībāzāo

无动于衷—无动于中 wúdòng-yúzhōng

毋宁—无宁 wúnìng

毋庸—无庸 wúyōng

五彩缤纷—五采缤纷 wǔcǎi-bīnfēn

五劳七伤—五痨七伤 wǔláo-qīshāng

X

息肉—瘜肉 xīròu

稀罕—希罕 xīhan

稀奇—希奇 xīqí

稀少—希少 xīshǎo

稀世—希世 xīshì

稀有—希有 xīyǒu

翕动—噏动 xīdòng

洗练—洗炼 xǐliàn

贤惠—贤慧 xiánhuì

香醇—香纯 xiāngchún

香菇—香菰 xiānggū

相貌—像貌 xiàngmào

潇洒—萧洒 xiāosǎ

小题大做—小题大作 xiǎotí-dàzuò

卸载—卸傤 xièzài

信口开河—信口开合 xìnkǒu-kāihé

惺忪—惺松 xīngsōng

秀外慧中—秀外惠中 xiùwàihuìzhōng

序文—叙文 xùwén

序言—叙言 xùyán

训诫—训戒 xùnjiè

Y

压服—压伏 yāfú

押韵—压韵 yāyùn

鸦片—雅片 yāpiàn

扬琴—洋琴 yángqín

要么—要末 yàome

夜宵—夜消 yèxiāo

一锤定音——槌定音 yīchuí-dìngyīn

一股脑儿——古脑儿 yīgǔnǎor

衣襟—衣衿 yījīn

衣着—衣著 yīzhuó

义无反顾—义无返顾 yìwúfǎngù

淫雨—霪雨 yínyǔ

影像—影象 yǐngxiàng

余晖—余辉 yúhuī

渔具—鱼具 yújù

渔网—鱼网 yúwǎng

与会—预会 yùhuì

与闻—预闻 yùwén

驭手—御手 yùshǒu

预备—豫备 yùbèi⑧

原来—元来 yuánlái

原煤—元煤 yuánméi

原原本本—源源本本、元元本本
yuányuán-běnběn

缘故—原故 yuángù

缘由—原由 yuányóu

月食—月蚀 yuèshí

月牙—月芽 yuèyá

芸豆—云豆 yúndòu

Z

杂沓—杂遝 zátà

再接再厉—再接再砺 zàijiē-zàilì

崭新—斩新 zhǎnxīn

辗转—展转 zhǎnzhuǎn

战栗—颤栗 zhànlì⑨

账本—帐本 zhàngběn⑩

折中—折衷 zhézhōng

这么—这末 zhème

正经八百—正经八摆 zhèngjīng-bābǎi

芝麻—脂麻 zhīma

肢解—支解、枝解 zhījiě

直截了当—直捷了当、直接了当 zhíjié-
liǎodàng

指手画脚—指手划脚 zhǐshǒu-huàjiǎo

周济—赒济 zhōujì

转悠—转游 zhuànyou

装潢—装璜 zhuānghuáng

孜孜—孳孳 zīzī

姿势—姿式 zīshì

仔细—子细 zǐxì

自个儿—自各儿 zìgěr

佐证—左证 zuǒzhèng

【注释】

①"掺""搀"实行分工:"掺"表混合义,"搀"表搀扶义。

②"沉"本为"沈"的俗体,后来"沉"字成了通用字,与"沈"并存并用,并形成了许多异形词,如"沉没—沈没|沉思—沈思|深沉—深沈"等。现在"沈"只读 shěn,用于姓氏。地名沈阳的"沈"是"瀋"的简化字。表示"沉没"及其引申义,现在一般写作"沉",读 chén。

③《普通话异读词审音表》审定"徊"统读 huái。"低回"一词只读 dīhuí,不读 dīhuái。

④"凋""雕"古代通用,1955 年《第一批异体字整理表》曾将"凋"作为"雕"的异体字予以淘汰。1988 年《现代汉语通用字表》确认"凋"为规范字,表示"凋谢"及其引申义。

⑤"订""定"二字中古时本不同音,演变为同音字后,才在"预先约定"的义项上通用,形成

了一批异形词。不过近几十年二字在此共同义项上又发生了细微的分化:"订"多指事先经过双方商讨的,只是约定,并非确定不变的;"定"侧重在确定,不轻易变动。故有些异形词现已分化为近义词,但本表所列的"订单—定单"等仍为全等异形词,应依据通用性原则予以规范。

⑥此词是指属于一定阶级、阶层、集团或具有某种特征的人,如"地言～|知识～|先进～"。与分母相对的"分子"、由原子构成的"分子"(读 fēnzǐ)、凑份子送礼的"份子"(读 fènzi),音、义均不同,不可混淆。

⑦"联绵字"、"联绵词"中的"联"不能改写为"连"。

⑧"预""豫"二字,古代在"预先"的意义上通用,故形成了"预备—豫备|预防—豫防|预感—豫感|预期—豫期"等20多组异形词。现在此义项已完全由"预"承担。但考虑到鲁迅等名家习惯用"豫",他们的作品影响深远,故列出一组特作说明。

⑨"颤"有两读,读 zhàn 时,表示人发抖,与"战"相通;读 chàn 时,主要表物体轻微振动,也可表示人发抖,如"颤动"既可用于物,也可用于人。什么时候读 zhàn,什么时候读 chàn,很难从意义上把握,统一写作"颤"必然会给读者带来一定困难,故宜根据目前大多数人的习惯读音来规范词形,以利于稳定读音,避免混读。如"颤动、颤抖、颤巍巍、颤音、颤悠、发颤"多读 chàn,写作"颤";"战栗、打冷战、打战、胆战心惊、冷战、寒战"等词习惯多读 zhàn,写作"战"。

⑩"账"是"帐"的分化字。古人常把账目记于布帛上悬挂起来以利保存,故称日用的账目为"帐"。后来为了与帷帐分开,另造形声字"账",表示与钱财有关。"账""帐"并存并用后,形成了几十组异形词。《简化字总表》《现代汉语通用字表》中"账""帐"均收,可见主张分化。二字分工如下:"账"用于货币和货物出入的记载、债务等,如"账本、报账、借账、还账"等;"帐"专表用布、纱、绸子等制成的遮蔽物,如"蚊帐、帐篷、青纱帐(比喻用法)"等。

附录:含有非规范字的异形词(44 组)
(注拼音为本书所加)

抵触(* 牴触) dǐchù

抵牾(* 牴牾) dǐwǔ

喋血(* 啑血) diéxuè

仿佛(彷 * 彿、*髣 * 髴) fǎngfú

飞扬(飞 * 颺) fēiyáng

氛围(* 雰围) fēnwéi

构陷(* 搆陷) gòuxiàn

浩渺(浩 * 淼) hàomiǎo

红果儿(红 * 菓儿) hóngguǒr

胡同(* 衚 * 衕) hútòng

糊口(* 餬口) húkǒu

蒺藜(蒺 * 蔾) jílí

家伙(* 傢伙) jiāhuo

家具(* 傢具) jiājù

家什(* 傢什) jiāshi

侥幸(* 儌 * 倖、徼 * 倖) jiǎoxìng

局促(* 侷促、* 跼促) júcù

撅嘴(* 噘嘴) juēzuǐ

克期(* 剋期) kèqī

空蒙(空 * 濛) kōngméng

昆仑(* 崑 * 崙) kūnlún

劳动(劳 * 働) láodòng

绿豆(* 菉豆) lùdòu

马扎(马 * 劄) mǎzhá

蒙眬（＊矇眬）ménglóng

蒙蒙（＊濛＊濛）méngméng

弥漫（＊瀰漫）mímàn

弥蒙（＊瀰＊濛）míméng

迷蒙（迷＊濛）míméng

渺茫（＊淼茫）miǎománg

飘扬（飘＊颺）piāoyáng

憔悴（＊顦＊顇）qiáocuì

轻扬（轻＊颺）qīngyáng

水果（水＊菓）shuǐguǒ

趟地（＊蹚地）tāngdì

趟浑水（＊蹚浑水）tānghúnshuǐ

趟水（＊蹚水）tāngshuǐ

纨绔（纨＊袴）wánkù

丫杈（＊桠杈）yāchà

丫枝（＊桠枝）yāzhī

殷勤（＊慇＊懃）yīnqín

札记（＊劄记）zhájì

枝丫（枝＊桠）zhīyā

跖骨（＊蹠骨）zhígǔ

图书在版编目(CIP)数据

汉字识字教学基础教程 / 郝文华主编. —2 版.
—杭州：浙江大学出版社,2015.7(2021.7 重印)
ISBN 978-7-308-14948-8

Ⅰ.①汉… Ⅱ.①郝… Ⅲ.①汉字－识字教学－教材
Ⅳ.①H193.3

中国版本图书馆 CIP 数据核字(2015)第 174272 号

汉字识字教学基础教程(第二版)

郝文华　主编

陈　洁　金克中　付开平　谭正明　副主编

责任编辑	葛　娟
封面设计	项梦怡
出版发行	浙江大学出版社
	(杭州市天目山路 148 号　邮政编码 310007)
	(网址:http://www.zjupress.com)
排　　版	浙江时代出版服务有限公司
印　　刷	杭州良诸印刷有限公司
开　　本	710mm×1000mm　1/16
印　　张	23.75
字　　数	435 千
版 印 次	2015 年 7 月第 2 版　2021 年 7 月第 6 次印刷
书　　号	ISBN 978-7-308-14948-8
定　　价	45.00 元

浙江大学出版社市场运营中心联系方式　(0571)88925591；http://zjdxcbs.tmall.com